서양중세문화 비밀캐기 ②

문화출현

이 원 근

탑북스

이 책의 머리말

이 책은 2개부로 구성되어 있다.

제1부는 독자 여러분께 이 책에서 다루는 문화 개념을 이해하는데 도움을 드리고자 했다. 특히 영·미어계 문화 개념이 영어권, 일본어 영역에서 그대로 통용되고 있다는 점과 도이취어계 문화 개념이 영어계 전문 지식과 독일어계 전문 개념의 표현 차이는 있지만 영어사전의 문화 개념과 유사하다는 점도 독자 여러분에게 참고가 되었으면 한다.

서양 중세세계에서 문화가 라틴어 해독력에서 발전했다는 점을 독자 여러분이 이해하는데 도움을 드리고자 라틴어 해독력, 의례[성사] 존재관습, 종족언어 표현관습의 3가지 핵심개념 중에서도 종족언어 표현관습이 라틴어 해독력과 의례[성사]라는 신의 존재관습을 흡수하여 현재의 게르만어계와 로망스어계 종족언어 표현관습을 승리자로 만든 다음 중세 문화라는 주인공을 탄생케 했다는 점에 초점을 맞추고 있다. 이 책에서는 다양한 게르만어계 종족언어 표현관습이라는 승리자의 탄생과정을 흔히 민족언어나 국민언어 출현으로 설명하고 있지만 다음 5단계로 설명했다. 1단계: 게르만어계 종족의 의례관습과 종족언어의 라틴어 관례 일치, 2단계: 기록[계약]문서와 라틴어 해독력의 결합, 3단계: 전문직[종] 공증인의 출현, 4단계: 국가기록관제도 출현, 5단계: 법정[재판제도] 정착

다양한 제르만어계 종족언어 표현관습은 라틴어 표현관습을 흡수했다. 종족언어 표현관습의 사건 내역은 [라틴어]계약문서 전문가[공증인]의 손으로 작성한 [라틴어]사건 조서에 담겨 사법 운영 주체인 배심원의 판단 근거로 등장했다. 이 책에서는 이런 과정을 거치며 중세 법정 정착[재판제도 정착]과 함께 중세유럽세계에서 라틴어 해독력이 인간 평가기준으로 등장했고, 소위 라틴어 해독자와 무식자와 같은 인간 개인의 차이를 대중화했다는 점도 독자 여러분께서 염두에 두어 주길 바라고 있다.

특히 다양한 종족언어 소재의 유럽어계 문화 출현은 라틴어 쇠퇴에 이어 유럽문화 여명시대 세계를 이끌어갈 원동력을 마련했던 것이다. 그리고는 다양한 종족언어 소재의 문화를 만개토록 자극하여 동양이나 아메리카 대륙의 발견과 같은 위대한 발견의 시대와 나침판, 화약, 시계의 응용과 같은 위대한 발명의 시대라기보다는 모방의 시대를 열어가게 자극했다는 시각을 견지하고 있다.

제2부는 이런 변화시대에 나타났던 유럽인의 단체 심리작용 변화 사례를 크게 3부분으로 제시했다. 우선 유럽인의 개인 심리작용에서 윤리와 도덕의 분리 현상이 두드러지게 등장했던 사례를 제시했다. 즉 다양한 종족언어 소재의 유럽어계 문화는 라틴어 골격의 윤리와 로마제국 사법운용 관행의 도덕으로 무장한 두 눈으로 자기네 주변 조직을 바라보면서 위대한 진보시대를 향하기 시작했다. 이 책에서는 유럽인의 심리작용 변화로 나타났던 문화 특성을 크게 3부분으로 개괄했다.

물론 우리 아시아인의 시각에서 바라보면 침략시대 예고나 다름 없었으나, 이 유럽인이 위대한 역사 진보를 바라보며 접근하기 시작했던 중세 후기의 시대변화 현상을 대략 9가지 방향으로 제시해 두었다. 이 9가지 시대변화 방향은 물론 중세 후기 개인과 사회 단체의 심리 작용에 나타난 문화이동 현상을 분석해 두었다. 필자의 이런 시도가 독자 여러분이 이 책을 이해하는 데 도움이 되기를 희망하고 있다.

마지막으로 누구보다 어려운 출판환경에 출판하겠다고 결정한 탑북스 김광식 사장님과 이신정 주간님, 그리고 직원 제위 분께 꼭 감사드리고 싶다.

다음으로 경상대학교 해외지역 연구센타 강길중 교수님과 경상대학교 교직원 여러분께도 감사드리고 싶다.

학문이라는 직업의 준비과정을 회고하면 찾아뵙고 감사드려야 할 고마운 분이 너무 많았는데도 만나 뵙고 따뜻한 말씀조차 드리지 못했다. 이제 거의 모두 다 고인이 되었으니, 이분들을 회고하며 정말 애통한 마음으로 그리워하고 있다.

2016년 5월

타이완 이란시 불광대학교 연구실에서

차 례

제1부 기록언어와 종족언어 소재로서 문화

제2부
중세인, 근대인, 라틴어 해독력

제1부

기록언어와 종족언어 소재로서 문화

제 1 장

의례관습과 종족언어 소재로서 문화

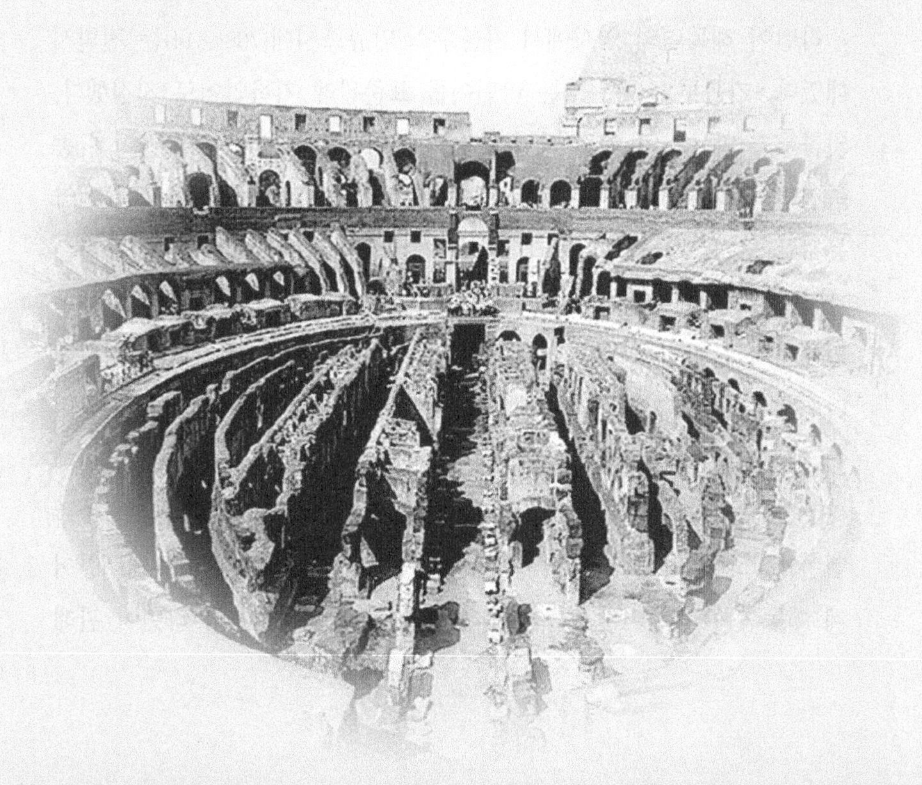

제1장
의례관습과 종족언어 소재로서 문화

1.1 다양한 게르만어계 종족언어, 의례관습, 라틴어 해독력

라틴어 해독력의 역사에서 카롤루스 막뉴스시대(768-814)는 전환시대였다. 카롤루스 막뉴스는 라틴어를 표준관례 기록언어로 지정했다. 카롤루스 막뉴스의 이런 라틴어 정책 영향으로 다양한 게르만어계 종족언어의 라틴어 관례는 다양한 종족언어 표현관습에 일치하여 계약문서로 모습을 드러냈다. 카롤루스 막뉴스시대 이후 라틴어 해독력은 계약문서 등장과 함께 세속인세계로 이동했다. 1000년경 이후 세속인세계에서 라틴어 해독력은 인간의 평가기준으로 정착하기 시작했다. 특히 1000년경 이후시대인 11~12세기 서양 중세세계에서 라틴어 해독력은 크리스트 숭배관습의 라틴어 관례나 다양한 게르만어계 종족언어 표현관습을 개작성서나 계약문서에 일치시키며 다양한 종족언어에 스며들기 시작했다. 따라서 라틴어 해독력의 역사는 게르만어계 이동종족의 언어철자를 비롯하여 다양한 종족언어의 라틴어 관례와 함께 전문 지식 원리나 전문 개념 원리의 역사를 밝혀주는 자료인 것이다.

특히 라틴어 해독력의 역사는 9세기 초엽 이후 다양한 종족언어의 라틴어 관례와 종족언어 관행에 대한 관계를 확인해 주는 자료인 것이다. 그 이외에도 라틴어 해독력은 서양 중세세계의 교회조직이나 종족왕의 지배자사회에 대하여도 내부 문제를 제기하는 원동력이었다. 거기다 라틴어 해독력은 기존 종족사회나 종교조직을 해체하고 새로운 라틴어 관례를 다양한 종족언어의 관행 근거로 수용하여 신의 존재 표현관습인 의례관습을 축적하는 그릇이었다. 특히 라틴어 해독력은 다양한 종족언어 관행에서 조차도 없어서는 안 되는 수단이었다. 또한 다양한 종족언어의 질을 심화하고, 그 종족언어 관례의 폭을 확대하는 수단이었다. 라틴어 해독력은 「의례관습 절차 모음집」과 같은 저작물에서도 규칙처럼 라틴어 관례를 종족언어 관례로 재생하는 매개체 역할을 담당했다.

라틴어 해독력의 역사에서 라틴어 해독력이 어디서, 어떻게 발원했던지 명확하진 않으나 다양한 종족언어의 라틴어 관례는 끊임없이 종족언어 관례를 반복하며 재생했다. 다양한 종족언어의 라틴어 관례는 라틴어 해독력으로 종족언어 의례관습에다 라틴어 관례의 함축의미를 축적하여 라틴어 해독력의 역사 자료 역할을 담당해 왔다. 다양한 종족언어의 라틴어 관례는 과거세대의 크리스트 숭배관습과 최근세대의 크리스트 숭배관습을 일치시켜 인간 행동의 표준 형태로 라틴어 관례를 지속케 했다. 그러나 다양한 종족언어의 라틴어 관례는 과거세대의 라틴어 관례에 대하여 근거를 제시하지 못했다. 다양한 종족언어의 라틴어 관례에 대한 동작 근거는 물론 과거세대의 라틴어 관례를 담아두었던 기록문서인 것이다. 기록문서는 다양한 종족언어의 라틴어 관례 내력을 확증토록 보완했다. 라틴어 해독력의 역사에서 기록문서는 크리스트 숭배관습을 비롯한 다양한 종족언어의 라틴어 관례를 지속하려 했던 인간 의지에 대한 표지와 내력을 담아두었다.

다양한 종족언어의 라틴어 관례와 기록문서의 이런 관계는 특히 1000년경 이후 다양한 종족언어의 남성관습과 여성관습 변화에서도 드러나고 있다. 이런 맥락에서 다양한 종족언어의 남성관습과 여성관습 역시 라틴어 관례 영향을 끊임없이 반영했고, 다시 의례관습 변화 요인이 라틴어 관례였다는 것을 반증하고 있다. 다양한 종족언어의 라틴어 관례와 함께 기록문서나 저작물 역시 라틴어 관례를 그 증거로 활용했다. 그러나 라틴어 관례 변화가 이렇게 느슨했던 이유는 아마 1000년경 이후 계약문서나 저작물을 다양한 종족언어의 라틴어 관례에 대한 전거로 활용하려는 라틴어 해독자 숫자가 뚜렷하게 증가하지 않았기 때문일 가능성도 있다.

중세와 근대 초기 서양세계에서는 라틴어 해독력을 지닌 사람이 소수에 불과했다. 즉 다수는 종족언어의 라틴어 관례를 종족언어의 함축의미로 전달했다. 그러니 소수 라틴어 해독자는 오히려 비정상의 사람인 것처럼 인식되었다. 그러나 라틴어 해독자는 종말론이 지배하던 유럽문화 생성시대 세계의 저렴한 종이 가격, 기록문서, 훌륭한 저작물, 사법 문서, 행정 문서 등을 관장하는 전문기관 등의 등장과 함께 다대한 문화 이동자 역할을 수행했다. 종교개혁 시대까지도 도시나 농촌을 막론하고 다수는 소수 라틴어 해독자와 대조를 이루며 라틴어 해독력과 무관하게 생활했다. 종교개혁 시대까지만 하더라도 유럽세계에서 절대 다수는 무식자로 남아 있었다. 저작물 역시 복잡한 라틴어 해독력을 활용하여 흔히 고위 성직자나 지배자사회에 반항하는 개혁가 세력까지도 라틴어 관례에 반항하는 욕구를 그려냈다.

물론 저작물에도 공통의 라틴어 관례는 등장하지 않았다. 다양한 종족언어의 라틴어 관례는 이른바 귀족사회의 라틴어 관례와 확연하게 달랐다. 다수는 라틴어를 전혀 해독하지 못했지만 라틴어 문법관습 때문에 종족언어의 라틴어 관례와 기록문서의 라틴어 관례를 라틴어 해독력을 활용하여 서로 관련 지워 파악하는 정도였다. 이런 라틴어 문법관습은 다방면에 걸쳐 중세인의 생활에다 필사 문서 수요를 증대하며 인쇄시대를 개창토록 보조했다. 기록문서의 라틴어 문법관습은 또한 다수 농민, 상인, 심지어 귀족사회 구성원에게까지 소리형태로 듣고, 쓰도록 보조하며 종족언어의 라틴어 관례로 정착했다. 기록문서의 라틴어 문법관습은 다양한 종족언어의 라틴어 관례와 결합하여 소리와 라틴어 해독력을 보조했다. 라틴어 문법관습은 또한 기록문서의 라틴어 관례를 최근세대의 라틴어 관례에 결합하여 서술능력과 해석능력을 부여하며 종족언어의 라틴어 관례에 근거를 제공했다.

기록문서의 라틴어 관례는 최근세대 마음속에서 종족언어의 라틴어 관례로서 명확한 실체를 드러냈다. 그러나 최근세대 종족언어의 라틴어 관례를 갖고서는 라틴어 관례 발원지를 설명할 수 없었다. 최근세대는 종족언어의 라틴어 관례와 기록문서의 라틴어 관례를 정반대로 인식하면서도 라틴어 문법관습을 활용하여 기억력에다 기록문서의 라틴어 관례를 축적했다. 즉 최근세대 종족언어 표현관습의 라틴어 관례는 다시 기록문서의 라틴어 관례를 수용하여 기록물이나 저작물에다 함께 체험 형식으로 축적하여 확고한 라틴어 관례 세습자 위치를 확보했다. 종족언어 표현관습의 라틴어 관례는 기록문서의 라틴어 관례와 조화를 이루며 기록문서의 라틴어 관례를 새로운 사회 결속 원동력으로 만들었다. 이런 맥락에서 기록문서의 라틴어 관례를 분석해 보더라도 최근세대의 라틴어 관례는 몇 가지 유형을 유지했다.

기록문서의 라틴어 관례는 서술능력을 갖추지 못했던 최근세대로 하여금 새로운 사회를 결속하는 역할까지 담당했다. 최근세대에게 기록문서의 라틴어 관례는 지금까지 새로운 사회에서 종족언어의 라틴어 관례에 대한 근거였다. 그러나 당시 11~12세기까지도 종족언어의 저작물은 나타나지 않았다. 라틴어 해독력의 역사에서 기록문서의 라틴어 관례는 인간의 행위와 일치하지 않는 개인 체험 형태로 존속했다. 이런 유럽세계 상황에서 기본 언어관습 단위는 종족언어 관습일 수밖에 없었다고 뒤르켕의 분석은 정확했다. 뒤르켕의 이런 분석에서처럼 기록문서의 라틴어 관례는 종족언어의 라틴어 관례로 저장되어 전승되었다. 이런 상황에서 라틴어 해독력도 종족사회 단위나 혼합사회 단위의 다양한 종족언어 표현관습과 함께 이어져 왔다. 당시까지만 하더라도 전문 지식 원리는 종족언어의 라틴어 관례처럼 항목별로 세분되지 않았고, 종족언어라는 전혀 다른 표현 수단을 활용하여 단순하게 종족언어 의례관습 절차를 나열하는 형식으로 전승되었다.

11~12세기 유럽세계에서 종족언어의 라틴어 관례는 '기록문서의 라틴어 관례라는 전혀 다른 표현 수단'에 부착하여 다양한 동작으로 표면화했다. 최근세대의 라틴어 관례는 종족언어 표현관습의 동작과 행동으로 전달됐다. 종족언어의 라틴어 관례는 인간의 청각을 중심으로 발달할 수밖에 없었다. 기록문서는 종족언어의 라틴어 관례에 대

한 주지 사항을 전달했으나 일반화하지 않아서 결국 종족언어의 라틴어 관례로 인식했다. 최근세대는 또한 종족언어의 라틴어 관례에 대한 문제를 듣고 판단하여 실행하는 이분법 형식으로 제기했다. 그럼에도 불구하고, 최근세대는 종족언어의 라틴어 관례를 읽지 못하여 듣고 받아들였으나 종족언어로 서술하지 못했다. 최근세대는 종족언어의 라틴어 관례에 근거하여 기존 종족언어의 라틴어 관례를 찾아내지도 못했다. 11~12세기 유럽세계에서 종족언어의 라틴어 관례를 동작으로 표현한다는 것은 인간 본능과 일치했다. 요컨대, 종족언어의 라틴어 관례를 표현하는 동작은 종족언어 표현관습에 일치하여 확정되었다. 소리는 종족언어의 라틴어 관례를 동작으로 표현하면서도 합당한 음성 굴절을 전제했다. 종족언어의 라틴어 관례는 외연으로 종족언어 표현관습을 항목별로 세분한 다음 종족언어 표현관습의 동작과 일치했다.

글자의 상징물은 종족언어의 라틴어 관례와 종족언어 표현관습 사이에서 특정한 일치점을 찾아내는 매체였다. 인간의 거대한 기억력은 종족언어의 라틴어 관례를 종족언어 표현관습에 축적하는 유일한 장치였다. 인간의 신기한 기억 장치는 종족언어의 라틴어 관례에서 발원했던 사법과 크리스트교 교회의 크리스트 숭배관습을 문헌에서 회상토록 보조했다. 그 이외에도 종족언어의 두 가지 라틴어 관례를 외부 글자라는 함축의미로 구분하여 종족언어 표현관습의 효율에 결합했다. 즉 인간이 외부 기억력에다 종족언어의 라틴어 관례를 선별하여 종족언어 표현관습으로 축적했다는 것은 프로이트가 어떤 특정한 사회에서도 망각 상태의 기억력이 회상 내용 못지 않게 중요하다고 지적했던 점을 반증하는 사례인 것이다.

기억력은 라틴어 해독력을 중시하는 종족언어의 라틴어 관례를 외부로 전달하면서도 개인 체험 내용처럼 작용했다. 기억력은 외부로 전달하는 종족언어의 라틴어 관례를 종족언어 표현관습의 항목별로 수용했다. 사회에서 종족언어의 이런 라틴어 관례는 종족언어 표현관습에서 표상을 형성하여 과거세대의 라틴어 관례를 종족언어 표현관습으로 회상한 다음 정제하여 종족언어 표현관습에 축적했으나 종족언어 표현관습으로서는 과거와 현재의 종족언어 라틴어 관례를 추측하여 대조하지 못했다. 여기서 종족사회 구성원은 종족언어의 라틴어 관례에 대한 서로의 기억내용을 미숙한 라틴어 관례에 연계하기 위하여 '종족언어 표현관습의 규약'을 종족언어 표현관습으로 확정하여 종족언어의 라틴어 관례를 운용했다.

과거 종족언어의 라틴어 관례를 기억하려면 기존 종족언어 표현관습을 '종족언어 표현관습의 규약'으로 회상해야 했다. 이런 과정에서 종족언어 표현관습의 욕구를 라틴어 해독력에 관련 지웠을 가능성도 있다. 라틴어 해독력은 종족언어의 라틴어 관례에 국한했으나 기존 종족언어 표현관습을 유지하려 했기 때문에 종족언어의 라틴어 관례에다 미지 사건까지 축적했다. 종족언어의 라틴어 관례는 강력한 사회 결속 요인이 되었다. 이런 맥락에서 라틴어 해독력은 종족언어의 라틴어 관례가 유입되어 소규모 사회를 결속했기 때문에 개인으로 하여금 사회를 강하게 결속하는 도구였다. 그런데도 오히려 라틴어 해독력은 종족사회 결속력을 저하하거나 종족사회 자체를 해체하는 경우도 있었다. 라틴어 해독력의 이런 반작용은 경우에 따라서 종족사회 구성원에다 공포심을 자극하기도 했고 종족사회 구성원 사이에다 적개심을 만들어 주기도 했다.

인니스는 라틴어 해독력에서 발원하는 이런 사회 분리 문제를 두고 종족언어 표현관습이 종족언어의 라틴어 관례를 서양 중세세계 인간에게 일치시키는 매개체이자, 서양 문명의 주요 구성물을 만들어 내는 결속 원동력이었다고 지적했다. 종족언어의 라틴어 관례는 종족언어 표현관습에 일치하여 복잡한 문화 이동자 관례의 소재를 행동으로 표면화하며 라틴어 해독력으로 읽을 대상이 되었다. 특히 라틴어 해독력은 인간의 활동과 서로 관련되어 있었기 때문에 종족언어의 라틴어 관례를 포로처럼 만들기 십상이었다. 인간 역시 실제로 일정한 형식을 갖추어 행동을 절제하지 못했다. 그래서 인간의 활동 역시 종족언어의 라틴어 관례에 근거하지 않을 수 없었다. 11~12세기 유럽세계에서는 주로 이전 세대가 유지하고 있던 종족언어의 라틴어 관례를 활용하여 종족사회까지 결속했다. 11~12세기 이후 종족언어의 라틴어 관례는 유럽세계에서 종족언어 표현관습에 부착하여 사회 결속 원동력이 되었고, 라틴어 해독력으로 이후 세대에게 남겨줄 사회 결속 흔적을 남겨놓기 시작했다. 즉 라틴어 해독력 영향으로 필사문서, 기록물, 문학작품 등이 서서히 인간 생활에 필요해지기 시작했다.

이탈리아와 프랑스 남부지역에서는 로마시대 사법과 종족언어의 라틴어 관례가 실제로 사라지지 않았고 명맥을 유지했다. 프랑스 북부, 특히 센강과 라인강 이내 파리 영지를 중심으로 한 카롤루스가문 시대의 네우스트라시아 영지와 마아스—모젤 델타를 중심으로 한 아우스트라시아 영지에서는 기록문서를 활용했다. 이런 기록문서는 대략 1050년경까지 서양 중세세계 국가의 통치양식과 종족언어의 라틴어 관례를 재생하는 과정에서 중요한 역할을 담당했다. 바로 이런 맥락에서 11~12세기와 카롤루스 가문시대의 기록문서를 비교하는 경우,

카롤루스 가문시대는 기록문서 전환시대인 것이다. 선명하고 보기 좋은 라틴어 초서체 활자관습은 다양한 종족사회 특징을 새겨주며 독특한 모습으로 변모했다. 즉 기록문서는 영주도시 베네벤타에서 서고트 종족왕 영지의 존재를 입증하면서 카롤루스 가문시대 기록문서와 전혀 다른 모습을 지닌 채 개조되었다.

기록문서는 초서체 활자관습을 수용했다. 기록문서의 초서체 활자관습은 800년 크리스마스 날, 로마 교황청에서 거행된 카롤루스 막뉴스(768~814)의 대관식과 관련하여 과거 메로베크 가문시대 귀족사회로부터 새로운 프랑크종족왕 영지를 창출하여 지배자사회를 이동케 했던 유럽문화 생성시대 세계의 기록문서와 동일한 표준 활자관습을 나타냈던 것이다. 기록문서의 표준 활자관습도 종족언어의 라틴어 관례를 능가할 수 없었다. 쌩 제르맹 수도원 좌장 이르미농(806~829)이 작성한 '쌩 제르맹 수도원 영지의 재산대장'에는 교회조직 영지의 재산 항목을 간략하게 열거했다. 교회조직 영지의 재산 항목은 특정한 종족언어의 라틴어 관례 변화를 반영했다. 8~9세기 카롤루스 가문 프랑크종족왕 영지에서는 황제가 반포한 「의례관습 절차 모음집」은 수도원 영지의 재산대장에 열거되는 재산 항목과는 전혀 다른 기록문서 양식으로 변화했다.

영지 재산대장이나 법령은 법률, 교회조직, 군사, 행정, 상업 등의 영역에서 광범하고 다양한 사법관습 문제까지도 기록문서에서 다루고 있다. 그런데도 「의례관습 절차 모음집」을 분석해 보더라도 로마시대 사법관습은 거의 변화하지 않았다. 그러한 「의례관습 절차 모음집」과 같은 계약문서는 카롤루스 가문 프랑크종족왕 영지의 행정에도 도입되지 않았고, 완벽한 기록문서 형식으로 프랑크종족왕 영지의 기록문서 기록관이 작성한 것도 아니었다. 카롤루스 가문 프랑크종족왕 시대에는 기록문서로 최고영주가 명령을 하달했다는 점을 주지해 두려는 목적으로 작성했다. 즉 카롤루스 가문 프랑크종족왕시대의 기록문서는 최고영주의 명령을 다양한 종족언어 표현관습에 일치시키기 위하여 그 항목을 열거하는 정도에 그쳤다.

카롤루스 가문 프랑크종족왕시대의 기록문서에 담긴 최고영주의 명령이 흔히 최고영주의 금지 조치였다는 점은 최고 영주의 관리가 최고영주의 명령을 기록문서로 작성했다는 것을 반증하고 있다. 이런 기록문서는 어떤 형태의 기록물에도 담겨 있지 않았다. 요컨대, 최고영주의 기록문서는 대개 「최고 영주의 전언 통신문」에서 발원했다. 황제 오토 1세 시대(936~973)의 '기록문서'는 진본임에도 불구하고 카롤루스 가문 프랑크종족왕 시대의 기록문서와 유사했다. 10~11세기까지 최고 영주의 기록문서가 곧 카롤루스 가문 프랑크종족왕 시대의 기록문서를 대체했던 것은 아니었다. 최고영주의 기록문서는 황제 모습을 웅장하게 인식케 하려는 의도를 내포했다.

필사문서는 11세기와 13세기 중세 영지행정의 변화과정에서 카롤루스 가문 프랑크종족왕시대 기록문서와 일종의 가교역할을 담당했다고 하스킨스는 지적했다. 중세 국가에서 기록문서를 행정체제를 도입했던 것은 노르만종족왕의 지배자사회 출현시대와 일치했다. 중세 국가를 기록문서 행정에 근거하여 분석하는 경우, 11~13세기 중세 국가의 기록문서 행정은 노르만종족왕의 지배자사회가 나타나기 이전시대와 이후시대가 전혀 다르다는 점이다. 즉 기록문서 행정을 두고 보면 이 두 지배자사회가 전혀 다른 라틴어 관례를 활용하고 있다는 점이다. 최고 영주 로베르 경건자 시대(996~1031)나 황제 하인리히 1세

시대(912~936)의 기록문서를 영지 프랑스의 최고 영주 루이 6세 시대(1108~1137)의 기록문서와 대비하여 평가할 수도 있다. 이 경우 12세기 기록문서 활용 사례를 볼 때, 이 시기는 필사문서가 우후죽순처럼 나타나기 시작했던 시대였다.

물론 최고영주 영지에서 기록문서를 작성하는 기록관이 등장했다는 이유로서는 기록문서에서 저작물과 기록문서 행정이 발원했다고 판단할 수는 없다. 12세기 자료를 분석하더라도 농촌 기록문서는 그렇게 변하지 않았다. 카롤루스 가문 프랑크종족왕시대 르네상스 이후 기록문서는 단기간에 걸쳐 양과 질의 측면에서 현저하게 위축되었다. 10세기부터 12세기 초엽까지 유럽세계 인간 결속력은 기록문서에서 발원했다기보다, 오히려 종족언어 표현관습에 가까운 라틴어 관례를 동작으로 표현하는 의례관습 절차에서 발원했다. 11~12세기 유럽세계에서 종족언어의 라틴어 관례도 소유관습인 권리의 발원과 쇠퇴를 나타내며 종족언어의 라틴어 관례와 과거세대 라틴어 관례에 대하여 어느 정도 신축성을 드러내기 시작했다. 대략 1150년경 수도자 학문동아리는 전문 지혜동아리 이동자 관례의 소문을 기록문서에 근거하여 전문 지식 원리를 현실 이론으로 바꾸어놓기 시작했다. 수도자 학문동아리의 전문 지식 영향으로 기록문서는 더욱 다양하게 세분되었다. 기록문서는 수도자 학문동아리의 전문 지식을 반영하도록 더욱 정확하고 상세하게 작성되었다.

1.2. 종족언어의 라틴어 관례와 의례관습의 결합

중세 국가의 의례관습행정 분야에서도 수도자 학문동아리에서 라틴어를 익힌 기록문서 전문가를 기용했다. 기록문서 전문가는 기록 능력과 산술 능력을 활용하여 기록문서에다 단위를 도입했다. 의례관습행정 분야에서 기록문서 전문가는 단위를 도입하여 사실이나 사건을 등재하고 수치를 계산했다. 거기다 의례관습의 가치를 측정하고 의례관습행정을 분석하는 역할까지 담당했다. 그러나 기록문서 전문가는 모든 영지에서 동시에 비슷한 지위를 차지하지는 못했다. 영지의 기록문서 전문가는 시장 기능과도 관련되어 있었다. 기록문서 전문가는 시장 기능이 활기를 띄고 곡물이 노르만종족왕의 영지와 원활하게 유통되는 서부 유럽세계 영지에서부터 발원하기 시작했다. 교회조직 영지에서는 외곽 영지에서보다 먼저 라틴어 해독력과 관련된 다양한 라틴어 전문가 직종이 등장했다는 것을 밝혀주고 있다. 기록문서는 다양한 기록문서 직종의 전문가 사회 출현과 같은 사회변화 영향도 물론 받았다. 물론 라틴어 해독력의 영향으로 기록문서 직종의 전문가는 급속하게 증가했다. 대단위 촌락과 유럽문화 생성시대 단계의 도시에서는 수도자 학문동아리의 빈번한 왕래 영향으로 농촌에서보다 신속하게 라틴어 해독력 영향을 수용했다.

기존 기록문서는 또한 촌락과 도시에서 장기간에 걸쳐 종족언어의 라틴어 관례를 판단하는 근거로 남아 있었다. 촌락과 도시에서는 특히 기존 종족언어의 라틴어 관례 제약을 받으면서도, 상업 분야에서 새로운 기록문서 전문가 직종이 나타나기 시작했다. 피렌느는 메로베크 가문 프랑크종족왕 후기시대와 카롤루스 가문 프랑크종족왕 초기

시대에 사라졌던 필사문서가 다시 등장하게 된 원인을 다음과 같이 지적했다. 즉 중세세계에서는 상업 발달과 함께 사업에 대한 기록 횟수도 증가하여 상거래 내역을 기록문서에 담아 더욱 확실하게 보관하고 신속하게 계산할 단위가 필요해지기 시작했기 때문이라는 것이다. 피렌느의 경우처럼 여러 다양한 영지 변화 사례와 기록문서 도입을 직업 분화에 관련 지워 분석해 보더라도, 12세기 중엽은 라틴어 해독력을 중시하며 라틴어 필사문서가 필요해지기 시작했던 시기였다.

12세기 중엽의 이런 시대상황은 중세 유럽세계의 전체 특징일 수도 있다. 젱킨슨은 카로링 가문 프랑크종족왕시대의 기록문서가 기억력에 기반을 두고 작성되었지만 종족언어의 라틴어 관례로 활용됨으로써 중세 국가 행정이 급속하게 변화했다고 지적했다. 그러나 이와는 달리 중세 국가의 최고 영주의 지배자사회 형태는 변화하지 않았다. 중세 국가조직은 라틴어 해독력 영향으로 기록문서 전문가 직종의 출현 사례에서처럼 변화했다. 물론 기억력 역시 청각으로 전달받는 종족언어의 라틴어 관례를 중시했다.

그러나 12세기 중엽 이후 점차 수도자 학문동아리의 저작물이 소문 형태로 유통되고 전문 지식에 대한 관심 또한 높아졌다. 라틴어 기록문서의 활용 범위 확대로 점차 청각보다는 시각을 중시하기 시작했다. 물론 종족언어의 라틴어 관례 역시 라틴어 기록문서처럼 시각을 중시하며 라틴어 해독력의 필요함을 느끼기 시작했다. 라틴어 해독력에 대한 인식 효과가 다른 분야로 이동하기 시작했던 요인은 신화나 전설처럼 세상 사람의 입으로 떠돌아다니던 수도자 학문동아리의 문화이동이론에 관한 소문이었다.

우선 기록문서의 활용과 함께 종족언어 표현관습의 입말관례까지 라틴어 해독력을 필요하게 만들기 시작했다. 다음으로 라틴어 해독력은 특정 사회 영역인 기록문서와 관련된 행정 업무나 기록문서 전문가 업무에서 심리 상태에 대한 강제도구로 작용하기 시작했다. 미숙한 라틴어 해독력을 가지고서는 기록문서 행정을 종족언어 표현관습의 입말관례에 타당하고 생생하게 반영할 수 없었다. 라틴어 해독력은 고유한 종족언어 표현관습의 입말관례를 유지하는 한편 기존 종족언어의 라틴어 관례에 오히려 변화를 가져왔다. 즉 라틴어 해독력 영향으로 일상 사건을 처리하는 의례관습 절차에다 라틴어 기록문서를 도입토록 자극했다.

라틴어 해독력 영향으로 종족언어의 라틴어 관례와 종족언어 표현관습의 입말관례는 일치하기 시작했다. 라틴어 해독력과 종족언어 표현관습의 입말 관례 결합으로 종족언어의 라틴어 관례는 종족언어의 입말 관례에 함축되어 실현대상으로 변모하여 중세인의 행동지침이 되었다. 물론 개인은 종족언어의 라틴어 관례를 판단기준으로 거의 실행하지 않았다. 그러나 종족언어의 라틴어 관례는 종족언어 표현관습의 입말관례와 타협하는 형식으로 라틴어 해독력에 부착했다.

즉 최근세대는 라틴어 해독력 영향으로 과거세대의 라틴어 관례에 더 이상 집착하지 않고, 종족언어의 라틴어 관례를 행동으로 표면화하며 개인의 체험을 중요하게 수용했다. 11~12세기 유럽세계에서 최근세대는 라틴어 해독력 영향으로 종족언어의 라틴어 관례에 대해서도 체험 한계를 드러내며, 종족언어 표현관습에 바탕을 둔 충성관습과 복종관습이나 혈족사회의 결속관습을 이탈하며 라틴어 해독력을 동일한 판단기준으로 만들기 시작했다. 특히 서로의 충성관습과 복종관습은 오히려 혈족사회의 분리요인이 되었다. 11~12세기 유럽세계에서 라틴어 해독력은 충성관습과 복종관습을 종족언어의 라틴어 관례에 일치시키기 시작했다.

그런데도 최근세대가 서로의 충성관습과 복종관습을 강조하던 라틴어 해독력의 함축의미를 종족언어의 라틴어 관례에 흡수하는 한편 라틴어 해독력이 필요하다는 생각을 갖지 않았다는 점은 이해하기 어려운 점이다. 그럼에도 라틴어 해독력 영향으로 성문 사법이 필요하다는 점을 인식치 못했던 최근세대 종족사회 구성원의 편의를 도모하기 위하여 계약문서를 첨가했다. 한편 11~12세기 유럽세계에서 계약문서는 서로의 충성관습이나 복종관습을 지속시키며 '개인의 사회 결속 원동력'이요, '기존 종족사회나 종교조직을 해체하는 분리요인'을 만들어 내는 특정한 서술 매체였다.

계약문서는 종족언어 표현관습의 증거를 보전하기 위하여 종족언어 표현관습의 입말 관례에 함축된 종족언어 계약관습을 라틴어 해독력을 활용하여 작성했다. 물론 현대인의 감각에서 11~12세기 유럽세계의 라틴어 계약문서가 개인을 강제로 예속시킨 종족언어 표현관습의 입말 관례 발원지가 되었다 하더라도 그 라틴어 계약문서는 나름대로 타당했다. 라틴어 계약문서는 인간의 출생과 사망, 종교조직의 세례관습과 혼인관습 등에 관한 사건을 포함했다. 계약문서는 종교조직의 입문관습이나 재산이동관습 뿐만 아니라, 공법과 사법으로 해결해야 하는 소송 등과 같이 사소한 사건까지도 망라했다. 게다가 대개 특정한 라틴어 계약문서는 종족언어 표현관습의 입말관례와 라틴어 해독력의 관계를 풍부하게 수록했다. 흔히 라틴어 계약문서는 옛날 사람의 행적을 보존하는 데 불과했던 라틴어 해독력의 함축의미까지도 포함하고 있다.

그러나 계약문서에도 종족언어의 라틴어 관례가 유입되면서 라틴어 해독력을 필수 불가결하게 인식하기 시작했다. 따라서 라틴어 해독력은 종족언어의 라틴어 관례를 계약문서에 첨가하면서, 11~12세기 유럽세계에서 동질의식 발원지가 되기 시작했다. 11~12세기까지 유럽세계에서 라틴어 해독력으로 서로 다른 전문 지식 원리로서 문화를 극복하지 못했다면 서양세계가 단일한 문명권으로 회귀할 수 없었을 것이다. 그러나 1100년경 이후 다양한 영지에서는 라틴어 해독력 영향으로 계약문서의 주사위가 이미 던져져 다양한 라틴어 전문가사회 모습을 드러내기 시작했다.

11~12세기 서양 중세세계에서 라틴어 해독력은 중요한 문화이동 매체로 자리 매김하기 시작했다. 그런데도 라틴어 해독력은 종족언어의 라틴어 관례나 의례관습을 비롯한 크리스트 숭배관습의 라틴어 관례 영역에 국한하지 않고 전문가사회로 이동하며 라틴어 해독자 위치를 높이고 라틴어 해독자 역할을 확대해 갔다. 11~12세기 서양 중세세계에서 최근세대는 과거세대로부터 유지해 온 종족언어 표현관습의 입말 관례와 기록문서의 라틴어 관례라는 두 가지 서술관습으로 라틴어 해독력의 함축의미에 대한 핵심 문제를 감각으로 인식하여 표현했다.

물론 그 이전에도 이미 오랫동안 종족언어 표현관습의 입말 관례나 종족언어의 라틴어 관례는 의례관습을 유지하는 매체였다. 대개 종족언어의 라틴어 관례는 세속인과 수도자 학문동아리를 라틴어 해독력의 활용 여부에 근거하여 서로 다른 사회소속 인간으로 구분했다. 최근세대는 마음속으로 라틴어 해독력을 실제로 라틴어 관례 동의어로 파악했다. 그러나 11~12세기 서양 중세세계에서는 최근세대가 라틴어 해독력을 서로 다르게 활용함에 따라서 다양한 전문 지식 원리가 발원하기 시작했다. 물론 이런 라틴어 해독력의 이동과정에서 종족언어의 라틴어 관례와 질서 관습도 변화했다. 유럽문화 생성시대 세계에서는 라틴어 해독력으로 종족언어 표현관습의 입말 관례를 합당하게 반영치 못했다.

이런 현상은 베오불프의 영웅시에서도 입증되었다. 베오불프는 아마도 라틴어 해독력의 함축의미에서 발원한 강제관습 기능을 시의 소재로 썼을 것이다. 그러나 베오불프의 영웅 시구는 분명히 라틴어 해독력의 함축의미와 함께 구전되어 왔다. 베오불프의 영웅시는 그 출발점에서부터 라틴어 해독력에서 발원하여 오늘날까지도 복잡한 기록문서로 전래되고 있다. 최근세대는 베오불프의 시에서도 확인되듯이 라틴어 해독력으로 수도자 학문동아리의 저작물을 수용했다. 최근세대가 라틴어 해독력으로 수도자 학문동아리의 저작물 가치를 판단했다는 것은 중세의 최근세대가 라틴어 해독력에 관심을 갖기 시작했다는 것을 반증하고 있다. 이런 사례에 근거하여 라틴어 해독력이 사회결속 원동력이 되기 시작했다고 판단할 수 있다.

특히 보이믈은 11세기 무렵부터 보통명사로서 사람이라는 입말 표현관습도 '미무식자관습'으로부터 '무식자관습'에 접근하기 시작했다고 지적했다. 미무식자가 서양 중세세계의 주류를 이뤘을 것이라고 가정하고 성문사법을 라틴어 해독력으로 읽었다는 기록문서를 분석해보면 일단 기록문서 역할을 과소평가할 가능성도 있다. 그러나 11~12세기 서양 중세세계의 무식자관습 출현은 라틴어 해독력이 점차 기록문서 영향으로 법정에 부착하여 전문가사회에 필요해지기 시작했다는 것을 반증했다. 즉 전문가사회에서도 무식자관습은 특정한 기록문서나 라틴어 성문사법 활용으로 라틴어 해독력을 필요했기 때문에 출현했다는 증거인 것이다. 종족언어 표현관습 측면에서 살펴보더라도 라틴어 해독력은 종족언어 표현관습의 관례와 기록문서의 라틴어 관례에 근거하여 무식자관습과 미무식자관습을 현저하게 분리했다.

그러나 의례관습 실행과정에서는 무식자관습과 미무식자관습을 확실하게 구분할 수 없었다. 그러나 특정한 사건에 근거하여 판단하더라도 라틴어 해독력은 라틴어 계약문서와 같은 사건의 증거보존 수단보다 훨씬 심하게 전문가사회에 영향을 미쳤다. 사료상의 증거가 빈약하여 종족언어 계약관습을 실행할 때 라틴어 해독력의 결과인 라틴어 관례의 함축의미를 담은 표상의 보존 상태를 입증할 수 없다는 것은 아쉬운 일이다. 라틴어 해독력에서 발원했던 초기 로망스어계 계약관습은 끊임없이 서로 다른 과정을 거치면서 새로운 라틴어 관례를 수용했다. 로망스어계 종족언어 계약관습은 라틴어 해독력과 로망스어계 종족언어의 라틴어 관례와 결합과정에 종족언어 계약관습의 라틴어 관례를 수용했다. 그리고는 라틴어 계약관습 전달자와 청취자처럼 계약문서 작성자와 라틴어 해독자의 관계를 이어주며 라틴어 해독력을 중간 매체로 만들어 갔다.

그런데도 계약문서는 중간 해설자라는 라틴어 해독자를 거치지 않고서는 종족언어 계약관습의 라틴어 관례를 전달할 수 없었다. 라틴어 해독자라는 중간 해설자를 거치는 과정에서 계약문서에 담긴 종족언어의 라틴어 관례는 다양한 전문가사회로 이동했고, 계약문서 해석자는 라틴어 계약문서 전문가로 등장했다. 라틴어 해독력 영향으로 종족언어의 라틴어 관례 내력은 일반 종족언어 표현관습의 입말관례에 침잠하여 라틴어 계약관습 전달자와 청취자의 특정한 대화형식으로 계약문서와 그 라틴어 관례를 전달했다고 사바티니는 지적했다. 물론 사바티니의 이런 연구 성과에 근하더라도 종족언어의 라틴어 관례는 이처럼 특정한 서술관습을 표현양식처럼 유지하며 전승되었다는 것이다. 서양 중세세계에서는 계약문서에 담긴 종족언어의 라틴어 관례를 전달자와 청취자의 대화 형식으로 계승했다.

로망스어계 종족언어 계약관습과 로망스어계 종족언어의 라틴어 관례를 구분하기 위한 기준은 라틴어 발달과정에서 발원했다. 물론 이 두 종족언어의 라틴어 관례를 구분하기 위한 기준이 나타나기 시작했던 시기는 서로 다른 그리스어계 교육관행이 로마제국에 유입된 시기와 거의 일치했다. 로마제국세계에서는 그리스인을 통하여 다른 종족언어의 계약관습과 문법관습, 문장관습과 논리관습을 익혔다. 라틴어는 접속사와 논리가 충분치 못한 언어였다. 따라서 라틴어 계약관습은 초기 라틴어 계약관습에다 그리스어 계약관습을 첨가하면서 발전하기 시작했다. 이런 라틴어 계약관습은 그리스어 상용지역에 대한 초기 정복시대 이후부터 황제 안토니우스시대(138년 이후~192년)까지 로마제국의 지배영역 확장과 함께 그리스어 상용지역으로 이동했다.

특히 라틴어 계약관습은 이탈리아 반도 내의 다른 종족언어 영역으로까지 이동했다. 라틴어 계약관습은 로마공화정 말기부터 후기 로마제국시대에 이르기까지 그리스어 상용지역인 동부 비잔티움세계를 제외하고서는 로마제국 공용어와 함께 정착했다. 호노리우스(395~423)는 그리스어계 세계 정복으로 큰 골칫거리를 떠맡게 되었다고 빈정거리면서 다음과 같이 지적했다. "그리스어계 세계의 정복은 로마세계를 광범한 그리스어계 종족언어 표현관습에 급속하게 동화되게 했고, 로마제국 입장에서 보면 결국 그리스어와 라틴어라는 두 가지 공용어를 사용하게 되었다."는 것이다. 로마제국이 두 가지 공용 언어를 사용하는 과정에서 라틴어 계약관습은 급속하게 라틴어 구성물로 정착했다. 이렇게 생활언어로서 라틴어 계약관습 모형은 생활과정에서 발원하여 라틴어가 상용 언어로 정착하면서 라틴어 계약관습 모형을 갖추게 되었다.

로마세계에서는 본래 고유한 라틴어 계약관습을 유지했기 때문에 계약문서에서까지 그리스어 계약관습을 사용하지 않았다. 라틴어 계약관습이 로마인의 생활언어 관습으로 정착해 있었기 때문에 로마제국의 다른 거주 종족까지도 라틴어 계약관습을 수용했고, 거기다 타당한 라틴어 논리관습까지 수용했다. 언어 연구자는 로마제국에서 라틴어 계약관습과 다른 종족언어 표현관습을 구분하기 시작했던 분기점을 대략 3세기 중엽으로 추정했다. 리비우스 3세(†17)는 그리스어계 해방노예였다. 3세기 중엽 이후 리비우스 3세는 희곡 『오디세이아』를 저작했다. 리비우스는 당대 저작자로서 로마인이라는 긍지를 가지고 시어를 창작했던 인물이다. 후기 라틴어계 저작자는 그리스어 서술관습을 리비우스보다는 세련되게 모방했다.

그러나 그리스어계 저작자와 라틴어계 저작자의 경쟁의식은 언어 교양으로 판단컨대, 문학이나 문헌 영역에서 상상할 수 없을 정도로 고조되어 있었다. 그리스어계 저작자와 라틴어계 저작자의 경쟁의식은 라틴어 서술관습과 관련된 문헌을 창출하여 남겨주었다. 그러나 라틴어 문헌에서는 언제나 그리스어계 저작자의 표현관습이 우월했다는 점을 흔히 인식하고, 그리스어계 저작자의 문헌이나 기록물에서 특정한 그리스어 서술관습을 모방했다. 이처럼 그리스어와 라틴어 서술관습의 계승관습은 고전시대 저작자의 창작유산을 라틴어 서술관습의 기반으로 활용하는 데에서부터 발원했다. 그리고 그리스어 서술관습은 정확한 라틴어 서술관습과 교육 관행에 부착하여 전승되었고, 그 증거는 라틴어 서술관습을 바르게 전파했던 전기 저작물의 표현방식에서 확연하게 드러났다. 전기 저작물의 라틴어 서술관습은 로마제국시대부터 정립되어 있었다. 그런데도 그리스어와 라틴어 계약관습은 라틴어 서술관습 정착과는 상관없이 서로 혼용되었다. 그리스어와 라틴어 계약관습 혼용으로 두 가지 언어의 계승관습은 전혀 다른 라틴어 서술관습으로 변형되어 라틴어 계약관습에 유입되었다.

중세에 이르러 라틴어 계약관습은 전기 저작물에 나타났던 라틴어와 그리스어 계약관습의 혼합 상황과는 다르게 변형되었다. 그리스어계 계약관습과 라틴어계 계약관습의 혼합은 로마제국시대 시민의 계약관습과 비시민의 계약관습으로 존속했다. 그리스어계 계약관습과 비시민의 라틴어계 계약관습은 로마제국시대까지 시민의 계약관습 범주에 편입되지 않았다. 그리스어계 계약관습과 비시민의 라틴어계 계약관습은 다양한 지중해세계 종족사회의 계약관습이라는 장애요인을 극복하고, 라틴어 해독력을 받아들인 다양한 종족의 생활언어 관습의 관례와 함께 전승되었다. 이런 맥락에서 13~14세기 이탈리아 르네상스기에 이르러서야 다시 라틴어 서술관습을 수용했다는 라틴어 해독력의 재생 이론은 이탈리아, 프랑스, 도이취란트의 초기 저작물과 문학에서도 그 타당함을 찾아낼 수 없을 것이다. 여기에서는 이처럼 복잡한 라틴어 서술관습 변화, 즉 유럽문화 생성시대 세계의 라틴어 서술관습 재생이론을 분석하려는 것이 아니다. 즉 유럽문화 생성시대 세계에서 라틴어 계약관습이 라틴어 해독력에 침잠한 채 중세 초기까지 생활언어의 문법관습과 문장관습에 부착하여 명맥을 유지하며 서로 의사를 교환할 수 있을 정도로 존속했다는 점을 지적하려는 것이다.

물론 유럽문화 생성시대 세계에서는 라틴어 계약관습을 어떤 형태의 전거에서도 활용하지 않았다. 즉 라틴어 계약관습은 초서체와 정서체의 「계약관습 절차 모음집」에서 찾아볼 수 있을 정도로 미미하게 명맥을 유지했다. 즉 '고문서', '행정문서', '저작물' 등에서 라틴어 계약관습은 전혀 다른 표현관습으로 이어져 왔다. 따라서 라틴어 계약관습을 담은 계약문서를 중시하지 않을 수 없다. 특히 계약문서의 라틴어 철자관습 변화에 초점을 맞추지 않을 수도 없다. 지금까지 서양중세학 분야의 라틴어 탈락철자 연구 역시 이런 계약문서를 중심으로 진행하지 않을 수 없었다. 따라서 지금까지 라틴어 탈락철자 연구는 대체로 계약문서의 라틴어 탈락철자에 초점을 맞춰 두 가지 방향으로 진행해 왔다.

첫째 방향의 라틴어 탈락철자 연구는 고전시대 지중해세계의 라틴어 계약관습 변화과정을 라틴어 탈락철자에 관련 지워 분석했다. 물론 라틴어 탈락철자 연구는 수도자 학문동아리의 저작물에서 활용하는 라틴어 해독력이 광범한 종족구성원과 어떻게 서로 관련되어 발전했던가에 초점을 맞추어 진행되고 있다. 즉 수도자 학문동아리는 라틴어 해독력을 활용하여 저작물을 읽고 저작물 내용을 활용했다. 수도자 학문동아리의 이런 라틴어 해독력은 고전시대 종족언어의 라틴어 관례에서 입증되고 있다. 다른 방향의 라틴어 탈락철자 연구는 라틴어 서술관습의 파생 어구를 분석하여 새로운 철자가 어떻게 발원하여 기존 라틴어 계약관습에 동화했던가에 초점을 맞추어 진행되고 있다. 즉 라틴어 계약관습의 표현 기능으로 대별되는 종족언어의 대화

내용을 비롯하여 수도자 학문동아리의 저작물과 거기서 라틴어 해독력이 어떤 단계를 거쳐 종족언어 표현관습의 입말관례에 융합했던가를 규명해 보려는 방향에서 지금까지 진행되고 있다.

둘째 방향의 라틴어 탈락철자 연구는 로망스어계와 게르만어계 종족언어 기본철자의 발원지에까지 소급하여 이미 진행했다. 역사학에서는 사료 검증의 비판원리에 라틴어 탈락철자 연구를 포함하고 있지만, 저작물과 어원학, 그리고 문자관습의 구성 원리 측면에서 최근세대 라틴어 해독력에 초점을 맞추어 최근세대의 대화를 다시 구성하는 방향으로 진행되고 있다. 이 방향의 라틴어 탈락철자 연구에서는 음성관습을 비교하여 현존하지 않는 철자와 라틴어 해독력의 연계 점에 초점을 맞추어 사회 변화의 가설을 제시하고 있다. 즉 로망스어계와 게르만어계 표현관습의 철자 소리를 분석하고, 특정한 철자 소리의 탈락시기를 측정하고 있다. 또한 방대한 계약문서에서 연대를 측정하기 위해서는 과학과 기술까지 탈락철자를 검증하기 위한 보조수단으로 활용하고 있다.

라틴어 계약관습의 연대 상한선과 연대 하한선은 탈락철자와 그 소리 변화를 중심으로 설정하고 있다. 이 경우, 후기 라틴어 시대, 곧 대략 200년과 600년 사이의 라틴어 계약관습에 자연히 중점을 두기 마련인 것이다. 200년경을 라틴어 계약관습의 변화시대임을 나타내는 근거는 아프리카 지역의 저작가인 테르툴리아누스시대(대략 200년 경)와 초기 순교자 시대를 염두에 두고 있다. 초기 순교자 시대의 라틴어 계약관습은 117년 타키투스(대략 100년 경)가 사망한 무렵일 수도 있다. 타키투스가 사망한 이후 라틴어 계약관습이 급격하게 변화했다는 점에서 타키투스 사망 이후시대를 전환시대로 판단하게 되는 것이다. 이런 맥락에서 라틴어 계약관습의 상한선이 결국 고전시대 종말이라는 사건과 일치한다는 뢰프스트레트의 지적은 자연히 설득력을 지니게 되는 것이다. 즉 이 셋째 시대 이후 라틴어 계약관습은 앞의 두 시대에 비해 두드러지게 변화하여 새로운 라틴어 계약문서에서다 초서체관습을 도입하는 변화까지 나타났다는 점이다. 초서체관습의 계약문서를 이미 267년경에 이르러 로마제국의 황제 법정을 제외한 모든 관공서에서 공통으로 활용했다는 점에 초점을 맞추고 있는 것이다.

'초서체관습의 계약문서는 종족언어 표현관습에서도 라틴어 성서'를 수용했다는 것을 암시하고 있다. 초서체 철자관습으로 채색된 종족언어 표현관습의 라틴어 성서는 또한 사실상 종족언어의 발음관습을 담은 새로운 표지였다. 이렇게 종족언어의 라틴어 관례가 여러 가지 라틴어계 계약관습에 영향을 미치며 활자관습 변화로 이어졌다는 것은 라틴어 계약관습이 사회변화 영향을 수용했다는 것을 반증했다. 요컨대, 라틴어 계약관습이 교육수준에 따라서 달랐다는 사례는 농촌에서 도시로 축소되는 로마제국 변방에서도 달라졌다는 점에서도 입증되었다. 라틴어 계약관습의 변화 요인은 대주교 관구로 인구가 이동하고 세대 간의 윤리가 달라졌다는 점이다. 이런 라틴어 계약관습 변화는 곧 새로운 사회와 이단자 출현으로 이어졌다. 또한 새로운 사회에서는 라틴어 기본철자와 그 발음관습, 활자체 변화로 발전했다. 특히 라틴어 계약관습은 특정 시대 종족언어 표현관습의 입말관례에 일치하면서 라틴어 표기 형태를 활용하여 다음 시대 표기모형의 창안에 접근했던 것이다.

특히 로마제국시대의 이동종족 정책은 라틴어 계약관습을 이동종족에게 이동케 했던 배경이었다. 212년 「안토니누스 시대의 계약관습 모음집」에서 입증했듯이, 로마제국은 혈통과는 관계없이 로마제국 내의 모든 거주자에게 시민권을 부여했다. 로마제국의 이런 이동종족 정책은 라틴어 계약관습의 변화 요인으로 작용했다. 후기 로마제국시대의 이동종족 정책은 게르만어계 이동종족에게까지 라틴어 계약관습 상용범위를 넓혔고, 크리스트교도에 대해서도 특별한 위치를 부여하여 결국 라틴어 계약관습 자체를 변화케 했다. 실제로 새로운 크리스트 교도는 로마제국에서 로마인과 유대종족에 이어 제3의 종족 위치를 차지했다. 특히 크리스트교도는 로마제국의 제신 숭배관습에 참여하기를 거절했던 배타 성향 때문에 로마인이나 유대종족과 전혀 다른 종족사회처럼 확연하게 구분되었다.

로마인과 유대종족은 크리스트교도의 라틴어 계약관습과 경계를 만들기 위하여 라틴어 계약관습에 대하여 분리 대책을 다양하게 강구했다. 우선 로마인과 유대종족은 여러 가지 신에 대한 숭배관습이 크리스트 숭배관습과 다르다는 점을 내세우기 위하여 라틴어계 계약관습에 대하여도 차이를 강조하기 시작했다. 로마인과 유대종족은 크리스트교도가 라틴어계 계약관습에 아주 미숙하다는 점에 착안하여 라틴어계 계약관습을 표준관습으로 설정하여 크리스트교도의 계약관습과 구분했다.

당시 크리스트교도는 일상의 문학이나 성사관습에서도 생활언어로서 라틴어를 활용했다. 물론 일상 생활언어 관습의 라틴어든, 성사관습의 라틴어든, 크리스트교도는 라틴어 발음관습과 표현관습을 계약관습에 도입했고, 심지어 그리스어 소리관습과 표현관습까지도 계약관습에 도입했다. 크리스트교도의 계약관습에 라틴어 표현관습이 부착하면서 라틴어 표현관습 자체도 달라졌다. 라틴어 표현관습 역시 크리스트교도의 라틴어 발음관습 문장관습의 영향을 수용하며 달라지기 시작했다. 이런 고전시대 성서의 계약관습은 크리스트교도의 동질의식과 함께 일상 대화에까지 다양하게 영향을 미치며 새로운 라틴어 표기양식으로 발전하기 시작했다.

성서의 라틴어 표현관습에 라틴어 계약관습이 유입하면서 흔히 종족사회에서는 일상의 개종 문제를 제기하기 시작했다. 라틴어 계약관습 변화는 종족사회를 개종시키며 개종자를 기존 라틴어 계약관습에 대한 분리자로 만들었다. 그러나 라틴어 계약문서나 문학에서는 라틴어 계약관습 변화를 어느 정도 수용했다. 종족언어 표현관습의 입말관례도 라틴어 문장관습 영향을 받았다. 크리스트교도의 라틴어 계약관습은 성서에서 발원했으나, 점차 고전시대 라틴어 계약관습을 탈피하며 존재를 서술하게 되었다고 아우어바흐는 분석했다.

크리스트교도는 라틴어 문장관습으로 계약관습을 세련되게 서술하지 못했지만 현실 문제를 계약관습에 반영하기 시작했다. 또한 교회법률의 계약관습에도 새로운 종족언어의 라틴어 관례에 관한 규정을 첨가했다. 이런 교회법률 변화는 크리스트교도의 계약관습을 교회법률의 취지에 부합되게 해석하려 했고, 성서의 라틴어 계약관습도 교회법률 원리를 수용하기 시작하며 라틴어 개작성서의 출현으로 발전했다. 즉 라틴어 개작성서는 교회 법률의 계약관습을 수용하며 전문지식 수준이나 정도에 관계없이 모든 사람이 접근하도록 신의 존재관습을 평이하게 서술하여 공동 관심사를 반영하기 시작했다.

성서는 신의 존재관습을 서술하는 라틴어 계약관습 변화를 반영하며 끊임없이 개작되었다. 개작성서의 해설을 듣는 청중이면 누구나 개인의 교육 정도에 따라서 신의 존재에 다양하게 접근하도록 성서의 계약관습을 개작해 갔다. 이런 라틴어 개작성서는 청중에게 신의 이미지를 선명하게 전달하고 라틴어 계약관습과 조화를 추구하기 위하여 미묘하고 복잡한 라틴어 계약관습 원리를 이탈하기 마련이었다. 성 아우구스티누스(†430)는 라틴어 개작성서가 계약관습 원리를 풍부하게 담고 있으나 마침내 신앙심을 고취할 목적으로 신앙자의 욕망을 자극토록 개작되었다고 지적했다.

라틴어 개작성서의 계약관습은 고전시대 라틴어 계약관습과 라틴어 성서 주제를 생활언어 관습의 입말관례에 결합하여 서양 중세세계에서 라틴어 계약관습을 로망스어계 종족언어 계약관습에 부착케 했다. 비잔티움세계의 학문동아리에서조차도 라틴어 개작성서의 출현 영향으로 특히 황제 유스티니아누스시대(527~565) 이후 고전시대 라틴어 계약관습을 가르치던 교과목은 사라지고 그리스어계 계약관습을 가르치는 과목으로 대체되며 라틴어 계약관습을 수용했다. 이외에도 라틴어 운율관습은 라틴어 개작성서와 조화를 이루며 게르만어계 계약관습에 부착했다.

라틴어 계약관습은 종교의 라틴어계 계약관습 속성을 수용했던 라틴어 개작성서와 함께 서양 중세세계의 게르만어계 계약관습에 부착했다. 그러나 이후부터 다양한 게르만어계 계약관습과 수도자 학문동아리의 라틴어 계약관습을 오히려 구분했고, 이런 구분은 또한 다른 종족의 외부 정치 세력을 유입케 하여 종족 전쟁으로 발전하는 경우도 빈번했다. 다른 종족의 정치 세력이 대개 라틴어계 계약관습 영역을 침입했던 사례는 9세기 도이취어계 제국을 침입했던 아르메니아어계 훈가르종족인 것이다.

훈가르종족과 노르만종족을 비롯한 유럽세계 외부의 종족은 이 시대 이후 크리스트교세계를 침입했으나 결국 라틴어 세계에 동화하고 말았다. 특히 훈가르계 마자르종족은 오토 대제(983~1002)가 995년 지휘했던 바이에른의 레히강 전투에서 패주했다. 1061년 이후 노르만종족왕 로저(1101년까지) 역시 이탈리아 반도에 진출한 아랍계 세력을 몰아냈으나 결국 라틴어계 크리스트교세계에 동화했다. 크리스트교세계를 침입했던 다른 종족도 라틴어계 계약관습을 표준관습으로 갖게 되었고, 루마니아 지역을 제외하고서는 로망스어계 계약관습은 라틴어 계약문서의 문법관습과 문장관습에 젖어 들었다.

특히 루마니아 지역에서 로망스어계와 슬라브어계 종족언어 계약관습은 황제 유스티니아누스 사망 이후부터 11세기까지 서로 융합되어 새로운 계약관습 발원지가 되었다. 스페인의 서고트종족 영역과 이탈리아의 랑고바르드종족 영역의 경우도 계약관습 변화 사례로 지적할 수 있다. 이 종족의 계약관습에도 게르만어계 계약관습이 유입되었으나 이 두 가지 생활언어 계약관습은 라틴어계 계약관습과 구분할 수 없을 정도로 완벽하게 일치했다. 이외에도 게르만어계 종족언어 계약관습과 라틴어계 종족언어 계약관습의 결합 사례는 영지 프랑스의 계약관습인 것이다. 영지 프랑스에서는 사전 편찬으로 라틴어계 종족언어 계약관습과 프랑스어 계약관습을 결합했다. 특히 영지 프랑스 농촌의 게르만어계 계약관습이 봉건관습과 개인의 사회 결속관습에 영향을 미쳤다는 증거는 무기류를 다루는 관습으로서 수직 또는 수평형의 결속관습인 것이다.

스페인의 아랍어계 계약관습은 정원 조성, 건축, 상업, 행정을 비롯하여 의학, 약학을 비롯한 과학 분야와 문학 분야에까지 영향을 미쳤다. 여러 분야에서 사라센 계약관습의 영향은 침입자의 새로운 권력동아리 기반으로 작용했다. '로마시대 문화영역'은 라틴어계 계약관습과 다른 종족의 계약관습을 융합하면서 새로운 유럽문화 영역으로 등장했다. 적어도 9세기부터 로마시대 문화영역에서 아랍어계 계약관습은 아랍인의 활동영역에 따라서 전혀 다른 모습을 드러내기 시작했다. 프랑크종족왕 피핀(751~768)은 751년 카롤루스 가문 프랑크종족왕의 지배자 사회를 창건하여 프랑크종족왕이 되었다. 이후 카롤루스 가문 프랑크종족왕 피핀을 정점으로 하는 지배자사회 정착과 함께 로마시대 문화영역에서 라틴어계 계약관습도 변화하기 시작했다.

1.3. 기록문서와 글자[라틴어] 해독력

로마시대 문화영역에서도 라틴어계 계약관습은 실제로 쇠퇴했다. 그러나 그 쇠퇴 현상은 지속되지 않았다. 카롤루스 막뉴스는 814년에 사망했다. 그런데도 게르만어계 계약관습은 현재의 프랑스, 베네룩스 지역으로 이동했고, 이탈리아와 스페인 일부 지역으로까지 이동했다. 따라서 게르만어계 계약관습은 곧 카롤루스 막뉴스의 대제국 건설 야망을 실현했던 카롤루스 가문 프랑크종족왕 황제 영지와 일치되게 정착했다. 즉 카롤루스 막뉴스는 대제국을 건설하여 게르만어계 계약관습을 유럽세계로 이동케 했으나 실제로 카롤루스 가문 프랑크종족왕 시대 각 제국 영지에서는 라틴어계 계약관습을 사용할 수 없었다. 따라서 제국 영지에서는 게르만어계 계약관습과 라틴어 계약관습을 뚜렷하게 구분했고, 계약관습의 서술 수단도 라틴어 계약관습과 게르만어계 계약관습으로 다시 분리되었다. 역사 연구자는 바로 이런 계약관습의 서술수단 변화를 두고 특이한 가설을 제시했다. 역사 연구자의 가설은 라틴어계 계약관습에 유입된 게르만어계 계약관습이라는 악화가 라틴어 계약관습이라는 양화를 위축케 했다는 것이다. 물론 역사 연구자의 가설은 타당했다.

중세 연구자는 게르만어계 계약관습이 기존 라틴어 계약관습과 라틴어 철자관습에 과연 영향을 미칠 수 있었는가 문제를 제기해 두고 라틴어 해독력이 로망스어계 종족언어 계약관습에 부착하면서 다양한 모습의 계약문서가 나타났다는 점에 초점을 맞추어 라틴어계 계약관습과 로망스어계 계약관습이 대략 기원전 2세기부터 공존하기 시작했다는 견해를 피력했다. 즉 이 견해는 9세기 이후 로망스어계 종족언어 계약관습과 라틴어계 종족언어 계약관습이 서로 구분되지 않을 정도로까지 서로 닮아갔다는 것이다. 이런 기존 견해는 이 두 가지 계약관습이 복잡한 과정을 거치면서 서로 닮아갔다는 것을 분명히 지나치게 단순하게 다룬 결과인 것이다. 다시 최근세대 계약관습 문제는 지금까지 실제로 기록문서 분석 수준에 그치고 있다. 하지만 서로 다른 두 가지 계약관습 혼합은 라틴어 해독력 영향으로 기록방식까지도 바꾸어 놓았을 것이라는 가설을 다시 제시하게 되었다. 두 가지 계약관습과 기록방식의 관계는 최근세대 계약관습과 라틴어 해독력의 관계를 파악하게 될 때까지 가설로서 틀림없이 남아 있게 될 것이다.

하지만 라틴어 해독력과 기록방식의 관계를 설정하려는 가설에 대하여 한 가지 신빙성이 있는 증거를 제시할 수 있다면, 그 증거는 라틴어 해독력의 변화인 것이다. 다른 종족언어의 계약관습에 라틴어 계약관습이 부착했음에도, 라틴어 해독력 영향을 받은 로망스어계 계약관습 변화를 중세 연구자는 지금까지 충분하게 분석하지 않았다. 그럼에도 불구하고 계약문서는 라틴어 계약관습과 다른 종족의 계약관습이 엄연히 달랐으며 이 두 가지 계약관습도 소리관습과 라틴어 철자관습이라는 두 가지 형태로 계약관습을 전달했다는 것을 입증하고 있다. 이 두 가지 계약관습은 보통 수준의 전달자에게 지나칠 정도로 어렵게 인식되었다. 여기서 라틴어계 계약관습은 아마도 「계약관습 절차 모음집」에 담겨 있을 정도로 위축되었을 가능성도 있다.

특히 라틴어계 계약관습의 위축은 동시에 로망스어계 계약관습 위축으로 이어졌을 것이다. 그러나 「계약관습 절차 모음집」의 라틴어 서술관습이 생활언어 관습의 라틴어 관례 발원지였다는 것도 분명하다. 즉 라틴어계 계약관습은 계약문서에 담겨 있다가 최근세대의 서술모형이 되었을 가능성도 있다. 이러한 시각에서 파악하면, 842년에 나타났던 『스트라스부르그 영지의 신서관습 모음집』을 로망스어계 계약관습의 징표로 인정할 수 있는지 문제를 제기할 수도 있다.

요컨대, 『스트라스부르그 영지의 신서관습 모음집』은 카롤루스 가문 프랑크종족왕의 영지에서 앵글로색슨계 알쿠인(730?~804)이 라틴어계 계약관습을 표준관습으로 추진했던 개혁과정과 관련되어 출현했을 가능성도 있다. 알쿠인이 의례관습을 개혁했던 프랑크종족왕의 영지에서 라틴어 계약문서가 출현했을 가능성도 있다. 이런 가정에 근거하여 라틴어 철자발음관습과 라틴어 억양관습으로 라틴어계 계약관습을 소리 내어 읽었으리라고 추측할 수도 있다. 그렇다면 동일한 라틴어 계약문서가 존속했는데도 라틴어계 계약관습과 게르만어계 계약관습을 서로 다르게 발음했던 지를 다시 검토해야 할 것이다.

로망스어계 계약관습이 라틴어계 계약관습 발원지였다는 징표는

『스트라스부르그 영지의 신서관습 모음집』과 관련된 『라틴어 성서 주해 모음집』인 것이다. 로망스어계 라틴어 계약문서는 게르만어계 계약관습과 라틴어계 계약관습의 관례가 일치된 시점보다 1세기 정도 먼저 유럽세계에 출현했다. 로망스어계 라틴어 계약문서가 출현했다는 증거는 다수 로망스어계 계약관습과 관련된 『라틴어 성서 주해 모음집』인 것이다. 이 『라틴어 성서 주해 모음집』에서는 흔히 라틴어 계약관습과 로망스어계 계약관습을 서로 다르게 표현했다. 이 경우 로망스어계 계약관습 변화는 라틴어 계약문서의 표현양식과 일치했다. 따라서 이 『라틴어 성서 주해 모음집』의 두 가지 계약관습 혼합 사례는 같은 시대이긴 하지만 서로 다른 두 가지 이상의 계약관습이 혼합했다는 것을 입증하고 있다.

이런 표현양식 변화 사례의 계약문서는 『베로나 영지의 라틴어 성서 주해 모음집』, 『스와송 영지의 프랑크종족왕 칭송문』, 『살리종족 법률 풍자시』, 『카셀 영지의 라틴어 성서 주해 모음집』, 『백작 영주의 풍자 이야기』, 『몬차 영지의 라틴어 성서 주해 모음집』 등인 것이다. 라틴어 계약문서의 표현양식 변화와 생활언어 관습의 이런 결합 사례는 다양한 최근세대 라틴어 계약문서를 비롯하여, 813년에 개최된 투르 종교회의 의결에서도 생활언어 관습의 관례를 명백하게 활용했다는 점이다. 다른 한편으로 아무리 라틴어를 성직자만이 해독했다 하더라도, 종족언어 표현관습에 대한 라틴어 발음관습과 전혀 다르게 라틴어 구사능력을 칭송하는 인물 사례도 나타나고 있다. 이런 라틴어 계약문서는 종족언어 표현관습의 표현양식과 전혀 다르지만 불안정한 최근세대 심리상태를 암시하는 경우도 나타났다.

최근세대는 종족언어 표현관습에 잠재해 있던 라틴어 관례를 저작물에 활용하여 이런 라틴어 계약문서가 아니었더라면, 로망스어계 종족언어 계약관습에서조차도 라틴어 해독력이 표면화하지 않았을 것임을 암시해 두고 있다. 라틴어 계약문서와 종족언어 표현관습의 결합은 라틴어 의례관습을 표준관습으로 삼으려는 카롤루스 가문 프랑크종족왕시대 개혁운동으로 실현되었을 가능성을 부인할 수 없다. 로마시대 문화영역에서는 어느 정도까지 카롤루스 가문 프랑크종족왕인 카롤루스 막뉴스의 개혁운동으로 라틴어 계약문서는 종족언어 표현관습의 라틴어 관례에 부착하여 라틴어 철자관습을 전혀 다른 종족언어 철자관습 발원지로 만들어 놓았다.

로마시대 문화영역에서 카롤루스 가문 프랑크종족왕은 라틴어를 가르치고, 라틴어계 의례관습을 상용토록 수도자 학문동아리를 내세워 성직자에게 라틴어를 교육시켰다. 즉 카롤루스 가문 프랑크종족왕은 라틴어계 의례관습을 표준관습으로 채택하여 표준관습을 개혁코자 시도했다. 카롤루스 가문 프랑크종족왕 영지에서 아무리 라틴어가 발전했다 하더라도 게르만어계 생활언어 표현관습의 라틴어 관례로 라틴어 의례관습을 전달하는 한, 라틴어 문법관습에 맞게 기록된 라틴어 계약문서는 게르만어계 종족언어 의례관습과 더욱 현저하게 분리될 수밖에 없었다. 11세기와 13세기에 이르러 게르만어계 계약문서는 라틴어 계약문서를 최종 이탈했다. 다양한 유럽세계 게르만어계 영지에도 이 시기에 유럽문화 생성시대 세계 모습의 저작물이 실제로 등장하기 시작했다.

특히 11세기와 13세기에 이르러 경제 발전과 함께 인구는 증가했다. 수도자 학문동아리도 교구나 관구 좌장의 울타리를 벗어나며 새로운 스승의 길을 걷도록 자극하기 시작했다. 당시까지 인간은 아무 것도 남기지 않고 살아왔다. 그러나 인간은 수도자 학문동아리로부터 전문 지식 원리의 획득 수단으로 터득했던 라틴어 저작물 해독력을 인간에 대한 평가기준으로 제시하며 최초로 라틴어 해독력이 필요하다는 것을 인식했다. 인간은 따라서 종족언어 표현관습 영역에서 판단기준도 라틴어 해독력을 중시하며 달라지기 시작했다. 11~12세기 유럽세계의 인간은 라틴어 저작물의 관례를 행동으로 실행하기 시작했다. 즉 인간은 두 가지 라틴어 논리관습으로 라틴어 저작물의 관례를 인식하여 종족사회를 해체하기 시작했다. 11~12세기 유럽세계의 인간은 두 가지 라틴어 논리관습으로 라틴어 저작물의 관례를 행동으로 실행하려는 새로운 사회를 결속하기 시작했다.

11~12세기 유럽세계의 새로운 사회를 정통론자 교회조직 입장에서 접근하면 기존 라틴어 계약관습에 대한 반항자였다. 정통론자 교회조직의 라틴어계 계약관습에 대한 반항자 출현 사건 역시 라틴어 저작물의 관례 영향 때문이었을 것이다. 정통론자 교회조직의 라틴어계 계약관습에 대한 반항자는 수도자 신학동아리의 라틴어계 계약관습을 정면으로 반대했다. 이른바 정통론자 교회조직의 라틴어계 계약관습에 대한 반항자는 종족언어의 라틴어 관례에 따라서 기술한 저작물의 라틴어계 계약관습을 행동으로 실행하는 경우도 나타났다. 정통론자 교회조직의 라틴어계 계약관습에 대한 반항자는 수도자 신학동아리의 전문 지식 원리에 대한 논쟁을 당연히 타당하다고 판단했다. 수도자 신학동아리의 전문 지식 원리에 대한 논쟁에서는 라틴어 저작물의 교리를 활용하기 시작했다.

라틴어 해독력은 이처럼 수도자 신학동아리의 전문 지식 원리에 대한 논쟁과 함께 1200년 이전 이미 광범한 전문 지식 원리를 문화이동이론으로 바꾸어놓으며 세속인세계로 이동하기 시작했다. 특히 수도자 학문동아리는 학문동아리 이동자 관례 탐구에서 문화이동이론을 찾아냈다. 문화이동이론은 지금까지 라틴어 해독력에 관심을 기울이지 않았던 중세세계 인간에게 저작물의 필요함과 라틴어 해독력의 중요함을 일깨우며 자극하기 시작했다. 거기다 중세 수도자 학문동아리는 영지 공문서와 정서생활 변화를 저작물에 담기에 충분할 정도의 이론을 갖췄고 중세 인간 역시 라틴어 해독력으로 수도자 학문동아리의 저작물을 읽으며 영지 공문서와 정서생활 변화 정도를 마음속에서 응용할 수 있었다. 따라서 라틴어 계약문서의 활용을 위해서도 라틴어 해독력은 광범한 종족언어 표현관습의 라틴어 관례에 부착하며 독서 인구 증가를 자극했다.

모든 로망스어계 종족언어 중에서 프랑스어는 후기 로마제국시대부터 종족언어 표현관습의 의례관습을 기록문서에 담아두었다. 특히 프랑스어 표현관습의 계약문서는 심한 우열현상을 드러내긴 했지만 라틴어 계약관습 위치를 가장 정확하게 대체했다. 또한, 프랑스어 계약관습은 청각으로 파악했던 반항자의 라틴어계 계약관습을 거의 명확하게 대체했다. 실제로 라틴어 해독력은 대개의 경우 성직자를 표지하는 일종의 특권 영역과 결합했다. 그래서 라틴어 해독력은 성서의 계약관습을 파악케 하는 성직자의 성사관습 저장소 역할을 담당했다. 라틴어 해독력은 라틴어 계약관습과 계약문서, 로망스어계 계약관습과 라틴어 계약관습을 결합하여 새로운 결속력을 만들어내며 사회 실험장 기능을 창출했다. 물론 이 두 로망스어계 계약관습은 문법관습을 갖추지 못했으나, 문헌과 문학 영역으로부터 종족언어 표현관습의 라틴어 관례를 확대했다. 그러나 이 두 계열 계약관습 변화는 라틴어 표현관습의 규범과 비교하는 경우 일정한 수준에 머물러 있었다.

게르만계 계약관습은 특정한 인물 지위와 영향력에 힘입어 라틴어계 계약관습에 일치했다. 게르만계 계약관습은 라틴어 활자관습과 문법관습을 갖추며 기록문서에 접근했다. 라틴어는 또한 문법 체제를 유일하게 갖췄다. 당시 라틴어계 계약관습 위치는 대부분 최근세대가 라틴어 해독력을 갖추어 라틴어로 기술하고자 했다는 점에서도 드러났다. 최근세대면 누구나 고전시대 라틴어 계약관습을 터득해야 한다고 느끼던 정서도 라틴어계 계약관습 위치를 확고하게 유지하는 방편이었다. 라틴어계 계약관습은 라틴어 해독력으로 읽고 서술하려는 라틴어 문장관습, 필요한 '문법관습', '서술관습'을 갖추고 있었다는 것은 두 가지 장점을 지녔다. 라틴어계 계약관습은 각 라틴어 문법관습과 서술관습을 터득하여 라틴어 해독력을 갖추도록 보완했다. 그러나 라틴어계 계약관습의 문법체제와 서술체제는 적어도 11~12세기부터 종족사회를 해체하는 분리요인이 되었다.

1.4. 로망스어계와 게르만어계 종족언어의 라틴어 관례와 라틴어 해독력의 관계

11~12세기 유럽세계에서 라틴어계 계약관습은 수도자 학문동아리의 이론에 대한 전제였기 때문에 전문 지식 발원지나 다름없었다. 이런 맥락에서 11~12세기 유럽세계의 전문 지식인이면 누구나 수도자 학문동아리가 창안했던 이론 영향으로 라틴어 해독력을 갖추어 전문 지식 원리에 접근해야 했다. 즉 중세 전문 지식인이 라틴어계 계약관

습을 파악하지 못하면 로마시대 법률이나 교회 법률, 수도자 신학동아리의 기본 교양 원리를 파악할 수 없었던 것이다. 대체로 아베라르 시대(1079~1142) 이후부터 라틴어 해독력을 갖추지 않고서는 수도자 철학동아리의 전문 지식 원리까지도 이해할 수 없었다. 따라서 11~12세기 유럽세계 최근세대는 라틴어 해독력을 전문 지식 원리 골격인 전문 지혜동아리 이동자 관례 탐구 역시 이해할 수 없었다. 11~12세기 유럽세계에서는 라틴어 해독력이 전문 지식 창안도구로 자리 잡았다.

즉 수도자 학문동아리의 자기 전문지식 선전으로 라틴어 해독력이 전체 생활에 필요하다는 정서가 확산되기 시작했다. 라틴어 해독력은 영지 재정이나 개인 재산과 같은 일반 경제생활에도 서서히 영향을 미치기 시작했다. 12세기 이후 수도자 학문동아리의 전문 지혜동아리 이동자 관례 탐구와 과거시대 사건을 잊지 않기 위한 방편으로 라틴어 기록문서 영역도 넓어지기 시작했다. 이와 더불어 라틴어 해독력을 인간의 평가기준으로 만들며 라틴어 해독자를 거의 언제나 글자 해독자라고 지칭하게 되었다. 라틴어 계약문서나 저작물은 라틴어 해독자 관습과 함께 종족언어 표현관습의 규범 속에 점차 정착하여 성직자만이 느끼던 라틴어 해독력의 필요함을 점차 전문 지식 원리 속으로 이동시키고 라틴어 해독자에 대한 상대자관습을 만들어내기 시작했다.

그런데도 그룬트만은 이런 중세세계 변화 상황에 대하여도 라틴어 계약관습의 속성이 거의 변질하지 않았다고 지적했다. 12세기에서 14세기까지 중세세계 상황을 라틴어 계약관습의 속성에 근거하여 분석하는 경우, 수도자 학문동아리에서 교육을 받은 사람이면 누구나 라틴어를 해독하고, 라틴어로 서술했다. 다양한 학문동아리 이동자 관례에 대하여 교양을 갖춘 사람이라면 누구나 아마도 라틴어를 상용했다고 지적할 수 있다. 라틴어 해독력은 '라틴어 해독자관습'에 대하여 '무식자관습' '미 박식자관습', 또는 경우에 따라서 '라틴어계 계약관습을 모르는 사람 관습으로서 세속인의 생활언어 관습' 등과 같은 상대 개념을 만들어냈을 것이다. 그 중에서도 라틴어 해독자의 상대개념을 활용하여 다양한 학문동아리 이동자 관례에 대하여 교양을 갖춘 사람의 상대자 관습을 '촌사람'이나 '시골 띠기'의 생활언어 관습으로도 활용했다.

1100년 이후 라틴어 해독자는 당시 수도자 철학동아리의 전문 지식 원리 이동 상황을 배경으로 분석하더라도, 수도자 학문동아리의 라틴어 의례관습 문서에 근거하여 크리스트 숭배관습의 발원지를 점차 구분하기 시작했다. 1100년 이후 경향으로 라틴어 해독력은 라틴어 해독자와 무식자를 구분해 버리는 종족언어 관습의 장벽을 암시했다. 라틴어 해독력은 라틴어 해독자와 무식자를 서로 다른 종족언어 관습 유지자로 구분하고 라틴어 해독자와 무식자라는 두 가지 상대가치에 대한 평가기준이 되었다. 라틴어 해독력은 동시에 라틴어 해독자의 라틴어 관례를 지니지 못한 사람을 무식자로 인식시키며 정당한 무식자 근거를 제시했다. 우선 무식자관습은 고전시대로부터 '촌사람의 종족언어 관습'을 지니고 생활하던 사람을 지칭했다.

무식자를 촌사람으로 인식하는 등식과 같은 촌사람 관습도 11세기 이후 변화했다. 이런 무식자관습의 변화 증거는 라틴어 해독력을 갖추지 못한 사람의 종족언어로 서술한 저작물로 교육받았던 도시 거주민까지 촌사람이라고 기술했다는 점이다. 이런 기록물에서는 촌사람

관습을 '영주 예속민'과 '자유민 태생 예속민'에게도 적용했다. '촌사람의 종족언어 관습에 따라서' 무식자관습의 활용 사례를 분석해 보면, 촌사람도 라틴어 문법관습을 따르고 있었다는 점을 중시하지 않을 수 없다. 즉 당시까지 인간은 라틴어 관습을 대체할 만한 대체 기록언어 관습을 찾아내지 못했다. 따라서 라틴어 관습에 대한 대체 기록언어 관습도 없는 상황에서 라틴어 해독자 입장에서는 세련되지 못한 종족언어의 라틴어 관례 전달자를 촌사람이라고 지칭했다.

라틴어 해독자 관습과 무식자 관습은 '도시민 관습'과 촌사람 관습을 상대자 개념으로 구분하는 상황과도 일치했다. 고전시대 세계에서도 종족언어 표현관습과 그 억양관습을 촌사람과 도시민의 종족언어 표현관습을 구분하는 기준으로 활용했다. 정복 전쟁에 승리하여 로마제국 영토를 넓힌 이후 로마제국시대 교양인도 물론 자기네가 협소한 촌락에서 태어났다는 점을 수치스럽게 여겼다. 이런 점에 근거하더라도 도시민과 촌사람의 종족언어 표현관습을 구분하는 기준이 서로 달랐다는 것은 분명하다. 로마제국시대 시민은 자기네가 촌사람 시절에 상용하던 초창기 라틴어 관습이 협소했다는 점을 파악했다. 초기 로마시대 사법은 주로 농사와 관련된 생활법률과 다양한 제신 숭배관습으로 구성되었다.

로마시대의 제신 숭배관습에다 초점을 맞추어 판단하더라도, 도시민과 촌사람의 라틴어 관습을 구분했던 배경은 생활언어 관습이었을 것이다. 또한, 초기 로마시대 생활언어 관습은 그리스어계 라틴어 생활언어 관습과 대조를 이루었다. 로마시대 라틴어 생활언어 관습은 간략했으므로 그리스어 생활언어 관습을 수용하지 않을 수 없었다. 로마시대 라틴어 생활언어 관습은 사건 표상이나 그 형식에 관련된 생활언어 관습보다 오히려 실제 사건이나 사실을 강하게 표현했다. 이런 점에서도, 도시민과 촌사람의 생활언어 관습은 서로 다른 표현 관습을 지녔던 사람을 지칭했던 것이다.

로마시대 문화영역에서 저작자는 여러 종족의 농업유산에 대하여 어느 정도 불안감을 느꼈을 것이다. 그런데도 변론가 키케로(기원전 43), 시인 베르길(기원전 19), 저작자 오노리우스(395~423) 등이 로마제국 수도인 로마로 진출했으면서도 촌사람의 생활언어 관습을 주저하지 않고 칭송했다. 이런 맥락에서도 도시민과 촌사람의 생활언어 관습이 서로 달랐다는 것을 반증하고 있다. 이 저작자의 표현 관습에 근거하여 연설문에서도 물론 다양한 생활언어 관습을 수용해야 했다. 따라서 생활언어 관습이 다르다는 것이 라틴어계 저작자에게 최대 적이었다는 것이다. 키케로는 젊은 변론가에게 다양한 속주가 서로 고유한 생활언어 관습을 지니고 있으니 속주 주민이 라틴어 생활언어 관습에 미숙하다고 해서 과거의 진부한 통치기술을 적용하지 말라고 주지해두고 있다.

한편, 변론가인 쿠인틸리아누스(1세기말 경)는 대개 "도시민과 촌사람의 생활언어 관습을 민요 표현관습에 근거하여 구분했다." 5세기 후반 이후 로마제국시대 저작자인 마르코비누스(†468)는 각 종족에게 합당한 생활언어 관습을 생각하지 않을 수 없었다고 지적했다. 이런 지적은 촌사람과 도시민의 생활언어 표현관습을 라틴어 표현관습이라고 평가하지 않을 수 없었다는 사례인 것이다. 그러나 마르코비우스가 활동하던 5세기까지도 촌사람의 생활언어 관습이 로마제국 영역에서 표준 표현관습이 되었던 것은 아니었다. 오히려 기록물에서는 촌사람의 생활언어 관습을 흔히 활용했다. 라틴어 생활언어 관습 경향은 당시까지만 하더라도 소위 라틴어 해독자가 무식자를 소외했을 가능성을 반증하고 있다.

로마제국시대에도 무식자는 세련미 없는 종족언어 관습에서 발원했다기보다는, 저작물의 라틴어 문법관습에서 발원했다. 로마제국시대 이전과 당시의 라틴어계 생활언어 관습 경향도 라틴어 해독력과 함께 변화하여 전혀 다른 생활언어 관습을 활용하게 되었다. 라틴어계 생활언어 관습의 표현경향은 새로운 사회를 배경으로 다시 변화하여 촌사람 관습은 라틴어계 생활언어 관습과 동떨어진 채 무지하게 생활하는 사람을 지칭했다. 그러나 촌사람 관습은 단순한 라틴어 성서보다 라틴어 계약문서나 문학동아리의 전문 지식 원리에 무지한 사람을 지칭하는 생활언어 관습에서 발원했다. 황제 아우구스투스(†44) 이후 크리스트교도는 라틴어 표현원리를 습득하고 예수 크리스트와 사도가 일상 생활언어 관습으로 비천한 사람과 함께 대화했다는 점을 강조했다.

크리스트교도는 예수 크리스트와 사도의 대화 내용을 주지시키면서, 『라틴어 신약성서』에서처럼 무식자를 촌사람의 종족언어 관습 상용자로 표현했다. 사도행전과 「바오로서」의 촌사람 관습은 그리스어 촌사람 관습과 일치했다. 그리스어계 생활언어 관습이 지배하고 있던 비잔티움제국시대를 경과하면서, 촌사람 관습은 라틴어로 의사를 전달할 수 없는 사람 의미를 점차 첨가했다. 고전시대 그리스어계 생활언어 관습과 크리스트교 생성시대인 교부시대에도 촌사람 관습은 인물, 개인 또는 미숙자, 비전문가, 초보자를 지칭했다. 또한 관리, 의사, 철학가, 성직자 등과 같은 인물은 교양과 덕망을 내세워야 했기 때문에, 이와는 반대 의미로 표현하지 않을 수 없었다.

요컨대, 라틴어 무식자관습이 주류를 이루던 세계에서 촌사람 관습은 학문동아리나 교회와 같은 특정 분야의 생활언어 관습을 파악하지 못하고 동떨어져 있던 사람을 지칭했다. 또한 촌사람 관습은 수사학 동아리의 전문 지식 원리를 수용하여 라틴어 해독력을 갖추지 못한 사람 등을 지칭했다. 그 실례로 교황 비르길리우스(537~555)는 일반 사람과 건축공을 구분했다. 크리스트교도의 라틴어계 저작자 중에서도 흔히 특정한 그리스어계 생활언어 관습 선례를 탈피하지 못하고 있는 저작자까지를 촌사람이라고 지칭했다. 여기서도 촌사람 관습은 크리스트교도의 전문 지식 원리에 대한 미숙자, 무교육자, 곧 종교의 생활언어 관습을 모르는 사람을 지칭했다.

후기에 이르러 촌사람 관습은 크리스트교도로 개종했음에도 크리스트교도에서 활동하도록 허용받을 수 없었던 특정한 사람을 지칭했던 경우도 있다. 중세 라틴어계 생활언어 관습에서 촌사람 관습은 보다 명확하게 드러났다. 촌사람 관습은 라틴어계 생활언어 관습을 모르는 사람을 지칭했다. 다음으로 촌사람 관습은 불안정한 생활언어 관습 상황을 반영하며 (물론 흔히들 무식자로서) '개종자'를 지칭했다. 촌사람 관습은 두 『사도 행적 모음집』에서 다양한 개종자를 순수하게 신이 축복을 내리게 될 사람이라고 지칭했다.

『사도 행적 모음집』 4장에서 베드로와 요한이 절름발이 남자를 치료하다가 신관에게 체포되던 당시 군중에게 행한 연설에서는 그 개종자에게 신이 곧 축복을 내릴 것이라고 지적했다. 두 사도는 감옥에서 그날 밤을 보내고 나서 신관에게 출두하라는 소환장을 받고 여러 원로원 위원 앞에 나갔다. 그리고 두 사도는 무슨 권능으로, 또한 누구의 이름으로 절름발이를 말끔하게 낫게 하는 기적이 나타나게 했느냐라는 신관의 질문을 받았다. 요한은 신관의 질문에 대하여 매우 흥미진진하게 대답했다. 질문자에게 두 사도는 "라틴어 관습을 모르는 개종자를 축복 대상자다"라고 대답했다. 여러 질문자는 이런 대답이 과연 무식자의 입에서 나올 수 있겠는가 하고 감탄했다. 여기서도 촌사람 관습은 생활언어 관습을 모르는 개종자를 지칭했다

촌사람 관습은 이미 지적한 『사도 행적 모음집』에서와 마찬가지로 『고린도서』 1장에서 사도 바오로가 자선을 칭송하는 문구에서도 라틴어 생활언어 관습을 모르는 사람을 지칭했다. 사도 바오로는 두 가지 재능, 곧 신비의 표현능력과 예언능력 중 어느 재능이 더 나은가라고 질문하여 크리스트교도의 생활언어 관습 문제를 제기했다. 사도 바오로는 신비를 전달할 수 있는 사람이 다른 사람이 아니라, 신께 말하고 있는 사람이라고 판단하여 예언자가 다른 사람을 일으켜 세우고, 바른 길로 나아가도록 훈계하고 있다는 것이다. 예언자는 또한 어려움에 직면한 사람을 위로하기 위하여 여러 사람에게 신의 뜻을 전달하고 신비를 다른 사람에게 알려 주고 있다는 것이다. 특정한 사람은 자기 스스로의 신앙심을 돈독하게 지니고 다른 사람에게도 신비를 예언함으로써 전체 교회를 튼튼하게 만들 수 있다는 것이다. 물론 신비가 일상 라틴어 생활언어 관습으로 통용될 수 있다면 신비가 될 수 없을 것이라고 사도 바오로는 부언했다. 신비가 일상 생활언어 관습에 파고들 수 없는 것처럼 하프와 같은 악기의 음률도 일상 생활언어 관습에 파고들 수 없다는 것이다.

신비의 경우처럼 생활언어 관습의 정서가 특수하면 특수할수록, 특수한 신비에 접근할 수 있는 청중을 찾아내는 것이 어렵기 마련이라는 것이다. 그와 마찬가지로 신비를 쉽게 전달할 수 있는 표현능력을

부여받은 인물은 다른 사람에게도 신비를 달라고 신에게 기도해야 한다는 것이다. 신비를 표현할 수 있는 능력을 달라고 기도하는 사람이라면, 마음과 정신을 합일해야 한다고 사도 바오로는 부언했다. 혹자는 마음과 정신의 합일상태에서 신비를 보여 달라고 신에게 기도하는 기도자 역시 생활언어 관습을 모르는 사람인 경우를 가정할 수 있다는 것이다. 신비의 실체를 모르더라도 "신비를 보려는 소망이 그 생활언어 관습을 지니지 못한 무식자에게 이루어지게 하여 주소서"라고 말할 수 있겠는가 라고 지적했다. 여기서도 사도 바오로는 정확한 촌사람 관습의 실체를 드러내지 않았으나 촌사람 관습을 생활언어 관습을 모르는 사람에게 적용했다.

그렇지만 생활언어 관습을 모르는 사람일 것이라는 표현 가능성에 근거하여 판단하는 경우, 촌사람 관습은 여전히 완전한 크리스트교도를 지칭하지 않았다. 촌사람 관습 사례는 크리스트교도 모임에 참석하긴 했지만, 누구도 생활언어 관습을 잘 모르는 사람을 크리스트교도라고 지칭하지 않고 촌사람이라고 지칭했다. 11~12세기까지 촌사람은 신을 숭배하겠다는 크리스트교도의 생활언어 관습을 잘 몰라서 배제된 사람을 지칭했다. 촌사람은 수도자 형제를 비롯하여 크리스트교도와 생활언어 관습을 달리하는 이단자에게까지 광범하게 적용했다. 여기서도 촌사람은 크리스트교도의 교리와 생활언어 관습을 전혀 모르는 사람을 지칭했다.

그러나 크리스트교도의 생활언어 관습을 모르는 사람이 크리스트교도의 지위를 부여받았다고 하더라도, 촌사람 관습은 변화하지 않았다. 크리스트교도의 교리와 생활언어 관습을 모르는 사람을 촌사람이라고 지칭했던 촌사람 관습의 적용 사례는 가난과 같은 사도의 고행을 찬미해야 하는 사람에게도 적용되었다. 1440년 이후 카프그라베(1393~1464)가 저술한 『카타리나 수녀의 전기』에서는 촌사람을 다음과 같이 표현했다. "12명의 촌사람이 옳다고 주장한다고 해서 그 촌사람에게 아우구스티누스까지 보내주게 되다니 ……"하고 언급했다. 『카타리나 수녀의 전기』에서는 "촌사람이 크리스트교도의 생활언어 관습에 대하여 지식을 갖추지 못했기 때문이다"라고 강조했다.

촌사람 관습은 광범한 라틴어 생활언어 관습의 활용과정에서 라틴어계 생활언어 관습과 로망스어계 생활언어 관습의 분리 문제를 제기했다. 지금까지 라틴어 의례관습 문서에 나타난 로망스어계 생활언어 관습 자체의 표현양식 문제까지도 촌사람 관습에 근거하여 간략히 검토했다.

지금까지 제시한 촌사람 관습의 사례에 근거하더라도 라틴어 해독력은 라틴어 관습의 가치를 확정하고, 여전히 사람을 평가하는 기준으로 정착해 왔다. 특히 라틴어 해독력은 라틴어관습을 인간의 실행대상으로 설정하여 수도자 학문동아리의 저작물에 담았고, 다시 저작물의 라틴어 관습을 종족언어의 라틴어 관례로 부착하는 매체였다. 라틴어 해독력은 이런 라틴어 관습의 가치를 판단하여 확정하도록 보조하며 수사학동아리의 전문 지식 원리를 라틴어 표현관습에 부착했다. 라틴어 해독력은 라틴어 표현관습을 타당한 표준관습으로 전달하는 행위자를 라틴어 해독자라고 지칭했다. 그렇다면 라틴어 해독력은 라틴어 해독자인 수도자 학문동아리의 역할과 함께 당연히 역사연구 과제로서 타당함을 부여받아야 할 것이다.

제 2 장

계약문서의 라틴어 해독력과 전문가

제2장
계약문서의 라틴어 해독력과 전문가

역사에서 급격한 사회 변화는 시대와 장소를 초월하여 숨찬 상황논리를 내세우며 안타깝게도 승자와 패자라는 낙인을 만들어내기 마련이다. 11~12세기 유럽세계에서도 급격한 사회 변화는 종족언어 표현관습을 현재 사라져버린 계약문서의 패자에 담으며 라틴어 해독력이라는 승자를 만들어냈다. 즉 라틴어 해독력은 계약문서를 종족언어 표현관습에 부착한 다음 다시 계약문서를 사라지게 했다. 11~12세기 서양 중세세계의 이런 급격한 사회 변화는 라틴어 해독력을 인간의 평가기준으로 만들어 오늘의 글자 해독력에 이르게 했다. 따라서 계약문서를 종족언어 표현관습의 구성물이라는 시각에서 11~12세기 서양 중세세계에서 발원했던 라틴어 해독력에 접근한다면, 당연히 계약문서에 대하여 라틴어 해독력을 승자로 판정하는 역사의 상황논리를 타당하다고 인정할 수도 있을 것이다.

종족왕과 그 혈족의 내세 모습을 기록해 두었던 계약문서에 담긴 이야기에다 종족언어 표현관습을 유입시킨 시대상황도 자연히 종족왕의 지배자사회와 그 혈족의 내세 모습 이야기를 담아둔 라틴어 해독력의 함축의미에서 찾아낼 수밖에 없다. 그 뿐만 아니라 라틴어 해독력의 함축의미 부분은 어디엔가 담겨 있으나 찾아내지 못하여 침잠해 있는 것이다. 따라서 라틴어 해독력을 종족언어의 라틴어 관례에 유입케 했던 역사의 시대상황 역시 라틴어 해독력의 발원 부분과 관련지워 분석해야 할 것이다. 여기서는 라틴어 계약문서 해독력에 대한 선입관을 두 가지 방향으로 분석코자 한다.

우선, 여기서는 라틴어 해독력에 대한 선입관이 기술이나 생활수준의 역사처럼 라틴어 계약문서에서 모습을 드러내지 않고 종족언어 표현관습이라는 체험 영역에 담겨 있기 때문에 라틴어 해독력을 종족언어 표현관습에 연계하여 분석코자 한다. 근래 수 세기에 걸쳐 기술이동 과정은 어떤 기록문서에도 그 흔적을 남겨놓지 않았다. 그러나 기술이동 상황은 끊임없이 인간의 주요 관심사가 되어 왔다고 화이트는 지적했다. 화이트의 지적처럼 기술이 인간의 일상사를 엮어내며 사회발전을 이어왔던 역할에 비하여 지금까지 무시당해 왔고 기술이동 과정 역시 어떤 기록문서에도 전거를 남겨놓지 않았다. 필자는 바로 이 점을 여기서 중시하고 있다.

이런 기술이동의 역사를 구성할 자료가 종족언어 표현관습으로서 함께 체험이라는 침묵 덩어리로 남아 있는 사례처럼 혈족사회의 라틴어 해독력 역사에도 적용할 수 있을 것이다. 흔적을 남겨놓지 않은 기술이동 역사처럼 혈족사회 구성원의 생김새 역사도 어떤 기록문서를 비롯한 어디서에도 그 흔적을 남겨놓지 않았다. 11~12세기 라틴어 해독력을 종족언어 표현관습에 부착케 했던 혈족사회 역할 역시 계약문서에 담아두지 않았다. 따라서 라틴어 해독력이 어떻게, 얼마나 세상을 변화케 했던 지에 대하여 언급하는 것도 의례관습, 종족언어 표현관습, 계약문서가 결합했던 사례를 언급하기 어려웠던 것처럼 대단히 어려운 문제임은 틀림없다. 물론 라틴어 해독력이 11~12세기 서양 중세세계에 어떤 영향도 미치지 못했을 것이라고 가정할 수도 있다. 그렇다고 라틴어 해독력을 지금까지 흔히 간과되던 주제라고 언급할 수는 없을 것이다.

라틴어 해독력이 지금까지 근대 초기 사회를 이끌어가게 될 개인주의와 합리주의를 출발케 했다는 것은 이미 르네상스라는 전문가사회나 사회 전문화와 같은 인간사회 재구성이론에서 이미 확인되었다. 수도자 학문동아리의 저작물이나 기록물이 라틴어 해독력과 결합했던 배경 역시 11~12세기 서양 중세세계의 문학동아리 활동이라고 흔히 지적하고 있다. 게다가, 법률동아리, 철학동아리, 신학동아리, 사이언스 동아리와 같은 수도자 학문동아리가 인간의 평가기준으로 라틴어 해독력을 선택했던 점도 여기서는 중시해야 할 것이다. 이런 현대 학문동아리 활동영역에서도 라틴어 해독력을 인간의 평가기준으로 선택했다는 전제는 종족언어 표현관습이 그리스어계 생활언어 관습에 동화됐다가 라틴어 해독력을 출발케 했고, 다시 11~12세기 서양 중세세계에서 수도자 학문동아리의 라틴어 해독력을 바탕으로 라틴어 해독력을 표면화했다는 이론에 초점을 맞추고 있다.

이런 라틴어 해독력 이론을 전문가사회 변화이론으로 수용했다는 것은 수도자 학문동아리가 라틴어 해독력의 중심인물이었다는 것을 일단 수용했던 결과인 것이다. 여기서 수도자 학문동아리의 라틴어 해독력과 종족언어 표현관습에 초점을 맞추는 경우, 라틴어 해독력과 종족언어 표현관습 변화를 수도자 학문동아리의 저작물이나 기록물에서 확증해야 한다는 결함을 현재까지 보완할 수 없다는 문제를 안고 있다. 그런데도 고전시대 세계의 인간은 거의 비슷한 생활수준으로 살아가면서 수도자 학문동아리의 저작물이나 기록물을 종족언어 표현관습에 결합하여 종족언어 관습의 관례를 전달했다.

고전시대 세계에서도 소수에 불과하지만 기록물이나 저작물을 종족언어 표현관습으로 서술했다는 것을 가정하게 되는 것이다. 서양 중세세계에서도 설교자나 강론자, 변론자와 같은 성직자사회의 생활언어 관습이 대개 소수 성직자사회의 외래어 관습과 점차 일치해 갔다는 사례에 근거하여 라틴어 해독력이동 사례를 입증할 수 있을 것이다. 특히 인간의 평가기준이 저작물이나 기록물의 해독능력으로 점차 변화해 갔다는 점을 입증해야 할 것이다. 서양 중세세계 수도자 학문동아리의 문화이동이론 연구는 일단 11~12세기 서양 중세세계에서 라틴어 해독력 영향이었다는 전제를 설정했다.

중세 유럽세계의 문화이동 도구가 라틴어 해독력이었다는 전제는 최근세대 종족언어 표현관습에서부터 출발해야 할 것이다. 물론 종족언어 표현관습은 라틴어 해독력 영향으로 종족언어의 라틴어 관례로서 외형을 드러내며, 인간의 함께 체험 형태로 침잠하여 이동했다는 것도 명확하다. 라틴어 해독력은 종족언어의 라틴어 관례로 인간의 행동을 서술하며 보조했다. 이런 맥락에서 종족언어의 라틴어 관례는 라틴어 해독력의 침잠물이며 라틴어 해독력 역시 종족언어와 표현관습과 라틴어 계약문서가 종족언어의 라틴어 관례에 부착하면서 발원했다는 주장이 설득력을 지니게 되는 것이다.

라틴어 해독력은 11~12세기 서양 중세세계에서 종족언어 표현관습을 라틴어 계약문서 서술기능에 결합하며 우선 종족언어의 라틴어 관례에 점차 일치해 갔다. 특히 라틴어 해독력은 기록물이나 저작물의 종족언어 표현관습을 동작 표상으로 설정하며 실현토록 보조했다. 그럼에도 라틴어 해독력은 기존 라틴어 관습을 지속시켰다. 따라서 라틴어 해독력 연구는 계약문서와 종족언어 표현관습의 이동과정을 수도자 학문동아리의 문화이동이론에 근거하여 분석하는 데에서부터 출발해야 할 것이다.

특히, 11~12세기 이전시대 인간과 다르게 이후세대 유럽세계 인간은 라틴어 해독력의 함축의미를 실현 대상으로 설정하기 시작했다. 그러나 중세 연구에서는 라틴어 해독력의 이런 함축의미 변화를 적당한 사회변화 사례로서 제시할 수 없었다. 또한 중세 연구에서는 흔히 11~12세기 서양 중세세계 인간이 라틴어 해독력의 이런 함축의미를 일상생활에서 실천대상으로 설정하기 시작했던 변화를 고전시대 라틴어 관습 재생이라고 지칭했다. 특히 라틴어 해독력의 함축의미에서 우우죽순처럼 조직되기 시작했던 개인 중심의 사회 출현 요인으로서 새로운 사회 구성 원리를 분석한다는 취지에서 흔히 고전시대 라틴어 관습의 재생을 르네상스라는 사회 재구성 이론으로 인식하기도 했다.

그런데도 라틴어 관습의 재생은 수도자 학문동아리의 문화이동이론이라는 신선한 세상조류에 태워 라틴어 해독력의 함축의미를 종족언어 표현관습의 구성물로 인식케 만드는 사회 변화였다. 이런 맥락에서 수도자 학문동아리는 고전시대 라틴어 관습 발원지요 종족언어의 라틴어 관례 재생자였다. 물론 중세세계에서 수도자 학문동아리 역시 특정한 위치를 차지했다. 중세인 역시 수도자 학문동아리의 문화이동이론은 과거세대 라틴어 관습을 중세 인간의 뇌리에 심으며 과거세대 개인주의와 합리주의에 접근하여 상식주의를 실현대상으로 설정케 했을 뿐만 아니라 종족언어 표현관습의 타당한 라틴어 관례를 중시하려는 전문 지식 원리 출현도 가능케 했다. 그렇다고 수도자 학문동아리의 문화이동이론과 라틴어 해독력의 함축의미가 동시에 사회 상황을 새롭게 조합하여 발전케 했다고 파악할 수는 없다.

라틴어 해독력의 함축의미는 물론 일관되게 라틴어 계약문서를 재생하며 각 시대 마다의 종족언어 표현관습을 이어주었다. 그렇다면 라틴어 계약문서에 근거하여 기존 종족언어 표현관습에서 사라진 라틴어 탈락철자와 새로 생겨난 라틴어 철자를 찾아내어, 11~12세기 유럽세계 라틴어 해독력의 함축의미 변화를 지적할 수 있다는 명제를 전제할 수도 있다. 소위 '르네상스'라는 유럽세계의 사회조직 재구성 이론에서처럼 특정한 라틴어 철자변화 사례를 가지고 완벽하게 라틴어 해독력의 함축의미 변화를 종족언어의 라틴어 관례에 연관시킬 수는 없을 것이다. 당시의 최근세대 역시 후세대에게 당연히 남겨 주어야 하겠다고 느꼈던 종족언어 계약관습을 기록해 두던 정도에 그쳤을 것이다. 그러나 최근세대 종족언어 계약관습에는 물론 과거세대 라틴어 관습과 라틴어 해독력의 함축의미를 포함했다. 따라서 과거 특정한 시대 이후 등장했던 라틴어 해독력의 함축의미를 회상했을 것으로 가정할 수도 있다. 즉 라틴어 해독력의 함축의미로 종족언어 표현관습이 최근세대 라틴어 계약문서에 담기게 된 경위를 해명하고 그 라틴어 관습을 다시 구성하여 현실에 연계해야 할 것이다.

최근세대는 고전시대 라틴어 관습으로부터 현실의 타당함을 찾아냈다. 혼란한 시대일수록, 과거세대 라틴어 관습은 질서관습과 결속관습의 타당한 발원지로 등장했다. 물론 유럽세계의 최근세대도 당연히 현실을 바라보는 자기네 입장을 견지하기 위하여 과거세대 종족언어 표현관습에서 현실의 타당함을 찾아냈을 것이다. 그런데도 현대인은 당대 최근세대 입장에서 찾아낸 종족언어 표현관습의 타당함이 모두 틀렸다고 주장하고 있다. 현대인과 당대의 최근세대는 다 같이 스스로의 현실에 대하여 편견을 불식하지 못하고 있음을 간과해서는 안 될 것이다.

어떤 시대이든, 과거세대에 대한 편견은 물론 부당할 수밖에 없다. 고전시대 라틴어 관습은 부당한 최근세대의 편견에 아랑곳하지 않고, 기존 라틴어 관습을 새로운 라틴어 관습과 구분하는 표준으로 자리매김해 왔다. 특히, 중세 연구자는 르네상스 출발 시기까지도 '중세'라는 고전시대 글자 해독력을 거의 돌이켜 보지도 않았고, 회고해볼 가치조차 느끼지 못했다. 물론 '중세'와 '르네상스'를 확실하게 구분하려는 연구도 나타나지 않았다. 그런데도 수도자 학문동아리의 문화이동이론을 라틴어 관습의 구성물로 수용하면서 개인주의와 합리주의를 추구하게 된 라틴어 관례를 새로운 종족언어 표현관습과 암암리에 등식화하고, 고전시대 라틴어 관습 재생을 지적해 왔으나 최근세대에게 수도자 학문동아리의 문화이동이론과 라틴어 해독력의 함축의미가 중요했다는 점에 대해서는 지금까지 간과해 왔다.

중세 연구자조차도 수도자 학문동아리의 문화이동이론과 라틴어 해독력의 함축의미를 라틴어 관습의 구성물로 수용하며 '개인주의'와 '합리주의'를 새로운 종족언어 표현관습의 출현으로 등식화하려는 시각을 정당하다고 주장하고 있다. 그럼에도 그 정당성 이면에는 변명으로 일관하고 있다. 이미 11세기 후반 이후부터 12세기 유럽세계에서 수도자 학문동아리의 문화이동이론과 라틴어 해독력 영향으로 '개인주의'와 '합리주의'는 라틴어 관습의 구성물이 되었다. 따라서 '개인주의'와 '합리주의'의 발원지를 르네상스로 설정하려는 분석방법 자체를 새롭게 인식할 수도 없고, 여전히 '중세'와 '르네상스'를 반대 개념으로 파악하려는 인식태도 역시 이해하기 어려운 것이다.

이제 몇 세기에 걸쳐 진행된 중세관습의 연구 성과를 개괄해 두는 것도 아마 11세기 후반시대와 12세기 유럽세계의 라틴어 해독력 연구에 도움이 될 수도 있을 것이다. 어쨌든, 이제는 중세를 르네상스와 완전히 대치되는 시대로 인식하는 연구자는 없다. 중세에 대한 이런 인식 변화는 12세기 '르네상스'를 주장하는 측면에서도 입증되고 있다. 12세기와 '르네상스'를 대치되는 시대로 인식하려는 르네상스의 이론도식은 최근세대와 '근대 초기인'을 명확하게 구분하려는, 소위 역사의 진보이론을 주장하던 문화 단절론자의 이론이었다.

여기서는 특이한 단절 감각을 내세워 편협한 논리로 역사를 다시 구성하려는 문화 단절론자의 이런 견해에 대하여 특별한 가치를 부여하지는 않을 것이다. 중세 연구자가 여러 시대 중에서도 12세기를 특정하게 선택하여 '르네상스'라는 이론을 내세우며 12세기를 유럽세계 전환 시대로 해석하는 경우, 12세기 라틴어 해독력이 어떤 과정을 거쳐 발원했던가 문제를 해명하지 않을 수 없게 될 것임은 분명하고, 이 문제에 대응하기 위해서는 특정한 접근방법을 선택할 수도 있다. 즉 종족언어의 라틴어 관례로부터 라틴어 계약문서 위주의 사회로 기록물이나 계약문서의 라틴어 관례가 바뀌게 되었다는 아주 간단한 주제를 선택할 수 있다.

그러나 라틴어 해독력의 근거가 종족언어의 라틴어 관례로부터 라틴어 계약문서로 바뀌었다는 주제는 고전시대 글자 해독력 사례를 제시하지 않을 수 없다는 부담을 안고 있다. 고전시대 글자 해독력을

12세기 종족언어의 라틴어 관례에 관련 지워 아무리 검토한다고 하더라도, 수박 겉핥기식으로 종족언어의 라틴어 관례라는 생성물에 대하여 관심을 표명하는데 그칠 수밖에 없다. 그런데 동부 지중해세계에서는 이미 과거부터 기록물을 중시했으며, 타당한 논리를 중시하는 글자 해독력을 발전시켜 왔다. 이런 글자 해독력 변화 사례로서는 12세기 이전시대부터 지중해세계의 그리스어 상용지역에서 수 세기에 걸쳐 진행된 '중세관습' 변화를 제시할 수도 있다. 그리스어 상용지역에서 나타났던 '중세관습' 변화는 폭도 협소했을 뿐만 아니라, 성숙되지 못한 상황에서 진행되었다.

그러나 '중세관습'은 끊임없이 변화해 왔다. 마로우는 헤시오드 이전시대를 호메로스시대나 다름없는 암흑시대였다고 해서 중세라고 지칭했다. 마로우의 이런 중세관습은 헤시오드시대를 암흑시대로 정의할 수 있는 글자 해독력에 대한 전혀 다른 표현관습을 찾아낼 수 없었다는 점을 근거로 내세우고 있다. 마로우는 글자 해독력에 대한 전혀 다른 표현관습을 고전시대 글자 해독력과 최근세대 글자 해독력을 구분하는 근거로 제시했다. 글자 해독력에 대한 전혀 다른 표현관습은 최근세대 글자 해독력에서도 나타났다. 한편, 서남아시아세계에서는 기록문서가 발전했다. 서남아시아세계의 기록문서는 지배자와 관련된 여러 가지 현실 문제를 해결하기 위하여 발전했다.

즉 서남아시아세계에서는 기록문서를 신학동아리의 존재원리나 우주원리에 적용하기 위해서가 아니라, 회계장부나 행정편의와 같이 실제 생활에서의 이익을 도모하기 위하여 활용했다. 기록문서의 이런 편의 기능에는 글자 해독력의 구성물을 지속하려던 의도를 포함했다. 기록문서를 해석하려는 시기에 이르러서 기록문서의 편의 기능은 변질했다. 호메로스 시대에 사용하던 글자는 기술과 상업 변화에 편승하여 광범한 영역으로 이동했다. 서부 유럽세계에서는 11~12세기에 이르러 물과 공기의 힘을 이용하기 위하여 글자를 활용했다. 그래서 글자는 물질생활 여건을 개선할 수 있는 효율을 창출하는데 활용되었다. 이처럼 고전시대 사회에서도 글자 해독력은 중요한 생활 편의를 창출했다.

11~12세기 유럽세계에서도 라틴어 해독력으로 고전시대 글자 해독력을 거의 유사하게 재생했고, 시장에서는 상품 가치를 확정하여 거래대금을 환수하는데 라틴어 해독력을 활용했다. 11~12세기 유럽세계에서는 라틴어 해독력을 활용하여 우주관을 확대하여 라틴어 계약문서, 저작물, 문학 작품의 경계 변화를 예고해 두었다. 우선 문학 작품의 시는 인간이 추구하는 가치를 표현하기 시작했다. 이런 시의 사례는 호메로스시대 이후 베오불프의 시, 「로랑의 노래」, 「리베룽겐의 노래」인 것이다. 실제로 시는 사건을 서술하는 수단이었다. 그 이외에도 라틴어 해독력의 영향으로 도량형 단위를 활용하기 시작했다. 도량형 단위는 물론 다른 생활언어 관습의 서술 수단이었다. 도량형 단위는 종족언어 표현관습과 계약관습의 상징물로 등장했고, 국가행정에서는 이런 도량형 단위를 암기해야 했기 때문에 라틴어 해독력을 필요토록 자극했다.

결국 고전시대와 최근세대의 순수한 대화 내용에는 라틴어 해독력과 전혀 다른 저작물의 분석 원리와 사이언스 원리까지 담겨있다. 라틴어 해독력이 종족언어의 라틴어 관례로부터 라틴어 계약문서로 표면화했다는 지적은 정확했다. 11~12세기를 라틴어 계약문서를 중시하기 시작했던 시대로 설정했던 이면에는 종교의 성사관습 퇴조와 함께 신의 존재에 대한 수도자 신학동아리의 전문 지식 원리가 종족언어의 라틴어 관례에 부착하기 시작했던 점을 지적할 수 있다. 물론 종족언어의 라틴어 관례는 시각, 촉각, 미각, 청각, 후각뿐만 아니라, 마음과 상상력까지 포함했다. 라틴어 해독력은 그림이나 행동관습, 성사관습을 문서에 담아두는 수단이었다. 따라서 라틴어 해독력은 생활양식의 출발점인 것이다.

라틴어 계약문서는 성직자 종족왕으로부터 라틴어 해독자 종족왕으로 표면화했다. 라틴어 해독자로서 종족왕은 라틴어 해독력을 활용하여 행정 관료를 통솔하고, 지배자사회를 지탱했다. 종족왕은 라틴어 해독자로서 신의 외피를 벗어 던지고 성문 법률에 따라서 인간을 통치하는 지배자 역할을 수행했다. 그러나 라틴어 해독력은 라틴어 관습 문제, 즉 르네상스 이론과 같은 복잡한 종족언어의 라틴어 관례가 변화했다는 진보 문제를 제기했다. 우선, 중세관습은 진보관습에서 발원했다. 그렇다고 현대인의 이런 진보이론이 완벽하다고 신뢰할 수도 없다. 당대의 최근세대는 그리스어 관습을 계승했다고 확신했다. 심지어는 베르나르조차도 고전시대 그리스어 관습이라는 토대가 있었기 때문에 고전시대 그리스어계 저작자의 행적을 파악했다고 주장했다. 베르나르의 주장처럼 현대 르네상스 이론가도 15세기 저작자의 행적에 중점을 두고 있다.

르네상스 이론가는 수도자 학문동아리의 라틴어 계약문서를 옹호하고, 그 라틴어 계약문서에서 발원한 저작물을 종족언어의 라틴어 관례에 부착했던 라틴어 해독력을 중시했다. 라틴어 해독력 영향으로 저작물의 라틴어 관례가 종족언어의 라틴어 관례에 편입됨에 따라서, 새로운 종족언어 표현관습이 출현했다는 이유보다는 유럽세계 내부의 라틴어 해독력 변화를 더욱 중시했을 가능성도 있다. 다음으로 라틴어 해독력 영향으로 새로운 종족언어 표현관습에서 저작물이 발원했다는 논리는 기존 진보이론을 새로운 발전논리로 채색하는 것이나 다름없다. 이와 같이 서양 중세세계의 복잡한 라틴어 해독력은 라틴어 해독력 변화에다 불가피하게 물질관습을 수용하며 라틴어 해독력 자체를 변화케 했을 가능성도 있다.

여기서는 수도자 학문동아리의 문화이동이론과 라틴어 해독력 영향으로 종족언어 표현관습과 물질이 결합했던 사례를 서사시 분석에서 제시코자 했다. 서사시에서 라틴어 해독력 영향으로 종족언어 표현관습과 물질이 결합했다는 증거를 찾아내어 물질 욕구가 종족언어 표현관습에 침잠해 있었던 지를 확인하게 될 것이다. 『일리아드』와 『오디세이아』의 서사시는 종족언어 표현관습과 그 규범을 반영하고 있다. 이 두 서사시는 기억력에 자리 잡고 있던 법률의 계약관습이나 종교의 계약관습을 인간의 사회결속 원동력으로 활용하고 가치에 합당한 언어 관습을 여러 가지 신의 존재라는 표상으로 창출하여 인간의 논리관습에 결합했다. 서사시는 물론 인간의 생활언어 관습을 저작물 형식으로 배열했으나 당대 사회모습을 생생하게 제시할 수는 없었다.

그런데도 라틴어 계약문서는 기록자와 그 생각을 상기시켜 주고 있다. 이런 맥락에서 글자 해독력은 확실하게 인간의 물질 욕구를 창출해냈다. 그러나 종족언어 표현관습과 글자 해독력의 변화 관계를 분석하려면 복잡한 글자 해독력 변화에 대한 증거 문제를 해결해야 한다. 종족언어 표현관습과 글자 해독력 변화는 당대 기록물에 담겨 있다. 실제로 당대의 기록물은 글자 해독력 변화에 대한 증거를 제공하고 있다. 그러나 글자 해독력 변화에 대한 증거 제공자는 복잡할 정도로 서로 다른 시각으로 종족언어 표현관습을 드러내고 있다.

다양한 종족언어 표현관습에 대한 기록물의 복잡한 시각과는 다르게, 기록물은 당대의 사회 현상과 종족언어 관습을 해명해 주고 있다. 따라서 여기서도 라틴어 관습의 구성물 변화를 라틴어 해독력 변화에 연계하여 분석해야 한다는 것이다. 최근세대 경우, 라틴어 해독력은 실제로 다양한 표현을 담고 있다. 최근세대의 라틴어 해독력은 서로 다르게 발원했을 뿐만 아니라, 서로 다른 방향으로 작용했다. 특히, 라틴어 계약문서는 라틴어 해독력 변화를 담고 기존 교육관행이나 행동양식까지 반복하는 것으로까지 파악할 수는 없다. 11세기 어떤 유럽세계에서도 실제로 라틴어 계약문서를 다시 고안할 수는 없었다. 물론 은연중에 고전시대 기록모형을 기억력으로 회상하여 라틴어 상용과정에서 라틴어 계약문서를 모방했을 것이다. 따라서 라틴어 계약문서가 없는 상황에서도 저작물에서 라틴어 관습의 구성물을 다시 재현할 수 있었다.

후기 고전시대 전문 지식 원리에 대한 교육모형은 11~12세기 유럽세계에서 라틴어 해독력 배경을 제시해 주고 있다. 고전시대 교육배경으로부터 터득한 라틴어 해독력에 대한 간접 경험과 체험은 서로 유사한 것처럼 보이지만 확연하게 달랐다. 그리스어 관습은 라틴어 해독력과 타당한 라틴어 관습을 주로 소크라테스와 플라톤의 그리스어 관례에 연계했다. 11~12세기 서양 중세세계에서 라틴어 해독력, 라틴어 관습, 타당한 성사관습의 관계를 분석하기 시작했던 것은 대략 1050년경이었다. 여기서는 실제로 라틴어 해독력의 구성물을 사회 변화에 대한 핵심증거로 파악했다. 이런 시각에서 라틴어 해독력을 분석했던 연구자는 지금까지 드문 것은 틀림없다.

최근세대의 심리 상태는 다양한 형태의 전문 지식 원리, 즉 법률가 동아리와 신학동아리의 전문 지식 원리, 역사서와 음악의 표현원리, 사이언스 등을 활용하여 변화했다. 다양한 유형의 라틴어 해독력은 최근세대 심리작용에서도 전문 지식 원리처럼 인식되어 원활하게 교류될 수 없었다. 고전시대 세계에서처럼 11~12세기 유럽세계에서 인문학동아리 전문 지식 원리는 정신작용을 다루며 나름대로 문화를 활용하여 체계를 확립했다. 11~12세기 서양 중세 인문학동아리의 전문 지식 원리가 고전시대 세계 학문동아리의 전문 지식 원리에 대하여 어떻게 작용했던가 문제는 여전히 미궁에 빠져 있다. 거기다 인문학동아리의 전문 지식 원리와 사회 변화의 관계를 분석한 이론도 지금까지 나오지 않고 있다.

라틴어 계약문서는 최근세대 라틴어 해독력을 변화시켰다. 그렇다고 라틴어 계약문서를 인간의 평가기준에 연계할 수는 없다. 그런데도 수도자 학문동아리의 문화이동이론과 함께 현대세계의 버블처럼 라틴어 해독력의 영향은 11~12세기 유럽세계에서 광범하게 세속인 세계로 이동했다. 라틴어 계약문서 영향을 배제하고 11~12세기 서양 중세세계를 분석한다면, 11~12세기 유럽세계는 여전히 그리스와 로마시대 학문동아리의 전문 지식 교육관행이 본래 모습대로 존속했을 가능성도 있다. 라틴어 해독력과 라틴어 계약문서도 분리된 모습 그대로 존속했을 것이다.

그러나 11~12세기 서양 중세세계에서 라틴어 해독력과 라틴어 계약문서에 대한 인식능력은 인간의 평가기준으로 정착했다. 수도자 학문동아리의 문화이동이론 영향을 받았던지 여부는 차처하고 라틴어 계약문서는 11~12세기 유럽세계의 라틴어 해독력을 구성하는 핵심

요소로 변모했다. 11~12세기 서양 중세세계의 라틴어 계약문서가 라틴어 해독력에 정착했던 요인을 분석함으로써 라틴어 해독력 변화를 명쾌하게 분석하지 못할 가능성도 있다. 라틴어 해독력과 라틴어 계약문서는 일관성을 유지하며 발전했다. 여기서는 라틴어 계약문서를 라틴어 해독력의 구성물로 수용하여, 라틴어 계약관습의 서술 수단이 상징물로부터 라틴어 해독력으로 변화했던 과정을 라틴어 해독력의 산물을 중심으로 분석코자 한다.

2.1. 계약문서 전문가로서 공증인의 출현

11~12세기 서양 중세세계에서 라틴어 해독력의 활용영역은 끊임없이 넓어졌다. 라틴어 해독력이 계약관습과 결합하여 라틴어 계약문서에 도입됨으로써 라틴어 해독력 영역은 국가제도로까지 확대되었다. 교황청과 최고 영주의 영지, 지방 교구청, 영주 법정에서도 라틴어 해독력을 활용했다는 것은 입증되었다. 특히, 교황청, 황제 영지, 종족왕 영지, 지방 교구청에서는 재판 문서를 정리하고 기록하는 관리를 임명하여 '공증인'이라고 지칭했다는 점도 라틴어 해독력을 활용했다는 증거인 것이다. 공증인은 라틴어 계약문서 기록관이나 다름없었다.

11~12세기 유럽세계에서 계약관습과 관련된 행정문서는 종류와 숫자상에서도 급격하게 증가했다. 루드뷔히 경건자 종족왕(814~840)과 그의 아들 종족왕 로타르(818[840]~885) 사망 이후 카롤루스 가문 프랑크종족왕의 지배자사회가 와해되면서 황제 영지와 교황청의 관계

도 급격하게 변화했다. 황제 영지와 교황청의 급격한 관계 변화 요인은 이탈리아의 도시 밀라노에서 발생했다. 특히, 밀라노관구에서는 카를 대담자 왕(876~887)이 887년 사망한 이후 [파비아의] 프랑스어계 성직자사회와 [밀라노의] 도이취어계 성직자사회의 세력 경쟁에서 도이취어계 황제 세력을 밀어내고 교황청 세력이 밀라노관구를 차지함으로써 카롤루스가문 프랑크종족왕의 잔재를 완전히 청산했다.

당시 교황은 요한 8세(로마인 872~882)였다. 교황 요한 8세는 프랑스어계 인물을 카롤루스가문 지배자사회 수장으로 내세워 이탈리아인의 왕으로 만들려는 야심을 품고 있었다. 도이취어계 제국의 황제는 오토 1세(936~973)였다. 황제 오토 1세는 962년 로마에서 이탈리아인의 황제 위에 올라 밀라노 대주교로 발페르트(960년 경)를 선출했다. 한편, 란두르프 2세는 발페르트의 대주교 선출에 반대하여 밀라노에서 자기를 후원하는 '상인 영주'에게 교회조직의 영지를 나누어주고 세력을 결속하여, 979년 황제 세력을 거부하고 반란을 일으켰다. 당시 도이취어계 제국 황제는 하인리히 2세(1002~1024)였다. 황제 하인리히 2세는 란두르프 2세의 환영을 받으며 1004년 5월 14일 이탈리아로 와서 파비아에서 이탈리아인의 왕위에 올랐다.

이렇게 불안한 이탈리아 정치상황은 황제 콘라드 시대에까지 지속되었다. 콘라드 2세(1024~1039)는 파비아가 아닌, 밀라노에서 1026년 대주교 아리베르트(1018~1043)가 집전하는 대관식에서 이탈리아인의 왕위에 올랐다. 당시 파비아, 로디, 크레모나 등의 도시는 모두 밀라노관구에 편입되어 있었다. 1037년 황제 콘라드 2세는 하위 귀족과 계약을 체결하여 「봉건 영지 계약관습 모음집」을 발효시켰다. 밀라노 시민은 황제의 이런 이탈리아 정책을 반대했고, 대주교 아리베르트를 후원했다. 그러나 대주교 아리베르트도 도이취어계 제국의 황제 영지로 가서 하인리히 3세(1039~1056)와 평화협약을 1040년 에아스트에서 체결했다.

그러자 귀족인 코르테의 란초네를 중심으로 한 장인파와 상인파가 반란을 일으켜 아리베르트와 귀족사회를 1042년 도시 밀라노에서 추방했다. 그리고 장인과 상인은 황제 하인리히 3세의 협박과 설득으로 밀라노 칙령을 1044년 수용하고, '밀라노 꼼뮌'을 결성했다. 교황청과 황제의 이런 관계는 1044년 밀라노 칙령이 발효되기 이전에도 계속되었다. 교황청과 황제의 이런 관계 변화에서 밀라노관구의 교회조직은 교황청으로부터 조합체로서 자유를 보장받을 수 있었다. 교황청의 과제는 조합체 형태로 분리된 교회조직을 교황청을 중심으로 결속하는 것이었다. 교황청은 밀라노 관구의 교회조직을 결속하기 위하여 순교자의 행적기록을 관구나 주교구에 제공했다. 물론 교황청에서는 과거부터 순교자 행적을 수집하여 문서 보관소에 보관하고, 주교단 회의록, 관구나 교구의 행정문서까지도 문서고에 보관하고 위조문서까지 대비했다. 교황청에서는 보관 중인 행정문서를 활용하여 라틴어 계약문서 보관원칙까지 세워두고 있었다. 후기 로마제국시대였던 교황 다마수스 1세시대(366~384, 스페인 출신)에는 이단자를 잠재우기 위하여 기록관까지 활용했다.

교황 다마수스 1세는 황제 그라티아누스(375~383)를 378년 선출하도록 후원한 대가로 서부 유럽세계에서 활동하던 주교 권위를 인정해 주도록 황제에게 요구하고 나섰다. 결국 황제 그라티아누스의 계승자인 테오도시우스 1세(379~395)는 380년 로마 대주교의 지위를 인정하기에 이르렀다. 교황 다마수스 1세의 과제는 도나투스 주교(312년

경)와 교리 논쟁에서 이기는 것이었다. 교황 다마수스 1세는 도나투스 주교와 교리논쟁에서 승리하기 위하여 교황청 문서고를 활용하여 도나투스 주교의 주장이 틀렸다는 전거를 제시했다. 즉 교황 다마수스 1세 시대를 거치면서 교황청에는 '공증관'이 등장했던 것이다. 교황청 공증관은 문서고에 보관되어 있는 라틴어 계약문서를 관리했다.

다마수스 1세의 후임 교황은 '라틴어 계약문서 감독관'과 '라틴어 계약문서 작성관'을 두고 있었다. 교황은 또한 라틴어 계약문서 감독관과 라틴어 계약문서 작성관에게 필사과정까지 감독토록 조치했다. 이런 맥락에서 교황은 라틴어 계약문서를 감독할 수 있는 능력과 라틴어 계약문서를 필사하고 분류할 수 있는 능력을 겸비한 경륜자를 라틴어 계약문서 감독관과 작성관으로 발탁하지 않을 수 없었을 것이다. 이처럼 라틴어 계약문서 감독관과 작성관을 중시하는 교황청의 행정 관행은 11세기까지 존속했다. 11세기 교황 그레고리우스 7세(1073~1085)는 교회 법정주의를 채택하여 추기경단을 구성하여 교회 조직 개혁에 착수했다. 물론 교황 그레고리우스 7세가 채택했던 교회 법정주의는 성문 법률을 채택하려는 정책이나 다름없었다. 특히, 교회 개혁자인 교황 그레고리우스 7세는 황제 콘스탄티누스 시대(307~337) 이후부터 당시까지도 미해결 상태로 존속하던 로마 대주교의 명칭을 라틴어 계약문서에 근거하여 파파로서 '교황'으로 확정하여 발표했다.

그러나 추측컨대 후기 로마제국시대부터 12세기 교황 인노첸츠 3세 시대(1198~1216)에 이르기까지, 교황청에서는 문서고를 일관되게 운영하지 않았다. 교황청의 문서고 운영정책 부재는 계약문서를 가지고 공증관의 발원지를 다시 구성할 수 없게 만든 요인이었다. 공증관은 계약문서를 다루던 관직이었다. 이런 공증관은 현대에 이르기까지 공증인으로서 존속하고 있다. 당시 교황청에서는 다양한 계약문서 보존관행을 갖고 있었는데, 이 보존관행은 1020년 경 주요한 전환시대를 맞이했다. 1020년 경 교황 베네딕트 7세 시대(1012~1024)에 이르자 교황청에서는 계약문서를 기록하던 양피지를 파피루스로 명확하게 대체했다.

11세기 이후 교황청에서는 라틴어 해독력을 수용하며 계약문서 재료까지 바꾸었고, 계약문서 재료와 함께 라틴어 계약문서 역시 다양한 모습을 갖게 되었고, 계약문서 양도 급격하게 증가했다. 이런 계약문서 변화는 교황청과 황제 권력동아리 사이에서 일어나고 있던 세력 경쟁으로 인하여 소송 사건이 증가했던 시대 상황을 반영하고 있는 것이다. 거기다 교황청에서는 다양한 계약문서를 전례 없이 강력하게 통괄했다. 울르만은 이런 교황청 지위 상승을 미 정리 상태의 기억장치에다 저장해 둔 계약문서 문서고를 교황청 직속의 행정기관으로 설치함으로써 나타났던 현상이라고 지적했다.

교황 베네딕트 8세 시대(1012~1034, 로마인)로부터 교황 인노첸츠 3세 시대까지 교황청에서는 계약문서를 네 가지 방향으로 활용했다.

첫째로, 로마 교황청에서는 계약문서를 이단자 사문 법정의 재 근거로 제시했다.

둘째로, 교황청에서는 교황 교서를 계약문서 항목으로 분류했다.

셋째로, 교황청에서는 '계약문서 작성관'으로 하여금 처음으로 날짜를 표기토록 조치했다.

넷째로, 관구 법정이나 교구 법정에서도 교황청 계약문서를 재판자료로 채택했다.

물론 계약문서에 대한 교황청의 이런 인식 변화는 관구나 교구의 관할영역을 성문 법률에 근거하여 분할하려는 정책 변화에서 기인했다. 교황청의 계약문서 활용 정책이 이미 지적한 네 가지 방향으로 동시에 변화하지는 않았다. 그런데도 계약문서는 교황청의 문서 정책 방향에 일치되게 변화했다. 교황청에서는 계약문서를 교회조직 행정에서 표준으로 설정했다. 이런 교황청 행정 변화와 함께 11세기 라틴어 해독력의 구성물도 변화하기 시작했고, 특권관습도 바뀌었다. 교황청 행정에서 계약문서를 중시하기 이전까지는 서류를 대수롭지 않게 인식했으나 계약문서에다 절차 도입과 함께 교황의 편지를 교황청 행정에서 활용하기 시작한 이후 특히 라틴어 계약문서 양식도 교황의 편지와 유사하게 변화했다.

이미 수 세기 동안 교황청 행정에서는 교황 편지를 활용해 왔다. 교황청 행정에서 교황 편지를 활용하는 관행과 함께 유력자도 편지를 라틴어 성문 양식에 결합했다. 교황청 행정의 교황 편지 활용은 특정한 유력자까지를 계약문서 영역으로 흡수했던 것이다. 교황 편지는 특정한 유력자가 자기 권한으로 처리하던 사건을 라틴어 계약문서 영역으로 확대했다. 다음으로 '계약문서'와 '라틴어 계약문서 자료'의 서술 기능을 사건 처리영역에 통합하며 라틴어 해독력의 중요함을 일깨우고 있었다.

특히, 계약문서와 그 자료의 서술 기능을 1144년에 이르러 사건 처리 영역과 완벽하게 통합했고 교황청 행정에서는 계약문서 진위를 확인하기 위하여, 교황 편지에 대하여도 필사 계약문서 문제를 제기하고 나섰다. 교황청 예하 관구와 교구 법정에서도 교황의 편지를 라틴어 필사문서와 그 필체로 구분하기 시작했다. 11세기까지 교황의 필사 문서를 원칙으로 채택했다. 교황의 필사문서는 12세기에 이르러 장차 교황이 최고 권위자로 군림하게 되리라는 가능성을 예고했고, 교황 역시 새로운 권위자 모습으로 변화했다. 교황 편지는 교회조직의 재판 관할영역과 관련하여 성문 법률 체제를 갖추어 최고 계약문서로 공식화했다.

특히 교황 우르반 2세(1088~1099)는 교황 편지를 계약문서로 전환하기 시작했다. 그러나 교황 편지를 교황 게라시우스 2세시대(1118~1119)에 교황청의 공식 문서로 채택했다. 그런데 중세 연구자는 라틴어 표현관습에 관련된 교황 편지가 공식 문서가 되는 과정을 간과했다. 라틴어 표현관습에 관련된 교황 편지를 공식 계약문서로 채택한 사례는 교회조직의 라틴어 표현관습이나 관행 운영과 관련되어 있으며, 또한 새로운 심리 상태 변화를 반영했다. 특히 교황 편지를 교황청과 교구 관할영역을 구분하는 근거로 채택함에 따라서 교황 편지는 교황청과 교구의 재판 관할영역을 구분하는 근거 역할을 담당했다. 라틴어 표현관습에 관련된 교황 편지를 '교황청과 교구의 재판 관할영역'을 구분하는 근거로 인식했던 시대흐름에 따라서 교황 편지에 대한 운율관습까지 조정하려는 「계약문서 모음집」이 등장했다.

교황 편지에 관한 「라틴어 계약문서 모음집」은 교황 편지를 세 가지 라틴어 계약문서로 구분하고 있다. 세 가지 라틴어 계약문서는 '임시 계약문서', '강제 계약문서', '계약문서 관행에 관한 전달 편지' 등으로 구분되었다. 교황 편지에 관한 「라틴어 계약문서 모음집」은 이렇듯 교황청 행정에서 세 가지 라틴어 계약문서 양식으로 정착했다. 이런 상황은 고전시대 라틴어 관습이 최근세대의 종족언어 표현관습과 라틴어 계약문서로 결합할 수 있다는 사례인 것이다.

「계약문서 모음집」에서는 12세기 교황 편지를 교황청의 라틴어 계약문서로 활용했기 때문에 음률관습과 음절관습의 조화에 초점을 맞도록 교황 편지를 작성했다. 한마디로 지적하면, 최근세대는 라틴어 해독력으로 고전시대 라틴어 관습의 장단과 고저를 정확하게 음률관습에 결합하여, 청각으로 파악되는 라틴어 관습의 소리를 실제 계약문서로 대체했던 것이다. 교황청의 계약문서는 재판문서와 함께 법률전문가사회로 이동했다. 교황청의 계약문서 양식은 11세기 후반 니콜라스 2세(1059~1061), 알렉산더 2세(1061~1073), 그레고리우스 7세(1073~1085)의 교황시대를 거치면서 라틴어 계약문서로 정착했다. 특히 교황 그레고리우스 7세의 교회조직 개혁은 계약문서 활용방식의 변화로 이어졌다.

교황 그레고리우스 7세는 빙겐의 힐데브란트였다. 힐데브란트는 교황 레오 10세(1048~1054)가 되었던 툴의 브루노와 함께 1049년 로마에 처음으로 발을 들여놓은 다음 교황 레오 10세 아래서 도시 로마 외곽에 위치한 산타 바오로 성당 사제에 취임하면서 고위 성직자로서 길을 걷기 시작했고, 이후부터 교황청에서는 관구 법정에 강한 영향력을 점차 행사하기 시작했다. 힐데브란트는 1054년 투르의 베렝가르(1000?~1088)를 사문하기 위하여 주교단 회의를 주재했다. 베렝가르를 사문하기 위한 종교재판은 1050년부터 1079년까지 주요 종교회의 의제였다. 특히 1059년과 1079년에 걸쳐서 개최된 로마 교황청 종교회의에서는 베렝가르에게 이단자라는 죄목을 씌워 사형을 선고했으나 베렝가르가 이단자임을 아무도 증명하지 못했다.

이런 와중에 베렝가르의 성사관습 비판은 끊임없이 세속인세계로 이동하며 힐데브란트를 비롯한 고위 성직자를 곤혹스럽게 만들었다.

힐데브란트는 1058년 교황 니콜라스 2세와 1061년 교황 알렉산더 2세를 교황으로 선출하는 선거에서 교황 선출의 중재자 역할을 담당하기도 했다. 힐데브란트는 교황 알렉산더 2세 시대의 개막과 함께 수도자 법률가동아리와 수도자 신학동아리로 구성된 교회조직 개혁세력의 중심 인물이 되었고, 교황 그레고리우스 7세가 될 때까지 거의 모든 교회조직 개혁을 주도했다. 힐데브란트는 1073년 그레고리우스 7세로서 교황이 되었다. 교황 그레고리우스 7세는 1085년까지 교회조직 개혁의 일환으로 초창기부터 보존되고 있던 라틴어 관습의 관행 모음집을 원전으로 편찬하기 위하여 교서와 교령을 발포했다.

교황 그레고리우스 7세의 교회조직 개혁은 처음부터 교회조직 운영의 법정주의를 실현하려는 것이었다. 교황 그레고리우스 7세는 교회조직 운영의 법정주의를 실현하려는 일환으로 추기경단 규정을 교회 법률에 삽입하여 교회조직에 대한 세속 권력동아리 수장의 영향력을 차단했다. 교황 그레고리우스 7세는 이런 교회조직 개혁과정에서 누구나 수용할 수 있는 타당한 판단기준으로서 도덕과 사람으로서 살아가는 삶의 방식으로서 윤리를 분리하고, 성문 법률을 표준으로 만들어 나갔다. 교황 그레고리우스 7세는 교회조직의 행정 원칙으로 성문 법률을 채택하고 성문 법률의 운영과정에서 제기되는 애매한 행정 원칙을 불식하기 위하여, 사례에 따라서 성문 법률의 시행 세칙을 발포했다.

교황 그레고리우스 7세의 이런 교회조직 개혁은 11세기 수도자 교회 법률가의 저작물에까지 유입되었다. 수도자 교회 법률가는 행정 관행 모음집을 편찬하기 시작했다. 교회 법률가의 편찬물인 교회조직 운영을 위한 행정 관행 모음집에서는 회개 총칙에 대하여 세부 제목까지 붙여가며 체제를 갖추었고, 교회조직 운영 지침까지 명확하게 수록했다. 교황 그레고리우스 7세의 교회조직 개혁성과는 교회법률 영역에서보다는 오히려 사법 관행 모음집에 영향을 미쳤다. 교회 법률의 시행세칙과 같은 사법 관행 모음집은 1076년 「76가지 교회법률 사례 모음집」으로 모습을 드러냈다. 루크카의 안셀름(1036?~1086), 샤르트르의 이보(1040?~1115), 그라티아누스(1140?)와 같은 교회 법률가는 교황 그레고리우스 7세의 「76가지 교회법률 사례 모음집」을 활용했다.

교황 그레고리우스 7세는 성문 교회 법률의 표준을 활용하여 세속인세계와 성직자세계를 결속하여 '크리스트교세계라는 사회'를 존속시키는 상징물을 성문 교회법률로 설정하려고 시도했다. 이렇게 교황 그레고리우스 7세는 세속인세계의 신앙을 성문 교회 법률에 결합하는 과정에서 라틴어 해독력과 사법에 대하여 여러 가지 문제를 남겨놓았다. 또한 교황 그레고리우스 7세는 계약관습과 교회의 의례관습에 역행하는 성문 법률을 표준으로 인식하여 라틴어 해독력과 성문 사법을 표준으로 추구하려고 시도하는 한편 사도시대 교회를 원형대로 복구해야만 중세 유럽세계 교회조직을 개혁할 수 있다는 확신에 차 있었다.

이런 교회조직의 계약문서는 도이취어계 제국의 황제영지로 이동했다. 도이취어계 제국의 황제 영지에서는 영지행정 편의를 도모하기 위하여 계약문서를 활용하기 시작했다. 영지행정 편의를 도모하기 위한 계약문서 도입으로 법정의 재판문서와 기록양식도 변화했다. 물론, 시기상에서도 도이취어계 제국의 황제영지에서 나타난 라틴어 계약문서 변화는 교황청 행정영역에서 나타났던 계약문서 변화보다는 늦은 시기였다. 도이취어계 제국 행정과 법정 재판에서 12세기까지도 계약문서를 초안하는 전문직 관리를 '기록관'이라고 지칭하지는 않았다.

그러나 라틴어 계약문서를 담당하는 전문직 관리는 이전부터 이미 존속했다. 거기다 크라쎈은 종족왕 영지 행정의 라틴어 계약문서나 법정의 재판 문서가 로마제국시대 라틴어 관례, 게르만어계 종족언어의 라틴어 관례, 라틴어 해독력의 함축의미 등에서 명확하게 계승관습을 나타내고 있다고 지적했다. 카롤루스 가문 프랑크종족왕의 초창기 영지행정 단계에서는 문서고 역시 거의 확실하게 서고트종족왕, 랑고바르드종족왕, 앵글로색슨종족왕의 손을 거치면서 체제를 갖추어 갔다. 이런 맥락에서 이후시대 게르만어계 종족왕 역시 끊임없이 로마제국시대 문서고를 모방했다고 판단하게 되는 것이다.

중세 유럽세계에서는 프랑크종족왕의 지배자사회가 메로베크 가문 프랑크종족왕시대로부터 카롤루스 가문 프랑크종족왕시대로 넘어가던 시대의 최고 영주가 로마제국시대 문서고에 관심을 갖게 되어 메로베크 가문 프랑크종족왕시대에도 로마제국시대 원형 문서가 모습을 드러냈다는 것이다. 메로베쿠스 가문시대 프랑크종족왕 영지의 지배자사회 좌장이었던 궁재 피핀(741~751)은 카롤루스 가문 프랑크종족왕 왕국을 창건하여 프랑크종족왕 피핀(751~768)으로서 도시 스와송에서 최고 영주에 즉위했다. 프랑크종족왕인 피핀은 메로베크 가문 프랑크종족왕인 킬데리크 3세(743~751)가 보관하고 있던 계약문서를 문서고에서 찾아내어, '궁재'가 정책을 세우는데 활용토록 하라고 명령했다.

카롤루스 가문 프랑크종족왕시대에 이르러서는 계약문서를 법정에서까지 활용했다. 카롤루스 가문 프랑크종족왕시대의 법정에서 계약문서를 재판 증거로 활용한 이후 계약문서는 양이나 숫자 측면에서도 현저하게 증가했다. 그러나 840년 이후 카롤루스 가문 프랑크종족왕 영지에서 계약문서는 분할영지시대와 더불어 분산되고 말았다. 한편, 카롤루스 가문 프랑크종족왕 영지에서는 종족언어 표현관습과 관련된 법정의 재판 문서는 행정문서로 변화했다. 카롤루스 가문 프랑크종족왕 영지에서 변형된 계약문서 양식은 중세 유럽세계의 다양한 프랑크종족왕 영지로 이동했다.

특히, 이런 계약문서이동 사례는 9세기 후반과 10세기에 이르러 카롤루스 가문 프랑크종족왕 영지에 편승하여 영지 프로방스와 영지 부르군드, 이탈리아 영지에서까지도 활용했다는 점에서도 입증되었다. 카롤루스 가문 프랑크종족왕시대의 계약문서 관행은 오토 1세(936~973)가 지배하던 도이취어계 영지 행정에서 계약문서 기록관으로 발전했고, 위그 카페 시대(987~996)의 영지 프랑스에서도 기록관 제도로 발전했다. 영지 프랑스에서는 도이취어계 황제 영지에서보다는 훨씬 미약했지만 위그 카페 시대로부터 로베르 1세(996~1031), 앙리 1세(1031~1060), 필립(1060~1108) 등의 시대를 거치면서, 계약문서를 담당하는 전문직 관리가 점차 모습을 드러냈다.

영지 프랑스에서는 이미 '프랑스인 관습'이 나타나면서, 카롤루스 가문 프랑크종족왕시대의 계약문서 관행이 쇠퇴하기 시작했다. 한편 영지 프랑스에서는 오히려 계약문서 영역의 축소와 함께 「의례관습 절차 모음집」도 점차 사라져 갔다. 한편, 영지 프랑스에서는 라틴어 계약문서 명칭도 변화되어, 새로운 계약문서를 '의례관습 기록문서'나 '의례관습 징표', 또는 '계약문서'라고 지칭했다. 영지 프랑스에서 이런 라틴어 계약문서 명칭 변화는 계약문서가 종족언어 표현관습의 상징물로 인식되었다는 의미를 암시했다. 관구의 '라틴어 계약문서 기록관'의 명칭은 계약문서 출현과 일치했으며, 계약문서 기록관은 면세관습 보유자 의미로 상용되었다.

대주교 관구의 이런 기록관이 면세관습을 보유했던 사례는 갈롱드의 에티엥의 경우인 것이다. 에티엥은 파리 사제였다가 최고 영주 필립 1세 시대인 1105~1106년 관구 계약문서 기록관으로 등용되었다. 에티엥은 최고영주 루이 6세 시대(1108~1137)까지 최고영주의 궁전에서 계약문서 기록관직을 수행하다가 1127년 최고 영주의 영지 기록관직에서 해임되었다. 그러나 에티엥은 최고 영주의 영지 기록관직에서 해임된 이후에도 최고 영주의 궁전 사제직에 올라서 영향력을 행사했다. 이와 같이 영지 프랑스에서는 계약문서가 법정이나 영지행정 영역에서는 두드러지게 발전하지 않았다.

11~12세기 유럽세계에서는 계약문서를 최고영주의 영지 행정에 도입하지 않았다. 11~12세기 계약문서는 처음으로 브리타니아 섬에서 비로소 영지 행정에 도입되었다. 잉글랜드에서는 헨리 1세(1100~1135)가 왕위에 즉위한 이후 계약문서를 영지행정에 도입하기 시작했다. 잉글랜드왕 헨리 1세는 왕권을 강화하기 위하여 국가 재정에 대하여 회계절차를 영지 행정에 도입하여 영주와 가신을 통제하기 시작했다. 이후 잉글랜드에서 계약문서는 종류와 숫자의 측면에서 증가했고, 법정에 도입됨으로써, 최고 영주의 권한을 한층 체계화했다. 잉글랜드의 헨리 1세는 법정의 재판기록을 관리하기 위하여 '라틴어 계약문서 기록관직'을 신설했다.

잉글랜드 행정의 이런 계약문서와 달리, 영지 프랑스에서는 최고 영주 필립 오귀스트 시대(1180~1190)에 이르러서야 영지 행정에 라틴어 해독력의 함축의미를 원활하게 소통하기 위하여 기록관 제도를 도입했다. 영지 프랑스에서는 계약문서 기록관직을 12세기 이후 영지 북부에서도 신설했다. 특히, 영지 프랑드르에서도 1136년부터 계약문서 기록관직을 신설했고, 영지 하이노르에서는 1180년에, 영지 나뮈르에서는 1180/90년에 라틴어 계약문서 기록관직을 신설했다. 이외에도 벨기에의 브라방 지방에서는 1199년 기록관직을 신설했다. 이들 영지의 교구에서도 라틴어 계약문서를 후기 로마제국시대부터 11세기에 이르기까지 사용했고, 13세기에 이르러 라틴어 계약문서 종류는 현저하게 증가했다.

계약문서에 대한 계승관습을 중심으로 분석하는 경우, 라틴어 해독력의 계승관습은 개인이나 국가 어디서든 라틴어 철자관습으로 필사하던 '기록관'의 명칭에서 나타나고 있다. 로마제국시대에도 계약문서 기록관을 '기록자'이라고 지칭하거나 '황제 기록자'라고 지칭했다. 이 계약문서 기록관은 필사 계약문서를 공증했고, 후기에 이르러는 행정관리로 등장했다. 계약문서 기록관의 행정관리 기능은 후대에 이르러 '대필관'에게로 넘어갔다. 계약문서 대필자는 단순히 다른 종족언어 표현관습 소유자의 표현 내용을 대필하는 기록자였다. 이 계약문서 대필자는 동업자조합과 같은 계약문서 전문가사회를 구성했다. 로마제국에서는 라틴어 계약문서 기록관이 기록업무를 담당하던 직책으로부터 물러나더라도 그 기록관은 제국 행정문서를 보관해 두었다.

비잔티움제국에서는 행정문서 중에서도 관할영역 분할문서, 법정의 재판문서, 지방 총독의 행정문서 등을 문서고에 보관해 두었다. 황제 유스티니아누스(527~565)는 계약 당사자가 '계약문서 기록관의 공증'에 대하여 '해명'을 필요로 하게 되는 경우, 기록관을 비잔티움제국

공직에서 추방했다. 물론, 당시 비잔티움제국에서는 라틴어 계약문서 기록관을 추방하는데 두 가지 이유를 열거하고 있다. 비잔티움제국의 행정 중심지는 라틴어를 상용하는 로마가 아니라 그리스어를 상용하는 이스탄불이었다. 그래서 비잔티움제국의 행정문서는 그리스어와 라틴어를 병용해야만 했다. 다른 한 가지 이유는 라틴어와 그리스어를 함께 상용하고 있었던 데서 발생하였다. 소송 당사자가 그리스어와 라틴어를 병용하지 못하여 문맹자가 될 수밖에 없었다는 이유를 지적할 수 있다.

비잔티움제국에서는 계약문서 대필자에 관한 조항까지 성문으로 규정했다. 이것은 후기 로마제국시대에 이르러 대필자의 계약문서가 라틴어 해독력에서 발원했다는 것을 입증했다. 이런 대필자 사례는 기원전 53년 '문맹자 부인'이 본인의 취지와 다르게 계약문서를 대필자가 작성했다고 탄원하고 있다는 점에서도 입증되고 있다. 이런 사례에 근거하여 당시 계약문서 대필자는 소송 당사자를 위하여 특정한 임무를 부여받았다는 점이다. 즉 소송 당사자인 부인이 문맹자여서 자기의 취지를 정확하게 전달하지 못하고 있으며, 더군다나 대필자의 계약문서까지 읽을 수 없기 때문에 계약문서가 정확한지 여부를 파악할 수 없다는 지적인 것이다. 물론 계약문서 대필자는 '라틴어 계약문서 작성관'이 아니었다.

그런데도 로마시대 사법에서는 계약문서 작성자가 공증인이 되어야 하고, 재판관이 증거를 확인할 수 없는 경우 재판관도 사건을 판결할 수 없다고 규정하고 있다. 이 사법은 '소송 당사자가 라틴어 해독자로서' 서로 합의에 도달하는 경우 계약문서의 조건을 확인하고, 그 계약문서를 공증해야 한다는 취지를 담고 있었다. 『신찬 사법 사례 모음집』의 제73항에서 다시 심문과 진술을 기록하는 대필자 관계를 규정했다. 『신찬 사법 사례 모음집』 제73항에서는 계약문서에 대한 공증을 규정했다. 당시 계약문서 대필자는 현대세계의 공증인처럼 정규 교육을 받지 못했을 것이다. 그런데도 현대세계 공증인에 가까운 예우를 받고 있었다.

『신찬 사법 사례 모음집』의 제73항에서는 소송 당사자가 서로 증인을 채택할 수 있다는 원칙을 규정했다. 소송 당사자가 채택한 증인이 라틴어 해독력을 지니지 못한 경우도 있었다. 이 경우 계약문서 대필자는 증언의 증거를 기록물로 작성하여 법정에 제출했다. 뿐만 아니라, 증인의 증거를 대필자가 기록물로 작성하여 법정에 제출하면, 그 증인의 증거에 따라서 법률의 적용 여부를 판결하기 위하여 현대세계 공증인 제도와 같은 계약문서 대필관 제도는 발원했다. 비잔티움제국의 계약문서 공증인 제도는 이탈리아로 이동했다. 이탈리아에서는 랑고바르드종족왕의 분할영지시대가 종식된 이후 계약문서 대필자는 계약문서 전문가인 장인 단체를 결성했다. 이탈리아에서와 같은 라틴어 계약문서 대필자 장인단체는 전문 기록자단체였고, 로마시대 문화영역에서 로마시대 사법 관행과 함께 점차 모습을 드러냈다.

비잔티움제국의 이탈리아 동부 관문도시인 라벤나에서는 소송 당사자의 재판문서 작성과 관계없이 귀족에게 고용된 전문 계약문서 대필자 직종이 등장했다. 계약문서 대필자 직종은 그리스어 상용지역과 교류가 밀접했던 영주도시 나폴리에서 정착했다. 10세기부터 지방 유력자와 성직자는 '관구나 교구 법정'의 재판기록을 통일시키고 '대필자의 계약문서'를 증거로 제시했다. 계약문서 대필자는 가에타, 소렌토, 아말피 등의 영주도시를 비롯하여 포강 유역 삼각주의 상인 영주 도시에서도 활동했다. 이탈리아에서 계약문서 대필자는 랑고바르드종족으로서, 계약문서 대필업무를 종족왕 영지의 제도에 부착하는 역할을 담당했다. 랑고바르드종족왕 영지의 상인 영주도시에서는 '계약문서 대필자'를 제도로 도입하기 시작했다. 랑고바르드종족왕 영지의 상인 영주 도시에 도입된 계약문서 대필자 제도가 어떻게 발원했던지를 밝히기는 애매할 수밖에 없다.

그런데도 랑고바르드종족왕 영지의 계약문서 전문 대필자는 9세기 말 경 다양한 분야에서 '계약문서 공증인'과 같은 계약문서 대필업무와 계약문서 확인업무를 담당했다. 랑고바르드종족왕 영지의 라틴어 계약문서 전문 대필자는 프랑크종족왕 영지의 라틴어 계약문서 기록관 위치를 계승했다. 계약문서 전문 대필자는 유럽문화 생성시대 세계에서 활용하던 계약문서를 보전했고, 이탈리아에서는 점차 증가 일로에 있던 영지행정의 계약문서를 보전하며 증거까지 제시했다. 랑고바르드종족왕의 종족법률에서는 계약문서 대필자를 '라틴어 계약문서 필사자'로 간단하게 지칭했다.

이런 계약문서 대필자 기능 변화는 랑고바르드종족왕 루이트프란드(732~744)의 종족법률에서 희미하게나마 그 사례를 제시했다. 랑고바르드종족왕 루이트프란드는 '계약문서를 작성하는 사람이면 누구나' 랑고바르드종족왕 법률과 로마시대 사법뿐만 아니라, 불문 관행과 전례까지도 정확하게 파악하고 있어야 함을 라틴어 계약문서 대필자의 필수 자질로 제시했다. 랑고바르드종족왕의 영지에서는 재판 과정의 전문 기록자를 '종족왕의 계약문서 대필자'라고 지칭하며, 종족왕의 라틴어 계약문서 관례 대필자를 '상인 영주 도시와 교회조직에서 활동하던 전문 대필자'와 구분했다. 그 전문직 대필자 중에는 영지를 소유한 신흥 귀족에게 고용되어 귀족의 영지 관리 업무를 대행하는 전문 직능인도 포함했다. 카롤루스 막뉴스는 프랑크왕 영지의 행정체제에 계약문서 기록관직을 일반화했다. 카롤루스 막뉴스는 주교, 수도자동아리 좌장, 영주 귀족에게 반드시 라틴어 계약문서 전문 기록관을 신설토록 유명한 칙령을 발포했다.

카롤루스 막뉴스는 사제의 계약문서 작성을 금지하고 아울러 계약문서 전문기록관 명부를 작성토록 조처했다. 그러나 프랑크종족왕의 영지도 카롤루스 막뉴스 사망 이후 분할되었다. 프랑크종족왕의 이탈리아 분할 영지에서는 계약문서 전문 기록관을 수도자 학문동아리와 같은 의미로 인식하기 시작했다. 즉 이탈리아에서는 계약문서 전문 대필자를 봉건관습 모음집에 담긴 성문 사법에서도 특정한 지위를 확보한 인물이라고 언급했다. 영주 도시 아스티의 귀족은 881년 전문 대필자가 라틴어 계약문서를 작성하지 않아서 행정상으로 라틴어 계약문서 진위 여부를 확인할 수 없기 때문에 계약을 이행할 수 없다고 주장했다. 11~12세기 유럽세계에서 계약문서 전문 기록관은 여러 가지 모습으로 변화하여 라틴어 해독력에 바탕을 둔 수도자 학문동아리와 일치했다.

다른 한편으로 계약문서 전문 대필자는 10~11세기에 이르러 이탈리아 영지에서부터 나타나기 시작했다. 11~12세기 중세유럽세계에서는 계약문서 전문 기록관직 경우처럼 수도자 학문동아리의 문화이동이론과 라틴어 해독력은 종족언어 표현관습의 구성물로 정착했고, 계약문서 전문 기록관은 후기 로마제국시대부터 라틴어 문법교육 관행과 함께 라틴어 해독력을 이어 왔다. 이런 계약문서 전문 기록관은 라틴어 해독력을 로마시대 문화영역인 지중해세계의 상업 성숙에 힘입어 게르만어계 종족언어의 라틴어 관례에 부착했다. 특히 이탈리아계 계약문서 전문 기록관은 탁월한 재능을 활용하여 로마시대 문화영역의 사법 관행이었던 라틴어 해독력을 프랑크종족왕 영지행정에 부착하여 제도 영역으로 발전시켰다.

계약문서 전문 기록관은 로마시대 사법 관행을 새로운 라틴어 계약문서에 부착하여 11~12세기 중세유럽세계 문화영역을 조직화했다. 이런 계약문서 전문 기록관의 라틴어 해독력은 11세기 교황 그레고리우스 7세의 교회조직 운영의 법정주의에 힘입어 성문 법률에 부착하여 그 모습을 드러내기 시작했다. 11~12세기 유럽세계에서 교황 그레고리우스 7세는 성직자와 세속인을 성문 사법에 얽어매고, 이들 모두를 결속하려고 시도했다. 교황 그레고리우스 7세는 현대개념으로 실정법 원리를 채택하여 교회조직 운영에 대한 성직자 임무를 라틴어 계약문서에 근거하여 제한하고 다시 확인했다. 교황 그레고리우스 7세의 교회조직 개혁 과정에서 라틴어 계약문서에 대한 인식은 라틴어 해독력의 영향으로 급격하게 변화했고 이런 변화 사례는 이미 당대의 계약문서에서도 확증되었다. 동시에 이런 성직자세계 변화와 함께 계약문서에 근거하여 판결하던 재판 역시 라틴어 해독력에서 발원한 계약문서를 증거로 채택하고, 점차 재판 절차를 중시하기 시작했다.

11~12세기 유럽세계에서 라틴어 해독력이 법정에 부착한 이후 교회조직의 계약문서 전문 기록관은 '재판관'으로 등장했다. 계약문서 기록관은 '재판과정에서 자백'을 확인하는 관리 위치로 변화했고, 이런 기록관 위치변화는 자백 자율을 중시하는 사법에서 발원했다. 11~12세기 유럽세계에서는 이런 계약문서 기록관 위치 변화와 함께 법정의 재판 관행 역시 소송 당사자의 합의를 중시하기 시작했다. 라

틴어 계약문서 기록관의 임무는 소송 당사자의 합의를 심의하는 역할을 담당했다. 소송 당사자가 계약문서 기록관 앞에서 합의를 서약하는 경우, 계약문서 전문 기록관은 법정에서 합의를 찾아내는 '재판 행정 담당관'으로 변화했다. 당시까지도 소송 당사자의 합의를 등재하는 기록 체제는 나타나지 않았다.

소송 당사자는 계약문서 기록관으로부터 서로 합의를 확인하는 절차를 거쳐 최종으로 합의를 확인했다. 계약문서 기록관은 소송 당사자의 합의를 단순히 기록했고, 그 소송 당사자의 합의를 공증하는 역할을 담당했다. 특히 합의 계약문서는 원고의 소송 청구서, 피고의 심문, 증인의 진술과 대등한 효력을 발생했다. 11~12세기 유럽세계에서 합의 계약문서는 피고 조서와 공증인의 기록을 포괄했다. 계약문서 기록관의 재판기록은 피고 조서와 공증인의 기록이라는 두 가지 형태로 구성되었다. 두 가지 합의 계약문서 사례는 도시 제노바의 계약문서 기록관으로 활동했던 지오바니 스크리프의 조서인 것이다. 계약문서 기록관 지오바니의 조서는 대략 1154년에 등장했다. 이런 계약문서는 12~13세기에 이르러 이탈리아와 프랑스 남부의 영주 도시에서 행정문서로서 채택되었고 이런 계약문서 기록관 역시 13세기 중엽 이후 지방의 사법 관행에서 관리 모습으로 등장했다.

2.2. 계약문서 전문가로서 기록관의 출현

11~12세기 유럽세계에서 수도자 학문동아리의 문화이동이론은 수도자 학문동아리 자체 변화뿐만 아니라 라틴어 해독력을 인간 평가의

골격으로 만들어내기 시작했다. 라틴어 해독력은 라틴어 표현관습의 서술 기능에 부착하여 새로운 라틴어 계약문서를 창출했다. 라틴어 해독력의 역사는 교황청의 라틴어 계약문서와 재판기록, 그리고 기록관 제도와 함께 발전했다. 라틴어 해독력은 모두 주요 저작물과 편지글 모음집을 종족언어 생활관습에 결합하는 역할을 담당했다. 교황청 행정의 계약문서, 재판기록, 전문 기록관의 계약문서, 편지글 모음집 등은 라틴어 해독력에 힘입어 주요한 기록양식으로 정착했다.

중세와 근대 초기 서양세계에서 법정의 재판은 라틴어 서술관습을 라틴어 계약문서에 결합했다. 특히 법정에서는 기록관이 참석한 가운데 소송 당사자가 출석하여 사건 경위를 구두로 진술해야만 재판을 진행할 수 있었다. 따라서 서양 중세세계에서 기록관은 소송 당사자의 사건 진술을 라틴어 계약문서로 전환하여 종족언어 표현관습과 라틴어 계약문서를 결합하는 역할을 담당했다. 물론 계약문서 전문 기록관은 라틴어 해독자로서 고전시대와 최근세대의 라틴어 해독력을 구분했다.

계약문서 전문 기록관의 이런 역할처럼 라틴어 해독자는 11~12세기 유럽세계에서 다양한 라틴어 해독력 변화 가능성을 예고하며 라틴어 해독력을 활용하여 고전시대와 최근세대 라틴어 계약문서를 변화시켰다. 그 사례는 이미 교황청과 종족왕 영지 행정의 계약문서와 재판문서, 그리고 봉건관습 모음집에서 입증되었다. 이런 맥락에서 계약문서와 라틴어 해독력은 11~12세기 유럽세계에서 제도로 정착했다. 이제 여기서는 중세 유럽문명의 기본 틀로서 라틴어 해독력과 계약문서의 관계를 라틴어 해독력, 교회조직 행정, 계약문서 등에 근거하여 라틴어 서술관습에 관련 지위 분석하려고 한다.

부룬너는 후기 로마시대 사법과 중세 초기인 유럽문화 생성시대 사법 기능을 라틴어 계약문서의 서술 기능과 증거보존 기능으로 구분했다. 지금까지도 계약문서의 이런 서술 기능에 대한 부룬너의 연구 성과는 통설이 되어 있다. 부룬너의 분석에서도 계약문서는 라틴어 해독력, 교회조직 행정, 종족언어 표현관습 등의 서술 기능과 관련 지우고 있다. 로마시대 사법에서는 법정의 재판 절차를 증거 전달 절차와 구분하도록 규정했다.

이런 재판 절차 변화를 두고 보면 로마공화정시대까지도 계약문서를 중요하게 인정하지 않았다 그러나 로마제국시대 이후에야 라틴어 관습에 대한 증거로서 계약문서를 중요하게 인정했다. 그러나 로마시대 사법에서는 계약문서를 황제 유스티니아누스시대의 '계약문서 전문 대필자 조항'의 사례처럼 로마공화정시대 이전과 정반대로 인식했다. 황제 유스티니아누스시대 이후에는 계약문서를 쌍방의 합의 증거로 인식했다는 점이 중요한 변화인 것이다.

로마시대 사회에서는 물론 계약문서를 중시하기 시작했다. 이런 로마시대 사회 경향은 전문 지식 원리 교육 때문이 아니라, 법률을 중시하는 인식에서 출발했다. 로마시대 계약문서와 라틴어 해독력의 구성물에서 입증하고 있는 것처럼, 사법이나 교회조직 행정에서는 수도자 학문동아리와 수도자사회까지도 구분했다. 3세기부터 6세기까지 로마시대 사법에는 게르만어계 종족언어 표현관습이 현저하게 유입되었다. 그런데도 로마시대 사법에서 당시 게르만어계 종족언어 표현관습을 찾아내지 못하고 있다. 로마시대 사법에서는 계약문서와 관련된 사법을 개정했다. 그 사례는 황제 콘스탄티누스 시대(306~337)의 사법 개정 사례인 것이다. 황제 콘스탄티누스는 계약문서에 관한 사법 개정을 반대했다. 황제 콘스탄티누스는 계약문서 조항에서 '문서 계약'이나 '구두 계약'보다는, 교회조직의 행정관행이나 목격자 증언을 중시하는 방향으로 개정할 것을 주장했다.

그러나 교회조직의 행정관행은 특정한 교구 거주자의 라틴어 해독력과 관련되어 있으면서도, 종족언어 표현관습 모음집을 공식화하지 않았고, 세속인 세계의 라틴어 해독력 역시 확인하지 못한 상태여서 추측에 지나지 않았다. 게르만어계 종족왕법률은 라틴어 해독력에서 발원했다. 물론 이런 게르만어계 종족왕 법률과 로마시대 법률을 여러 가지 시각에서 대비할 수 있을 것이나 특히 게르만어계 종족왕의 사법과 로마시대 사법에 대한 가장 명확한 구분 기준은 사법 시행 여부일 것이다. 레비는 로마시대 사법이나 게르만어계 종족왕의 사법이 시행되어 법률로서 효력을 발휘했다는 견해를 오류에 불과하고 지적했다. 레비는 황제 유스티니아누스의 『신찬 사법 사례 모음집』조차 게르만어계 종족왕의 최초 사법이 골격을 갖추었을 때까지도 세상에 모습을 드러내지 않았다는 것을 확증했다. 게르만어계 종족왕의 최초 사법은 라틴어 해독력에 침잠해 있었던 로마시대 법률이 아니라 게르만어계 종족이 지배종족으로 등장한 이후 프랑크종족왕의 영지 사정을 반영해야 할 필요함이 대두됨에 따라, 로마시대 라틴어 해독력을 모방한 잔재에 불과했다는 것이다.

즉 게르만어계 종족왕의 최초 사법은 게르만어계 종족의 라틴어 해독력과 전혀 관련되지 않았다는 것이다. 게르만어계 종족왕의 사법은 로마시대 사법이 게르만어계 종족의 라틴어 해독력에 유입했다는 것을 반영했다. 프랑크종족왕의 영지에 로마시대 사법의 라틴어 해독력이 침잠해 있었다는 증거는 소송 절차법, 친족법, 상속법 등의 사례인 것이다. 게르만어계 종족왕의 사법은 로마시대 사법을 사건에 따라서 모방하여 프랑크종족왕의 지배자사회를 존속케 했다.

물론 게르만어계 종족왕의 사법을 이와는 다른 입장에서 파악할 수도 있을 것이다. 게르만어계 종족왕의 사법에 대하여 특성을 인정하는 경우, 기존 로마시대 사법과 관련되어 있다는 특징을 약화시킬 수도 있을 것이다. 그러나 게르만어계 종족왕의 사법이 과연 게르만어계 종족의 라틴어 해독력에 침잠해 있던 종족언어 표현관습의 축적물이겠느냐 문제에 대해서는 누구도 동의할 수 없을 것이고, 라틴어 해독력의 축적물이라고는 더욱 인식할 수 없을 것이다. 로마시대 사법이 다양한 게르만어계 종족언어 표현관습에 부착하여 정착했다는 점에서 로마시대 사법의 이런 상황을 사법 효력 발생과 관련 지울 수 있을 것이다.

메로베쿠스 가문 프랑크종족왕시대의 사법은 효력을 발생하지 않았다. 그렇다고 해서 게르만어계 종족왕의 사법이 라틴어 해독력에 침잠해 있던 형식주의에 불과했다기 보다는 오히려 로마시대 문화에 게르만어계 종족언어 표현관습에 동화했다고 파악할 수 있을 것이다. 메로베크 가문시대 프랑크종족왕 영지에서도 로마시대 사법은 재생했다. 게르만어계 종족은 소피스트시대 그리스어 관습에 침잠해 있던 종족언어 표현관습을 전혀 인지하지 못했으나 로마시대 사법에 침잠해 있던 그리스어 관습의 영향을 받고 있었다. 물론 로마시대 사법도 3세기 이후부터 그리스어 관습 영향을 받고 있었다. 그리스어 관습은 3세기경부터 로마시대 법률 용어로서 재생했다. 그리스어 관습이 로마시대 법률 용어로서 재생했던 상황은 그리스어 관습이 로마시대 법률에 침잠해 오다가 3세기 이후에야 재생했던 것으로 파악할 수도 있다.

로마시대 법률에 대한 그리스어 관습 영향은 로마시대 라틴어 해독력과 직접 관련되어 있다. 로마인도 3세기 이전까지 그리스어를 해독하지 못했다. 로마인이 그리스어에 무지했을 경우 그리스어는 로마인 세계에 잠복할 수밖에 없었다. 그러나 로마인의 그리스어 해독력이 일정한 잠복기를 거쳐 이동하면서 그리스어 관습은 재생했다. 따라서 로마인의 라틴어 서술관습도 변화했을 것이다. 3세기 이후 로마인의 라틴어 해독력은 그리스어 관습의 영향으로 급격하게 변화했다. 로마인 입장에서 파악하면 전혀 다른 그리스어 관습이 로마시대 법률에 유입되면서 로마인의 라틴어 해독력 변화로 이어졌던 것이다. 라틴어 해독력을 필요케 만들었던 것은 계약문서였다. 이런 로마시대 사례는 도시 라벤나의 파피루스에서 입증되었다.

도시 라벤나의 파피루스는 랑고바르드종족의 계약문서를 담고 있다. 랑고바르드종족의 '계약문서 관례'는 라틴어 해독력과 계약문서를 등식화해 두었고, 계약문서를 계약관습의 상징물에 지나지 않는다는 것이다. 이런 랑고바르드종족의 계약문서는 라틴어 해독력에다 '계약문서 관례'는 물론 성서에까지 초점을 맞추었으나 계약문서와 라틴어 해독력을 법률과 다르게 법률 취지에까지는 연계하지 않았다. 이런 사례는 랑고바르드종족의 계약문서가 라틴어 해독력과 기록물을 결합했다는 것을 입증했다. 이런 랑고바르드종족의 계약문서는 라틴어 해독력의 중간물이었다는 것을 반증하는 것이나 다름없다. 물론 황제 유스티니아누스도 계약문서를 라틴어 해독력의 중간물로 인식했다. 특히 이런 랑고바르드종족의 계약문서 사례는 도이취어계 법학자가 로마시대 사법 전례를 모방하여 지금까지 성문화하지 않았던 라틴어 해독력을 이후시대 법률에다 부착하려고 시도한 흔적도 있다는 것을 반증하는 것이다.

게르만어계 종족의 계약문서는 로마시대 계약문서와 전혀 다른 과정을 거쳐 게르만어계 종족의 라틴어 해독력에 부착했다. 게르만어계 종족과 로마인의 라틴어 해독력은 이런 사례처럼 종족언어 표현관습의 축적물로 표면화했다. 따라서 라틴어 해독력의 계승관습은 종족언어의 라틴어 관례 계승관습과 관련되어 있다. 라틴어 해독력은 종족언어 표현관습 변화를 수용하며 변화했고, 다양한 게르만어계 종족의 표현관습과 병렬형태로 변화했다. 라틴어 해독력의 구성물은 소유관습 생성과 소유관습 쇠퇴를 수용했고, 특히 재산관습 변화를 반영했다. 고전시대는 4세기에 이르기까지 재산관습을 '소유관습'과 '재산이용관습'으로 구분했다. 그러나 4세기 이후 이런 고전시대 사법양식은 라틴어 해독력의 영향으로 와해되고, 재산이용관습은 곧 재산소유관습에 일치했다. 이런 사례는 라틴어 해독력 영향으로 재산소유관습이 물질소유관습 형태로 변질했다는 것을 반증했다.

재산관습 변화는 계약문서 해독력에서 발원하여 종족왕의 사법 영역으로까지 이동했다. 라틴어 해독력 영향으로 종족왕의 사법이 재산관습 변화로 이어졌던 사례는 이혼관습과 상속관습에서 소유관습이 '점유관습'으로 변화했던 사례인 것이다. 물론 이런 재산관습 변화는 재산 기능과 지배자사회 구성원의 영지 통치를 반영했던 결과였다. 지배자사회는 재산관습에 기준하여 조세 차등을 적용했으나 재산 유형 분류와 함께 재산관습에서 조세 차등기준은 사라졌다. 재산관습은 계약문서 변화와 함께 변화했다. 한편 계약문서는 '임차관습'과 '보유관습'을 일치시켰다. 계약문서 영향으로 임차관습과 보유관습이 일치한 이후 영지 경작자는 누구나 조세 부담에 하자가 발생하지 않는 경우, 보유 영지를 마음대로 처분할 수 있었다.

이런 재산관습 변화는 라틴어 해독력 영향으로 보유자 채무를 보유 영지 처분에 연계하여 영지를 사법 영역으로 흡수하여 채무와 처분의 격차를 발생시켰다. 채무와 처분의 격차는 소유관습과 소유상태에 국한했으나 소유관습이동으로 발전했다. 따라서 소유관습이동에서는 소유라는 목적에 대하여 권리 이동이라는 원인이 되는 거래를 더 이상 구분할 수 없었다. 영지 매매는 금전 취득을 목적으로 이뤄졌기 때문에 영지와 금전의 교환으로 인식했다. 이런 재산관습 변화에 대하여 세비예의 이시도르(†636)는 재산도 '상품 거래나 물물 교환'처럼 변화했다고 지적했다. 계약문서 변화는 사회의 존재인 재산관습에까지 영향을 미치며 사법을 계약문서 서술 영역에 흡수했던 것이다. 라틴어 해독력 영향으로 사법과 소유관습의 미세한 격차는 사라지고, 오히려 계약문서 서술 기능을 라틴어 해독력으로 확대했던 것이다. 따라서 법률은 해독해야 할 대상으로 변모했다.

4~5세기 교회조직이나 황실 영지에서에는 법률 전문기관이 등장하여 고전시대 법률을 라틴어 해독력의 외피에 가깝게 파악하려고 시도했다. 교회조직이나 황실영지의 법률 전문가로부터 게르만어계 종족왕법률 편찬자는 고전시대 법률모형을 전수받아 필요에 따라서 계약문서 형식으로 고전시대 법률과 라틴어 해독력을 거의 마음대로 모방했다. 아마도 계약문서를 시각으로 파악했다는 것은 다른 감각으로 재산관습을 파악하는 것보다는 오히려 확실했을 것이다.

새로운 재산 매입자도 매입물의 재산관습이동을 종족언어 표현관습으로 확인하고 싶었을 것이다. 새로운 재산 매입자는 계약문서에 만족하지 않고 증거와 계약문서에 입각하여 종족언어 표현관습으로 현물을 대조했다. 이런 일반 경향은 매입 증거가 미비하다고 인식하여 증거 미비점을 라틴어 해독력으로 보완하려는 것이었다. 물론 로마시대 문화영역은 게르만어계 이동종족에게 생소했다. 이런 게르만어계 종족은 로마세계의 재산관습이동 관행을 터득하지 못하여 증거와 계약문서에 입각하여 현물을 대조하려 시도했을 것이다. 이런 경향은 로마인과 게르만어계 이동종족 사이에서 확산되어 있었다. 특히 동부 비잔티움제국 영역의 게르만어계 이동종족은 로마시대 사법을 터득하고, 거래관행과 계약문서 양식을 수용했다. 동부 비잔티움제국 영역에서는 그리스어계 거래관행을 그대로 유지했다.

게르만어계 이동종족은 그리스어계 거래관행에 생소했으나 로마인과 거래과정에서 그리스어계 계약관행에 적응했다. 그리스어계 계약관행과 게르만어계 계약관행은 계약문서를 활용하여 결합했다. 두 계약관행 결합과정에서 시각을 더욱 중시했고, 이런 경향이 제국 구성원에게로 이동하면서, 종족언어 표현관습과 같은 계약문서를 중요하게 인식했다. 황제 유스티니아누스시대 이후 법률가는 종족언어 표현관습을 유지면서 계약문서를 작성할 필요가 없다고 교육했다. 로마제국 와해와 함께 행정체제도 와해되었다. 로마제국에서는 콘스탄티노플과 멀리 떨어져 있는 영지에까지 행정력이 미치지 못했다. 따라서 콘스탄티노플과 멀리 떨어져 있는 갈리아에서는 조세징수관습도 귀족에게로 넘어갔고, 그 이후 계약문서 숫자도 증가했다. 특히 동부 비잔티움 제국에서처럼 서부 제국에서는 영지와 '소작농', 노예와 귀중품은 계약문서를 매개체로 매매되었다. 사법 관행은 이런 소유관습 변천과정에서도 종족언어 표현관습을 중시했고 특별한 소유관습이동 경우를 제외하고서는 기본 사법 원리로 존속했다.

이런 소유관습은 5세기에 이르러 변화했다. 5세기 소유관습 매매가 성립하려면, 증인 앞에서 계약문서를 작성하고 매매 당사자 확인을 거쳐야 했다. 즉 매매 당사자의 확인을 거쳐야 소유관습 매매의 효력을 발생한다고 규정했다. 황제 콘스탄티누스는 혈족사회 구성원의 소유관습이동 경우가 아니면, 재산관습이동을 계약문서에 담아 사법 절차에 따라서 양도해야 한다고 주장했다. 황제 콘스탄티누스의 주장에 나타난 재산관습의 매매 사례에서는 재산관습 매매가 사법 효력을 발생하려면 계약문서 작성이나 매매하겠다는 종족언어 표현관습으로서 성립되는 것이 아니었다. 재산관습 매매과정에서는 재산관습 매매가 틀림없다는 것을 선포하는 종족언어 표현관습을 강조했다. 재산관습이동에서는 무형과 유형의 재산을 불문하고 '사법 관행에 근거하여' 효력을 발생했다. 여기서 '종족언어의 라틴어 계약문서 관례'는 나타나지 않았다.

계약문서 교환과정은 "재산관습이동 대상인 물건을 확인하고, 사법 효력을 선포하는 종족언어의 라틴어 계약문서 관례"로 대체하지는 않았다. 재산관습이동 사례에서 계약문서는 대개 재산관습을 표지하는 상징물로서 일종의 등본 기능에 그쳤다. 재산관습이동 과정에서 계약관습은 계약문서에 대하여 두 가지 역할을 담당했다. 재산관습이동을 전제한 계약문서는 매매 의사를 전달하는 종족언어 표현관습과 재산관습이동 대상의 매매 물건을 확인하는 역할을 담당했다. 그리고 재산관습을 이동하는 계약문서는 '계약문서가 아닌 종족언어 표현관습'으로 계약 효력을 발생하는 역할까지 담당했다. 이런 재산관습이동 과정에서는 새로운 계약문서를 도입하여 고전시대와 최근세대의 글자 해독력은 결합했고 계약문서를 재산관습의 상징물로서 활용했다. 이런 맥락에서 게르만어계 종족왕의 사법을 황제 유스티니아누스의 『새로운 법률사례 모음집』과 비교할 수는 없다.

게르만어계 종족왕의 사법은 재산관습이동과 같은 사법의 경우, 고전시대 라틴어 해독력으로 복귀하려고 시도하지도 않았다. 게르만어계 종족의 계약관습은 물론 로마시대 사법 관행을 비롯한 계약문서 형식에까지 유입되었다는 것을 확증할 수 있으나, 라틴어 해독력을 찾아낼 수 없었다. 7세기 이후 중세 유럽세계 모습과 함께 중세 유럽세계를 결속해나갈 사법도 서서히 모습을 드러내기 시작하며 '종족언어 표현관습의 라틴어 계약문서 관례'도 새로운 모습을 갖춰갔다. 프랑크 종족왕의 영지에서 게르만어계 종족언어 표현관습도 메로베쿠스 가문 프랑크종족왕과 카롤루스 가문 프랑크종족왕시대로 이어지는 400여 년 동안 새로운 사법과 함께 라틴어 해독력을 축적해갔다. 과거세대 종족언어 표현관습 역시 게르만어계 종족왕의 사법 영향을 수용하며 지배종족인 프랑크종족의 생활언어 관습을 중세 유럽세계에서 사법 발원지로 만들었다.

중세 초기 유럽세계에서 계약문서는 사법 해석에 필요한 「종족언어의 라틴어 계약문서 관례에 대한 주지사항」을 나타내는 상징물이었다. 계약문서는 랑고바르드종족의 계약문서에서처럼 미래에 대비하여 종족언어 표현관습을 보존하기 위한 목적으로 계약문서를 작성했다. 대략 1050년경 이후 라틴어 해독력의 함축의미를 해석하여 시행하는 성문 법률이 모습을 드러내기 시작했다. 1070년경에는 아주 우연하게 『사법 사례 모음집』을 편찬하여 사법 사례와 라틴어 해독력을 모아두기 시작했다. 서로 라틴어 해독력을 중시하며 사법을 운영하던 시대도 지나갔다. 그런데도 사법은 특정한 시대에 지탱해주던 종족언어의 라틴어 계약문서 관례를 포함했다.

사법 발원지는 게르만어계 종족왕의 사법에 포함된 라틴어 해독력 문제를 선입견 형식으로 제기했다. 라틴어 해독력에 대한 선입견 문제는 서로 라틴어 해독력을 활용하여 만든 합의로서 표준 기능을 담당했던지 여부와 관련되어 있다. 소송 당사자의 합의는 물론 서로 라틴어 해독력을 활용했으며, 물론 재산관습이동 관행과 관련되어 있다. 그러나 게르만어계 종족왕의 사법에서는 서로 라틴어 해독력을 활용했다는 증거를 찾아낼 수 없다. 게르만어계 종족의 라틴어 계약문서 분석에서도 라틴어 해독력을 활용했다는 증거를 나타내지 못하고 있다. '알레만종족왕의 법률'에서는 날짜를 기재했다. '리부아리아종족왕의 법률'에서는 결혼 지참금, 노예해방, 재산관습 상속 등을 '기존 사법 관행대로 한다'고 규정하여 종족언어 표현관습의 가치를 반영했다. '바이에른종족왕의 법률'에서는 인신매매의 경우, '증인을 세우고 작성한 라틴어 계약문서에 근거하여' 성립한다고 규정하여 종족언어 표현관습 절차가 중요하다는 점을 명시했다.

알레만종족, 리부아리아종족, 바이에른종족 등의 종족왕 법률에 명시된 사법 규정은 '고트종족왕의 법률'과 '부르군드종족왕의 법률'에도 포함되어 있다. 특히, 서고트종족왕의 법률은 활동 무대가 로마시대 문화영역과 가까웠던 탓인지는 알 수 없으나, 두드러질 정도로 로마시대 사법 영향을 받았다. 서고트종족왕의 법률에서는 로마시대 법률에서처럼 지문으로 날인하고 다시 확인하는 종족언어 표현관습 절차까지 규정했다. 로마시대 사법은 물론 게르만어계 종족왕의 법률에까지 영향을 미쳤다. 로마시대 사법은 게르만어계 종족왕의 사법 발원 단계에서부터 게르만어계 종족의 라틴어 해독력에 부착했다. 이 사례는 『영주 에우리아누스의 사법 사례 모음집』에 부착했던 생활언어 관습의 라틴어 계약문서 관례에서도 입증되었다. 『영주 에우리아누스의 사법 사례 모음집』에서는 '매매관습'나 '교환관습'을 '계약문서에 따라서' 성립한다고 규정하고, 계약문서에 따르지 않는 경우에는 증인이 확인하면 성사한다고 규정했다.

『영주 에우리아누스의 사법 사례 모음집』에서는 매매를 단순하게 확인하기 위한 증거로 라틴어 해독력을 활용했다. 부르군드종족왕과 바이에른종족왕의 법률을 포함하여 『마르쿠르푸스의 계약관습 절차 모음집』에서도 『영주 에우리아누스의 사법 사례 모음집』에서처럼, 라틴어 해독력이 계약문서에 유입되면서 계약문서를 형식에 불과하게 만들어 계약문서를 「계약문서 관례에 대한 주지사항」으로 변질시켰다. 『영주 에우리아누스의 사법 사례 모음집』에서는 매매가 라틴어 계약문서에 따르지 않을 경우, 그 계약문서를 새로 작성하거나 아니면 기존 계약문서에 따라서 사법과 동일하게 종족언어 표현관습의 라틴어 계약문서 관례가 효력을 발생한다고 규정했다. 재산관습이동 관행은 종족언어의 라틴어 계약문서 관례를 수용하며 다양하게 변화했으나 '재산관습 상속관행'과 '재산관습이동 관행'의 사례에서처럼 로마시대 사법 관행과 일치하지 않았다.

중세 초기를 경과하면서 게르만어계 종족의 라틴어 해독력은 라틴어 철자관습과 일치했다. 라틴어 철자관습은 게르만어계 종족의 표상을 바꾸어 놓았고, 게르만어계 종족의 표상 역시 글자로 바뀌고 있었다. 게르만어계 종족의 라틴어 해독력이 글자와 함께 종족왕법률에 유입하면서, 종족왕법률에도 게르만어계 종족의 라틴어 해독력을 반영하기 시작했다. 그러나 종족왕법률은 게르만어계 종족의 라틴어 해독력 영향으로 계약문서에 동화했다. 종족왕법률은 게르만어계 종족의 라틴어 해독력에서 발원한 지속력에 힘입어 변화하지 않았다. '살리종족왕 법률'에서는 영지 매매 경우, 매매 영지를 로드나 소드의 단위로 환산하고 매매 영지가 종족언어 표현관습 절차를 거쳐 교환하는 경우 영지 매매가 타당하다고 인정해야 한다고 규정했다. 살리종족왕 법률은 라틴어 해독력의 효력이 성문 규정에 근거하여 발원한다고 규정했다. 살리종족왕 법률에서 침잠해 있던 라틴어 해독력을 법률 효력의 근거로 제시했다는 점이 다른 게르만어계 종족왕 법률의 경우와 차이인 것이다.

중세 초기 유럽문화 생성시대 세계에서 [라틴어] 계약문서는 곧 라틴어 해독력을 반영했다. 계약문서에 담긴 라틴어 해독력은 종족언어의 라틴어 계약문서 관례의 작용 상태를 모방하여 사법에 결합했다. 로마시대 사법과 게르만어계 종족법률은 '라틴어 해독력에 대한 부가규정'을 허용하지 않았다. 고전시대 사법 사례 모음집에서는 사법 효력을 발생하는 법률 시행보다는 라틴어 해독력과 같은 형식주의를 중시했다. 그런데도 계약문서 출현은 법률 형식주의를 탈피하고 법률 시행을 중시하는 법률 체제로 변화하는 과정이었던 것이다. 계약문서는 게르만어계 종족의 라틴어 해독력을 반영한 종족법률과 로마시대 사법이 공통되게 라틴어 해독력과 일치점에서 법률로서 효력을 발생했다. 계약문서 출발점은 소리로 전달하는 계약 의사, 즉 재산관습을 신용이나 가치 표지물과 서로 교환하겠다는 의지표현으로부터 신뢰를 표지하고, 거래대금을 신용표지로 만들면서 진행되었다. 여기서 계약문서는 신용을 표지하여 계약 표상이 되었다.

유럽문화 생성시대 세계에서 라틴어 해독력은 상징물에 결합된 미

기록상태의 사법이었다. 게르만어계 종족언어 표현관습은 미 기록상태의 라틴어 해독력에 역행하지 않았다. 물론 미 기록상태의 라틴어 해독력은 상상력으로 거래 표지를 설정하고 거래 재산을 확정했다. 라틴어 해독력은 재산관습과 종족언어 표현관습의 상징물로 구성되었기 때문에 종족언어 표현관습 절차를 중시했다. 그러나 미 기록상태의 라틴어 해독력에서는 계약문서 작성자와 서명을 대신하여 특정한 계약문서 관례를 거래 표지로 활용했다. 특정한 종족언어 표현관습의 표지는 주로 십자가를 그려서 계약 성립을 알리고, 재산관습을 포기했다. 재산관습 포기는 양피지 위에다 두 손을 얹어 놓고 '재산관습 포기'를 선언하고, 이어서 재산관습이동 계약이 성립했다고 표지했다. 그러나 매매계약 성립을 목격한 증인은 매매 당시 종족언어 표현관습 절차를 계약문서에 담아 두지 않았다.

게르만어계 종족언어 표현관습은 로마시대 사법 관행과는 다르게 재산관습이동 과정에서 증언과 공증을 요구하지 않았고, 실제로 개인의 증언과 확인을 사법에 포함하여 규정했다. 재산관습이동 관행은 유럽문화 생성시대 세계 전역에서 다양한 게르만어계 종족언어 표현관습의 라틴어 계약문서 관례에 뿌리를 두고, 미기록 상태의 사법 역할을 담당했다. 이런 게르만어계 종족의 라틴어 해독력은 유럽문화 생성시대 세계에서 북부 지역에 국한하지 않고 재산관습이동 관행과 함께 유럽세계 남부로 이동하여 로마시대 사법의 거래 관행이 거의 일반화했던 영지 부르군드와 이탈리아의 영주 도시 미디로까지 이동했다.

즉 게르만계 종족의 라틴어 해독력은 로마시대 사법의 거래 관행과 혼합하여 유럽문화 생성시대 세계에서 계약문서 모습을 드러내기 시작하며 새로운 종족언어 표현관습에 접근했다. 라틴어 해독력은 종족언어 표현관습의 배열 관행에서부터 애매하게 혼합하여 새로운 종족언어 표현관습으로 변화했다. 게르만어계 종족언어 표현관습은 뚜렷하게 '계약문서 취득'을 포괄했다. 게르만어계 종족언어 표현관습은 계약문서를 작성하기 이전에 양피지를 비롯한 계약문서 작성도구를 매매할 영지 위에 가져다 두는 재산관습이동 절차까지 포괄했다. 특히, 게르만어계 종족언어 표현관습 절차에는 재산관습이동 참관자가 마음속으로 계약문서를 작성할 기록 도구를 갖다 두는 절차와 세상사람에게 재산관습이동을 선포하는 종족언어 표현관습 절차까지 포괄했다.

재산관습이동은 이런 게르만어계 종족언어 표현관습 절차에 따라서 계약문서에 계약 당사자가 서명하면 계약 당사자가 확인하고 종족언어 표현관습의 엄중한 선포 관행을 거쳐 재산관습의 상징물인 계약문서를 서로 교환함으로써 완료되었다. 재산관습이동 계약 관행은 물론 라틴어 해독력으로부터 출발하여 계약문서로서 사법 효력을 발생했다. 즉 재산관습이동 계약 관행에서 계약문서는 재산관습 징표로 인식되어 결국 재산을 표지했다. 게르만어계 종족언어 표현관습은 그 절차를 거치면 '계약문서 없는 재산관습이동 관례'로서 계약문서와 동일한 효력을 발생했다.

게르만어계 종족언어 표현관습은 앵글로색슨종족의 종족언어 표현관습과도 혼합했다. 앵글로색슨종족은 게르만어계 종족언어 표현관습을 전혀 다른 표현관습으로 수용했다. 앵글로색슨종족의 초창기 계약문서는 7세기에 모습을 드러냈다. 앵글로색슨종족의 초창기 계약문서에 로마시대 사법 문체를 모방했는데도 앵글로색슨종족은 로마시대 글자와 법률을 모르고 있었다. 그러나 소수 성직자가 유럽대륙으로부터 건너가 선교활동을 시작함으로서 앵글로색슨종족의 종족언어 표현관습에 로마시대 사법 문체가 유입하기 시작했다. 앵글로색슨종족의 종족언어 표현관습에 대하여는 메로베쿠스 가문 프랑크종족왕시대의 갈리아에서 통용되던 계약문서와 같은 기록물을 확보하지 못하고 있다. 계약 증인도 종족언어 표현관습의 표지를 사용하지 않았고, 십자가와 같은 특정한 종족언어 표현관습의 표지만을 그려 넣고 있다.

그런데도 앵글로색슨종족의 재산관습이동 관행에서 계약문서는 효력을 발생했다. 앵글로색슨종족의 경우에도 계약문서를 종족언어 표현관습의 보존 수단으로 활용했다. 앵글로색슨종족의 계약문서가 종족언어 표현관습의 보존 기능을 담당했다는 것은 785년 오프파의 『기진장』에서도 입증되었다. 오프파의 『기진장』에서는 기억해 두어야 할 거래나 재산관습이동 사건을 계약문서로 보존해두어야 한다는 것을 입증해 주고 있다. 또한 사법의 위법 사례나 사기 행위까지도 합의 형태를 활용하여 해결하고, 미래의 불명확한 주장을 방지하기 위하여도 계약문서가 필요하게 되었다는 것이다. 앵글로색슨종족의 경우에도 라틴어 해독력이 계약문서 발원지였다는 것은 구두유증관습을 확인해둔 계약문서를 변조하기 위하여 라틴어 해독력을 활용했다는 점이다. 앵글로색슨종족의 계약문서가 구두유증관습의 발원지인 라틴어 해독력에서 발전했다는 점에서 계약문서 발원지는 라틴어 해독력인 것이다.

앵글로색슨종족의 구두유증관습도 재산관습이동 과정에서 라틴어 해독력을 활용하여 라틴어 계약문서를 변조했다. 이런 구두유증관습의 변조 행위는 위조 계약문서처럼 계속하여 반복되었다. 특히 구두유증관습의 변조 사건은 50여 건의 원본 계약문서로 보존되고 있다. 앵글로색슨종족의 구두유증관습은 '사망의 경우' 라틴어 해독력 형식에 근거하여 계약문서로 발전했다고 하체르티네는 입증했다. 구두유증관습이 증인을 앞에 세우고 이루어지는 경우, 구두유증관습 효력은 사법에서도 계약문서와 동일한 효력을 발생했다. 즉 계약은 법률로 규정한 문서가 없는 경우에도 종족언어 표현관습에 따른 합의로서 성립했다.

앵글로색슨종족은 구두유증관습과 계약문서를 함께 활용했다. 앵글로색슨종족이 구두유증관습을 계약문서로 옮긴 사례는 주로 교회조직 법률 영향을 받은 결과였다. 앵글로색슨종족은 교회조직 법률 영향을 받은 이후에도 구두유증관습을 재산관습이동 관행으로 활용했다. 앵글로색슨종족에게 있어서 계약문서는 구두유증관습의 보완 수단이었다. 앵글로색슨종족은 라틴어 해독력에서 발원한 구두유증관습을 재산관습이동 수단으로 활용하여 계약문서로 보완했다. 앵글로색슨계 종족의 종족언어 표현관습은 증인 확증에다 다시 계약문서를 증거로 첨부하여 성립했다. 앵글로색슨종족의 경우 '재산관습 양도'는 '계약문서'보다는 '구두계약'으로 이루어졌다. '재산관습이동 계약문서'는 '구두유증에 대한 계약문서'가 아니라 '구두유증 진행과정에 대한 문서'나, '구두유증 기록문서'로서 재산관습이동에 필요한 「계약문서 관례에 대한 주지사항」이었다.

11~12세기 유럽세계에서 계약문서는 새로운 종족언어 표현관습 발원지였다. 계약문서는 라틴어 해독력으로 교류하던 종족언어 표현관습의 상징물에 부착하여 라틴어 해독력의 구성물을 변화시켰다. 중세세계에서 계약문서는 종족언어 표현관습을 대체하여 봉건관습과 라

틴어 해독력 발원지가 되었다. 거기다 계약문서는 마음의 인식영역에서 새로운 종족언어 표현관습을 창출하여 종족사회 결속 원동력으로 등장했다. 계약문서 표상은 라틴어 해독력으로 종족언어 표현관습, 글자, 계약문서를 마음에 일치시켜 표준을 발생케 했다. 라틴어 해독력과 계약문서의 결속력은 기존 질서의 구성요소였다. 중세 유럽세계의 봉건사회 결속력은 종족언어 표현관습의 계약문서 관례에서 발원했다. 이런 맥락에서 흔히 봉건사회를 계약사회로 지칭하게 되는 것이다. 봉건사회는 계약 당사자의 합의에 근거하여 라틴어 해독력에서 발원한 종족언어 표현관습을 활용하여 결속했다.

중세 유럽세계에서 재산관습은 라틴어 해독력을 매개물로 활용하여 두 계약자를 결속하고 증인을 첨가하여 계약 효력을 발생했다. 결속력 발원지로서 종족언어 표현관습은 중세 초기를 경과할 때까지 사라지지 않았다. 라틴어 해독력은 11세기와 13세기에 걸쳐 종족언어 표현관습의 결속력을 변형하면서 봉건사회를 표면화했다. 두 개인의 종족언어 표현관습에는 군사의무를 첨가했다. 이후 두 개인의 결속력은 수평이 아니라 수직형의 예속관계로 변질했다. 그런데도 종족언어 표현관습 형식을 그대로 유지했다. 중세 유럽세계에 등장했던 봉건사회는 라틴어 해독력과 종족언어 표현관습을 골격으로 유지되었다. 봉건사회의 결속력은 구성 원리에서도 종족언어 표현관습과 과거세대의 라틴어 해독력에서 발원했다. 중세 유럽세계의 봉건사회도 자유 경쟁을 내세우는 시장경제 원리가 농촌사회에 파급되면서 변화했다. 즉 봉건사회는 종족언어 표현관습에서 발원한 특정한 예속관습으로 지탱했으나 이런 특정한 예속관습도 18세기 이후 개인을 내세우는 선거제도 등장과 함께 사라지기 시작했다.

서양 중세세계에서 봉건사회를 지탱하는 수단은 재산관습이동 사례에서처럼 종족언어 표현관습과 재산관습의 결속력에서 발원한 예속관습이었다. 재산관습은 여러 언어권 영지에 따라서 다르긴 하지만 봉건사회로 전환되는 과정에서도 지배자사회 발원지였다. 재산관습은 종족언어 표현관습의 상징물로서 라틴어 해독력의 구성물에다 종족사회의 종족언어 표현관습을 부착하여 종족구성원을 결속했다. 이런 맥락에서 재산관습이동의 상징물은 사법에서도 라틴어 해독력의 발원지였고, 종족언어 표현관습에 따라서 확인해야 하는 대상이었다. 이런 재산관습이동의 상징물은 '지팡이를 집어 들다'의 의미에서 주인이 되는 대상이었다.

성직자사회나 지배자사회의 서임관습에서도 지팡이를 상징물로 활용했다. 서임관습에서처럼 종족언어 표현관습의 상징물은 라틴어 해독력을 확대했고, 성문 사법을 표준관습 발원지로 만들며 성직자사회나 지배자사회의 결속력을 전문 지식 원리의 세계로 이동케 했다. 라틴어 해독력의 상징물은 사법이었다. 라틴어 해독력의 상징물인 사법은 생활언어 관습 절차를 복잡한 결속력의 핵심으로 만들어갔다. 이런 맥락에서 중세 유럽세계에서 사법은 개인동아리 발원지 역할을 담당했다. 사법의 이런 속성 변화로 인하여 인간은 봉건관습을 이제 감각으로 파악하게 되었다고 강소프는 지적했다. 1100년경까지 인간은 봉건관습을 감각으로 파악하지 못했다. 그러나 1100년경 이후 인간은 봉건관습을 사법 제도라고 여기기 시작했다.

1300년경까지 유력자와 성직자의 영지에서는 사법을 운용하기 위하여 의례관습 모음집의 출현과 함께 성문 사법이 모습을 드러내기 시작했다. 성문 사법의 출현과 함께 봉건제는 거의 완벽한 유럽세계 결속 매체로 변모했다. 거기다 성문 사법에 근거하여 17세기 봉건제 연구자까지도 봉건제의 구성 원리를 파악하여 봉건제를 다시 구성할 수 있었다. 봉건제는 영지를 매개로 한 영주의 운영 관행이었다. 또한 영주는 크리스트 숭배관습을 집전했다. 이런 영주 권위는 종족언어 표현관습에서 발원했다. 다양한 종족언어 표현관습으로 구성된 영지 구성원도 의례관습을 거치면서 통일체로 결속했다. 영지관습은 라틴어 해독력으로 의례관습을 표면화하여 신앙에 부착했다. 또한 의례관습의 표상을 내세워 다른 종족과 전쟁에 승리할 것을 결의했다. 한편 의례관습의 영주와 계약을 라틴어 해독력을 활용하여 성문 사법으로 서술하여 영지 구성원을 통일체로 만들었다.

영주의 영지는 의례관습의 상징물을 감각과 마음의 인식영역에 결합하여 하나의 조직처럼 결속했다. 이런 영주의 영지 조직에서는 영지관습을 종족언어 표현관습의 상징물에 집중했다. 이런 맥락에서 종족언어 표현관습의 상징물에 집중된 영지관습의 구성요소 중 어느 한 가지 요소라도 상실하게 되는 경우, 영지관습 효율은 저하되고, 영주의 영지 조직은 물론 격심한 타격을 받도록 되어 있었다고 르 고프는 분석했다. 영지관습은 종족언어 표현관습의 상징물에 영주의 영지 구성원 결속의지를 모으고, 다시 영주와 예속민의 결속관습을 라틴어 해독력으로 보존하는 기능을 담당했다.

영지관습이 영주와 예속민의 결속력을 보존하려 했던 사례를 메로베크 가문 프랑크종족왕시대의 『의례관습 절차 모음집』에 담긴 탁신 관습에서도 입증했다. 물론 메로베크 가문 프랑크종족왕시대의 탁신 관습이 영지 프랑드르의 신흥 귀족인 윌리암이 등장하기 이전의 상황을 기록해 두었던 부르주의 가르베르의 『생활언어 관습 절차 모음집』

에 담긴 탁신관습과 거의 유사하다는 점도 그 사례인 것이다. 영지관습도 물론 계약문서에 근거하여 영지 구성원을 결속했다. 그런데도 영지관습에서는 『계약문서에 대한 최근세대 주석서』나 『계약문서에 대한 최근세대 주해서』를 활용하지 않았다.

중세 유럽세계에서 종족언어 표현관습은 봉건제의 결속력 발원지였다. 봉건제의 결속력은 영주와 예속민의 종족언어 표현관습에서 발원했다. 영지 경작자와 다르게 두 계약자 사이에 계약은 평생 효력을 발생했으나 적어도 이론상으로는 갱신 가능했다. 영주와 예속민의 계약은 경우에 따라서 계약문서의 교환과 동시에 효력을 발생했다. 그런데도 계약문서는 두 계약자의 합의 사실을 등재하는데 불과했다. 중세 유럽세계에서 영주는 크리스트 숭배관습을 집전했다. 그리고 영지관습은 영주를 영주의 영지구성원 정상에 앉히는 결속효과를 발생했다. 영지관습은 종족언어 표현관습으로 진행되었다. 영지관습은 종족언어 표현관습의 상징물을 라틴어 해독력으로 영주와 예속민의 결속관습에 혼합했다. 영지구성원은 영지관습 절차를 거치면서, 크리스트에 대한 복종관습에서 발원하는 영주와 예속민의 결속관습을 충성관습에 일치케 했다. 이런 영지관습의 결속 사례는 영주와 가신의 신서관습인 것이다. 신서관습은 종족언어 표현관습 절차를 거치면서 영주와 가신을 결속했다. 신서관습은 영주와 가신이 서로 마주보고 서는 것으로 시작했다. 가신은 신서관습 시작과 함께 영주와 마주 보고 서서 영주가 말하는 라틴어 구절을 빠짐없이 복창했다. 다음으로 가신은 영주의 두 손을 잡고 영주의 손바닥 위에다 가신의 두 손을 얹게 되며, 영주는 다시 가신의 두 손 위에 자기의 두 손을 갖다 대는 순서로 이어졌다. 마지막으로 신서관습은 영주와 가신이 서로 입맞춤하는 것으로 종결되었다. 영주와 가신의 입맞춤은 계약 성립을 선언하는 종족언어 표현관습의 상징물이었다. 신서관습은 종교의 의례관습에서처럼 절차를 거치면서 영주에 대하여 충성을 다짐하는 복종관습을 발생시켰다. 신서관습 절차에서 가신은 두 손을 성서나 특정 인물의 손 위에 얹어 두고 충성을 다짐한다고 서약했다. 신서관습은 현실 사건과 결합하여 결속력을 발생했다. 신서관습에서처럼 종족언어 표현관습과 현실 사건이 결합하여 계약 당사자를 결속하는 사례는 혼인관습이나 제사관습인 것이다.

중세 유럽세계에서도 혼인관습은 '약혼관습', '예물증여관습', '성인관례' 등의 절차를 거치며 라틴어 해독력과 현실 사건을 종족언어 표현관습에 결합하여 신랑과 신부를 결속하는 사례인 것이다. 그리고 제사관습은 성사관습으로 대체했을 것이다. 성사관습과 제사관습은 보이지 않는 가신을 그리며 가신의 사망이라는 사건을 보이지 않는 종족언어 표현관습의 현실에 결합했다. 영지관습이나 혼인관습, 제사관습은 라틴어 해독력으로 의례관습 절차를 모두 종족언어 표현관습의 상징물에 집중했다. 여기서는 지팡이를 종족언어 표현관습의 상징물로 활용했다. '지팡이'는 외형상으로는 막대기에 지나지 않았다. 그러나 막대기인 지팡이와 같은 여러 가지 종족언어 표현관습의 상징물을 라틴어 해독력에 결합했다. 후기에는 지팡이를 대신하여 짚단 뭉치를 사용하는 사례도 등장했다. 이처럼 여러 가지 종족언어 표현관습 절차는 '의례관습의 표지와 계약문서 관례인 상징물'로 구성되었다.

심지어 살리 프랑크종족의 사법에서도 지팡이는 두 계약자의 결속관습을 확인하는 종족언어 표현관습 절차에 따라서 두 손으로 집어 들고 있다. 한편 살리프랑크종족의 법률에서는 결속관습 파기의 경우, 지팡이를 땅에다 떨어뜨리는 것으로 규정했다. 이런 영지관습에서도 영주와 가신의 결속관습을 확인하는 방편으로서도 지팡이를 활용했다. 영주 법정에서도 가신은 자기의 왼쪽 손에 지팡이를 들고 오른쪽 손을 영주를 향하도록 올려, 영주에게 충성을 다짐하는 신서관습 절차를 거쳤다. 가신은 영주 법정에서 신서관습 절차를 거침으로써 게르만어계 종족세계에서 영주 재판관습으로부터 해방됨과 동시에 무기를 다룰 수 있었다. 게르만어계 종족세계에서 지팡이는 무기를 다루는 의례관습의 상징물이었다. 따라서 지팡이를 들어 올리는 것은 무기를 집어 드는 것을 상징했다. 그래서 지팡이는 영주에 대하여 가신의 봉사와 영주 재판관습으로부터 해방을 나타내는 의례관습의 상징물이었다. 지팡이는 종족언어의 계약 성립 이외에도 계약 파기에도 활용되었다. 계약 파기의 경우, 영주는 지팡이를 땅에 떨어뜨렸다. 영주의 가신이 살인죄를 저질러 살인 배상금이 확정되었을 경우, 영주는 지팡이를 땅에 떨어뜨려 계약 파기를 선언했다. 지팡이를 땅에 떨어뜨려 영주와 가신의 계약 파기를 선언했던 사례는 '지팡이를 던지다'라는 라틴어 어휘에서도 입증되고 있다. 즉 '지팡이를 집어 던지다'는 충성을 서약했던 계약 파기를 선언하다를 의미했다.

중세 초기인 유럽문화 생성시대 세계에서 여러 가지 종족언어 표현관습과 라틴어 해독력은 두 계약자를 결속했다. 이런 여러 가지 종족언어 표현관습은 그 성립 과정에서 몇 가지 공통점을 지녔다. 우선, 계약자는 서로 마주 보고 서서 감각 효과를 전달하며 종족언어 표현관습의 표지물을 교환했다. 두 계약자는 두 사람의 계약이라는 사건을 현실에 결합하여 결속했다. 이것은 중세 초기인 유럽문화 생성시대 세계에서도 종족언어 표현관습이 결속력 발원지였음을 확인하는 증거인 것이다. 현대인의 시각으로 파악해 보면, 유럽문화 생성시대 세계에서 종족언어 표현관습은 사법 발원지인 것이다. 이런 종족언어 표현관습의 상징물은 여러 가지 의례관습 절차를 거쳐 사법 효력을 발생하는 수단이었고, 의례관습 절차는 라틴어 해독력으로 진행되었다.

그러나 중세 초기를 지나게 되면서, 여러 종족세계에서 지키던 여러 가지 종족언어 표현관습은 사라져갔고, 자연히 라틴어 해독력을 대신했던 의례관습의 상징물도 자취를 감추었다. 후기 봉건사회에 이르러 의례관습의 상징물은 계약문서로 바뀌었다. 유럽문화 생성시대 세계에서 계약문서는 새로운 질서 발원지였다. 봉건제는 사법을 표준관습 발원지로 선택했다. 따라서 다양한 계약문서 형식이 등장했다. 유럽문화 생성시대 세계에서는 메로베크 가문 프랑크종족왕 시대로부터 카롤루스 가문 프랑크종족왕시대로 전환된 이후, 불안정한 종족언어 표현관습 상황을 드러냈다.

우선, 카롤루스 가문 프랑크종족왕 영지에서는 사법 질서까지 와해되고 사법을 개인의 종족언어 표현관습 근거로 활용했다. 이런 사법은 카롤루스 가문 프랑크종족왕 영지에서 종족사회라는 혈통으로 표현되는 주제에서처럼 다양한 모습을 드러냈다. 이런 사법을 라틴어 해독력의 구성원리라는 측면에서 파악하면, 사법은 성문 법률이었다. 중세 초기인 유럽문화 생성시대 세계에서 사법은 아주 복잡하게 발원했다. 사법이 어떻게 발원했든 라틴어 해독력으로부터 체제를 갖추었음을 부인할 수 없고 라틴어 해독력 역시 종족언어 표현관습에 바탕을 두었다. 이런 관점에서 파악하면, 사법은 라틴어 해독력과 현실 사건의 결합물임이 확실하다는 것이다.

사법 발원지 문제에 대해서는 법률 연구자의 영역에 맡겨 두더라도 사법은 행정 문서도 아닌 계약문서에서 발원했다. 그리고 사법은 종족언어 표현관습에 대하여 행정상으로도 특정한 위치를 부여받지 못했다. 그럼에도 사법 운영과정에서는 종족언어 표현관습의 전례를 활용하여 사법을 운용할 수밖에 없었다. 유럽문화 생성시대 세계를 풍미하게 만들었던 프랑크종족왕의 지배자사회도 10세기를 넘길 수 없었다. 이런 맥락에서도 유럽 역사에서 승자와 패자는 끊임없이 나타났다.

그러나 사법은 거의 언제나 승자인 계약문서로 남아 있게 되었다. 즉 프랑크종족왕 영지의 문화영역에서 사법은 영지에 따라서 현저하게 다른 모습을 나타냈다. 이런 사법 변화는 『종족언어 표현관습 절차 모음집』의 위치를 위축시켰다. 프랑크종족왕의 지배자사회가 몰락한 이후 『종족언어 표현관습 절차 모음집』을 교회조직 법률 영역에서조차도 성문 법률로 대체했고, 사법 역시 다양한 모습으로 변신했다. 즉 사법은 다양한 종족언어 표현관습과 라틴어 해독력의 발원지로 등장했다. 사법이 다양한 종족언어 표현관습 발원지가 되었던 이면에는 당연히 정치, 사회, 경제 상황이 변화했기 때문일 것이다. 프랑크종족왕 영지에서는 개인의 결속관습에 대하여 사법을 두 가지 방향으로 운영했을 것을 가정할 수 있다.

즉 프랑크종족왕 영지에서는 사법을 프랑크계 지배종족과 예속종족으로 구분하여 운용했다. 법률 연구자 역시 프랑크종족왕 영지에서 프랑크계 지배종족과 예속종족을 구분하여 사법을 운영해왔다는 점을 인식한 다음, 프랑크계 지배종족의 종족언어 표현관습으로서 지배종족에 예속종족을 결속해 왔다는 점에 초점을 맞추어 사법을 분석해야 할 것이다. 프랑크종족왕은 모자이크 색깔처럼 다양한 종족사회의 종족언어 표현관습 영역을 없애려는 목적으로 사법을 활용했다. 어쨌든, 프랑크종족왕은 다양한 종족사회의 종족언어 표현관습을 지배종족의 종족언어 표현관습으로 결속하여 '유럽인 관습'을 만들어냈다. 유럽인 관습의 출현과 함께 각양각색의 게르만어계 종족왕 영지는 사라졌고, '프란치아'라는 프랑크종족 문화영역은 모습을 드러냈다. 특히 프란치아에서 라틴어 표현관습은 급격하게 위축되었다. 라틴어 표현관습의 급격한 위축은 라틴어 해독력의 필요함을 자연히 저하시키며 프란치아의 사법을 게르만어계 종족언어 표현관습의 계약문서 영역을 확대했다.

계약문서도 합의 사례처럼 개인의 결속관계를 규정했으나 사법 영역에서 점차 배제되기 시작했다. 프랑크종족왕은 복잡한 게르만어계 종족언어 표현관습 영역을 지리상의 경계를 유지했다. 프랑크종족왕 영지의 종족언어 표현관습은 종족언어 경계를 표지했다. 프랑크종족왕의 지배자사회 최고 영주는 서로 다른 종족의 종족언어 표현관습을 통제하고 통합하기 위하여 종교 조직을 통치도구로 만들기 시작했다. 성문의 종족언어 표현관습 모음집도 종교 조직을 통치도구로 활용하여 다양한 게르만어계 종족왕 영지의 종족언어 표현관습에 대한 구분을 없애는 과정에서 출현했다.

그러나 당연히 종교 조직은 예속종족의 결속 도구로 전락했다. 성문의 종족언어 표현관습 모음집은 또한 프랑크계 지배종족의 사법을 표준관습 발원지로 제시했다. 계약문서와 같은 사법까지 지배종족의 종족언어 표현관습에 흡수했다. 그러나 프랑크종족왕의 영지 확장은 오히려 지배종족의 종족언어 표현관습에 흡수됐던 사법을 라틴어 해독력으로 대체하며 계약문서를 중시하는 사회 변화로 이어졌다. 카롤루스 가문 프랑크종족왕시대에 이르러 라틴어 해독력의 활용영역이 확대되자, 과거 종족언어 표현관습에서 활용하던 '합의문서'도 11세기 이후 완전히 자취를 감추었다. 그러나 성문의 종족언어 표현관습 모음집의 과거 합의문서는 성직자와 세속인 사이의 합의문서 형태로 존속했다.

11~12세기 유럽세계에서 「성직자와 세속인의 합의 사례 모음집」은 새로운 사법 발원지로 변모했다. 「성직자와 세속인의 합의 사례 모음집」은 교회조직의 크리스트 숭배관습에 대한 종족언어 표현관습 절차 모음집 형태를 띠며 새로운 사법 체제로 발전했다. 「성직자와 세속인의 합의 사례 모음집」과 「종족언어 표현관습 모음집」의 새로운 사법 형태는 『사법 운영 관례 모음집』으로 발전했다. 중세 유럽세계에서 모습을 드러냈던 『사법 운영 관례 모음집』은 『황제 유스티니아누스 법전』과 『테오도시우스 법전』의 흔적을 담고 있다. 『사법 운영 관례 모음집』의 출현으로 교회의 『크리스트 숭배관습에 대한 종족언어 표현관습의 절차 모음집』이나 『종족언어 표현관습 모음집』도 『사법 운영 관례 모음집』에 흡수되었다.

중세 유럽세계에서 『크리스트 숭배관습에 대한 종족언어 표현관습의 절차 모음집』은 게르만어계 종족왕의 사법 경우와는 전혀 다르게 미완성 상태로 존속했다. 특히 종족왕 연합체인 영주사회에 정착하지 못하고 10~11세기 이후 게르만어계 종족왕의 사법과 함께 폐기되고 말았다. 그런데도 『크리스트 숭배관습에 대한 종족언어 표현관습의 절차 모음집』은 교회조직에서 존속했다. 이 두 가지 성문 사법이 짧은 시대에도 불구하고 사라지게 된 이면에는 성문 사법의 출현 때문이었다. 즉 북부 유럽세계의 재판 판례가 서유럽세계에 유입하면서 게르만계 종족왕의 사법과 같은 성문 사법을 대신했기 때문일 가능성도 있다.

11~12세기 유럽세계에서 종족언어 표현관습은 라틴어 해독력에 따라서 다양하게 변화했다. 그러나 사법 운영 관례는 『크리스트 숭배 관습에 대한 종족언어 표현관습의 절차 모음집』, 『종족언어 표현관습 모음집』, 『사법 운영 관례 모음집』 과 같은 세 가지 사법 원리를 라틴어 해독력에 결합하면서 새로운 사법 모습을 드러냈다. 여전히 사법은 종족언어 표현관습을 중심으로 변화하며 재판관할 영역 분할과 함께 라틴어 해독력을 수용하여 '최근세대 종족언어 표현관습'과 '과거세대 종족언어 표현관습'의 조화에 접근했다. 11~12세기 유럽세계에서 라틴어 해독력은 장기간에 걸쳐 형성된 종족언어 표현관습에 대하여 근거를 제공하며 종족사회로부터 무언의 동의를 얻어내는 문화 발원지였다고 울피아누스(†228년 경)는 이미 300년 경 『사법의 종족언어 표현관습 모음집』에서 지적했다. 울피아누스보다 수 세기 이후의 인물이긴 하지만, 부마노와(1250?~1296)도 라틴어 해독력에 대한 울피아누스의 지적에 대하여 동의했다. 여기서는 종족언어 표현관습과 라틴어 해독력이 무엇으로 구성되었던가 문제를 제기하고 라틴어 해독력을 실제로 영원히 보존하지 못했다고 지적하고 있다.

그러나 라틴어 해독력은 종족언어 표현관습에 영향을 미쳤으나 한 두 세대 이상 유지될 수 없었다. 거기다 라틴어 해독력은 시간 한계를 벗어나 있었다. 그런데도 라틴어 해독력의 주변 환경은 종족언어 표현관습이었다. 또한 종족언어 표현관습의 주변 환경은 라틴어 해독력에서 발원했다. 그럼에도 라틴어 해독력은 성문 사법 영역을 확대했다. 성문 사법 영역에서 라틴어 해독력을 주류로 만들며 성문 사법 영역을 확대했던 것은 다름 아닌 교회조직의 법률이었다. 라틴어 해독력과 교회조직 법률의 단위는 카롤루스 가문 프랑크종족왕시대까지도 촌락단위인 파구스였다. 그러나 카롤루스 가문 프랑크종족왕시대 이후 파구스는 영지와 교구에 귀속되었다. 즉 파구스는 영주 재판 관할영역과 교회조직 재판관할 영역에 귀속되었다. 카롤루스 가문 프랑크종족왕의 영지 행정조직은 실제로 최고 영주의 영지에 집중되었다. 그러나 카롤루스 가문 프랑크종족왕의 영지 행정조직도 지배자 권력 공백상태로 인하여 사라졌고, 영주 법정과 교구 법정이 과거의 최고 영주 법정을 대신했다.

카롤루스 가문 프랑크종족왕의 이런 영지 상황은 과거의 종족왕 연합체인 영지사회로 복귀하려는 경향을 나타냈다. 특히, 카롤루스 가문 프랑크종족왕 영지에서는 후기 로마제국시대 시민법을 활용했기 때문에 교회조직까지도 종족언어 표현관습에다 시민법 잔재를 수용했다. 바로 이런 맥락에서 카롤루스 가문 프랑크종족왕시대를 행정문서 전환시대라고 지적하게 되는 것이다. 프랑크종족왕의 지배자사회가 메로베쿠스 가문 프랑크종족왕의 지배자사회로부터 카롤루스 가문 프랑크종족왕의 지배자사회로 이동한 이후 프랑크종족왕 영지의 행정조직도 다양하게 변화했다. 카롤루스 가문 지배자사회 좌장인 프랑크종족왕 피핀(751~813)은 교회조직을 영지 행정조직에 예속하려는 조치를 강구했다. 그러나 카롤루스 가문의 지배자사회 좌장으로서 카롤루스 막뉴스는 라틴어 해독력을 표준관습 발원지로 채택하여 교회조직 법률의 전환시대를 열었다. 카롤루스 막뉴스의 라틴어 정책으로 교회조직도 세속인과 성직자에 대하여 민사와 형사 재판권을 행사하게 되었다.

즉 카롤루스 막뉴스는 교회조직 법률을 최고영주의 통치의지를 실현하기 위한 정치 도구로 만들었다. 카롤루스 가문 프랑크종족왕의 통치이념을 실현하기 위한 교회조직의 법률구성 원리는 성서와 초기 시대 교부 저작물에서 발췌되었고 관구 종교회의나 교황청 종교회의에서 의결한 법률과 명령, 그리고 교황 편지와 교황청 통지문에서도 발췌되었다. 이외에도 교회조직의 법률 구성 원리는 본래의 사법 운영 관례를 차용하거나 교회조직 자체의 생활언어 관습 관행까지 수용했다. 이와 같이 카롤루스 가문 프랑크종족왕시대의 교회조직 법률이 다양한 성문 사법 원리를 수용하게 된 표준은 로마시대 사법이었다. 로마시대 사법은 특정한 종족언어 표현관습을 카롤루스 가문 프랑크종족왕시대의 교회조직 법률에 결합하는 표준관습 역할을 담당했다.

카롤루스 가문 프랑크종족왕시대의 교회조직 법률은 북부 유럽세계에서 개인의 생활언어 표현관습을 규정하는 일반 사법뿐만 아니라, 종족언어 표현관습에 대해서까지도 표준관습으로서 영향을 미쳤다. 10~11세기 이후 교회조직 법률을 광범한 분야에서 활용하기 시작했고, 중세 대부분의 유럽세계에서 영주 재판영역 역시 급격하게 약화되었다. 영주는 유력자이었음에도 '종족왕 관리'의 소임을 담당하지 못했다. 거기다 영주는 다양한 종족사회에서 공통으로 통용될 수 있는 법률조차도 찾아내지도 못했다. 중세 유럽세계에서는 10세기 말엽 이후 다양한 종족사회의 지속 대책을 강구하려 했다. 그러나 11~12세기 중엽 이후까지도 교회조직 법률을 가지고서는 다양한 종족사회의 욕구를 충족시킬 수 없었다.

베르나르(1090~1153)는 당대의 법정 분위기를 다음과 같이 설명했다. "질서를 유지하기 위해서는 과태료와 벌금을 징수하지 않을 수 없다. 심지어 편협한 마음으로 개인의 이익을 추구하는 데까지도 교회조직 법률은 필요했다." 베르나르는 1007년에 발생한 이단자 출현 사건을 재판하는 법정 분위기에 대해서도 다음과 같이 지적했다. "서로 자기네 사례를 주장하여 옳은 것과 그른 것을 판단하기 어려울 정도로 서로 다른 목소리가 터져 나와 법정은 혼란스러움으로 가득 차 있었다." 당대 법정에서 성직자는 「교회조직의 법률 운용 관례 모음집」을 활용했다.

한편 성직자는 전례에 따라서 소송 당사자의 이해관계를 조정하려 했으나 교구 법정에서는 일방통행 형식의 재판체제를 탈피하지 못했다. 교구법정 성직자는 박식하고 공정하며 적법함을 주장하기 위하여, 전례를 제시하며 합의에 이르고 있었다. 교구 법정에서는 게르만어계 종족왕의 사법에서 유입된 증거 양식을 도입했다. 교회조직 법률의 증거양식 도입 이후 로마시대 사법 증거양식을 사례 별로 모아둔 『사법 사례 모음집』이 출현했다. 카롤루스 가문 프랑크종족왕시대 이후 교회 법률의 결속양식 변화와 함께 사법에서는 결투를 금지했고 재판관도 신의 명령에 따라서 판결하던 재판으로부터 공정함을 중시하는 재판으로 전환하며 불복 사례를 수용했다.

물론 신의 명령에 따라서 판결하던 재판관 위치는 점차 종교회의 의결을 거쳐 사라졌다. '신의 명령을 수행하던 재판관'이 종교회의 의결에서 사라진 사례는 교구 쉐리겐스타트(1022년), 교구 가이스레벤(1028년), 교구 부르고(1077년), 교구 톨레도(1091년) 등의 주교 도시에서 개최된 종교회의 의결에서 확인할 수 있다. 11~12세기 이후 신의 명령에 따라서 행하던 재판관은 사라지며 교회조직의 법률 운용방식도 변화하기 시작했다. 교구 법정에서는 관할 영역에서 적용되던 교회조직의 법률 운용 관례를 활용하여 사법을 해석하고 소송 당사자로부터 합의를 찾아냈다. 그러나 소송 당사자는 교회조직의 법률 운용 관례를 적용했던 합의에 만족하지 않게 되는 경우, 다시 관구나 교황청의 상급 법정에다 정당한 재판을 다시 요구할 수 있었다.

11~12세기 유럽세계에서 성직자는 교회조직의 법률을 운용하는 최고 엘리트였다. 교구 법정에서 내려진 판결이 부당하다고 판단되는 경우, 원고는 관구 법정과 최종으로는 교황청 법정에까지 재판을 요구할 수 있었다. 현대 국가의 3심제도 모형을 11~12세기 교회조직의 법정에서 찾을 수도 있을 것이다. 그러나 원고의 재심 요구는 12세기 중엽 이후 달라지기 시작하여 원고의 재심 청구에도 최고 권위자의 영향력이 미치게 되었다. 교황청 법정에서는 12세기 중엽 이후 베르나르에 대하여 유죄로 판결하도록 요구하고 나섰다. 교회조직의 이런 부당한 법률 운영 사례는 수도자 철학동아리와 수도자 신학동아리에게로 파급되어 스콜라철학동아리의 이론인 양검설 출현을 이미 예고해 두었다.

이런 교회조직의 법률 운용과정에서도 라틴어 해독력을 필수 교양으로 인식하여 교회조직의 법률에 대한 세속인의 관심 증대와 함께 라틴어 해독력의 중요함을 세속인세계로 이동케 했다. 교회조직의 법률도 성문 체제를 갖췄으나 당연히 문학동아리의 전문 지식 원리 요소를 지녔다. 특히, 문학동아리의 전문 지식 원리는 중세 교회조직의 법률로부터 라틴어 해독력의 표현양식을 모방했다. 중세 후기에 이르러 교회조직의 법률 표현양식인 라틴어 해독력은 신학동아리와 철학동아리의 전문 지식 원리 영역으로까지 이동했다. 신학동아리와 철학동아리의 전문 지식 원리는 교회조직의 법률 표현양식을 모방하여 스콜라철학동아리의 전문 지식 원리인 두 가지 칼의 존재 이론을 찾아냈던 것이다. 이런 맥락에서 초기 스콜라철학동아리의 두 가지 존재 이론을 불공정 표준이론으로 인식하게 되었다. 특히, 영지의 주교 법정이나 이외의 교회조직 법정에서 종족왕의 관리가 재판관으로서 재판을 진행하는 사례까지 나타났다.

교회조직 법정의 이런 결함은 명성과는 다르게 그라티아누스의 교회조직 법률 체제에서도 불공정 문제를 드러냈다. 그러나 불공정한 교회 법률 운용은 그 영역 확대와 더불어 성직자가 세속인의 소송에 지나치게 깊이 관여했기 때문이었다. 교황 그레고리우스 7세는 이런 교구 법정 결함을 시정하기 위하여 교회조직 운용의 법정주의를 표방하며 교회조직 개혁을 추진했는데도 교구 법정에서는 끊임없이 사건을 해결해 달라는 요구를 외면할 수 없었다. 재판 과정에서 영지 예속민까지도 심문보다는 오히려 '법률에 따라서' 재판을 받고자 했다. 영지 예속민은 성직자 법정에서 뿐만 아니라, 영주 법정에서까지도 교회조직의 법률에 따라서 재판을 받고자 했다. 이런 사회 욕구를 반영하며 주교 법정과 영주 법정 역시 재판에 세속인을 참여시키는 방향으로 변화했고, 세속인의 재판 참여 명분으로서 '신의 평화'나 '신의 믿음'을 내세웠다. 본래 신의 평화는 땀을 흘리면서 열심히 일하는 사람이나, 신에게 열심히 기도하는 사람을 보호한다는 취지와 무기를 다룰 수 있는 사람으로 하여금 경쟁과 반목을 자제케 하여 신에 대한 믿음을 표방한다는 취지를 담고 있었다.

그러나 나르본느 종교회의는 '신의 평화'나 '신의 믿음'보다는 '신의 율법'과 '계약문서 관례에 따라서' 판결해야 한다고 의결하여 계약문서 관례에 의한 해독력을 언급했다. 당시 종교회의 구성원인 주교는 이단자를 사문하여 재판에 회부하기 위하여 세속인을 면담하여 이단자의 조서를 작성하기 위하여 세속인과 활발하게 접촉했다. 중세 유럽세계 인간은 로마시대 사법을 11~12세기 중엽 이후 찾아내어 기존 교회조직 법률과 봉건관습의 사법에다 로마시대 사법을 첨가하여 법률 역시 학문동아리의 문헌 해석영역에 정착했다. 거기다 로마시대 사법은 재판과 법률 형태, 즉 라틴어 계약문서 형태로서 종족언어 표현관습과 라틴어 해독력을 지속케 했다. 이르네리우스(대략 1055~대략 1130)는 『로마시대 사법 사례 판례 모음집』을 보급했다. 이르네리우스의 『로마시대 사법 사례 판례 모음집』은 점차 세속인 세계로 이동했다. 이르네리우스의 『로마시대 사법 사례 판례 모음집』은 유럽세계의 변화과정에서도 제2제국 종말시대로 지칭되는 살리에르 쉬타우퍼 가문 황제시대의 도이취어계 영지사회에까지 지대한 영향을 미쳤다.

즉 로마시대 사법은 재생 가능성을 예고했다. 봉건 영주 법률도 로마시대 사법 사례 판례 모음집의 출현과 동시에 성문을 수용하여 라틴어 해독력 영역에 들어와 문헌 영향을 받았으며 법률은 영지사회 전역으로 이동했다. 중세 후기에 이르러 생활언어 관습 모음집은 법률 집행자(검사)의 사례집, 재판관(판사)의 판례집으로 발전했다. 세속인은 사법 적용논리와 일화를 담아 판례 모음집을 편집하여 불문 사법을 종족언어 표현관습의 관행이라고 주장했다. 세속인의 사법 관행은 자치 영주 도시의 사법과는 달랐다. 따라서 세속인의 사법 관행은 판례집 관례의 저항을 받았다. 중세 유럽세계에서 판례집 관례는 대개 판례 관행을 적용하는 기준이 변화할 때까지 재판이 불공정하다는 청원과 불공정한 재판에 대한 비판 여론을 무마하려는 취지에서 세속인 세계로 이동했다. 세속인의 사법 관행은 사법을 집행할 목적으로 생활언어 관습 모음집을 채택하면서 변화했다. 물론 세속인의 사법 관행 변화는 사법 관행을 사례와 재판으로 분리시킨 종족언어 표현관습 모음집을 무의미하게 만들며 새로운 문제를 제기했다.

『로마시대 사법 사례 판례 모음집』은 다시 종족언어 표현관습 모음집과 함께 규정을 더욱 구체화하며 우선 사법 관행을 계약문서 관례에 한정하는 효과를 가져왔고, 성문 사법을 적용한 이후에도 새로운 판례에 근거하여 성문 사법을 개정할 수도 있었다. 다음으로 이런 사법 관행을 존중해야 했다. 성문의 사법 관행은 사법 해석과정에서 자연히 라틴어 해독력의 유입을 전제했으나 라틴어 해독력은 고정의식 발원지로 인식되어 적어도 사법 해석을 제약하는 역 효과를 낳기도 했다. 셋째로, 사법 관행은 로마시대 사법 영향으로 현실 사건을 왜곡하는 사례도 나타났다. 일단 사법 사례 모음집에 담긴 종족언어 표현관습의 관행은 사법을 라틴어 해독력으로 해석하는 경우에 한하여 효력을 발생했다. 중세 유럽세계에서 이런 라틴어 해독력 변화와 함께 사법 정신과 사법 원리도 변화했다. 사법의 정신과 사법 원리 변화는 저절로 라틴어 해독력 변화로 이어졌다.

라틴어 해독력은 종족언어 표현관습의 편집물처럼 계약문서 관례에서 종족언어 표현관습을 배제하며 기록자의 편집물인 종족언어 표현관습 모음집을 성문 사법 사례로 구성했다. 거기다 라틴어 해독력 영향으로 로마시대 사법 관행의 재생과 함께 기존 라틴어 해독력에서 발원했던 사법 운영 관례를 혼란에 빠뜨렸다. 중세 유럽세계에서 기존 사법 운영 관례의 불안한 상황에 대하여 에스멩은 다음과 같이 지적했다. 즉 "로마시대 사법은 성문 법률이었는데도 중세세계의 인간은 로마시대 사법 운영 관례를 표준으로 인식하여 로마시대 성문 법률이 인간의 소유관습을 담고 있지 않았다는 점을 찾아내지 못했다.” 로마시대 사법이 의무를 명시해 두었던 계약문서 관례는 14세기 이후부터 보편타당한 관례로 활용되었다. 그러나 다수 사법 운영 관례 모음집은 라틴어 해독력에서 발원한 종족언어 표현관습의 사법 관행을 노르만종족왕 영지의 법률인 『세 가지 고전시대 의례관습 모음집』에서 입증되었다. 이 『고전시대 의례관습 모음집』은 물론 라틴어로 개작되었고, 당시대까지 가장 오래된 편집물이었다.

『고전시대 의례관습 모음집』 제1부는 1199년과 1204년의 시기에 편집된 것으로 추정하고 있다. 『고전시대 의례관습 모음집』 제2부는 1218년과 1223년의 시기에 편집된 것으로 보인다. 노르만종족왕 영지에서 발굴한 개작 『고전시대 의례관습 모음집』은 이후까지로 성문 사법 원형이라기보다는 오히려 노르만종족왕의 왕국 창건 당시 사법 상태를 확인하는데 필요한 자료인 것이다. 가장 오랫동안 보존된 『고전시대 의례관습 모음집』은 13세기 후반시대에 등장했다. 중세 연구자는 최고의 『고전시대 의례관습 모음집』에 담긴 사법 적용 논리에 대하여 찬사를 아끼지 않았다. 13세기 후반시대 최고 『고전시대 생활언어 관습 모음집』은 ‘생활언어 관습 절차를 사법으로 규정하여’ 사법을 의례관습 절차에 연계했고, 계약문서 관례와 종족언어 표현관습을 거쳐 성립했던 의례관습 절차에 근거하여 소송 당사자의 반대 토론을 거쳐 판결하는 재판 변화를 기록해 두었다. 즉 사법도 라틴어 해독력으로 해석하여 집행하는 법관 중심으로 전환했다는 사례를 제시하고 있다.

이런 법률 기능의 전환과정에서 종족언어 표현관습 모음집과 성문 사법은 대립하지 않았으나, 재판 청구자의 권리를 재판관이 아닌 다른 외부인에게 넘겨주는 종족언어 표현관습 절차를 규정하여 사법과 라틴어 해독력의 영역을 확장하여 절차법을 중시하는 법률 형식주의자가 나타났다고 베스니에는 지적했다. 종족언어 표현관습 모음집은 잉글랜드에서도 변화했다. 잉글랜드에서 종족언어 표현관습 모음집은 유럽대륙 경우와 다르게 생활언어 관습과 라틴어 해독력을 통합하며 발전했다. 우선, 잉글랜드에서는 증인 채택관습과 증거 채택관습이 발전함에 따라서 최고 영주법정이 발전했다. 잉글랜드에서 계약문서는 법정의 재판과정에서 중요한 위치를 차지하지 못하여 13세기까지도 잉글랜드를 포함한 전체 유럽지역에서 계약문서를 해석하여 사법 적용에 활용하지 않았다. 그러나 계약문서는 미성숙한 단계였지만 사법 해석에 활용했다.

서로 다른 법률의 경우에는 라틴어 해독력이라는 전혀 다른 표현관습을 활용하여 법률상의 합의를 찾아냈고, 합의 과정에서 소송 당사자는 변론방식을 채택했다. 12세기 중반시대까지 재판에 승복하지 않는 불복종자는 구두로 소송 사건의 재심을 청구할 수 있었다. 물론 재판에 승복하지 않는다고 해서 재심 청구자는 판결에서 차별 대우를 받지 않았다. 다만 재심에서는 사건경위를 다시 해명하는 절차로서 적용 법률이 타당했는지를 확인하는 정도였다. 『종족언어 표현관습 절차 모음집』에서는 부당한 재판에 대하여 잘못 적용 법률을 제시하고, 보상원칙을 명시했다. 『종족언어 표현관습 절차 모음집』에서는 피고인에게 원심에 대하여 재심을 청구할 수 있다고 규정해두고, 피고가 재심을 청구하게 되는 경우, 재판관은 피고의 재심을 받아들여 적용 법률이 타당한지를 검토했다. 당시까지도 영주 법정에서는 원고의 고발장과 피고에 대한 심문을 서로 연계하지 않았다고 체네겜은 지적했다.

당시 재판관은 증거가 타당한지 여부를 확인하지 않았고, 주로 진술한 사건 경위를 종족언어 표현관습으로 확인하기 위한 목적으로 재판 서류를 제출했다. 재판절차는 증인 진술을 다시 확인하는 로마시대 재판 절차를 활용했다. 수도자 법률가는 로마시대 법정 양식을 교회조직 법률에 도입했으나, 언제, 어떻게, 누가, 어떤 경로로 도입했는지를 확증할 수는 없었다. 재판은 구두 변론, 조서 낭독, 적용 법률 확인, 공판 등의 순서로 진행되었다. 공판에서도 소송 당사자의 합의 가능성을 라틴어 해독력으로 타진했다. 소송 당사자가 합의를 선택하는 경우 사건 인정 과정과 조서 확인 과정을 거쳐 유추논리에 따라서 소송 당사자의 합의를 이루어냈다. 그러나 재판과정에서 확인된 피고의 특정한 물증을 유죄와 무죄의 판결 증거로 활용했다.

일상생활에서처럼 재판과정에서도 사건 심리는 라틴어 해독력에 근거하지 않았고, 사건 확증으로 구체화했다. 물론 사건 구체화 과정에서 종족언어 표현관습과 계약문서를 참작하여 최종 공판에 도달했다. 최종 공판은 소송 당사자의 과오 유무를 가려내기 위한 재판관의 유도 과정이라기보다는 오히려 피해자와 가해자의 최종 합의를 찾아내는 과정이었다. 최종 공판을 담당한 배심원과 관리는 두 당사자를 결속하여 조화에 이르도록 중재하는 것을 참다운 역할로 인식했다. 12세기 재판과정에서는 계약문서 기능도 변화하여 라틴어 해독력으로 기록했던 재판 문서를 심문으로 대체했다. 또한 재판에서는 적용 법률이 타당한지 여부를 확인하기 위하여 증거 채택 방식과 무죄 선고를 별도의 절차법 형태로 규정했다. 당연히 이런 법률 형식주의는 전례 문제를 제기하게 되어 새로운 법률 운영 방향을 제시했다.

이런 새로운 조처는 증인 진술로부터 증거를 찾아내고, 그 증인의 증거에 근거하여 사건 원인을 분석하는 방향으로 변화했다. 재판은 사건 원인을 분석한 결과를 원고의 소송 청구서와 피고의 조서에 대조하여 사실 여부를 가려내는 순서로 진행되었다. 이런 잉글랜드 재판방식은 로마시대 법률과 전혀 다르게 『종족언어 표현관습 절차 모음집』에서 발원했다. 즉 잉글랜드 재판과정에서 증거는 이 두 가지 법률 운용을 이어주는 법률 용어였다. 잉글랜드 재판과정에서는 증거가 이 두지 법률과 전혀 다른 종족언어 표현관습이었음에도 증거를 사건 확증원리로 활용했다. 잉글랜드에서는 공정한 판결을 찾아내기 위하여 배심원 제도를 활용함에 따라서 사건 조서에서 피고의 답변을 중시하는 재판체제로 발전했다.

잉글랜드의 법정에서 배심원은 사건 조서에 나타난 피고 답변을 피고 소견 자료로 활용했다. 그리고 기소 중인 사건의 경우, 피고 소견 자료를 사건에 대한 증거로 채택했다. 그래서 잉글랜드의 배심원 제도는 판례를 승소 기능을 담당하도록 활용했다. 잉글랜드의 배심원 제도는 피고가 제시한 모든 소견 자료를 종합하여 판결하고 배심원의 판결에 원고의 승복을 받아냄으로써 정착했다. 잉글랜드에서는 '사건의 조사심문'과 '피고의 인정심문'을 분리하여 재판에 활용했다. 잉글랜드의 재판 과정에 유입된 사건 조사심문은 물론 피고의 인정신문, 즉 사건 진술 형식으로 이어졌다. 잉글랜드의 재판과정에 유입된 두 가지 심문관습은 프랑크종족왕 영지에서 발전했다. 즉 프랑크종족왕 영지에서 재판관은 사건에 대한 조사심문과 피고에 대한 인정심문을 일정한 형식의 면제관습으로 행사했다.

유럽대륙의 심문관습은 정복자 왕 윌리암 1세가 잉글랜드를 정복한 이후 잉글랜드 법정으로 이동했다. 이런 심문관습은 프랑크종족왕 영지에서 발원했다고 하지만 고전시대 심문관습과 혼합했을 가능성도 있다. 정복자 왕 윌리암 1세의 잉글랜드 정복 이전시대까지는 잉글랜드의 고전시대 심문관습이 스칸디나비아계 노르만종족왕의 법률관습에서 유입되었다. 유럽세계에서도 심문관습은 1154년과 1189년 급격하게 변화했다. 당시 잉글랜드는 헨리 2세 시대(1154~1189)이었다. 유럽대륙의 심문관습은 도이취어계 제국 황제 프레드리히 1세 바르바로싸 시대(1152~1190)에 변화했고, 프랑스의 심문관습은 루이 7세 시대(1137~1180)를 거쳐 필립 2세 오귀스트 시대(1180~1223)에야 처음으로 변화했다. 그러나 잉글랜드의 배심원 제도는 잉글랜드 왕 헨리 2세 시대에 이르러 광범하게 이동하여 최고 영주 법정의 발전을 보조했고, 동시에 조서 역시 중요한 위치를 차지하게 되어 조서관습 재편을 가능케 했다.

잉글랜드의 조서관습은 영주 법정에도 완벽하게 정착했다. 조서는 곧 피고에게 사건 경위를 조사하여 기록한 문서였다. 그리고 사건에 대한 기록물의 조서를 확인하는 인정, 즉 확인심문은 사건 진술에 기초했다. 잉글랜드에서 사건에 대한 조사 심문과 사건 조사의 인정 심문은 종족언어 표현관습과 라틴어 철자관습을 결합했다. 잉글랜드에서 초기 인정심문은 종족언어 표현관습의 라틴어 철자관습을 완벽하게 활용했다. 정복자 윌리암 1세가 1066년 잉글랜드를 정복한 이후부터 사건 조사 심문은 기록문서로 나타나기 시작했다. '정복자 왕 윌리암 1세의 영지 재산대장'은 심문관습의 변화 사례인 것이다. '윌리암 1세의 영지 재산대장'은 영지의 재산을 심문하여 기록한 문서였다. 잉글랜드 법정에서도 12세기 이후 기록문서에 담은 소견자료의 필요함이 대두했고, 소견 자료 문서를 증거 채택 과정에서 피고 보호 자료로 활용했다.

잉글랜드의 법정 정착과정은 기록문서 정착과정과 일치했다. 잉글랜드 법정의 배심원은 증거에 근거하여 로마시대 사법과 교회조직의 법률 운용 관행을 혼합하여 피고인을 유죄나 무죄로 판결했다. 잉글랜드에서도 성문법과 불문법의 관례를 떠나서 기록문서에 근거하여 법률을 운용했다는 점에서 결국 종족언어 표현관습을 라틴어 해독력에 결합하여 잉글랜드의 법률 체제를 운용했다고 결론 지우게 되는 것이다.

2.3. 위조문서와 문화

11~12세기 유럽세계에서 사법과 계약문서는 게르만어계 종족왕영지행정 영역에서 『사법 운영 관례 모음집』을 활용하기 시작함으로써 성문 법률과 동일한 효력을 발휘하며 게르만어계 종족언어 표현관습에 결합했다. 게르만어계 종족언어 표현관습의 라틴어 관례와 라틴어 해독력은 장기간에 걸쳐 복잡하게 일치하여 성문 법률로 발전했다. 이제 여기서는 사법과 계약문서가 게르만어계 종족언어 표현관습의 라틴어 관례와 일치하여 성문 사법으로 이어졌던 배경을 두 방향으로 분석하고자 한다.

우선, 라틴어 해독력이 사법 영역에서 게르만어계 종족언어 표현관습의 라틴어 관례와 결합하여 확고한 서술 도구로 정착한 이후 라틴어 표현관습은 쇠퇴하고, 라틴어 해독력의 활용영역 확대라는 반대 상황에 직면했을 가능성도 있다는 점이다.

다음으로 영지행정 영역의 계약문서 활용으로 개인도 라틴어 해독력을 상상력의 보조수단으로 활용했다는 점이다. 실제로 라틴어 해독력은 상상력 영역으로부터 새로운 종족언어 표현관습을 재생토록 보조했다. 그러나 라틴어 해독력이 상상력 영역으로부터 새로운 종족언어 표현관습을 아무리 확실하게 부각했다고 하더라도, 결국 라틴어 해독력은 증거를 활용할 수 있는 보조수단에 그치고 있었다는 점이다.

그러나 라틴어 해독력은 특이하게 상상력에 작용하여 증거를 비판하고 검증토록 했다. 라틴어 해독력과 사회 변화의 관계는 '다양한 위조문서 검증사례'에서도 입증되고 있다. 11~12세기 유럽세계에서는 1074년 처음으로 계약문서를 검증했다. 당시 일단의 계약문서 전문가는 쌩 휘베르 수도원이 교황청의 예하 수도원이 되어야 한다고 주장했다. 따라서 쌩 휘베르 수도원을 교황청 예하 수도원으로 만들려는 책략은 일단 쌩 휘베르 수도원이 교황청 직할 수도원이 되는 경우 그 계약문서 전문가는 교황청으로부터 쌩 휘베르 수도원이 특권을 확보할 수 있다는 점을 염두에 두고 출발했다. 즉 쌩 휘베르 수도원의 특권을 증거로 내세워 교황청으로부터 영주 도시 리에쥬의 특권까지 얻어낼 수 있다는 책략을 염두에 두었다.

영주 도시 리에쥬의 이런 책략가 일단은 교황청에서 쌩 휘베르 수도원에다 특권을 부여했다는 계약문서를 검증하여 찾아냈다. 이 계약문서는 물론 주교 보소(879~887)의 입장을 유리하게 만들기 위하여 일상 필사체로 위조했던 가짜 문서였다. 이런 위조문서에 대하여 로트링겐의 백작은 주교 보소가 로마시대 초서체를 읽을 수 없었다는 취지에서 교황청에서 쌩 휘베르 수도원에다 특권을 부여했다는 계약문서가 위조문서임을 입증했다. 위조문서에 대한 검증 문제를 보소가 라틴어 해독력으로 제기했던 것은 아니었다. 계약문서 위조단은 보소의 라틴어 해독력을 고도의 계략으로 악용하기 위하여 부주교 보소에게 허용했던 교황청 계약문서에다 날짜를 바꾸어 넣고 새로운 계약문서처럼 가짜 문서를 위조했던 것이다.

서양 중세세계에서는 계약문서 위조자를 법률과 관련된 계약문서 변조자가 아니라 교황청에 대한 반역자로 규정했고, 사실 허위기재 이외에도 소송 당사자를 배반한 범죄자로 인식했다. 중세 유럽세계에서는 재산관습이동 사건과 관련되어 계약문서 위조단을 반역자나 범죄자로 인식해서는 안 된다는 논리가 나타났다. 중세 유럽세계에서 이런 반대논리가 나타났다는 것은 계약문서 위조 사례가 널리 확산되었다는 것을 입증하고 있다. 이런 위조 계약문서 출현을 라틴어 해독력과 관련 지운다면, 위조 계약문서 출현이 전체 전문 법률 지식의 발전 증거라는 관점에서 새로운 가치를 부여할 수도 있을 것이다. 서양 중세세계에서는 두 가지 유명한 위조 계약문서가 등장했다.

우선, 750년대 프랑크종족왕의 지배자사회가 메로베쿠스 가문 프랑크종족왕시대로부터 카롤루스 가문 프랑크종족왕시대로 이동하는 과정에서 위조했던『황제 콘스탄티누스의 기진장』인 것이다.

다음으로 도시 르망 교구에서 845년과 847년에 익명의 이시도르가 위조했던『교황 편지 모음집』인 것이다.

이 두 유명한 위조문서는 아주 정교하게 위조되었다.『황제 콘스탄티누스의 기진장』은 거의 환상에 가까운 필치로 위조되었다. 이『기진장』은 황제 콘스탄티누스의 전설 같은 개종 내용, 즉 황제 콘스탄티누스의 병이 사도 성자 베드로와 바오로의 이야기를 들은 후 낫게 되어, 황제도 크리스트교로 개종했다는 초대 교황 '실베스트 1세의 전설'에 거의 근거하여 다음과 같이 기록했다. 황제 콘스탄티누스가 정확하게 병이 나은 이후 8일 만에 한 손에 황제 관을, 또 한 손에 황제 옷을 들고 눈물을 흘리면서 교황인 로마 대주교 앞에서 무릎을 꿇고 제국 성직자에 대한 지배권을 로마 대주교에게 이양한다고 선언했다는 것이다.

이시도르라는 인물의 『교황 편지 모음집』도 기진장보다 훨씬 정교한 솜씨로 위조되었다. 『위조 교황 편지 모음집』에서는 세비예의 주교 이시도르가 『교황 편지 모음집』을 허위로 위조하지 않았다는 것이다. 세비예의 이시도르(†636)는 『교황청의 성사관습 절차 모음집』을 부실하게 보관해 오다가 없어져버린 교황청의 교령과 같은 교황 편지를 되살리기 위해 다시 썼다는 것이다. 이시도르는 『교황 편지 모음집』의 편찬과정에서 성서, 로마시대 사법, 사법 운영 관례 모음집, 의례관습 모음집, 『의례관습 절차 모음집』, 회개관습 총칙, 수도자 금욕수행관습 모음집, 초대 교부 저작물 등과 함께 아우구스티누스시대의 스페인과 갈리아에서 효력을 상실하지 않고 있었던 초기시대 교회조직의 법률 모음집에 근거하여 교회조직 법률 체제를 세워 교회를 수호하겠다는 취지에서 초기 교회조직 법률 체제를 왜곡되게 편집했다.

이시도르의 이런 『위조 교령집』은 프랑크종족왕 황제 루드뷔히 경건자왕(814~840)이 황제위에 즉위한 이후 황제 정치개혁을 방해하려는 성직자를 잠재우려는 취지에서 나타났다는 것이다. 『위조 교령집』은 843년 프랑크종족왕의 통일 영지를 분할하려는 대주교 이하의 성직자와 지방 유력자의 책략으로 당시 보소와 같은 부주교 선동을 잠재우려는 취지에서 위조되었다. 『위조 교황편지 모음집』에서는 특히 2차 세비예 종교회의를 683년 13차 톨레도 종교회의로 위조하여 교황 편지를 731년에 사망한 교황 그레고리우스 2세 시대(715~731)에까지로 끌어내리고 있다. 843년 베르덩의 영지분할 협약을 반대하던 부주교는 프랑크종족왕의 지배자사회 유력자로부터 격심한 압박을 당하고 있었다.

프랑크종족왕의 귀족사회는 주교사회의 압력을 이미 영지 분할의 장애물로 파악했고, 9세기 후반시대 이후 주교사회는 귀족사회 압력을 배제하려는 취지에서 『안셀름의 교회 법률 모음집』에 근거하여 최고 영주의 지배자사회 구성원을 교회 법정에 세웠다. 당시 최고 영주의 지배자사회는 부르카르드(965?~1025), 이보(1040?~1115), 그라티아누스와 같은 교회 법률가의 후원을 받으며 주교사회와 법률 논쟁에 휘말린 나머지 주교사회가 이 수도자 법률가를 소송에서 배제하려는 목적으로 위조문서를 활용하여 교회조직 법정에 영향력을 행사했다고 기록했다.

오늘날 일부 연구자는 이런 위조문서를 신랄하게 비판했지만 익명의 『교황 편지 모음집』과 『안셀름의 교회 법률 사례 모음집』, 그리고 『영지 라비테의 의례관습 절차 모음집』과 같은 위조문서 가치를 인식하고 있다. 이런 위조문서 가치를 인정하는 경우 중세 유럽세계 위조문서를 여러 가지 기록물 중에서도 라틴어 해독력으로 법률을 해석해야 한다는 주장처럼 나타날 가능성도 있다. 중세 유럽세계에서 위조문서 발원지 문제를 제기한다면, 위조문서 발원지 문제는 사소할 수밖에 없다. 위조문서 발원 사례는 르망 교구에서 832년과 837년 위조했던 계약문서인 것이다.

르망 교구는 카롤루스 가문 프랑크종족왕시대의 다른 교구와 마찬가지로 교구의 영지 소유관습을 상실했다. 당시 교구에서는 영지 소유관습을 계약문서로 기록해 두었다는 어떤 형태의 증거도 찾아내지 못했다. 중세 유럽세계에서는 9세기 영지 소유관습 문제가 제기되어 당시 영지소유관습의 증거가 없는 영지의 경우 애매한 소유관습 상황이었다. 애매한 영지소유관습 문제에 대처하기 위하여 르망교구의 수도자는 영지소유관습에 대한 증거를 위조하기 위해 원래 영지 매매에 대한 계약문서까지 변조했고, 심지어는 교구의 미담이나 지방출신 성자 전기까지도 개작했다.

이런 영지 소유관습 문제로 영지 소유관습에 대한 증거를 위조했던 사례는 잉글랜드에서도 나타났다. 후기에 요크 관구의 압력으로부터 캔터베리 관구의 영지 소유관습을 지키겠다는 취지에서 이드머(1060?~1130?)는 관구의 영지 소유관습에 대한 증거를 위조했다. 캔터베리 관구의 영지소유관습 증거를 정교하게 변조했던 점에 착안하여 영지 소유관습에 대한 증거는 소유관습의 생성과 쇠퇴를 반영하며 '영지소유관습'이 '개인 권리'를 능가했다고 고파르트는 지적했다.

11~12세기 유럽세계에서 영지소유관습에 대한 증거 변조는 미수에 그쳤으나 11세기부터 영지소유관습에 대한 권리 논쟁은 전개되기 시작했다. 여기서는 위조문서와 사회의 관계에 대한 분석보다는 계약문서 기록관과 계약문서 출현으로 라틴어 해독력이 종족언어 표현관습과 결합하여 새로운 사회 변화로 발전했다는 점을 입증코자 한다. 중세 유럽세계에서 교황청은 계약문서 검증방법을 발전시켰다. 계약문서 검증방법 일환으로서 교황청에서는 『의례관습 절차 모음집』에 대한 문체 검증방식을 활용했다. 교황청에서는 계약문서에 대하여 고

유한 필사체를 유지했고, 필사체 자체를 문법보다는 라틴어 해독력의 함축의미에 근거해서 작성했다고 후기에 마비롱은 1681년 『영지 계약문서 모음집』에서 지적했다.

특히 교회조직의 성사관습 절차 모음집이 영지 계약문서 위조단의 지침서가 되었던 위조 계약문서의 성공 사례는 교황 편지를 반드시 검증하라는 교황 인노첸츠 2세(1130~1143, 로마인)의 교령인 것이다. 교황 인노첸츠 2세는 교황 편지의 표절을 방지하기 위하여 봉인을 검증하고 철저한 전거와 출납 번호를 담고 있는지를 검증하라고 강조했다. 중세 유럽세계에서도 계약문서가 계약행정을 중심으로 전문 지식 원리를 축적하며 계약문서에 대한 비판 능력을 키워갔다. 뿐만 아니라 계약문서 비판과 함께 계약문서 검정 방식이 출현했다는 것을 라틴어 해독력과 관련된 중요한 사회 변화라고 지적해야 할 것이다.

거기다 보상관습 등장과 함께 등급으로 분류하는 전문 지식도 나타났다. 이와 함께 중세 유럽세계에서는 사건과 기록물이 전문 지식 원리와 함께 일치하기 시작했다. 그리고 기록물 분석능력도 기억력에 의지하지 않고, 기록물을 배열하여 순서 위주로 파악하기 시작했다. 기록물의 배열순서는 기본 철자관습 순서를 따랐다. 파피아스는 1050년 『교리 입문서』를 저작했다. 물론 파피아스는 『교리 입문서』에다 최초로 기본 철자관습 순서에 따라서 배열하여 새로운 편집방식을 도입했다. 이외에도 추기경 데우스테디트(†1100)는 1087년 『교회법률 사례 모음집』을 편찬했다. 데우스테디트는 교황 그레고리우스 7세 시대 추기경으로서 1,173항목으로 교회 법률 사례를 분류했다. 12세기에도 기본 철자관습 중심의 분류방법은 발전했다.

12세기 중반시대 이후 새로운 찬미가도 등장했다. 프와티에의 지르베르(1083~1189)는 악보와 주제 중심으로 기존 찬미가를 다시 분류했다. 카시오도루스(490?~583?)는 『영혼론』(538년?)과 『찬미가』(540?~548?)를 저작했고, 이 『찬미론』에서 찬미가를 주제별로 분류했다. 지르베르는 랑톤의 스테판과 함께 사도 바오로의 편지 모음집인 『정전인식』을 예리하게 분석하여 분류했다. 12세기에는 거대한 편찬물이 모습을 드러냈다. 롬바르두스(1095?~1160)는 『문장론』을 4책으로 구성했다. 롬바르두스는 제1책에서 삼위일체와 신의 본질, 제2책에서는 창조와 지옥, 제3책에서는 크리스트의 부활, 제4책에서는 성사관습 등을 다루고 있다. 이외에도 아베라르(1079?~1142?)는 『존재와 비존재』를 저작했고 『그라티아누스의 교령 모음집』도 편찬했다. 12세기 말엽 피사의 위그(†1210)는 『절대자이동 관례』를 편찬했다.

12세기 말엽 편찬물 양식은 편찬물이나 라틴어 해독력을 전제한 주해 모음집 정도에 지나지 않는다고 하더라도, 기록물 분석 능력은 명확하게 향상했다. 이 편찬물을 원고 구성과 기능 측면에서 파악하더라도 기록물 분석 능력과 해석 능력 향상을 반영했다. 12세기에 나타난 편찬물의 변화에 대하여 리샤르와 마리아 루즈는 다음과 같이 지적했다. 즉 편찬물 원고는 기본 철자관습 배열체제를 유지하며 그 표현기교 역시 두드러지게 변화했다. 이외에도 12세기 편찬물은 표제를 사용하며 편찬물 제목을 빨강색으로, 각 장의 첫 글자를 빨강색과 파랑색으로 썼다. 또한 편찬물은 인용어구 출처를 밝히기 위하여 색인과 각주를 활용했다. 편찬 기법도 뚜렷하게 발전했다. 출처 원전, 저작자, 인용 어구를 각주와 색인으로 밝혔다는 점에 근거하여 특정 분야에서는 연구 저작물도 추측컨대 나타났을 것이다.

12세기 유럽세계에서 연구 저작물은 특히 수도자 법률가, 수도자 신학동아리, 수도자 철학동아리에서 등장했다. 물론 연구 저작물이 특별히 이 세 분야에만 국한하지는 않았다. 연구 저작물 출현과 함께 교회조직의 크리스트 숭배관습 절차도 연구 저작물 영향을 받았다. 11세기 후반시대부터 라틴어 해독력을 표준으로 설정하려는 경향도 나타났다. 12세기 이후 연구 저작물 사례는 브레톤 사람으로서 1092년 웨일즈의 반고 주교로 부임했던 헤르베의 『성구 모음집』인 것이다. 반고의 수도자로서 헤르베는 『성구 모음집』에다 어떤 저작물 구절을 삽입하여 『성구 모음집』을 개작했다.

헤르베의 이런 개작 의도는 라틴어 해독력을 '타당한 과거세대 라틴어 해독력'과 '틀린 새로운 라틴어 해독력'의 구분방법 모색에서 출발했다. 헤르베는 계약문서 기록자처럼 『고전시대 복음서』와 교구 종교회의 전거를 과거세대 기록물에서 찾아내어 최근세대 라틴어 해독력 오류를 바로 잡았고, 다시 과거세대 기록물에서 라틴어 해독력의 근거를 확증할 수 없는 인용문을 『의례관습 모음집』에 근거하여 구분했다. 헤르베는 출처를 확증할 수 없는 인용문이라면 '타당한 라틴어 해독력'을 타당한 판단기준으로 파악했다 하더라도 거부했다고 분석했다.

여기서는 라틴어 해독력 변화를 수도자 학문동아리의 저작물 출현에 관련 지위 위조문서 확인 방식으로 설명하고 있다. 물론 이것은 새로운 성사관습 출현을 기록물 변화에 반영하고 있다는 전제인 것이다. 라틴어 해독력을 지탱하던 원동력은 종족언어 표현관습의 상징물이었다. 물론 라틴어 해독력은 종족언어 표현관습의 상징물에 집중되어 있었기 때문에 성사관습 발원지나 다름없었다. 라틴어 해독력의 이런 지지 기반을 세밀하게 분석하는 경우, 계약문서의 상징물은 종족언어 표현관습과 라틴어 해독력 변화를 반영했다. 중세 유럽세계의 그 사례는, 성자유골 숭배관습, 기적극, 지방 출신의 성자숭배관습 등인 것이다. 신에 대한 숭배관습은 11세기말 경 전체 유럽대륙을 풍미하게 만들었다. 신의 존재는 도처에서 살아 숨쉬고 있었다.

심지어는 나무, 막대기, 돌무지에서도 신은 인간을 내려다보며 살고 있었다. 수도자 그라버(985?~1047?)는 과민할 정도로 신의 숭배관습에 대하여 관심을 쏟았다. 그라버는 '성사관습의 성자 징표'에 대하여 '여러 가지 문서에서 전거'를 찾아내야 한다는 것이었다. 그라버의 시각에서는 라틴어 해독력도 형식에 불과하다고 판단했으나 시각으로 파악할 수 있는 라틴어 해독력에 대하여는 전거 문제를 제기하지 않았다. 그러나 시각으로 파악할 수 없는 현상이나 성사관습에 대해서는 전거를 확증해야 한다는 것이었다. 따라서 기록물의 성사관습까지도 전거가 필요하다는 것이었다. 11세기 라틴어 해독력에 대한 전거 문제를 분석하기에 타당한 저작물은 『성자 포이 기적극』일 것이다.

베르나르는 『성자 포이 기적극』을 저작했다. 『성자 포이 기적극』은 성사관습 전거와 관련된 사례로서 분석하기에 충분한 가치를 지닌 저작물이라고 지적할 수 있다. 성자 포이는 303년 12세의 어린 나이로 순교한 인물이었다. 『유아 성자 포이 유고 모음집』은 5세기 초엽 성자 둘치디우스의 노력으로 도시 아겡으로 옮겨 왔다. 이후 콩크의 수도자 일단은 『유아 성자 포이 기적극』을 보관하게 되었다. 883년 이전 언젠가 『유아 성자 포이 기적극』을 아주 설득력 있게 개작했다. 이후 베르나르는 다시 『기적극』의 제1책과 제2책을 저작했다. 베르나르는 도시 샤르트르에서 얼마 동안 수학했다. 그 때 베르나르는 유아 성자 포이의 탁월한 재능을 감지하고 확인하기 위하여 1010년 이후 콩크로 갔다. 당시 도시 콩크에는 유아 성자 포이를 아주 자세하게 기술했던 수도자 좌장 풀베르(970?~1028)가 생존해 있었다. 베르나르는 샤르트르의 수도자 좌장 풀베르에게서 유아 성자 포이에 대한 여러 가지 이야기를 듣기 위해 도시 콩크로 갔던 것이다.

베르나르는 도시 콩크에서 3차에 걸쳐 25일간이나 머물면서 유아 성자 포이에 관한 자료를 수집했다. 풀베르는 베르나르보다 먼저 유아 성자 포이에 대하여 저술했다는 점에서 베르나르의 은사였다. 베르나르는 은사인 풀베르 수도자 좌장으로부터 유아 성자 포이에 관하여 자료를 수집한 다음 은사의 저작물을 면밀하게 검토했다. 베르나르는 은사에게 헌정하겠다는 생각으로 『유아 성자 포이 기적극』을 집필하기로 결심했다. 베르나르는 당대 저작자 중에서도 탁월한 필력과 통찰력을 겸비한 인물이었다. 이런 점에서 베르나르라는 『성자 포이 기적극』의 저작자를 보더라도 충분히 평가할 수 있으리라고 판단했다.

『유아 성자 포이 기적극』은 성사관습과 라틴어 해독력의 결합 과정에 나온 저작물인데다 특히 『성자 포이 기적극』의 출현 이후, 라틴어 해독력이 최근세대의 주요 관심사로 등장했기 때문에 더욱 중요한 위치를 차지하게 되는 것이다. 11세기 『성자 포이 기적극』의 출현 이후 저작물의 구성 체제 역시 변화하여 그 이전 저작물의 구성 체제와도 달라졌던 것이다. 『성자 포이 기적극』의 구성 체제는 『성자 베네딕트 기적극』의 구성 체제와 달랐다. 『성자 베네딕트 기적극』 속편에는 명상과 기도를 포함했으나, 『성자 포이 기적극』에는 명상과 기도를 포함하지 않았다. 베르나르는 『성자 포이 기적극』에서 투철한 신앙심으로 살아가는 크리스트에 대한 신앙인이자 '수도자 학문동아리 저술가'로서 일상생활에서 일어나는 기적 진가를 중시했다.

또 베르나르는 기적 목격자로서 갈등과 감흥을 비교하며 설화까지 저작 대상으로 만들었다. 특히 베르나르는 기적 진가를 확인하고 싶은 마음이 생기도록 『성자 포이 기적극』을 시각의 라틴어 해독력에 초점을 맞추어 개작했다. 베르나르는 은사인 풀베르에게 「성자 포이 기적극」에 관한 편지글 모음집을 보냈다. 그 편지글 모음집을 분석해 보면 베르나르는 『성자 포이 기적극』에 관한 자료를 수집하여 『성자 포이 기적극』의 집필 경위를 소상하게 설명했다. 편지글 모음집에서는 베르나르가 샤르트르 성당의 수도자 학문동아리에 다닐 때부터 쌩 포이 교회를 찾아가서 기도를 드리며 언제나 성자 포이에 대한 저작물을 쓰기로 마음먹고 있었다는 것이다. 베르나르는 『성자 포이 기적극』의 머리말에서 지방 세속인이 '성자 포이 기적극에 대하여 들어보지 못했으나', '유아성자 포이에 대해서는 익히 들어 왔다'는 은사 프뤼베르와 함께 나눴던 대화에서 성자 포이 기적극을 이야기 형태로 다루지 않을 수 없었다고 털어놓았다. 베르나르는 다음과 같이 밝혔다. 우선, 유아 성자 포이 이야기 발원지를 찾아 나서기로 했다. 다음으로 성자 포이 기적극의 취지와 '성자 포이 이야기와 성사관습'이 일치하는 지에 관심을 두고서 자세하게 기술하기로 확정했다.

베르나르는 3년 동안 앙그르 성당 수도자 학문동아리에서 라틴어 문법을 가르쳤다. 베르나르는 이후 성자 포이 자취를 알아내기 위하여 다시금 콩크로 갔을 때 거기서 처음으로 많은 양의 기록물을 보고 성자 포이 주제의 기적극을 집필하기로 마음먹었다. 물론, 성자 포이 기적극은 어디까지나 개작이었다. 베르나르는 은사 풀베르와 나눈 성자 포이 이야기를 주제로 성자 포이가 훌륭했다는 은사 편견을 바로잡기 위해서도 성자 포이 이야기를 기적극으로 개작하기로 결심했다.

한편, 베르나르는 유아 시절의 성자 포이를 목격했다는 증인 구이베르의 모습을 그려보았다. 베르나르는 구이베르가 성자 포이와 관련된 여러 가지 사건을 열거하면, 목격자로서 자기도 미처 생각치도 못했던 포이 일화를 말해 주었다고 술회할 정도로 성자 포이 기적극을 거의 완벽하게 기술했다. 베르나르는 '성자 포이를 감각과 이야기 형태로까지' 파악하도록 비망록을 활용하여 자료를 검증하고, 검증 자료에 근거하여『성자 포이 기적극』을 기술했다.

『성자 포이 기적극』을 분석해 보면, 베르나르는 자기 세대가 생활하면서 체험했던 사건에 관심을 집중했다. 베르나르는 생활 속에서 감각으로 체험했던 라틴어 해독력의 함축의미도 증거로 활용할 수 있다고 생각했던 것 같다. 여기서는『성자 포이 기적극』을 크게 두 가지 방향으로 분석코자 한다.

우선,『성자 포이 기적극』에서는 교회조직 법률에 대한 라틴어 해독력을 전례로 활용하여 계약문서의 필요함을 강조했다.『성자 포이 기적극』에서는 계약문서를 실제 종족언어 표현관습으로 기록했다는 사례를 제시했다. 베르나르는 교회조직 법률의 라틴어 해독력을 강론에 관련 지워『성자 포이 기적극』을 도시 앙그르에서 아주 여유 있게 개작하고 스스로를 윤색자가 아닌 기록자로 자처하면서, 은사 풀베르에게 다음과 같이 요청했다. 즉 "은사님은 저의『성자 포이 기적극』을 보시고 제가 제시한『기적극』의 사실을 수정하지 않았으면 합니다. 단지 은사님은 저의 표현방법을 수정해 주셨으면 합니다. 저는 종족언어 표현관습에 미숙하다는 점을 인정하나 귀로 들은 소문을 믿지 않습니다. 그렇다고 저는 누구나 쉽게 인정할 수 있는 라틴어 해독력에 대한 자료를 찾아낼 수도 없었습니다." 여기서 베르나르는 '사건 설명자를 찾아다닌 것이 아니라 생생하게 기억하고 있을 때' 기록물로 남겨 두도록 기술해 두어야 한다는 것이다.

베르나르는 사건을 용이하게 처리하기 위하여 자료를 연대순으로 기술할 것이 아니라 '라틴어 해독력이라는 전혀 다른 표현관습을 활용하여' 『성자 포아 기적극』을 구성했다고 밝히고 있다. 베르나르는 『성자 포이 기적극』을 구성하는 사건을 믿지 않으려 하거든 스스로 콩크로 가서 직접 답사하여 보라고 부언하고 있다. 베르나르는 이처럼 현장 감각을 저작물의 구성과정에 도입하고 현장 답사의 중요함을 강조했다. 이런 맥락에서 베르나르는 기적극 체제를 정립했던 인물, 즉 성자 전기 체제를 세운 인물이었다.

베르나르는 현장 감각을 중시하는 인류학 원리를 문학 작품에 도입했던 인물이었다. 베르나르는 시대에 걸맞지 않게 역사를 비판했다. 베르나르는 라틴어 해독력의 역사에 대하여 마음속으로 깊은 회의에 빠져 있었다. 그런데도 베르나르는 최근세대에게 전혀 생소했던 타당한 라틴어 해독력으로 기존 성사관습에 대한 불신감을 해소하고 라틴어 해독력의 진가를 제시하기 위하여 세속인의 신앙을 분석했다. 베르나르는 『성자 포이 기적극』에서 기록물을 검증하여 증거로 활용하여 자기의 기분을 뚜렷하게 표현하고 자기 기분을 표현하는 부분에 대하여는 주석까지 첨가해 두었다.

베르나르는 『성자 포이 기적극』 제1권에서 과거세대 저작자를 라틴어 해독력 선례자로 평가했다. 베르나르는 과거 『성자 포이 기적극』 저작자가 사건에 연루되지도 않았던 증인이라는 사람의 이야기를 『성자 포이 기적극』에 담아놓았다는 점을 비판했다. 베르나르는 그 사례로서 최근세대 저작자가 오베르그, 루르그, 툴루젱과 같은 영주 도시

궁정에서 일어났던 사건을 마음대로 기록하여 보관하고 있는 경우를 가정해 보라는 것이다. 이 경우, 당시 영주 궁정에서 일어난 개개 사건이 '틀렸다' 아니면 '들어맞지 않는다' 문제를 떠나서, 어떤 손익이 있을 수 있는가 문제를 제기해야 한다는 것이다. 베르나르는 사건으로 구성된 라틴어 해독력의 역사 문제를 '과거세대 라틴어 해독력'과 '최근세대 라틴어 해독력'이 다르기 때문에 제기되는 것으로 파악하지 않았다. 베르나르는 최근세대 라틴어 해독력의 역사 문제를 라틴어를 읽을 수 없는 데서부터 제기된다고 파악했다.

사건은 현재가 아니라 과거에 일어났고 모든 과거 사건은 지금 현재에는 이어지지 않는다는 것이다. 그렇다면 인간 능력으로 과거 사건을 기록해 두는 것은 인간의 활동영역이 아니라, 활동내역을 밝히려는 것이라고 강조했다. 즉 사건 행위자가 마음 충동으로 사건을 일으켰던 당시 마음 상태로 돌아가 행위자의 활동내용을 기록물에다 글자 존재로 담아 두려는 의지를 저작자의 심경이라고 지적했다. 사건 당시 '문장해독자'가 없을 경우, 사건 당시의 분위기나 행위자의 개인 능력을 포착할 수 없다는 점까지 베르나르는 강조했다.

베르나르는 성자 포이 경우에도 유아 성자에게서 일어났던 기적 사건의 신비를 자기 능력으로 포착할 수 없다고 자백하고 「성자 포이 기적극」이 「기록문서 관례에 대한 주지사항」에 지나지 않을 수도 있다고 지적해 두었다. 여기서 베르나르의 공과를 성사관습과 라틴어 해독력의 주제와 관련 지워 평가한다면, 베르나르는 태만하고 안하무인격의 인물일 가능성도 있다. 베르나르는 장차 누군가 큼직큼직한 당대 사건 진상을 문제 삼게 되리라고 우려한 나머지 교구에서 발생했던 중대한 이단자 출현 사건 내역을 기술해 두겠다는 의무감을 느꼈다. 베르나르는 자기의 서술방식을 옹호하고 “이단자 출현 사건 내막을 전달하려는 현실 상황에 초점을 맞추어 성사관습과 라틴어 해독력의 문제를 제기하고”, 라틴어 해독력에 합당한 주제를 설정한 다음 ‘타당한 라틴어 해독력’으로 입증해 보려고 언제나 시도했다.

베르나르의 이런 서술방식은 성사관습과 라틴어 해독력을 일치케 하여 기록물의 필요함을 인식케 했다. 베르나르는 『성자 포이 기적극』을 종교 취지에 적합하게 구성하여, 종교의 중요함을 확증해 주었다. 특히 베르나르는 순교자 유골 앞에 서서 믿음을 선서했다. 베르나르는 또한 신이라는 표준인간과 크리스트의 고통이라는 표준 체험을 강조하려고 시도했다. 베르나르는 다시 이단자 출현 사건의 발단과 라틴어 해독력의 표지를 인간의 시련으로 표현했다. 베르나르는 자기의 이런 전달취지를 확증하기 위하여 콩크를 다시 답사한 다음, 『성자 포이 기적극』의 원고를 확인해 달라고 성자 포이 사건을 잘 알고 있는 지방 수도자에게 맡기고 『성자 포아 기적극』의 원고가 아직까지 미완성 상태라고 일러주었다.

그러나 베르나르는 기록물에서 확증할 수 없는 불확실한 라틴어 해독력 전거를 가필하지 말아달라고 일러주었다. 당시까지도 『성자 포이 기적극』은 ‘기록문서에 근거하여’ 성사관습 사건을 확증했다. 『성자 포이 기적극』에서 베르나르는 라틴어 해독력의 전거가 될 수 있는 기록문서를 찾아내어 저작 과정의 가필과 같은 문제로 어려움을 겪었을 것이다. 베르나르는 스스로 다시 앙그로로 오기 이전까지 여러 가지 성자 사건 목격자가 전하는 불필요한 이야기를 듣지 않고 원고를 다듬은 다음 가필토록 허용하여 『성자 포이 기적극』을 완성했다. 베르나르의 『성자 포이 기적극』은 성사관습과 라틴어 해독력을 결합했다. 라틴어 해독자는 라틴어 해독력을 이용하여 『성자 포이 기적극』을 읽게 되었다. 게다가 베르나르의 『성자 포이 기적극』은 반드시 기록해 두어야 할 기록문서를 저작에 활용했다는 점에서 실제로 표준 문학 작품인 것이다.

베르나르의 『기적극』은 특정한 성자 전기 서술방식을 기록문서의 라틴어 해독력에 부착하여 라틴어 해독력을 인간 평가기준으로 만들며 라틴어 해독자를 라틴어 해독력 발원지로 자리 잡게 보완했다. 또한 베르나르의 『성자 포이 기적극』은 왜 이단자 출현 사건이 중요한가 문제를 인간 교육에 무익하기 때문이라는 관점에서 판단토록 자극하여 이단자 출현 사건 자체를 거부했을 가능성도 있다. 그러나 베르나르의 이 성자전기 서술 방식은 특정한 이단자 출현 사건이 중요하다고 인식케 했다. 11~12세기 유럽세계에서 베르나르는 기록물의 라틴어 해독력을 명확하게 창달했고, 탁월한 라틴어 해독자로서 콩크 지방민을 교양인으로 만들어 놓았다. 베르나르는 또한 콩크 사회에서 라틴어 해독자인 수도자 학문동아리와 무식자를 계속 대비하여 계약문서를 성사관습 관례에 부착했다. 베르나르의 이런 역할은 다음 일화에서도 입증되고 있다. 베르나르는 1020년 로마로 돌아오고 있었다. 베르나르는 콩크로 돌아오던 도중, 베드로라는 수도자를 우연히 만났다고 한다. 베르나르는 베드로라는 수도자가 아주 품위도 있어 보였고, 빈틈없는 말솜씨까지 갖추고 있어 인품과 박식함을 두루 갖추고 있었다는 일화를 소개했다. 저작 내용을 가지고 베르나르를 평가하는 경우, 베르나르의 인품은 『성자 포이 기적극』 제1권과 연계된 「편지글 모음집」에서도 반영되고 있다.

베르나르는 일단 세베루스(대략 420년 경)와 대조를 이루고 있다. 베르나르는 여러 후기 저작자가 자기를 허위 사실로서 『기적극』을 서술했다고 평가할까봐 두려워한 나머지 인용문 출처와 편찬자 성명까지 확인해 두었다. 베르나르는 스스로 저작자임을 밝히기 위하여 증거로서 서명한 다음, 자기가 소속되어 있는 수도자동아리와 그 구성원까지 명시하고 교정자 레이놀드까지도 언급해두었다. 베르나르의 인품은 스스로에 대한 평가부분에서도 나타났다. 베르나르는 레이놀드가 원고를 교정했다 하더라도 새로운 교회를 창건하여 성인 교회로 만들어냈던 반텔므나 레오불프의 저작물에까지는 비교할 수 없다고 자평했다. 베르나르는 스스로 '고전시대 저작자'의 저작물에 뒤지지 않을 정도의 저작물임을 밝히기 위하여 다른 사람의 추천까지 첨부해뒀다.

『성자 포이의 기적극』은 베르나르의 인품과 불안한 심리작용 상태를 반영했다. 베르나르는 저작 단계를 확인하지 않았다고 해서 비판받을 여지도 있다. 베르나르의 심리작용 상태는 가공의 어떤 이단자와 벌리던 교리 논쟁과정에서도 분명하게 드러났다. 베르나르는 어떤 장님이 세상을 보게 되었다는 기적 내용과 인간이 죽어서 노새로 환생했다는 기적 사건 내용이 가공되어 있다고 해서 도저히 믿지 않으려는 이단자의 신앙심에 대해서도 언급했다. 베르나르와 이단자와 교리 논쟁에서 이단자는 플라톤과 같은 인물도 '타당한 판단기준'과 라틴어 해독력을 파악하지 못했다고 언급하고 있다. 이단자는 인간으로서 타당한 판단기준을 지니고 있다든가와 같은 쓸데없는 이야기로 시간을 허비해서는 안 된다고 베르나르에게 일러주었다. 이단자의 이런 논리에 대하여 베르나르의 답변은 불안정한 심리작용 상태를 드러냈다.

베르나르는 남을 의심하기로 소문난 유대인조차도 이교도인 탓인지는 알 수 없으나, 라자루스의 환생을 믿으려 하지 않는다고 한탄했다. 베르나르의 생각대로라면 라자루스는 다른 신의 존재를 믿을지는 모르나, '신의 후손'이거나 '크리스트를 거부한 사제'였을 것이다. 여기서도 베르나르는 라자루스를 무식자이거나, 글자를 읽을 수 있다 하더라도 아주 위험한 라틴어 해독자였을 것이라고 판단했다. 베르나르는 라자루스를 '진정한 전문 지식 원리에 이르지 못하여 신에게 다다르는 방법까지 전혀 알 수 없는 무식자'라고 답변했다. 베르나르는 신앙보다 종교동아리의 크리스트 숭배관습을 중시 여기는 바리새 사람들처럼 라틴어 해독력 오류에 빠져 있기 때문에 크리스트의 표지와 크리스트의 기적을 받아들이려 하지 않는 그릇된 영혼 소유자라고 라자루스에 대하여 답변했다.

베르나르는 악마와 같은 이단자가 여러 가지 변명을 늘어놓으면서 자기로 하여금 콩크로 돌아오지 못하도록 방해하려 했다는 것이다. 그러나 이단자는 결국 뜻을 이루지 못했으나 악마와 같이 잠복하여 '무식자'를 오도하고 베르나르로 하여금 많은 청중을 모아 두고 『성자 포이 기적극』 조차도 공연치 못하도록 방해했다는 것이다. 이단자는 자기로 하여금 라틴어 해독력 오류를 바로 잡을 수 있는 '타당한 라틴어 해독력의 평가'까지도 불가능 토록 방해했다는 것이다. 베르나르는 이단자가 '무식하며 아무런 지혜도 없는 사람'인데다 신의 의지를 기록물에 담아 두려는 자기의 시도까지 방해하려 했다고 지적하며 이단자를 비판했다.

거기다 베르나르는 타당한 판단기준과 성사관습 절차를 갖추지도 못했고, 파악하지도 못했다고 이단자를 다시 비판했다. 그 다음 짐승까지도 환생 이치를 알고 있을 터인데 하물며 사람이 자기의 생존 기간을 확인해 주는 환생 이치를 모른다고 하니 답답하기 그지없다는 것이다. 베르나르는 이단자를 초기 교부시대 이후 사회기강이 바로 서지 못하여 몸을 구원받을 만한 가치도 없는 사람들로 인식했다. 베르나르는 이단자와 교리논쟁에서 현재의 라틴어 해독력이 중요하다는 점을 암시하며 인간이 노새로 환생한다는 논리 발원지를 라틴어 해독력으로 설정했다. 베르나르는 현재와 과거의 중간물을 라틴어 해독력이라고 생각했다. 베르나르는 현재의 인간이 바른 고전시대 라틴어 해독력에 이르는데도 참다운 신앙의 역할이 중요하다고 생각했다. 그래서 베르나르는 바른 고전시대 라틴어 해독력과 참다운 신앙 역할을 확증하려면 기록문서가 필요하게 된다는 것이다.

베르나르는 신앙을 가진 사람과 신앙을 갖지 못한 사람을 구분했다. 베르나르는 타당한 판단기준의 토양인 도덕 범위를 고전시대 저작자에게까지 확대하고 '무식자'일지라도 '고전시대 라틴어 해독자의 징표'로 도덕과 윤리를 인식해내는 것을 인간의 당연한 태도로 제시했다. 베르나르는 이처럼 이단자를 통렬하게 비판하고 이단자 출현 사건에 대하여 일련의 주의를 환기하면서 이단자와 교리논쟁을 종결했다. 그런데도 베르나르는 이단자와 교리논쟁에서처럼 교회조직 법률을 라틴어 해독력의 증거로 활용하여 서술방식에 접근했다. 베르나르는 이단자 출현 사건에 관한 이야기를 민담과 야화 형태로 실제 그대로 담아 둘 가능성도 있다는 취지에서 '민담'과 '야화'까지 당시 사건을 몸소 체험했던 증인의 입으로 구전되는 것이라고 강조했다. 기록물도 민담이나 야화에서처럼 증인 이야기를 담아 둔 그릇에 불과하나 그릇의 야화가 음식이 되려면 라틴어 해독력의 음식이 필요하다는 것이다.

베르나르는 상징물을 라틴어 해독력의 구성물로 파악한 나머지 성자 포이 조각상을 라틴어 해독력의 상징물로 파악했다. 성자 포이 조각상은 황금 옷을 입고 성자 위세를 드러내며 현세에서 과거 성자를 회상케 하는 라틴어 해독력의 상징물이라는 것이다. 베르나르는 신의 존재와 수도자 학문동아리의 라틴어 해독력를 일치시키고, 성사관습과 수도자 학문동아리의 라틴어 해독력을 이어주는 매체로 성사관습의 상징물을 활용했다. 성사관습의 상징물은 언젠가 이동하더라도 특정한 위치에 다시 서 있겠지만, 적어도 베르나르의 『성자 포이 기적극』에서는 풍미를 더하며 『성자 포이 기적극』을 시각에 펼쳐 보이는 라틴어 해독력의 중간물이었다. 베르나르는 성자 포이의 상징물을 상상력으로 보상받으려고 저지른 죄를 가상하며 바라보았다. 베르나르는 성자 포이의 상징물이 눈송이처럼 해맑고 비둘기와 같은 고결한 성자 모습이라고 가상하며 바라보았다.

베르나르는 『성자 포이 기적극』에서 내세상보다는 성자 포이의 고결함을 그려내고 '세속 기적담'을 라틴어 해독자로 하여금 시각으로 파악하도록 그려냈다. 베르나르는 깊은 사색에 잠긴 모습으로 옷을 차려 입은 성자 모습을 보에티우스의 '만물 발원 원리'에서 유추해냈다. 베르나르는 성자 옷차림을 신앙 보벽으로 인식하고, 성자 옷차림에 담긴 성자 보벽을 성자 겉옷이 길게 늘어져 있는 것처럼 무한한 것이라고 파악했다. 베르나르는 성인 옷에 잡혀 있는 무한한 잔주름이 지혜를 부당하게 추구하려는 것을 막으려다 생겨났고 성자 머리의 왕관을 장식한 네 가지 보석이 인간의 네 가지 덕목이라고 가상하여, 생활지침으로 인식했다. 베르나르는 성자 조각상이 신의 존재를 아주 다양하게 전달하며 유아 성자 포이의 혼백과 어린 시절의 꿈까지 나타내는 것으로 표현하고 있다는 것이다. 베르나르는 성자 성물을 어린 성자의 꿈이 담긴 현재의 존재, 즉 값진 선물에 대한 나이 어린 성자의 관심이 성물함에 나타나고 있는 것처럼 표현했다.

그러나 베르나르는 성물함이 석방된 죄수에게 다시 죄의 사슬을 제공할 것이라고 청중이 함께 응답하는 형식으로 성물함을 묘사하고, 이 성물함을 죄의 사슬을 교회 건물 출입문에다 무늬로 새겨 넣을 장식꺼리라고 지적했다. 베르나르는 감각으로 파악하게끔 전달할 목적으로 저작자와 청중의 대화를 『성자 포이 기적극』의 라틴어 해독력에 초점을 맞추었다. 베르나르는 어린 성자가 병들어 임종을 맞이하는 순간과 죽은 성자의 사물이 수도원으로 반송되어 가는 순간을 프루덴티우스의 『신통기』처럼 '현존하지도 않는 성자 표상에 담긴 신의 자부심을 라틴어 해독력으로' 확증하려는 것처럼 회상하여 '현존하는 신의 모습에 실제로 인간의 모습이 담겨 있다'는 것을 청중에게 전달했다. 베르나르는 『성자 포이 기적극』에서 신의 전능함을 현상의 라틴어 해독력, 순례, 성령으로 표지하도록 표사했다. 베르나르의 『성자 포이 기적극』은 남녀노소나 사회 배경, 교육 정도를 떠나, 지방 세속인 전체가 함께 라틴어 해독력으로 종교를 체험하도록 서술했다.

베르나르는 『성자 포이 기적극』에서 무식자와 수도자 학문동아리의 결속 매체를 라틴어 해독력의 감동이라고 정확하게 인식하여 지방 세속인의 감동 장면을 정확하게 다음과 같이 연출했다. "저녁이 되자, 지방 세속인은 성당으로 모여들어 성당에 촛불을 켜들고 교회의 성자숭배관습에 참여했다. 지방 세속인은 '과거세대 관습에 따라서' 찬미가를 불렀다. 성직자는 라틴어를 읽을 수 있는 성직자는 '찬미가를 선창하고' 무식자인 지방 세속인은 '민요'를 불렀다. 그런데도 지방 세속인이 베르나르의 느낌으로는 찬미가를 제대로 부르지 못하여 오히려 천박하다는 느낌을 받을 정도였다"는 것이다. 『성자 포이 기적극』에서 베르나르는 콩크 수도자동아리 좌장이 점차 교회의 성자 포이 숭배관습에서 지방 세속인의 민요를 부르는 생활언어 관습의 절차를 인정했다는 것과 지방 세속인의 싸움질까지 묘사했다. "수도자는 서로 싸우던 지방 세속인을 수도자의 방에다 다음날 아침까지 감금해 두었는데 날이 밝아 와서 감금해두었던 방엘 갔더니, 서로 싸우던 지방 세속인이 신기하게 밤 사이에 문을 열고 달아나 버렸다. 수도자동아리 좌장의 주장대로라면 성자 포이가 결백한 지방 세속인에게 종족언어 표현관습의 민요를 부르도록 관용을 베풀고, 무식자를 중재하는 것이 수도자 역할임을 자임했던지 까지를 알아 낼 수 없었다."

베르나르는 이미 제시한 사례에서처럼 성자 포이 조각상을 라틴어 해독력의 상징물로 인식했다. 베르나르는 『성자 포이 기적극』 제1책 13장에서 성자 조각상에 대하여 분석했다. 여러 유럽세계 남서 지방에서는 성자 조각상을 금이나 은으로 장식했다. 베르나르는 금이나 은으로 성자 조각상을 장식하는 성자숭배관습을 '라틴어 해독자의 성사관습'과 '과거세대 성사관습'으로 파악하여 바로 조각상 윗 부분에다 성자 두개골이나 유골과 같은 성자 몸의 일부를 안치했다고 기술했다. 베르나르는 라틴어 해독자가 이런 복잡한 성자유골 숭배관습을 과연 믿으려고 하겠느냐 문제를 라틴어 해독력에 관련 지워 제기했다. 베르나르의 대응감각에서도 이교도를 망라한 종교의 성자유골숭배관습을 라틴어 해독력의 증거로 인식했다. 베르나르는 성자유골 숭배관습에 대한 전거를 기록문서의 라틴어 해독력으로 활용했다. 베르나르는 성자유골숭배관습의 대상인 성자를 현존 인물이라고 가상하고 조각상까지도 라틴어 해독력의 증거로 제시하며, 지방 세속인이 라틴어 해독력을 터득하도록 안내했다.

베르나르는 쌩 제라르교회로 오리라크를 찾아갔다. 베르나르는 쌩 제라르 교회로 가던 도중, 보석으로 장식한 성자 조각상 앞에 멈추어 서서 자기 친구인 베르니어예와 함께 보석 옷을 입은 성자 조각상에 얽힌 이야기를 서로 나눴다. 그 동안에도 몇 명의 지방 세속인은 성자 조각상 앞에서 교회조직의 성자숭배관습에도 없던 라틴어로 기도를 드리고 있었다. 베르나르는 친구에게 "우상이라는 것을 너는 아느냐"라고 물어보고 있다. "우상이 유피테르 신이나 마르스 여신과 같지는 않을 것인데 말이야"하고 베르나르는 친구에게 말을 건넸다. 친구는 웃으면서 "우상이라는 것이 그렇게도 신기해"라며 받아넘겼다. 베르나르와 친구인 베르니어예는 신에게 조각상이 필요한 것이 아니라고 지적하고, 특히 신은 십자가에 못 박혀 죽은 채 매달려 피를 흘리는 예수 조각상뿐만 아니라, 돌, 나무, 쇠로 만든 조각상도 필요로 하지 않는다는 것이다.

인간이 특정한 성자 행적을 오래도록 기리려면 라틴어 해독력을 활용한 '기록문서의 전거 확증'에다 조각상을 활용하면 충분하나 성자 행적기에 대한 증거로서나 시각으로 볼 수 있는 라틴어 해독력의 보조물로서 조각상이 필요로 할 수도 있다는 것이다. 조각상과 같은 존재 표지에 대한 보조물을 담장 같은 곳에다 색깔로 시각으로 보도록 그려 넣을 수 있을 정도라면 충분하다고 판단하여 조각상에다 성자 모습을 새겨 넣고 성자를 불멸의 존재로 여겼다. 베르나르는 이런 성자숭배관습이 '무식자관습'에서 발원했기 때문에 타당한 판단기준으로는 전혀 인정할 수조차 없다는 것이다. 베르나르는 성자 조각상이 성자숭배관습과 함께 끝도 없이 계승되어 갈 것이기 때문에 성자 조각상 숭배관습을 거역하다가는 오히려 화를 자초하게 될까봐 두려워하여 쉽게 말을 꺼내기조차 어렵다는 심경을 친구에게 토로했다.

베르나르는 친구와의 이 대화에서 시간 감각을 드러냈다. 베르나르는 성자 포이 조각상 앞에서 친구와 대화를 나눈 지 3일이 지나고 나서도 3일 이전의 이런 생각이 달라지지 않았다고 피력했다. 베르나르는 성자 포이 조각상 앞에 서서 무릎을 꿇고 기도를 드리던 지방 세속인을 뒤쪽에서 바라보고 서서 씁쓸한 표정을 지으며, 다음과 같이 중얼거렸다. 즉 "성자 포이 유골은 틀림없이 조각상에 안치되어 있을 것이야. 그렇다면 성자께서 최후 심판일이 오더라도 나를 구해주실 것은 틀림없어!" 이렇게 중얼거리면서 베르나르와 친구는 낄낄대며 웃었다. 베르나르와 친구는 라틴어 해독력도 헤아리지 못하고 생각이 짧아서 타당한 판단기준과도 거리가 멀었던 지방 세속인이 경건한 마음으로 성자 포이에게 기도를 드리고 있다는 것이다.

그러나 베르나르는 얼마동안 지방 세속인의 경건한 마음을 음미하고 지방 세속인의 경건한 마음으로 돌아가서 성자 조각상을 바라보았다. 베르나르의 심경으로는 교육을 받은 사람일수록 조각상의 상징물을 불신하고 있는데 이런 풍조를 자연스럽게 없애려면, 여러 가지 성사관습을 라틴어 해독력에 결합하여 타당한 라틴어 해독력으로 만들면 가능하리라고 가상했다. 물론 라틴어 해독자도 성자 포이 조각상을 바라볼 수 있으나 그 성자 조각상이 아무 것도 분별할 수 없기 때문에 지방 세속인이 찾아와서 성자 조각상 앞에서 기도를 드린다 하더라도, 세속인의 소망을 듣기만 하는 신의 중간물에 지나지 않는다는 것이다. 따라서 베르나르는 이런 성자 조각상을 인간이 제물을 바치는 우상에 지나지 않는다는 것이다. 성자 조각상은 특정한 순교자 업적을 오래도록 기리려는 취지에서 발원했다. 성자의 조각상은 “라틴어 계약문서와 같은 기록물의 라틴어 해독력에다 오래도록 생생하게 특정한 순교자의 업적을 담아 기리려고” 전혀 다른 종족언어 표현 관습에다 담아두었다는 것이다. 즉 성자 조각상이 라틴어 해독력의 구성물에서 여전히 포함되지 않고 있으나, 라틴어 해독력의 증거물이 인식될 수 있다는 것이다.

베르나르는 성자 조각상이 라틴어 해독력의 증거물이 되었던 사례를 하기 위하여 「성자 포이 기적극」에서 아달게리우스를 등장시켰다. 베르나르의 『성자 포이 기적극』에 등장하는 아달게리우스는 콩크 성당의 사제였다가 후기에 콩크 수도자동아리 좌장이 되었던 인물이었다. 실제로 아달게리우스가 수도자동아리 좌장으로 재직했던 당시 성자 포이의 사건은 발생했다. 이런 맥락에서 베르나르는 아달게리우스가 『성자 포이 기적극』을 완성시킨 인물이나 다름없다는 것이다. 거기다 성자 조각상을 불신하는 풍조를 표현하기 위하여 베르나르는 『성자 포이 기적극』에서 다시 성자 포이의 조각상에 대하여 욕설을 퍼붓기까지 했던 오달리크라는 악명 높은 성직자를 등장시켰다. 이 악명 높은 오달리크에게 밤마다 성자 포이가 나타나서 오달리크를 못살게 괴롭혀 밤에 나타났던 성자 포이 이야기를 지방 세속인에게 들려주지도 못하고 오달리크가 애석하게 죽고 말았다고 『성자 포이 기적극』에서는 묘사했다. 베르나르는 성자 포이 조각상을 ‘무지한 사람의 우상’이 아니고 ‘동정녀에 대한 신의 존재 확증 도구’라고 평가했다.

베르나르는 지금까지 분석에서 제시했듯이, 신의 존재와 상징물을 라틴어 해독력의 중요한 구성물로 인식했다. 베르나르의 이런 시각은 11~12세기 유럽세계에 접근할 수 있는 다양한 중세학 연구 주제의 가능성을 제시했다. 여기서는 라틴어 해독력과 성사관습을 활용하여 중세 유럽세계에서 전문 지식 원리와 전문 개념 원리를 실현대상으로 설정하는 개인동아리의 결속력이 발원하기 시작하여 개인사회 연합체를 구성했다는 주제도 베르나르의 이런 시각에 근거하여 접근할 수 있을 것이다. 즉 베르나르는 라틴어 해독력을 활용하여 서양 중세세계 인문학에 변화를 가져왔던 성자숭배관습 발원지 확증의 논증방식 도입자요 성자숭배관습의 발원지를 확증하는데 필요했던 라틴어 해독력 발견자였다.

이런 주제 이외에도 베르나르의 시각에 근거하여 문화 이동자 관례 확증의 논증방식, 다양한 성사관습 주제도 서양 중세학 주제로 설정할 수 있을 것이다. 물론 이런 서양 중세학 주제에서는 물론 라틴어 해독력을 활용하여 전문 지식 원리나 전문 개념원리의 발원지를 확증하기 시작하여 문화이동이론을 창안해내기 시작했던 수도자 학문동아리 역할 역시 외면할 수 없을 것이다. 이런 맥락에서 서양 중세학 주제를 서양세계 문화속성으로서 다양한 개인동아리 연합체 출현에 관련 지워 몇 가지 단계로 구분할 수 있을 것이다.

우선, 성사관습과 계약문서가 라틴어 해독력에서 발원했지만 라틴어 해독력을 세속인세계로 이동시켰던 수도자 학문동아리와 그들의 라틴어 해독력이동 매체와 전문 지식 원리나 전문 개념 원리 모음집인 텍스트를 문화 속성으로 종교동아리나 학문동아리와 함께 다뤄야 할 것이다.

둘째 '텍스트'의 라틴어 해독력은 다양한 개인사회 출현, 즉 사회 다원화 발원지며 신의 존재를 확정하여 신의 존재에 감각으로 다가가

법률과 결합했다. 법률과 라틴어 해독력의 결합으로 성사관습을 조서관습과 심문관습으로 대체했다.

셋째, 신의 존재와 성사관습의 상징물은 타당한 라틴어 해독력 문제를 제기했다.

넷째, 신의 존재는 타당한 라틴어 해독력을 감각에 결합하여 함께 체험에 접근했다.

다섯째, 신과 라틴어 해독력의 분리로 인하여 '라틴어 해독자'는 신에다 행동을 일치시키며 표준인간에 접근했다. 여기서는 라틴어 해독력이 성사관습과 기록문서와 결합했던 과정을 주제로 제시했다. 물론, 라틴어 해독력은 기록문서와 성사관습을 결합하여 11~12세기 유럽세계에다 새로운 결속력의 씨앗을 뿌리며 다양한 개인주의 사회로 등장했다.

11~12세기 유럽세계에서 라틴어 해독력은 성자 일대기와 같은 미기록 상태의 체험을 기록물에 담기 시작했다. 『성자 포이 기적극』도 특수한 표준체험을 시각으로 확인하게 만들었다. 베르나르의 은사인 풀베르는 기억력에 함몰되어 있던 성자 일대기를 『성자 포이 기적극』으로서 서술했고, 베르나르는 은사의 『성자 포이 기적극』을 성자숭배관습에 근거하여 개작했다. 베르나르의 이런 『성자 포이 기적극』을 현대인의 시각에서 파악하면 미미하게 인식할 수도 있으나, 『성자 포이 기적극』이 지방 세속인의 성사관습에 유입된 이후 종교의 성사관습은 그 기능을 상실하고, 동시다발 형태의 이단자 출현 사건에 휘말리며 기존 성사관습의 질서 단절로 발전했다. 여기서는 11~12세기 유럽세계에서 이단자 출현 사건으로 기존 성사관습 질서가 와해된 지

역 사례를 이탈리아의 도시 밀라노관구를 제시했다. 특히 밀라노관구의 이단자 출현 사건이 베르나르의 조숙한 우려를 현실 사건으로 드러냈던 사례요 11~12세기 유럽세계의 특징일 수도 있다. 이런 점에서 베르나르의 이런 심리상태는 11~12세기 다양한 종교조직 분화와 개인사회 출현이라는 사회 변화를 반영했을 것이다.

여기서는 11~12세기 다양한 종교 분화와 개인사회 출현이라는 중세세계 변화를 베르나르 이후시대까지 일단 분석하고, 다시 그 변화를 베르나르의 조숙한 심리상태에 관련 지우고 있다. 특히, 다양한 종교조직 분화와 개인동아리의 출현과 같은 중세세계 변화와 베르나르의 조숙한 심리상태라는 두 가지 문제는 적어도 베르나르 이후시대의 중세세계 변화와도 밀접하게 관련되어 있었다. 지금까지 11~12세기 유럽세계에서 생활언어 관습과 라틴어 해독력의 결합으로 새로운 성사관습이 출현했고, 중세세계 영역에서는 라틴어 해독력의 상징물까지 변화하여 라틴어 해독력이 결국 인간에 대한 평가기준으로 정착하기 시작했다고 지적했다.

11~12세기 유럽세계에서 라틴어 해독력의 구성물도 성사관습으로부터 계약문서나 저작물의 관례로 변화했다고 지적했다. 기록물이나 저작물은 시각에 대해서까지 라틴어 해독력의 증거를 중시하기 시작했다. 기록물이나 저작물의 라틴어 해독력 영향으로 11~12세기 유럽세계에서는 성자 조각상이나 성자유골과 같은 종교의 상징물까지 변화했다. 베르나르의 『성자 포이 기적극』은 라틴어 해독력을 시각과 마음 영역으로 분리했으나 상징물에 집중했던 라틴어 해독력의 전달기능 마비상황을 12세기 인간의 심리작용에 반영하며 라틴어 해독력 자체를 변화케 했다. 라틴어 해독력은 새로운 성사관습의 구성물로

정착하여 고전시대 라틴어 해독력 자체 변화로 이어지고 있었다.

라틴어 해독력은 간단한 라틴어 해독자와 저작자, 라틴어 해독자와 청중, 수도자 학문동아리와 무식자를 결속하며 새로운 성사관습으로 등장했다. 이런 점에서 라틴어 해독력은 당연히 중요한 연구 주제로서 가치를 지닐 수 있을 것이다. 『성자 포이 기적극』도 라틴어 해독력과 관련된 새로운 성사관습 출현과 깊이 관련되어 있다. 『성자 포이 기적극』은 일종의 성자 전기였다. 성자 전기는 다양한 성자숭배관습 중 한 가지 양식에 불과했다. 성자 전기는 일종의 강론 형식으로서 행정관리나 성직자에게 교훈을 주려는 취지에서 등장했다. 성자 전기를 노르만 영지의 귀족은 생활 지침서로 활용했다. 노르만 영지의 생활 지침서는 '전기류'와 '행적기류'로 대별되었다.

중세세계 수도자 은둔지에서는 대개 일정한 기간을 두고 성자 추모 행사를 거행했다. 성자가 해당 수도자를 보호했거나 수호했을 경우에는 해당 수도자사회에서는 거의 빠짐없이 매년 '추모 관습'을 거행했다. 수도자사회는 성자 추모 관습으로 하루 일과를 아침 기도 후에 시작했고, 추모 기간에는 성지순례자 의미로 매일 밤 제단 주변을 빙글빙글 돌며 신앙심을 제고했다. 수도자사회에서 성자유골은 성지 순례자나 추모관습의 상징물이었다. 성자유골의 상징물은 성자숭배관습의 정당함을 부여하고 수도자 신앙심을 고취하는 역할을 담당했다.

11~12세기 유럽세계 영지에 등장했던 성자숭배관습은 라틴어 해독력을 활용하여 하늘이 점지한 영지 보호자의 유골을 찾아내면서 발원했다. 우선 성자유골 확증에는 라틴어 해독력의 전거를 활용했다. 성자유골 확인과정에서는 성자행적을 기록물과는 전혀 다르게 날조하는 사례도 나타났다. 성자숭배관습의 관례 모음집은 성자 생존 당시

성무 일과 이전 아침 기도 시에 불렀던 '야상곡 형태'의 찬미가를 성자 전기의 기본 체제로 구성했다. 성자 전기의 성자 일과는 성사관습에서 발원했다. 따라서 성자숭배관습 역시 성사관습으로 진행되었다. 이런 성자숭배관습은 문헌에 기록된 전설 영향을 받았을 가능성도 있다. 이런 맥락에서 순수 문학 작품은 실제로 성자숭배관습에서 발원했다.

11~12세기 유럽세계에서 지방 세속인은 특정한 성자를 숭배했다. 지방 세속인의 특정한 성자숭배관습은 지방 세속인의 명예를 높여 줄 수 있다는 취지에서 지방 수도원에서 발원했다. 즉 탁월한 행적의 성자가 지방 사회에서 나오면 탁월한 행적의 성자가 나오게 된 수도원을 지방 사회가 보유하고 있다는 점이 바로 지방민의 명예를 높여 준다는 취지에서 그 성자를 지방사회 수도원에서 지방 세속인의 성사관습으로 숭배했다. 지방민 사회의 이런 특정한 성자숭배관습을 특정한 귀족 가문에 관련 지을 가능성도 있다. 약간 다른 사례이긴 하지만 메로베크 가문 프랑크종족왕과 카롤루스 가문 프랑크종족왕 시대를 거치면서 성자숭배관습이 귀족 가문의 지위나 권위를 높여준다는 취지에서 특정한 가문이 성자유골에다 성수를 뿌리고, 성자 축일을 확실하게 기념하기 위하여 성자숭배관습에 합당하게 성자 전기를 새로 개작했을 가능성도 있다.

예컨대 스테네 수도원의 수도자는 악명을 떨쳤던 성자 다고베르트의 유품을 보관해 두었었다가 성자 다고베르트에 관한 구전 이야기를 수집하고 정리하여 성자 다고베르트의 유품에 근거하여 성자 전기를 기술했다. 물론 성자 다고베르트시대의 『성자숭배관습 관례 모음집』에서도 성자가 일과를 시작하기 이전 아침기도가 일단 끝나면 성자

행전을 읽으며 암송했다는 성자숭배관습에 근거하여 이후 수도자의 성자행전 봉독은 성자숭배관습 절차로 정착했다. 성자 행전을 수도원 기도실이나 휴게실, 심지어 수도원 일터에서도 읽으면서 암송했다. 성자전기 봉독은 성사관습의 강론형식으로 정착했다. 성사관습의 성자 전기 봉독은 음악처럼 교양, 훈계, 절제 등의 강론 절차요 안치장의 성자유골을 바라보며 생존시대 성자를 회상하는 성자숭배관습 절차로서 성자 전기를 학습하고 성자 생활을 익히는 수도자동아리의 교육과정으로 정착했다. 물론 주일 미사 제목도 『성구 모음집』에서 발췌하기 시작했다. 성자 전기 봉독자는 주일 미사관습에서 강론 제목을 성가석, 기도실, 휴게실의 이름에서 발췌하여 주일 미사의 강론 제목을 정했다.

개작 성자 전기는 특정한 성자의 성지 순례 여행기를 장황하게 늘어놓았다. 그러나 신자에게 교훈을 주고, 순박한 청중을 크리스트 교회조직에 순응케 하려는 취지에서 성자 전기를 개작했다. 이런 개작 성자 전기는 실제로 중세 문학 작품에다 소박한 소재를 제공했으나, 생활언어 관습에 맞게 기술되었다. 개작 성자 전기는 일정한 형식을 갖춰 생활언어 관습의 설교를 담았다. 그런데도 "개작 성자 전기는 라틴어 해독력을 지니지 못하여 청중이 크리스트교의 교리를 모르는 청중과 무지의 벽을 탈피하려는 청중의 목적이 서로 일치하도록 개작되었다"고 가이피예는 지적했다. 교회와 청중의 목적에 부합하도록 성자 전기를 조잡하게 개작했음에도 개작 성자 전기는 교회의 목적을 반영하며 텍스트로 변모하여 중세 유럽세계에서 청중을 모으는 매체가 되었다.

물론 성자 전기는 라틴어 해독력에 근거하여 개작되었다. 거기다 개작 성자 전기는 라틴어 해독력의 해석을 포함했다. 청중이 개작 성자 전기에 담긴 라틴어 해독력의 텍스트 해석 내용을 듣기 위하여 모여들게 되자, 성자 전기는 생활언어 관습으로 번역되기 시작했다. 이런 번역서는 성자 전기를 포함하여 『무사의 노래』와 로망스어계 생활언어 관습의 시 등이었다. 생활언어 관습의 번역물 출현은 중세 유럽세계에서 독서 인구 증가와 함께 독서 인구를 재편하며 라틴어 계약문서 위치를 바꾸어 놓았다. 11~12세기 역사서와 문학서를 포함하여 수도자 신학동아리와 수도자 철학동아리의 저작물도 성자 전기 저작자의 영향을 받으며 변화하기 시작했다. 역사와 문학, 신학동아리의 저작물도 성자 전기의 라틴어 해독력을 수용하여, 과거세대 라틴어 해독력과 최근세대 라틴어 해독력의 연결점을 찾아내기 시작했고, 이 과정에서는 새로운 심리 상태는 완연하게 모습을 드러냈다.

새로운 심리 상태는 저작물을 개작하려는 경향보다는 당시 모든 라틴어 해독력 변화를 사건 형식으로 인간의 기억력에 축적해두려는 취지에서 당대 세상에 산재한 자료인 사건을 빠뜨리지 않으려는 경향과 함께 이미 지적한 아드소처럼 저작물에 담긴 성자숭배관습 발원지를 확증하려는 경향을 드러냈다. 즉 "아드소는 우리 수도원 문서고에는 우리시대 사건을 기록해 둔 자료를 보관하고 있는데 불과하다"고 부언했다. 중세 유럽세계에서 11~12세기는 이처럼 라틴어 해독력의 전환시대였다. 11~12세기 처음으로 필사본이나 편집물과 함께 성직자의 기도문은 나타나기 시작했다. 『성자 아우트베르트의 전기』는 라틴어 해독력 변화를 나타낸 저작물 사례인 것이다.

『성자 아우트베르트의 전기』 저작자는 주교 제라르 1세였다. 주교 제라르는 11세기 초엽 『성자 아우트베르트의 전기』를 저작하는 과정에서 라틴어 해독력의 확증방식을 도입하고 있다. 주교 제라르 1세는 처음으로 풀베르로 하여금 『성자 교회 라틴어 계약문서』에 담긴 관련 사실에 대한 출처를 확증해 줄 것을 요청했고, 관련 사실의 발췌내용이 정확한지를 확증한 다음, 검증 사실에 근거하여 성자 전기를 개작하려고 구상했다. 『성자 아우트베르트의 전기』에서는 구전 사건이 저작물의 사건과 일치하는지를 검증해야 한다고 언급하고 있다. 성자전기 뿐만 아니라 역사서에서도 라틴어 해독력의 검증방식을 도입했다. 역사서에 라틴어 해독력의 검증방식을 도입한 사례는 『함부르그 교구의 역사』인 것이다.

『함부르그 교구의 역사』는 당시의 주교 아담(1040?~1081?)이 기술했다. 주교 아담은 '역사를 기록문서 관례가 아니라고' 판단했다. 주교 아담은 교구 사건을 기억해 두어야 하겠다는 취지에서 『함부르그 교구의 역사』를 기술했다는 것이다. 기록문서나 구전 사건을 검증하려는 역사서 사례는 다른 저작가의 경우에서도 지적될 수 있다. 대주교 란두르프 2세(978~999)는 『밀라노관구 역사』를 저작했다. 대주교 란두르프 2세는 『밀라노관구의 역사』를 저술하는 과정에서 자료와 기록문서의 자료를 엄격하게 구분하여 활용했다. 대주교 란두르프 2세는 원전으로서 '양피지 문서'와 '라틴어 계약문서'를 구분하여 발췌했다.

란두르프 2세는 스스로 양피지 문서를 보관하고 있었다. 란두르프 2세는 고전시대 양피지 문서와 넓은 이탈리아의 모든 기록문서에서 발굴해낸 사건을 엄격하게 구분하여, 밀라노관구의 역사를 구성했다. 다른 라틴어 해독력 변화 사례는 당시 대주교 아르눌프 2세(998~1018)의 『밀라노관구 역사』인 것이다. 당시 대주교 아르눌프 2세는

925년부터 1077년까지의 『밀라노관구 역사』를 저작했다. 대주교 아르눌프 2세는 확실하진 않지만, 대주교 아르눌프 1세의 동생 증손자이었을 것으로 추측하고 있다. 어쨌든, 『밀라노관구 역사』는 925년에 시작하여 1077년에 이르러 완결되었다. 『밀라노관구 역사』는 신빙성 있는 사료를 활용하여 서임권 논쟁에 대한 사료까지를 담고 있다. 바로 『밀라노관구 역사』의 서문은 11~12세기의 라틴어 해독력 변화 사례를 제시했다.

『밀라노관구 역사』의 서문에서 아르눌프 2세는 "신이 인간에게 내려준 선물 중에서 라틴어 해독력 보다 신기한 것은 없다"고 천명하고 "기록 가치를 지닌 여러 가지 사건이 최근세대에 일어났으나 사건을 놓치지 않고 기록해 둘 수 있는 역사가를 거의 찾아 볼 수 없었다"고 다음과 같이 지적해두었다. 소위 "라틴어 해독자는 라틴어 해독력이 신의 선물이라는 것도 망각하고 기록 문서를 자기 마음대로 해석하는 것을 보니 가증스러운 느낌까지 들었다. 이런 만물 존재원리와 언어 표현원리의 함정을 탈피하려면, 목격자의 입장에서 배우려는 자세로 보고 느낀 대로 사건을 서술해야 한다." 대주교 아르눌프 2세는 검증하지 않은 역사를 허위 기억이라고 부언하고 이런 허위 기억이 후세대 문서고에 들어 있을 것을 가상하여 역사를 정확하게 검증하고, 검증 자료에 근거하여 사건을 서술해야 한다는 것이었다.

대주교 아르눌프 2세는 『대주교 관구의 역사』에 담긴 「최근 이단자 출현 사건의 역사」를 읽은 사람이면 누구나 평이하게 서술했구나 하고 생각해서 자기의 주장을 믿지 않을 가능성도 있는 것이다. 대주교 아르눌프 2세의 이런 저작태도에 대하여 하스킨스(C. H. Haskins)는 대주교 아르눌프 2세가 서술보다는 고전시대 문학양식의 라틴어 해독력과 문학 기풍의 재생에 초점을 맞추었다는 점에서 11세기 라틴어 해독력의 변화 사례를 탁월하게 제시했다고 강조했다. 중세 유럽세계에서 사법이 라틴어 해독력과 기록 문서를 결합했던 것처럼 역사 저작물도 라틴어 해독력과 기록 문서를 결합했다. 역사 저작물은 라틴어 해독력과 기록문서의 결합체계로 문학 서술양식을 구성하여 성사관습의 양과 질을 풍부하게 만들며 문학의 서술양식을 변화시켰다.

그런데도 역사 개작물은 개작 무용담과 뚜렷하게 구분되지 않았고, 역사 저작물의 주제는 역시 주로 개인과 관련되었다. 역사 저작물은 꿈의 해몽, 내세상이나 예언, 시인과 같은 통찰력으로 사건의 발원지 등 증거에 근거하여 라틴어 해독력의 서술형식으로 해명하여 라틴어 해독력에 대하여 깊이를 더했다. 라크르와는 중세 유럽세계에서 이런 역사 저작물의 사건에 대한 라틴어 해독력 변화가 특정한 성사관습을 거쳐 새로운 성사관습에 어떻게 결합했던가를 분석하지 않고서는 역사 저작물이 타당하다고 단정할 수 없을 것이라고 언급해서 역사 저작물에 대한 라틴어 해독력 문제를 제기했다. 오르데리크 비탈리스(1075~1142?)의 『교회사』는 역사 저작물의 사건에 대한 라틴어 해독력 변화가 생활언어 관습과 결합했던 사례를 제시했다. 오르데리크 비탈리스는 역사 저작물의 사건에 대한 라틴어 해독력 변화를 성사관습에 결합했던 중간물이 개인의 교육수준이라고 지적했다.

최근세대 세속인은 역사 저작물의 사건에 대한 라틴어 해독력 변화를 '두 귀로' 들어 성사관습에 생소하게 활용하며 성사관습 서술에 대단히 필요하다고 느낄 뿐 당연히 라틴어 해독력의 비판원리를 전혀 모르고 있다. 최근세대 세속인이 역사 저작물의 사건이 타당한지 여부를 명확하게 알지 못하고, 애매하게 이단자 출현 사건을 개요 정도로 알고 있기 때문에 최근세대 수도자 학문동아리와 '교양인'의 고유한 임무는 과거에 불확실했던 이단자 출현 사건의 진상을 알아내어 그 자체를 세속인에게 알려야 한다.

오르데리크 비탈리스는 기억력에 근거하여 주교 안소아르드는 페터의 아들인 안소알드의 『행적기』에 근거하여 역사 저작물의 사건이 라틴어 해독력 교육을 통하여 성사관습과 결합했던 사례를 다음과 같이 지적했다. 즉 "그(=안소아르드)는 실제 그대로의 고전시대 기록 문서에 대한 개작자의 라틴어 해독력을 수도자 학문동아리 입장에서 확인했다. 그는 자기 선조로부터 전해들은 전기 사건을 다시 기억해 두었다가 정확한 이단자 출현 사건의 진상을 전하지 못하는 사람을 신의 말씀을 왜곡한 사람, 즉 부당한 라틴어 해독자요, 자기 목표만을 성취하려는 사람으로 판단하여 일단 저주했다. 그는 부당한 라틴어 해독자의 위험한 궤변을 찾아내게 되면, 그 궤변을 공개리에 비판하여 소박한 지방 세속인을 선동하거나 오도하지 않도록 교육했다."

오르데리크 비탈리스는 『교회사』를 11세기 중엽 이후 집필하기 시작했다. 오르데리크 비탈리스의 『교회사』는 중세 유럽세계에 도래할 라틴어 해독자의 숫자 증가를 염두에 두고, 새로운 성사관습 흐름을 제시해 두었다. 오르데리크 비탈리스는 쌩 에브로울 교회의 티에리처럼 가문보다는 라틴어 해독력을 중요하게 인식하여 노르만종족의 개종자로서 수도자의 여가선용이나 최근세대의 여가선용에도 라틴어 해독력의 증진이 필요한 '일과지침으로서' 중요하다는 점을 인식하여 강조했다. 티에리는 여가선용에 라틴어 해독력을 활용하도록 고전시대 계약문서를 필사해 보관해두었고, 후기에 수도원 도서관 창건에 기여했던 인물이다. 이런 티에리는 라틴어 해독력이 중요하다는 점을 알았음에도 불구하고 잉글랜드계 동향인이 보낸 편지에 무관심했다는 이유로 처벌을 받은 적도 있다는 것이다. 노르만종족왕의 귀족은 계약문서에 근거하여 예속민과의 관계를 설정하고 계약문서에다가 예속민의 의사를 표현하도록 허용하여 영지 세속인으로부터 존경받았다. 물론 귀족이 영지 세속인에게 받았던 것은 라틴어 해독력으로 라틴어 계약문서를 작성했기 때문이었다.

그러나 푸셔는 얄팍한 지식을 계약문서에 담아 지나칠 정도로 개인과 관련된 사건을 세심하게 기록해 두었다. 당연히 푸셔와 같은 경우의 계약문서를 여기서는 분석하지 않았다. 오르데리크 비탈리스는 스승 렝의 존처럼 후손을 위하여 필사작업에 참여하지 않았다. 그런데도 오데릭 비탈리스는 스스로에 관련된 아주 사소한 사건까지도 『교회사』에다 기록했다. 오르데리크 비탈리스 시대부터 계약문서는 법정에서 무수히 쏟아져 나오기 시작했다. 그러나 오르데리크 비탈리스는 이 재판문서와 편지글 모음집이 공평하지 못하여 무지했던 조상까지도 무지를 다행히 용서받게 되었다는 것이다. 오르데리크 비탈리스는 역사 저작물이 라틴어 해독력 교육을 거쳐 종족언어 표현관습에 결합했던 두 가지 사례를 지적했다고 하나 이 두 가지 사례를 찾아내지 못했다.

오르데리크 비탈리스는 최근세대 라틴어 해독력과 계약문서를 아주 예리하게 다음과 같이 분석했다. 라틴어 해독력과 계약문서의 첫째 결합 사례는 성자 윌리암의 전기(†812)인 것이다. 오르데리크 비탈리스는 『성자 윌리암의 전기』를 수도자 좌장의 입장에서 당시까지도 어떤 형태로든 성자전기 사본이 나타날 수 없었다고 간략하게 다음과 같이 밝혔다. 여기서 오르데리크 비탈리스는 『영지 웨일스의 사법 사례 모음집』을 윈체스터 출신의 수도자로부터 우연히 받게 되었다고 다음과 같이 지적했다. “윈체스터 출신의 수도자 안토니우스는 우연히 쌩 에브로울 수도원을 지나다가 한 권의 책을 남겨 두었다. 안토니우스는 사본을 만들기에는 너무도 추운 날씨였으나 쌩 에브로울 수도원에서 머물지는 않았다. 그런데도 『웨일스 영지 사법 사례 모음집』을 거의 억지로 아주 간략하게 양피지에 옮겨 썼다.” 여기서 오르데리크 비탈리스는 『영지 웨일스의 사법 사례 모음집』을 종족언어 표현관습으로 옮겨 쓰면서 간략하게 라틴어 해독력의 주석을 첨부하고, 방랑 시인의 손을 거쳐 특정한 ‘민요’를 다른 세속인에게 전달하는 과정에 대해서도 언급했다. 오르데리크 비탈리스는 민요와 그 전달경로에 대해서도 ‘관련 증거’가 있었으면 좋았을 것이며, 수도자가 그 증거를 큰 소리로 강독할 수 있었으면, 더욱 좋았을 것이라고 다시 강조했다.

성자 에브로울은 706년에 사망했다. 오르데리크 비탈리스는 『성자 에브로울의 전기』를 성사관습 원전으로 언급하며 『성자 에브로울의 전기』가 카롤루스 가문 프랑크종족왕시대까지 기록문서로 존속했으나 이후 성자 포이 기적극과 같은 전기 출현 이후 미기록 상태의 성사관습에 부착하여 구전했다는 것이다. 오르데리크 비탈리스의 이런 지적은 최근세대 성자전기 자체가 고전시대 라틴어 해독력을 계승하지 않았거나 특정한 인물에 관련된 사건을 지나치게 과대평가했을 가능성을 시사하고 있다. 오르데리크 비탈리스는 성사관습의 판단기준도 라틴어 해독력에 근거하고 있었다는 점을 카롤루스 가문 프랑크종족왕시대의 기록문서에 근거하여 다음과 같이 지적했다.

즉 “나(=오르데리크 비탈리스)는 ‘연대기’의 발췌내용을 해독자가 증거로써 확인하도록 다음과 같이 간략하게 언급해 두었다.

" ……. 나는 기록문서가 아닌 라틴어 해독력으로 찾아낸 몇 가지 사건을 서술코자 했다. 덴마크인은 노르만종족왕의 영지를 침입하여 무인지대로 만들어 사회 질서를 파괴했고, 과거 조상의 계약문서를 찾아보지 못하게 했다. 노르만종족왕의 영지는 교회와 부속건물도 불타버려 황무지나 다름없었다. 세속인이 복구하려고 애써 보았으나, 헛수고에 그쳤다. 다행히도 천우신조처럼 몇 가지 계약문서를 야만인의 손아귀로부터 구해냈으나 후손이 그 문서까지 관리를 소홀하여(기록하기에는 무척이나 수치스러운 이야기이긴 하지만) 찾아보지 못하게 되었다. 후손이 선조의 계약문서에 대한 소중함을 모르고 있으니 애석한 일이 아닐 수 없다. 기록물이 소실됨에 따라서 옛 선인의 행적은 망각의 늪에 묻혀 버리고 있다. 옛 선인의 행적은 말할 것도 없고, 최근세대 행적조차도 찾아볼 수 없는 실정이다. 옛 선인의 권고는 세태의 변화에 휩싸여 우박이나 눈이 강물에 녹아서 흐르듯이 우리의 기억 속에서조차 사라져 버리게 되니, 무척이나 안타까울 뿐이다."

오르데리크 비탈리스는 1075년에 출생했다. 오르데리크 비탈리스는 최근세대 라틴어 해독력을 라틴어 해독자인 수도자 학문동아리까지도 소홀히 여긴 나머지 당시 증거 부재 상황을 충분하게 체험했다는 점을 피력했다. 이런 맥락에서 오르데리크 비탈리스는 당대의 대표 문필가일 가능성도 있다. 오르데리크 비탈리스 이외에도 사르트르 쌩 페레 성당의 파울루스 역시 1088년 당시 '과거세대 수도자'가 계약문서를 비롯하여 수도자에 관련된 기록 문서까지 수도자 좌장 이하 수도자까지 돌보지 않았다는 점을 강력하게 시사하고 있다.

라틴어 해독력과 기록문서의 다른 결합 사례는 신앙고백관습인 것이다. 수도자 학문동아리의 회개관습은 역시 라틴어 해독력을 활용하여 신앙고백관습에서 찾아냈다. 신앙고백관습도 1000년경 이후 표준형식을 점차 갖추기 시작했다. 표준 회개관습이 수도자 신학동아리의 신앙고백관습으로부터 성지순례관습, 신앙의 냉담 경위, 십자군의 활동내역 사례를 거쳐 정착했다는 점에 초점을 맞추면 수도자 신학동아리의 이런 지식이동 역할 역시 라틴어 해독자의 라틴어 해독력에서 발원하기 시작했다. 이 책에서는 라틴어 해독자인 수도자 신학동아리가 회개관습을 성사관습에 결합케 했던 요인을 외부 요인과 내부 요인으로 설명할 수 있을 것이다.

물론 수도자 신학동아리는 성사관습과 기도관습으로 구원을 추구했다. 따라서 수도자 신학동아리는 라틴어 해독력과 회개관습을 결합하여 특정한 라틴어 해독력의 함축의미 모형까지 제시하며 최근세대 심리상태 변화를 반영했다. 이런 최근세대 심리상태 변화는 1008~1012년에 저작된 부흐아르트의 『처방책도 없는 라틴어 해독력 수정자』인 것이다. 부카르드는 「처방책도 없는 라틴어 해독력의 수정자 20책 심판서」에서 회개관습의 기본원리를 제시했다.

특히 「심판서 19책」에서는 아일랜드, 잉글랜드, 유럽대륙, 특히 카롤루스 가문 프랑크종족왕 영지에서 일어났던 여러 가지 고해성사관습을 위반했을 때 벌칙관습과 보석관습 사례를 제시했다. 부카르드의 「20책 심판서」에서 익명의 A라는 인물은 라틴어 해독자의 영향을 벌칙관습과 보석관습에 연계했다. A라는 인물은 보잘 것도 없는 편지를 문서라고 보내서 구원을 받았다는 것이다. 부카르드는 A라는 인물이 영주 도시 쉬파이어의 주민인데 999년 쾰른의 대주교 헤리베르트에게 지은 죄를 보석해 달라고 요청하는 편지를 보내서 죄의 보석과 함께 구원까지 받았다는 것이다. '대주교 관구의 주민'은 자기 처지와 비슷한 '다수 수도자 형제'의 입장에서 자세한 회개관습 사례와 함께 보석관습에 대하여 언급했다. 대주교 헤리베르트 역시 이 편지를 처음으로 읽으면 뚜르, 샤롱, 렝 등의 종교회의에서 카롤루스 막뉴스가 보석관습을 반대했던 이유를 알게 되리라는 것이다.

그러나 A라는 인물은 라틴어 해독자의 고뇌와 회개관습의 라틴어 해독력 문제를 제기했다. 여기서는 이해를 돕기 위하여 편지를 다음과 같이 간략하게 요약해 두고자 한다. 즉, A라는 인물은 여러 멍청한 관구 성직자가 이 라틴어 해독자의 부정을 회개관습으로 보석해 주었다고 대주교를 비판하고 대주교가 이 멍청한 성직자의 부정을 묵인까지 했다는 것이다. 이단자동아리 출현 사건 역시 인간의 과오에 대하여 신이 관용을 베풀었음도 성직자의 월권에서 일어났다는 것이다. 따라서 회개관습은 더 이상 있으나마나 하다는 것이다. 인간이 세례를 받으면 모든 죄를 용서받게 된다는 신앙원리로부터 부정의 싹이 발아했다고 A라는 인물은 경고한 다음 순수한 회개관습 취지가 지상의 대리자인 성직자에게 신의 심판관습을 위임해 주려는데 있다고 밑줄을 그어 강조했다. 성직자는 외과 의사가 나환자 수용소에서 생활하며 병을 치료하는 것과 다르게 영주 도시 생활을 벗어나 살고 있기 때문에, 세상 물정에 어둡다는 것이다. 성직자도 질병이 나으면 수도자동아리 둥지로 당연히 돌아오는 것처럼, 크리스트 역시 죽어서 나자루스로 환생했다는 것이다.

거기다 대교황 그레고리우스 1세(590~604)를 '신의 종이 되려는' 생각보다 오히려 '개인의 마음대로' 성직을 수행하는 성직자라고 한다면 교구 성직자는 지위고하를 막론하고(벌을 내리거나 죄를 사면할 수 있는) 재량권을 박탈해 버리겠다고 경고해 두고 있다. A라는 인물은 회개관습의 재량권 남용으로 저질은 성직자의 비리를 지적하는 것으로도 만족하지 않았다. A라는 인물은 회개관습이 라틴어 해독력에서도 빗나가 있다는 것이다. A라는 인물은 성사관습도 재판 절차처럼 성사관습 절차에 따라야 한다고 천명하고, 죄인에 대하여 유죄나 보석을 결정하려면 '나는 너희와 함께 있다'는 교회 법률에 근거해야 당연하다는 것이다.

A라는 인물은 지방 유력자나 성직자의 권리침해에 대하여 몇 가지 라틴어 해독력 변화 사례를 제시하고 지방 유력자나 성직자가 권리침해에 연루되어 있는 경우, "주님과 나는 너희를 서로 연관시켜 이어주고 있다"와 『성사관습 절차 모음집』에 근거하여, 유죄와 보석을 확정해야 한다는 견해까지 제시했다. 그러나 "나는 너희에게 관용을 베풀 것이다"라는 교회 법률에 근거하더라도 성직자가 공개리에 선고할 수 없고, 특히 대역죄를 저지른 죄인에게 이런 보석관습을 더욱 적용해서는 안 된다는 것이다. 대역죄에 대한 보석권한은 라틴어 해독력에 대한 교부의 주지 사항에서처럼 신만의 권능이라는 것이다. 또한 교부들은 성서를 반복하여 해독함으로써, 새로운 사면 방식과 같은 교회조직 법률 운용과정에서 발생하는 라틴어 해독력의 착오를 탈피해야 한다는 것이다.

「20권의 심판서」에 실려 있는 편지는 기존 시각과는 전혀 다르게 라틴어 해독력 문제를 보다 명확하게 제기하고 수도자 학문동아리와 비수도자 학문동아리의 라틴어 해독력을 명확하게 구분했다. 수도자 학문동아리는 「20권의 심판서」에서 「복음서」를 어느 정도 인식할 수 있는 라틴어 해독자가 소수에 불과하며 '무식자가 다수라고' 언급하여 '소수 박식자'와 확고하게 무식자를 구분했다. 즉 '지방 세속인의 전문 지식'이 소수 박식자의 전문 지식과 다르다고 해서 지방 세속인의 전문 지식과 박식자의 전문 지식을 구분하려는 전제를 이미 제시했다. 대주교 헤리베르트 이하의 성직자는 라틴어 해독력을 중시하는 형식론과 이단자의 성사관습이 서로 충돌하면서 이단자동아리를 종교재판에 회부하고 있으나 성직자의 '사면관습'과 '보석관습'이 '지방 세속인을 속이는 가식'이며, 교회 법률에서 어떤 근거도 찾아볼 수 없다는 것이다. 즉 성직자의 '사면관습'과 '보석관습'은 단순하게 교리를 잘못 해석한 재판결과라는 것이다.

「20권의 심판서」에서는 성직자라는 사람들이 실제로 무식자와 다를 바 없는데도 다른 사람의 죄를 용서할 수 있다고 말로만 떠들어대고 있으나 성직자의 이런 행동이 박식한 척 하는 가식에 지나지 않는다는 것이다. A라는 인물은 과연 '무엇이 회개인가'라고 문제를 제기하고 회개가 이상하게도 다른 의미를 지닌 것 같다는 것이다. 회개는 실제로 '두 눈으로 볼 수 있는 종류의 부류'인 것이 확실하다는 것이다. 따라서 회개에 대한 유죄와 보석의 판단 문제 역시 이미 신의 권능에 귀속해 있다는 것이다. 성직자는 인간과 신의 존재를 서로 이어주는 중재자임으로 죄를 짓고 '회개'에 이르더라도 모두에게 만족을 주어야 한다는 것이다. 죄를 짓고 회개에 이르는 과정에는 '적법한 절차를 따라야만 만족하게 된다'고 판단하여 면죄 받기 위하여 기도를 드리고, 다시 명상과 함께 기도를 드리는 과정까지 포함했다. 이런 맥락에서 신의 존재는 하나님의 말씀과 인간의 후견인으로서 위치를 차지하며, 성직자는 신인 아버지의 생활규칙, 즉 '초기 교부시대 금욕수행관습'에 따라서 성사관습으로 생활의 질서를 유지하며 살아가는 것이다.

이외에도 성직자는 성서를 해석하여 전달하는 역할까지 담당하고 있다. A라는 인물은 바로 성직자의 역할을 지적하는 대목에서 초기 교부시대 생활규칙으로 돌아가 이 모든 과정을 거치면, 인간이 라틴어 해독력을 지식으로 분석하고 해석할 수 있는 능력을 지니게 된다는 것이다. 교부는 라틴어 해독력으로 '명상', '복음 전파', '해석'에 이렀다는 것이다. 즉 회개 역시 성사관습의 신앙고백으로 반성에 이르게 된다는 것이다. 지금까지 부카르드의 『20권의 심판서』를 개괄했다. 여기서는 「20권의 심판서」의 편지글 모음집으로부터 수도자 신학동아리의 회개 원리에 근거하여 11세기 이후 저작물과 라틴어 해독력의 결합이라는 주제를 여러 가지 라틴어 해독력 모델로 제시하며 분석했다. 우선 모든 인간의 죄에 대하여 사면관습을 반대하고 성자 제롬(대략 331~419/420)이나, 대교황 그레고리우스 1세까지도 성직자의 권위 제한이 생활규칙 실천이라고 권고하며 '고전시대 성사관습'의 재생, 즉 라틴어 해독력과 성사관습의 결합을 주제 모델로 제시했다.

그러나 「20권의 심판서」의 편지글은 수도자 신학동아리가 라틴어 해독력과 생활언어 관습을 결합했다는 주제를 제시했다. 물론 수도자 신학동아리의 라틴어 해독력 역시 성사관습의 기본 틀을 유지했다. 여기서는 「20권의 심판서」의 편지글에서 인간의 회개관습과 성직자의 사면관습을 성사관습 형식으로 구분했다. 특히, 성직자의 사면관습에는 당사자의 신앙고백관습과 만족을 포함했다. 물론 회개자의 신앙고백관습과 성직자의 사면관습은 서로의 만족을 라틴어 해독력으로 표현했고, 성사관습을 라틴어 해독력의 서술 수단으로 활용했다는 점이다. 11세기 이후 계약문서도 수도자 신학동아리의 특정한 라틴어 해독력을 종교와 세속인의 주요한 결속력 발원지로 만들기 시작했다.

물론 11~12세기 유럽세계에서 라틴어 해독력은 계약문서와 특히 수도자 신학동아리의 전문 지식 원리이동 영역에 부착하여 문학 작품 발원지로 등장했다. 11~12세기 유럽세계에서 출현한 문학 동아리의 전문지식은 수도자 신학동아리의 회개관습과 대조를 이루며 다양한 해석 양식의 발원지로 등장하며 대체로 라틴어 해독력 영역을 축소했다. 실제로 '문학'을 '라틴어 해독력 영역을 이탈하다'의 의미로 사용하는 경우, 문학은 그 용어에 담긴 의미 못지않게 다양한 라틴어 해독력 문제를 내포하고 있었다.

11~12세기 유럽세계에서 문학동아리의 전문 지식 원리 출현과 함께 라틴어 해독력은 세속인에게 여러 가지 판단기준을 제시하며 생활언어 관습의 관례 발원지로 등장했다. 특히 문학동아리의 시는 중요한 전문 지식 원리 이동 매체로서 세속인의 판단기준을 자극했다. 노르웨이어계 음유시구는 라틴어 해독력과 생활언어 관습의 이런 관계를 입증하고 있다. 프랑크는 음유시구를 사건이라는 라틴어 해독력 변화를 기록하고 선전하기 위한 일종의 서술양식이라고 지적했다. 프랑크는 또한 신앙고백관습을 오래도록 보존하기 위해 라틴어 해독력의 서술양식을 활용했고, 확실하고 정확한 신앙고백관습의 기억장치로서 음유시구를 인식했다는 것이다.

음유시구는 라틴어 해독력의 표상을 운율에 담아 운율을 반복하여 표현했다. 그래서 음유시구는 과거의 사건 장면을 마음과 상상력으로 찾아내기 위한 기억장치, 즉 시 자체가 종족언어 표현관습에 대한 참고문헌이나 계약문서처럼 과거 사건에 대한 기억장치였다. 『베오부르프』와 『게네시스 B』에 담긴 처세술 모음집도 세상을 살아가는데 필요한 여러 가지 처세술을 담아 둔 전문 지식 원리 모음집이나 다름없었다. 아이스란드계 사법도 1117년 성문 법률에다 세속인의 종족언어 표현관습과 라틴어 해독력을 보존해 두겠다는 취지를 담아두고 있다.

중세 유럽세계 어디서든 계약문서는 출현하여 전달자와 청중, 아니면 비 라틴어 해독자와 라틴어 해독자, 어느 누구의 입장에서 상상력으로 해석하거나 인간의 결속관습 변화를 주도해갔다. 라틴어 해독력의 개작물도 흔히 생활언어 관습 형식에서 라틴어 계약문서 형식으로 전환했으나 어떤 흔적도 남겨 두지 않았고, 다시 종족언어 표현관습으로 돌아갔다. 「니벨룽겐의 노래」도 1200년 경 오스트리아 지역에서 라틴어 해독력으로 개작했던 서사시였다. 「니벨룽겐의 노래」는 민담의 특정한 영웅 업적을 라틴어 해독력으로 기록해두었던 서사시였다. 물론 개작 시와 실제는 서로 다를 수도 있을 것이나 생활언어 관습에 부착하여 전혀 다른 방향으로 발전했다. 이미 구비 문학 연구에서 밝혀진 바와 같이, 시는 청중 속으로 이동하며 인간을 결속하기 시작했다. 시는 라틴어 해독력에서 발원하는 청중의 문화이동 영역을 활용하여 11~12세기 유럽세계에서 결속력 발원지로 정착했다. 물론 시는 라틴어 해독력과 전혀 다른 종족언어 표현관습을 활용하여 11세기 유럽세계에서 문학, 역사, 법률, 신학 등의 학문동아리 발전을 자극했다.

문학동아리의 전문 지식은 법률가, 신학, 인문학 등의 전문 지식 모음집 발전 과정과 분리되지 않았으나 이들 학문동아리의 전문 지식 모음집은 문학의 전문 지식 모음집과 전혀 다르게 발전했다. 문학 저작자는 전체 종족언어 표현관습보다는 오히려 감각으로 사건을 다시 구성하며 접근했다. 근대세계 문학은 특정한 필사문서 제작자의 문체와 서술양식보다 오히려 정확한 라틴어 해독력을 활용했으나 문학동아리의 지식 모음집에 담긴 라틴어 해독력 유형이 법률이나 행정의 라틴어 해독력보다 정확할 수 없었다. 그런데도 문학동아리의 라틴어 해독력 유형은 법률이나 행정의 라틴어 해독력 영역보다 다양했고, 문학동아리의 라틴어 해독력보다는 예술과 건축 분야의 라틴어 해독력이 훨씬 다양했다. 실제로 11~12세기 유럽세계에서 예술과 건축 분야는 가장 두드러지게 라틴어 해독력의 영향을 받았다. 예술과 건축 분야는 종족언어 표현관습과 라틴어 해독력에서 필요한 감각과 전혀 다른 감각을 필요로 했다. 특히, 문학이나 음악의 예술분야에서는 라틴어 해독력을 청각에 중심을 두었던 반면에, 조각이나 건축분야는 주로 시각에 중심을 두었다. 예술과 건축 분야는 청각과 시각의 두 가지 감각기관은 결합하여 시각을 중심으로 합성수지와 같은 예술 형식과 라틴어 해독력의 함축의미 전달기능을 담당했다.

문학동아리에서 라틴어 해독력이 청각과 시각을 결합토록 서로 보완했던 것처럼 예술과 건축에서도 라틴어 해독력은 시각과 청각을 결합하여 고전시대 예술과 건축 재생을 가능케 했다. 과거세대 예술은 생활언어 관습에 중심을 두었으나 최근세대 예술은 라틴어 해독력에 중점을 두었다. 특히 북부 유럽세계의 예술은 상상력을 원색에 가깝게 표현했고, 서사시나 서정시도 라틴어 해독력의 정서를 담고 있으나 문학과 건축에 예술 정서가 서로 관련되었던 지를 찾아낼 수 없는 실정이다. 문학과 건축에서도 예술 분야의 정서를 라틴어 해독력과 전혀 다른 종족언어 표현관습으로 현실에 결합했다. 따라서 예술작품은 지나친 감정의 발로로 인하여 표준감각을 상실했다. 그 사례는 단추와 핀, 뿔 컵과 칼 손잡이 등의 장식품인 것이다.

물론 이들 장식품은 영웅을 숭배하는 사회에 알맞게 유랑민의 솜씨로 가공되었으나 유랑민의 솜씨임에도 불구하고 조각과 건축, 보석류와 세간도구, 가재도구와 무기 등을 비롯한 휴대품에서 탁월한 솜씨를 발휘하며 특히 신비에 역점을 두었다. 예술의 신비는 정교하게 다듬어진 앵글로색슨종족의 칼에서도 뚜렷하게 나타났고, 노르웨이어계 라틴어 해독력으로 쓰여진 시에서도 입증되었다. 물론 노르웨이어계 라틴어 해독력으로 쓰여진 시에서는 금속세공 기술을 터득하고 있었다는 것을 표현하고 있으나, 최근세대의 라틴어 해독력에 대하여는 경계심을 나타냈다. 북부 유럽세계에서 크리스트교도의 선교활동 전개와 함께 학문동아리의 지식 모음집, 특히 저작물은 신의 권위를 나타내는 장식물이라는 상징물로 변화했다. 즉 북부 유럽세계의 장식품과 저작물은 신의 권위를 나타내는 라틴어 해독력의 함축의미 전달기능을 담당했다. 특히, 북부 유럽세계에서 다양한 예술 서적은 고유한 특성을 지녔으나 신의 특정한 계시나 성사관습을 전달하지도 않았다.

카롤루스 막뉴스는 로마제국을 부활하려는 의도로 지중해세계의 교회조직 법률을 선별해서 수용하여 고전시대 라틴어 해독력 재생을 강력하게 추진했다. 이런 맥락에서 카롤루스 막뉴스 시대는 과거세대 라틴어 해독력 종말시대요 유럽문화 생성시대 세계의 종말이며 새로운 시대, 즉 유럽문화 여명시대 세계의 출발점인 것이다. 카롤루스 막뉴스 시대 이후 예술은 과거세대 성사관습 구도를 수용하여 종족언어 표현관습과 그림을 통합했다. 최근세대는 라틴어 해독력으로 과거세대 예술 구도를 인식하여 고전시대 문명 자체를 새롭게 조명코자 시도했다. 카롤루스 막뉴스 시대 필사문서 제작자와 예술가는 이런 고전시대 예술 구도를 새롭게 재생했다. 과거세대 예술 구도는 종족언어 표현관습에 정착하여 카롤루스 막뉴스 시대 프랑크종족왕의 혈족 영지와 서로 관계를 지니게 되면서부터 새로운 라틴어 해독력을 재생하기 시작했다. 카롤루스 가문 프랑크종족왕 영지의 신앙은 정치 선전물이었고, 계약문서는 라틴어 해독력 형태로 존속했다.

11세기 후반시대 이후 예술은 라틴어 해독력을 중시하는 방향으로 전환하며 로마네스크 양식을 교회 건축양식으로 수용했다. 교회조직에서는 라틴어 해독력을 인간 평가기준으로 설정하고 라틴어 해독력을 활용하여 크리스트 숭배관습을 보존했다. 종교와 학문동아리의 전문 지식이동 영역에서는 전거를 중시하기 시작했다. 로마네스크 양식의 교회 건물은 모든 교회 건물 부분을 지배자 권위에 집중하고 건축물이나 조각품도 지배자 권위와 조화를 이루었다. 교회 건물의 로마네스크 양식 사례는 성당 건물과 돌에 새긴 복음서라고 키칭거는 확증했다. 성당 건물은 당대 표상을 날렵하게 그려내며 성당 건물의 표상을 시각의 라틴어 해독력 출현에 일치시켰다. 1130년경 이후 교회 건축물의 표상은 로마네스크 양식으로부터 다시 고딕양식으로 전환하여 법률가나 문학의 전문 지식 원리처럼 라틴어 해독력과 건축물 표상의 일치점을 새로운 결속력 발원지로 만들어갔다. 건축양식은 다양한 종족언어 표현관습처럼 계약문서로 서술하지 않고서도 새로운 결속력을 발생했던 것이다.

고딕양식의 건축물은 두 가지 라틴어 해독력 특성을 드러내며 라틴어 해독력의 증거, 즉 전혀 다른 종족언어 표현관습인 건축물 외형에다 명암을 배합했다. 여기서는 건축물 외형에다 명암을 배합했던 사례를 문화운동에 관련 지웠고, 문화운동 과정에서 라틴어 해독력 변화를 사건으로 인식했으나 다시 사건을 계약문서에 관련 지우지 않았다고 지적했다. 문화운동은 개개 사건 해석을 라틴어 해독력의 증거에 근거했을 가능성을 전제했다. 그런데도 라틴어 해독력 변화라는 사건은 단지 마음을 감각으로 파악하여 특정한 질서 발원지가 되었다. 수도원장 수게르는 아우구스티누스나 익명의 뎅이와 같은 고전시대 저작자의 저작물이 라틴어 해독력에서 유래했다고 지적했다. 저작물은 시각과 질서 구성물을 라틴어 해독력의 인식논리에 통합하여 라틴어 해독력을 목적으로 설정했을 가능성도 있다. 저작물은 라틴어 해독력의 함축의미를 전달하며 시간과 공간을 분리하고, 시간과 공간에다 인간의 체험을 첨가했다. 실제로 영지는 공간 개념과 함께 확고한 생활기반으로 정착하여 다시 재산소유관습의 경계를 만들어 내며 라틴어 해독력 영역을 단위로 분리했다. 동시에 저작물도 장으로 세분되어 완벽한 모습을 갖추었다. 고딕양식 건축물도 저작물의 라틴어 해독력 양식과 함께 훈육관습과 보상관습을 외부 세계로 이동시키도록 방대한 규모를 갖추었다.

고딕양식이 건축물에 도입되었던 것은 라틴어 해독력의 표상을 단순하게 외형으로 응용하는 데 그쳤다. 라틴어 해독력의 표상은 타당한 라틴어 해독력으로 호소하여 신앙심을 튼튼하게 보강했다. 라틴어 해독력의 표상과 타당한 판단기준의 결합으로 개인의 창의력은 발원했다. 최근세대는 심리상태에서부터 창의력에 호소하여 타당한 라틴어 해독력을 더욱 명확하게 만들어야 했다. 이런 최근세대 심리상태에서 창의력을 인간의 인식영역에 당연하게 필요하다고 인식했던 것이 기적에 가까운 일이었다고 파노프스키는 지적했다. 모든 인식영역에서 이런 기적을 인식했던 것은 아니었다. 고딕양식 건축물은 시각의 기하학 원리를 활용하여 천정을 둥글게 만들고 빛의 흐름으로 높이 보이도록 채색유리를 활용했다. 시각의 고딕양식 건축물은 광학원리를 찾아내도록 자극했다.

11세기 초엽 바스라에서 태어나 알하첸이라는 라틴어 이름을 지닌 이븐 알 하이탐(1039)은 고전시대 그리스어계 물리학자 토레미(†100년 경)의 광학이론을 대체할 새로운 광학이론을 제시했다. 하이탐은 "빛은 인간의 두 눈으로 인식할 수 있는 물체까지 보도록 비추고 있으나, 모든 방향으로 반사된다"는 이론을 제창했다. 빛은 투명한 물체로 전달되나 빛은 시각으로 들어와서 두뇌의 인식작용까지도 가능케 만들고 있다고 알 하첸은 주장했다. 알 하첸의 빛 이론은 로버트 그로쎄테스테(1168?~1253)와 로저 베이콘(1213?~1291), 요한 페캄(1230?~1292), 비텔로(†1275)와 같은 중세 저작자의 손을 거쳐 중세 서부 유럽세계에 도입될 수 있었다.

그러나 1270년 경 알 하첸의 빛 이론은 『스콜라 철학동아리의 주석 모음집』과 함께 번역되어 유럽인의 라틴어 해독력 영역으로 이동했다. 새로운 광학이론의 출현에 고딕양식이 원인이나 결과로 작용했다고 단정할 수는 없다. 광학이론의 발전이나 번역서 활용과 같은 두 가지 변화는 최근세대 심리상태를 풍성하게 만들어 주었다. 고딕양식 건축물의 발원지를 11세기 유럽세계에 두더라도 광학이론은 라틴어 해독력과 더불어 중세 예술의 경계를 뛰어 넘게 만드는 역할을 담당했다고 파악해야 할 것이다. 이런 광학이론 역할은 예술작품에서도 원근법을 활용하여 중세 예술 한계를 완전히 이탈하여 최근세대 예술양식에 부착하여 다시 최근세대로 하여금 과거세대 예술양식에 접근토록 보조했다. 최근세대 저작물에서는 이런 예술양식을 예증하여 3차원 특성을 살리며 시각의 라틴어 해독력을 발전시켰다. 중세 예술은 개작물과 장식품 보다는 저작물과 함께 출현했을 가능성이 있다. 중세 예술은 외형을 중시한 종족언어 표현관습의 상징물로서 최후 자취를 담아 두고 정제 단계를 거쳐 고딕양식으로 변형했다.

중세 예술은 고딕양식으로 전환하는 과정에서 그림, 조각, 건축물 영역에서 고딕양식을 다시 이탈했을 가능성도 있다. 예술양식이든, 빛 이론이든 모두 시각에 중점을 두었고 저작물 역시 시각에 중점을 두었다. 저작물은 시각으로 인식하면서 심리상태에 작용하여 인간의 관심을 끌어냈다. 이런 저작물은 새로운 라틴어 해독력으로 전혀 다른 종족언어 표현관습을 만들어내며 성사관습과 라틴어 해독력의 일치와 함께 저작물의 라틴어 해독력이라는 새로운 인식영역에 접근했다. 시계는 저작물과 라틴어 해독력을 혼합했던 인식영역의 발명품이었다. 인식영역에서 혼합된 성사관습과 라틴어 해독력의 서술 체제는 1270년 경 12진법 문자판을 하나의 라틴어 해독력 단위로 만들기 시작했다. 즉 시계 발명은 시각의 인식영역에서 일대 분수령이 되었다. 현대인의 시각에서 파악하면, 시간 측정은 시계 발명보다 훨씬 소중한 것이었다.

11~12세기 시간 측정과 함께 시간과 관련된 원리가 등장하기 시작했다. 10세기까지도 시간 관련된 원리는 등장하지 않았다. 라틴어 해독력은 생활언어 관습과 기록문서를 일치시켰다. 라틴어 해독력이 생활언어 관습과 기록문서를 일치시켰던 상황에 대하여 알력산더 머레이는 다음과 같이 지적했다. 즉 "로마시대 라틴어 숫자관습 재생과 함께 유럽문화 생성시대 인간의 라틴어 해독력에 산술 능력이 결합하면서 중세 초기시대 라틴어 해독력 기능은 거의 마비상황에 직면했다. …… 만약 중세 초기시대 인간의 라틴어 해독력이 마비되는 과정

에서 개인의 재산소유관습조차 통제력을 상실했더라면, 인간을 만족시키는 라틴어 해독력도 라틴어 해독력이 아닌 과학 발명품으로 대체했을 것이고 결국 과학 발명품이 계약문서보다 중요한 위치를 차지했을 것이다." 이런 11~12세기 유럽세계 변화 사례는 게르베르트나 리쉐의 연구 성과에 근거하더라도 계약문서의 유행, 소재, 상징물이 특정한 기호 변화 경향을 반영했다는 것이다.

11~12세기 인간의 기호변화 사례는 대접과 그 받침을 사용했다는 점이다. 11세기 인간의 이런 기호변화는 중국으로부터 유럽세계로 이동한 찻잔과 같은 그릇 종류와 도기의 영향을 받았을 가능성도 있다. 로마시대 숫자관습의 재생은 최근세대 계산능력을 계발하며 최근세대의 로마시대 숫자관습에 대한 관심증대는 라틴어 문법관습과 논리관습에 대한 관심을 자극하여 로마시대 문화이동이론에 대한 연구저작물도 등장했다. 브리타니아의 교회사가인 베다(†735)도 로마시대 숫자관습의 영향을 받았던 저작자였다. 베다는 성자 축일을 아주 간단하게 환산했다. 라틴어 해독력의 서술 과정에서 로마시대 숫자관습 영향은 카롤루스 가문 프랑크종족왕시대의 회계장부에까지 이동했다. 카롤루스 가문 프랑크종족왕시대의 재고품을 기록해 둔 명세서를 살펴보면, 카롤루스 가문 프랑크종족왕시대 인간도 로마시대 회계 관습을 모방했다.

1000년 경 이후부터 다양한 종류의 발명품과 계산관습은 찻잔 종류와 대접을 받침 그릇과 함께 유럽세계로 이동하기 시작했다. 그 사례는 영지 로트링겐과 영주도시 렝에서 생활에 찻잔 종류와 대접을 받침 그릇을 활용하기 시작했고, 그 다음으로 로마시대 숫자관습을 활용하여 성자 축일의 환산 방식을 창안했다는 점이다. 특히 로마시대 숫자관습의 성자 축일 환산기법은 톨레미의 천문학 원리를 터득한 이후에야 진가를 발휘했다. 유럽문화 생성시대 인간도 천문학 원리를 활용하여 천체를 관측하고, 천체 위치와 고도 환산에 로마시대 숫자관습을 활용했다.

중세 초기 유럽세계의 인간은 11세기 경 모슬렘 지배하의 스페인으로부터 천문학 원리를 배웠고, 아랍계 힌두교도로부터 감산 부호(−)와 영 부호(0)를 비롯하여 '거리나 넓이 측량방식'까지 도입했다. 특히 영지 측량방식을 활용하여 이전까지 유럽세계의 전문 지식인이면 반드시 배워 두어야 했던 소위 제2기하학 원리를 재생했다는 점이다. 제2기하학 원리의 창안자는 보에티우스였다. 보에티우스의 제2기하학 원리 창안자는 영지 로렝의 수도자였다. 이런 과거세대 전문 지혜 창안은 수도자 은신처의 재생으로 발전하기 시작했다.

11~12세기 유럽세계에서 영지 측정기구 출현은 수도자 은신처 재생과 함께 인간의 심리상태에 다시 시간 측정관습을 첨가하며 수도자 생활공간을 중세세계 인간이 불안감과 초조감을 탈피할 수 있는 안식처로 바꾸어 놓았다. 11~12세기 유럽세계 인간의 생활공간에서는 계절변화와 기후변화를 수용하여 인간의 능력으로 만들어낸 질서와 자제를 생활공간에다 부착했다. 11~12세기 유럽세계의 라틴어 해독력 변화는 그 발원지와 구성 체계는 다르지만 거의 유사한 방향에 집중되었다.

특히 11~12세기 유럽세계의 변화요인은 산술관습 도입이었다. 그러나 산술관습 도입은 신의 존재를 정확하게 측정하려는 취지와는 너무나 동떨어진 것이었다. 오히려 종족언어 표현관습에 대한 산술관습 부착은 인간과 사건, 사건과 현상 사이에 일정한 거리관습을 첨가했고 인간과 사건, 사건과 현상과 전혀 관련이 없는 시간 측정관습을 라틴어 해독력의 함축의미 중간에 끼어들게 했던 것이다. 시간은 외부 논리관습을 라틴어 해독력과 전혀 다른 표현관습으로 표현하여, 인간 외부의 서술관습 영역까지 인식하여 저작물에 담을 수 있게 되었다는 점이다.

이제 라틴어 해독력의 구성물 변화는 중세 유럽세계 사회와 경제에 작용하여 어떤 부산물을 창출했던가 문제를 제기하게 되었다. 물론 라틴어 해독력의 구성물이 물질과 비 물질의 존재에 대하여 명쾌한 표준관습을 제시했다고는 인정할 수 없다. 말과 전혀 다른 글자라는 표현관습은 종족왕 영지에 따라서 달랐으나 입말과 전혀 다른 표현관습의 발전과정을 역사 진행과정과 분리할 수도 없다. 입말과 전혀 다른 글자라는 표현관습의 발전과정은 최근세대 라틴어 해독력에 따라서 달라졌다. 그런데도 입말과 전혀 다른 표현관습인 특정한 라틴어 해독력을 전체에 적용하여 일반화할 수도 없었다.

만약 라틴어 해독력을 일반화하려면, 입말과 전혀 다른 글자라는 표현관습은 아마 가격(가치)관습일 것이다. 가치관습이나 가격관습은 입말과 전혀 다른 특정한 라틴어 해독력이라는 표현관습에서 발원했던 생활언어 관습의 주요한 구성물임을 부인할 수 없을 것이다. 물론 가치관습이나 가격관습을 언급하려면, 교환과 라틴어 해독력의 함축의미를 당연히 언급해야 할 것이다. 가치관습이나 가격관습의 교환조건과 라틴어 해독력의 함축의미가 중세 유럽세계의 사회와 경제에 심오하게 작용하여 종족언어 표현관습의 구성물 변화로 이어졌다는 점이다. 11~12세기 유럽세계에서도 주조 화폐 종류는 현저하게 증가했다. 주조 화폐 종류의 증가와 함께 주요 상업지역에서 시장도 초창기 단계 모습을 나타냈다.

11~12세기 유럽세계에서 시장은 수요와 공급의 일치점에서 가격을 결정하며 인간을 세습 신분관습과 계약문서에 따라 구분하기 시작했다. 화폐는 가치에 대한 신용을 표지하며 합당한 가치로 생필품을 교환했다. 화폐는 시장의 수요와 공급을 경제 명목의 해석대상으로 만들었다. 이런 화폐 기능은 라틴어 해독력에 부착하여 인간이 텍스트를 실행하며, 인간 스스로 개인동아리를 만들며 다양한 개인동아리로 분리하기 시작했다. 화폐 사용은 12~13세기 이후 점차 그 영역을 확장했으나 장기간의 흑사병은 경기 침체를 가속화하며 화폐 기능을 점차 위축시켰다.

화폐는 문학동아리의 저작물이 기록문서와 현상을 해석하여 생활언어 관습을 변화시켰던 것처럼 오히려 라틴어 해독력의 영역을 확대했다. 중세 후기 유럽세계에서는 경제라는 물질운용관습을 수요와 공급의 라틴어 해독력에 연계하여 특정하게 인식하기 시작했다. 경제를 수요와 공급에 연계하여 특정하게 인식하기 시작했던 것은 인간이 생활언어 관습을 보존할 가치가 있다고 판단하여 기록문서에 남기면서 라틴어 해독력의 구성물로서 만들어갔던 것과 마찬가지 원리였다.

문학동아리의 지식이동 방식도 「로랑의 노래」나 트로예의 크레티앙의 「소설 크리게스」에서 나타났던 차이만큼이나 변화했다. 「로랑의 노래」는 표현기법에서 두 혈족동아리 구성원의 결속관습이나 지방 세속인의 결속관습이 이전부터 확정되어 있으면서도 흔히 불가침 관계로 이어져 왔다는 것을 주제로 설정했다. 크레티앙의 「소설 크리게스」는 말투에서부터 주인공의 자율관습을 중시했고, 개개 등장인물이 마음으로 상상하여 라틴어 해독력 영향을 받았다는 것을 확인해 주었다. 크레티앙의 「소설 크리게스」는 전달자와 청취자를 완전히 분리해 두고 서로의 입장에서 라틴어 해독력의 함축의미를 전달했다.

11~12세기 이후 유럽세계 상인동아리 활동도 변화했다. 물론 상인동아리 활동에 상품과 용역을 거래대상에 포함했던지 여부 문제는 논쟁의 여지를 남겨두고 있다. 시장은 고전시대 이후 유럽세계에서도 공정한 가격을 실현코자 했다. 물론 공정한 가격 실현은 시장이 있었다는 점과 라틴어 해독력을 선행조건으로 전제했다. 시장의 선행조건으로서 라틴어 해독력은 생활언어 관습을 물건 교환수단으로 활용했을 것을 전제했다. 시장의 가격 조정과 생필품 분배기능은 거의 자연발생에 가까운 분배, 교환, 조정 등의 기구로 발전하여 라틴어 해독력을 인간의 전문 지식 원리를 축적하는 도구로 만들었다. 한편 이런 복잡한 시장 기능처럼 계약문서는 인간 전문 지식이동 도구로 정착하여 라틴어 해독력 발원지로 등장했다.

11~12세기 유럽세계 스콜라 철학동아리의 두 가지 존재원리는 라틴어 해독력에서 발원했던 전문 지식이동 성과인 것이다. 라틴어 해독력의 구성물은 공급과 수요의 속성이 변화했다고 해서 종족언어 표현관습보다 선행하여 변형하지도 않았고 수요와 공급의 속성이 라틴어 해독력의 구성물보다 우선하지도 않았다. 수요, 공급, 라틴어 해독력의 구성물은 서로 다른 표현관습 형태로 각각의 역할을 담당하며 새로운 변동 요인을 기존 성사관습의 질서에 흡수하여 모습을 드러내지 않고 침잠해 있었다. 시장도 일종의 논리관습이었다. 시장 역시 결속관습 형태로 모습을 드러내지 않고 침잠해 있었다.

11~12세기 유럽세계에서 교환과 증여는 라틴어 해독력과 함께 봉건관습의 관례와 문학의 전문 지식이동 영역에서 변동 없이 재생도구

로 존속하며 점차 가치를 중시하는 종족언어 표현관습을 흡수했다. 특히, 종족언어 표현관습의 상품 가치는 표면화하지 않았으나 점차 수요와 공급 원칙에 따라서 확정되었다. 라틴어 해독자는 무한한 소비욕구 창안자요 더욱 무한한 소비능력 창안자였다. 라틴어 해독자의 소비욕구는 지방 세속인에게로 이동했다. 그 사례는 개인 이익을 유보했던 사법 조항에 대한 비판인 것이다. 11~12세기 유럽세계에서 종족왕 가신은 봉건관습의 관례에 근거하여 지방 세속인을 소집했으나 가신의 예비소집을 반대했던 세속인의 욕구를 수용하여 가신의 예비소집에 대하여 봉건관습의 관례를 적용하기 시작했다. 뿐만 아니라 노르만어계 라틴어 해독력의 소멸은 지방 세속인의 소비욕구 증대와 함께 교환, 증여, 이익, 이익의 재분배가 성사관습 형태로 침잠해 있었던 이유인 것이다.

11~12세기 유럽세계에서 『성사관습 절차 모음집』은 기존 질서의 근간을 이루며 기존 질서 형태로 효력을 발생했다. 그러나 『사법 운영 관례 모음집』을 가지고서는 교환과 증여, 그리고 공동 이익과 이익 재분배 등에 관한 라틴어 해독력 변화를 점차 정확하게 기록할 수 없었다. 경제라는 논리관습을 시각으로 찾아낼 수 없었고, 『사법 사례 관례 모음집』에다 편재할 수 없었을 것이다. 경제의 논리관습을 정확하게 파악하지 못했지만 경제는 생산자와 소비자를 중심으로 새로운 시장 질서를 구축하기 시작했고, 새로운 라틴어 해독력은 등장하기 시작했다. 경제와 유사한 원리는 생산자와 소비자의 두 대화자 발전으로 이어졌다.

11~12세기 유럽세계에서 두 대화자인 생산자와 소비자는 규칙의 논리관습을 다시 통제수단으로 활용하여 다양한 물건 가격처럼 조정

능력에 따라서 분리되기 시작했다. 라틴어 해독력은 시장의 함축의미 전달기능처럼 생산자와 소비자의 두 대화자를 외부로 표현하는 종족언어 표현관습의 구성물을 확증했다. 즉 라틴어 해독력은 저작물을 의견 조정의 표준관습에 결합하여 서로 자유롭게 교환되는 두 전달자의 함축의미를 확인했다. 11~12세기 유럽세계에서 시장기능의 구성물은 생산자와 소비자 형태로 라틴어 해독력의 관례를 창안했다. 라틴어 해독력은 시장기능의 구성물처럼 종족언어 표현관습에 부착하여 문장을 구성토록 보완했고, 다시 문장을 활용하여 전문 지식 원리를 이동시키며 다양한 개인단체 발원지로 등장했다. 다양한 개인 단체는 라틴어 해독력에서 발원한 전문 지식 원리를 공유하며 생산자와 소비자라는 두 대화자를 시장기능으로 결속하며 기존 인간과 다른 개인으로서 표지를 드러내기 시작했다.

11세기 유럽세계에서도 실물 경제는 대개 라틴어 해독력에 부착하여 재산소유관습이 표면화하지 못했음에도 중요하게 인식되었다. 시장과 라틴어 해독력의 논리관습은 라틴어 해독력 변화라는 사건을 통제했을 뿐만 아니라 법률가동아리, 철학동아리, 신학동아리 등에서 찾아낸 전문 지식 원리를 활용하며 함께 체험에서 발원한 타당한 라틴어 해독력을 중시하기 시작했다. 타당한 라틴어 해독력도 인간 통어력의 서술 형태로 표현되었다. 11세기 유럽세계에서 인간의 통어력은 자연 정복의 출발점처럼 새로운 광학이론을 라틴어 해독력의 전거로 제시하여 라틴어 해독력을 인식영역에 편입했다.

우선, 시장은 라틴어 해독력의 함축의미 전달기능에 부착하여 라틴어 해독력 변화라는 사건이나 생활언어 관습의 순수한 명칭으로 더 이상 인간의 생활을 통제할 수 없게 되었다. 인간은 자연이나 신의 심판을 받던 수혜자 입장에 머물지 않고, 일상 세계를 인식하여 행동으로 라틴어 해독력을 변형했다. 그러나 인간이 라틴어 해독력이나 사건, 일상생활에서 직면하는 현상을 어떻게 판단하고 어떻게 대처할 것인가 문제는 인간 스스로 해결해야 했다. 라틴어 해독력이 인간의 인식영역을 확대하면서, 개체 표상도 변화했다. 즉 인간이 세계를 어떻게 판단하여 어떻게 대처할 것인가 문제를 인간 스스로 해결해야 했기 때문에 정태형의 라틴어 해독력은 약화되기 시작했다. 자연 영역을 뛰어 넘은 현상으로부터 현재 세계에 이르기까지 법률이나 행정과 같은 종족언어 표현관습의 질서 통제력은 라틴어 해독력의 효율과 성과를 중시하는 방향으로 변화했다.

제2부
중세인, 근대인, 라틴어 해독력

제 3 장
중세인의 심리작용에 드러난 표준관습 변화

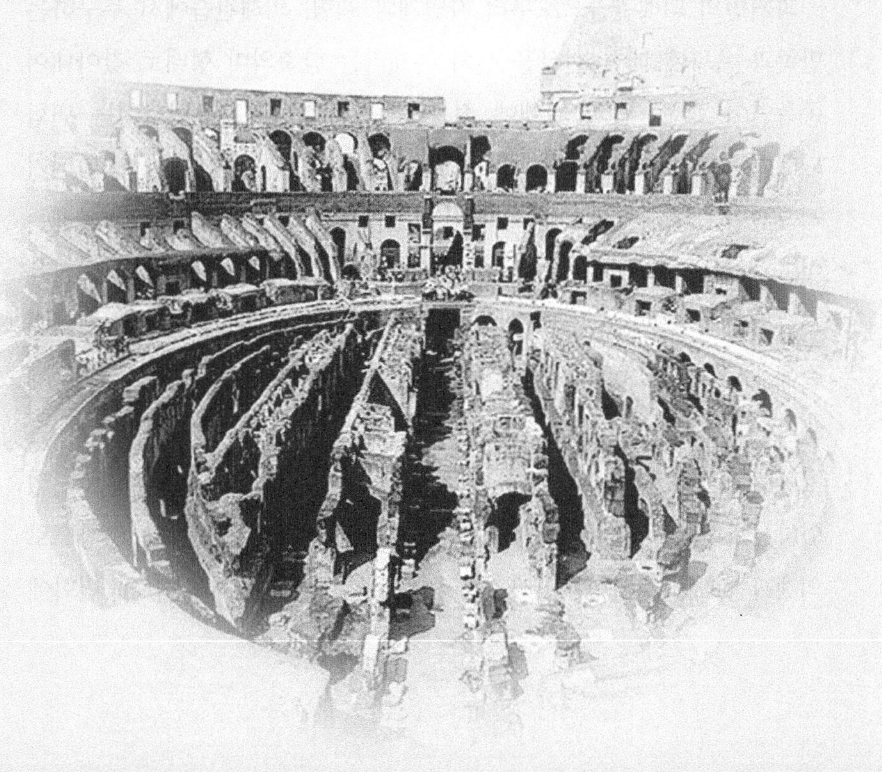

제3장
중세인의 심리작용에 드러난 표준관습 변화

3.1. 과거세대 인간과 최근세대 인간의 [차이로서] 문화

과거인의 의례관습으로부터 자연계와 체험, 의례관습에서 추구하는 만족과 욕구에 대한 현상을 신의 존재라는 함축의미 형태로 찾아내어 종족언어 표현관습과 관행에 접목시키면서 11세기 유럽사회는 변화되었다. 11세기 유럽사회는 새로운 의례관습의 출현에서 변화되기 시작했던 것이다. 새로운 의례관습 변화가 행동으로 표면화된 사례는 이단자와 개혁가였다. 새로운 의례관습 변화와 함께 신학과 철학을 포함하여 미사관습도 변화했다. 이외에도 신의 존재와 현상은 의례관습에 대한 인식 차이 때문에 사건으로 표면화했다. 사건은 신의 존재보다는 의례관습에서 일정한 규격을 지니게 되었다. 사건의 규범은 지방민의 종족언어와 의례관습의 변화에서 새로운 표준을 이루고 있었다. 또한 종족언어 표현관습의 규범은 라틴어 해독력의 영향으로 의례관습으로 계열화되면서 종족언어 표현관습과 의례관습의 변화에 대한 조합물로 변모했다.

종족언어 표현관습과 의례관습의 변화에 대한 조합물로서 종족언어 표현관습의 규범은 체험에 바탕을 두고 있었다. 즉 당대인은 의례관습의 변화를 사건으로 인식하여 새로운 의례관습과 종족언어 표현관습의 결합을 행동양식과 종족언어 표현관습의 규범은 규범처럼 축적했다. 아베라르(1079~1142)는 감각과 마음의 인식작용으로 파악한 신의 존재를 있는 그대로 인식할 수 있는 가능성을 제시했다. 아베라르는 종족언어 표현관습의 존재 규범을 문학으로 대체하여, 공동체 구성원의 행동양식을 '우리'라는 결속관계로서 변화시킬 수 있었다. 문학은 다양한 관행을 만들면서 공동체 구성원의 공감대를 만들어 내었다. 문학은 의례관습을 행동양식의 중간물로 활용하여 가상 세계를 현실과 관련 지우고 있었다. 11세기 유럽문학의 이 같은 특성은 현대 유럽문학에까지 거의 그대로 이어지고 있다. 물론 현대 유럽문학도 확실한 표현기법을 갖추지 못하고 있다. 11세기 문학의 구성원리는 의례관습이 행동으로 표면화했다는 전제하에 가상 세계를 현실의 행동양식에 초점을 맞추고 있다. 그러나 11세기 문학은 시대상을 간략하게 정리하여 수록한 정도에 그치고 있다. 더욱이 문학 저작물과 기존 의례관습의 결합과정이나, 종족언어와 의례관습의 변천과정을 서로 관련 지울 수 없는 실정인 것이다.

의례관습은 변화했다. 의례관습은 새로운 행동양식을 창출하고 있었다. 여기서는 11세기 문학 저작물에 나타난 의례관습 변화를 주제와 관련 지워 분석코자 한다. 문학에서 의례관습의 변화는 문학양식에 대한 분석임을 부인할 수 없다. 특히, 문학 변화에 대한 분석은 또한 표준심성을 설정하려는 연구와 직접 관련되어 있다. 뿐만 아니라 표준인간을 문학작품의 주제로 선정했을 가능성을 전제하면, 11세기 문학작품에 대한 분석은 중세 유럽세계 분위기를 파악하는데 중요한 자료가 될 수도 있으리라고 확신하고 있다. 문학작품은 시대를 초월하여 표준체험을 축적하는 역할을 담당해 왔다. 표준체험이라는 규격을 문학작품과 관련 지우고 당대인의 표준체험이 당대인의 의례관습으로부터 형성되었다는 관점에서 파악하면, 당대인의 의례관습은 실천가와 해석가를 만드는 원천인 것이다. 그러나 당대인의 의례관습을 실천가와 해석자의 부류처럼 세분할 수 없다는 어려움이 있으나, 현재와 과거의 의례관습을 비교하면 의례관습의 특성에 접근할 수 있을 것이다. 현재는 당연히 과거를 평가할 수 있는 자료인 것이다. 따라서 현재의 의례관습은 과거의 의례관습을 검토할 수 있는 자료가 될 수 있을 것이다. 문학작품도 의례관습과 상징물을 결합시키면서 새로운 의례관습을 출발시키고 있었다. 문학작품은 의례관습에 따라서 청취자나 해독자를 계열화하고 있었다. 즉 문학작품은 라틴어 해독력을 표준인간의 의사전달 도구로, 그리고 인간에 대한 평가기준으로 만들 수 있었다. 라틴어 해독력이 표준인간의 서술도구로, 그리고 인간에 대한 평가기준으로서 의례관습의 구성물에 부착되자, 저술가나 해독자의 숫자도 급격하게 증가되었다.

저술가나 해독자의 증가는 자연히 라틴어 해독력과 교육을 결합하게 되었다. 물론 교육도 의례관습과 함께 라틴어 해독력의 영향으로 변화되었다. 교육방식의 변화는 중세 초기 이후 특히 카롤루스 가문 시대의 르네상스를 거치게 되면서 과거인의 언어인 라틴어 교육에 중점을 두게 되는 유럽의 교육모형을 정착하게 되었다. 이처럼 의례관습의 교육은 라틴어 해독력을 확산시키는데 중요한 역할을 담당했다.

그리고 교육의 핵심은 의례관습의 변화를 가르치는 것이었다. 그래서 교육은 의식에 대하여 새로운 행동양식을 제시할 수 있었다. 즉 의례관습 변화는 교육에서 행동지침으로 인식되었다. 그리고 교육은 의례관습과 상징물로서 의례관습의 변화를 행동으로 표면화했다. 의례관습의 변화를 행동으로 전환시키는 교육은 의식과 상징물을 표면화하는 과정에서 체험을 중시하게 되었다. 체험은 의식의 변화를 행동으로 표면화하는데 정당한 근거를 제공했다. 저작물의 의례관습이 교육과 결합되자, 표준이라는 일종의 의식으로 축적된 행동의 규격도 단일한 규범의 형태를 취하게 되었다.

3.2. 그라버의 『역사 사건』과 표준심성

여기서는 『역사 사건』에 나타난 교회조직 변화 문제를 당대인의 심성에 관련 지워 살펴보고자 한다. 그라버의 『역사 사건』은 종말론이 지배하던 유럽문화 생성시대 세계의 인간들인 중세인과 전혀 다른 사고방식을 나타내고 있다. 『역사 사건』에 등장하는 근대 초기형 인간으로서 중세인은 개인주의와 합리주의를 추구하려는 근대 초기형 인간으로서 면모를 보여주고 있다.

우선 근대 초기형 인간으로서 중세인은 성서에 합당한 타당한 성사관습을 실행하려는 취지로 이단자로서 낙인 찍히면서까지 새로운 단체를 구성하여 정통론자 교회조직의 성사관습에 반항했던 소위 이단자 출현 사건의 주인공이었다.

다음으로 근대 초기형 인간으로서 중세인은 고전시대 교부들이 기도하며 운영했던 교회로 자기네 교회도 돌아가야 한다는 취지에서 정통론자 교회조직의 성직자 부정부패를 거부하여 정통론자 교회조직의 개혁을 주창했던 교회조직 개혁가로서 이단자 출현 사건의 주인공이었다.

그라버의 『역사 사건』은 중세인의 사고방식이 명확하게 변화했다는 것을 알려주려는 취지를 담고 있다. 물론 그라버를 현대인 시각에서 파악하면, 그라버는 전문 지식을 겸비한 당대 지식인이었다. 그러나 그라버는 『역사 사건』에서 개인이나 공동체 구성원의 성사관습을 체험에 관련 지우고 있다. 그리고 그라버는 특정한 성사관습 변화가 시각과 전문 지식의 인식작용에 대한 변화를 가능케 만드는 동기로 활용하고 있다.

여기서 그라버는 시각이나 전문 지식의 인식작용으로 선정한 특정한 성사관습 변화를 개인의 행동으로 표면화시켜, 공동 단체 출현 사건과 같은 이단자 출현 사건이나 개혁가 출현 사건과 같은 집단행동에 연계하고 있다. 물론 공동체 구성원의 집단 행동은 체험으로 축적한 표준 성사가 사고방식 기저에 깔려 있었다는 점도 간과할 수 없다. 당대인에게도 성사관습 바탕은 공동 체험이었다. 공동 체험을 바탕으로 표준 성사를 인식하고 다시 표준 성사에 대한 인식작용을 글자의 상징물에 연계했으나, 표준 의식으로 터득한 성사관습과 상징물을 명확하게 구분하지 못했다. 즉 상징물과 성사관습의 관계를 표준에 관련 지워 명확하게 터득하지 못하고 있다. 따라서 체험 영역에서 성사관습 변화와 상징물을 저작물의 성사관습과도 명확하게 구분하지 못하고 있었다. 그라버는 체험을 중시하는 역사 서술가로서 다양한 체험의 욕구를 기록물로 남겨두게 되었다. 주교 파울은 그라버의 이 같은 역사 서술방식을 노인과 아이에게 걸맞는 『역사 사건』이라고 지적하고 있다. 그라버의 『역사 사건』은 다른 사람으로 하여금 특정한 의례관습 변화를 행동으로 옮기게 만드는 동기를 상기해 주고 있다. 그라버는 이런 점에서 기존 질서를 중시했다기보다는 오히려 기존 질서와 체험을 저작물의 서술에 결합했다고 하겠다.

그라버는 『역사 사건』에서 기존 성사관습을 비판하기 위하여 종족 언어 표현관습의 모순점으로부터 출발하여 성사관습의 모순을 지적하려고 시도하고 있다. 그라버는 성사관습 모순 때문에 사회에서는 사건이 일어난다고 인식하고 있다. 이런 취지에서 그라버는 당시까지 계속해서 일어나고 있던 이단자 사건, 즉 크고 작은 이단자 사건의 내막을 자기의 표준으로 해명하고 있다. 그라버는 연령에 맞도록 표준을 일단 설정하고, 그 표준의식을 행동으로 표면화하여 다시 높은 수준의 표준으로 올라가고 있다. 그라버는 성사관습 변화를 표준 유형의 변화로 파악하여 재앙의 공통분모에 포함하고 있다. 그라버는 세상에 드러나 있든, 그렇지 않든 상관하지 않고 재앙을 불안정한 의례관습이나 통치권의 부재상태와 어느 정도 서로 연계되어 사회 혼란이 발생한다고 파악하고 있다.

그라버는 사회를 혼란에 빠뜨렸던 재앙을 일일이 열거하고, 사건 중에서도 역병, 악명 높은 사람, 악천후와 같은 천재지변을 비롯하여 폭동이나 이단자와 개혁가 출현 사건 등에 대해서는 특별한 관심을 두지 않고 있다. 그라버는 사회에 대하여 세련되지 못한 표준감각을 지녔는데도 자기 표준감각을 당대 사건, 특히 성사관습 변화에 타당한 판단기준의 인식작용을 아무런 거리낌없이 적용하고 있다. 그라버를 편향된 시각에서 파악하는 경우, 그라버는 다수 농민 세계와 당대 농촌사회 내막을 운명론, 즉 종말론자 시각에서 재앙을 꾸밈없이 파악했다고 지적할 수도 있을 것이다. 그러나 그라버는 재앙으로부터 다양한 질서 변화에 접근하고 있다. 동시에 그라버는 재앙을 활용하여 당대 사회현상을 종말론자답게 있는 그대로 서술하고 있다. 그라버는 자연과 인간, 또 초자연 현상이 일정한 주기를 타고서 재앙의 파괴를 몰고 온다고 파악하여 이 모든 사건을 종말론자 도식에 서술하고 있다.

그라버는 오랜 기간에 걸쳐 진행된 11-12세기 서양 중세세계의 성사관습 변화를 자기 상상력으로 파악한 현상과 서로 조화를 이루도록 『역사 사건』을 구성하고 있다. 거기다 그라버는 1000년대 표지를 상징물에 일치시켜 지나치게 단순화했다는 단점도 있으나, 이 시대를 가장 쉽게 인식하도록 서술했다는 장점도 지적할 수 있다. 특히 그라버는 의례관습 변화를 학문영역으로 파악하고, 종족언어 표현관습의 기본 틀을 활용하여 유언비어형태로 전달되는 사건 소문까지도 사실로 인정하여 학문에 관련 지우는 오류를 범하고 있다. 심지어 그라버는 종족언어 표현관습으로 전달하는 유언비어 형태의 사건 소문을 미신에 서로 관련 지워 신앙에 대한 불평으로 파악했고, 정통론자 교회조직을 옹호하는 지방민, 성직자, 농민, 귀족까지 신앙에 대한 불평 사건에 연루되었던 것처럼 서술하여 사건 명칭까지 부여하고 있다.

이외에도 그라버는 회개, 성지순례, 신의 평화를 공동체 구성원에 관련 지워 『역사 사건』에 못지 않게 중시하고 있다. 그라버의 이런 오류는 행위자의 행적을 무미건조하게 확대한 나머지 그 행위자의 생활내막에다 지나치게 많은 분량을 할애했다는 점이다. 그런데다 그라버는 저작물의 의례관습을 중시한 나머지 지방민 사회에서 일어났던 사소한 사건에 대해서까지 지배자 사회의 사건과 거의 나란히 늘어놓으며 결국 병렬형식으로 『역사 사건』을 구성하여 생활언어 표현관습에 일치시키고 있다. 그라버의 이 같은 서술방식은 헝가리인들 사이에서 일어난 사건을 실례로 제시하는 부분에서도 지적될 수 있다. 그라버는 특정한 인물의 농장에 자갈비가 내렸다는 신비와 관련된 사건의 뜬소문을 『역사 사건』으로 오인하여 장황하게 설명하고 있다. 그라버가 역사 사건으로 오인한 신비 사건의 자갈비 소문은 헝가리 지역에 널리 유포되었던 것 같다.

헝가리 지역의 요느산록에 위치한 요익니 지방의 어떤 농장에 뜻밖에도 자갈비가 내렸다는 소문이 유포되었던 데서 비롯되었다. 자갈비가 내린 요익니 지방의 농장은 아레만트라는 인물의 장원이었다. 아레만트는 헝가리 지역의 대상인이었다. 그라버는 근거도 없이 세간에 떠돌고 있던 신비의 자갈비 소문을 『역사 사건』에서 많은 지면을 활용하여 장황하게 서술하고 있다. 그라버의 이 같은 역사 서술방식은 과거세대 저작자의 역사 서술방식과는 판이하게 다른 것이다. 그라버의 『역사 사건』에 담긴 신비의 자갈비 소문을 과거세대 인간의 시각에서 파악하면 성사관습 변화 문제를 제기하는 단계에서부터 종족언어 표현관습에 부당하며, 사건 내막의 서술방식에서도 과거세대 저작자와는 전혀 다르게 구성하고 있다. 그라버는 종족언어 표현관습에 성사관습 변화가 첨가되어 발생하는 공동체 구성원의 분리를 실제로 거부하고 있다. 그러나 그라버는 아주 미묘한 서술방식으로 성사관습 변화라는 사건과 감정을 혼합하고 있다.

그라버는 11세기 중반기의 공동체 구성원들이 느끼던 성사관습 변화에 대한 공포와 욕구뿐만 아니라 성취할 수 없었지만 팽배해 있던 기대심리를 그대로 반영하고 있다. 그라버의 『역사 사건』은 성사관습 변화에 대하여 전거를 중시하던 과거세대의 사고방식, 자연 그대로 보다는 오히려 상황을 중시하는 사고방식을 보여주며 유럽문화에 대한 이해를 도와주고 있다. 그라버의 『역사 사건』은 의례관습 변화라는 사건을 일단 주변사정에 관련 지어 그라버 개인의 대응심리 형태로 서술하고 980년과 1040년의 2세대에 걸쳐 11세기 유럽세계 저변에서 흐르고 있던 공동체 구성원의 체험을 담고 있기 때문에 종교에서 확산되던 성사관습 변화의 출발 상황을 파악할 수 있도록 서술하고 있다.

그라버의 『역사 사건』 제1권과 제2권에서는 재앙을 초래한 이단자 출현 사건의 내막을 자세하게 수록하고 있다. 그라버의 시각에 비친 당대인의 재앙은 인간의 과오 때문에 이단자 출현과 같은 사건이 일어났다고 서술하고 있다. 즉 그라버의 『역사 사건』에서는 당대인에게 고통을 안겨 준 재앙이 아담의 악행 때문에 일어났으며, 당대인 스스로 에덴동산에서 일어난 아담의 과오를 선조로부터 유산으로 물려받게 되어 재앙을 피할 수 없었다는 것이다. 그라버의 『역사 사건』에서는 1000년 경 직후 기존 의례관습과 공동체의 생활 질서 뿐만 아니라 사고방식 변화를 담고 33년이라는 크리스트의 생존기간을 반복하며 절정에 이르고 있다. 그라버는 『역사 사건』 제1권에서 종교생활도 다양한 재앙을 실제로 체험했거나, 상상력의 인식작용으로 다양한 재앙을 서술하여 종결짓고 있다. 연구자들은 그라버의 『역사 사건』에 담긴 재앙을 토대로 다른 문명이 서로 작용하여 반작용 형태로 전혀 다른 문명을 나타낼 수 있다고 분석하고 있다. 여기서는 물론 이들 연구자들과는 다르게 분석코자 한다. 즉 그라버의 『역사 사건』 제2권에서는 기존 연구자의 분석내용과는 다른 주제가 등장하고 있다. 『역사 사건』 제3권에서는 재앙까지도 생활질서 변화를 새로운 양상으로 바꾸어 놓고 있으므로 제2권에서 선택했던 새로운 표준관습 등장이라는 주제 역시 정당했다.

종교 부흥은 제3권에서도 제2권 예언과 같았다. 그라버는 『역사 사건』 제3권 주제에서처럼 북서 유럽세계에서 활동하기 시작했던 이단자 공동체에 대하여 민감하게 반응하는 현상을 전달하려고 시도하고 있다. 당시 북서 유럽세계에서는 이단자 공동체에 지방민뿐만 아니라 성직자까지 가세하여 이단자 교회가 번성하며 공동체 구성원 사이에서는 거대한 종교운동으로 발전하고 있었다. 당시 공동체 구성원은 새로운 성사관습을 종족언어 표현관습에 일치시키고 상상력의 인식작용으로 파악한 신의 존재 소리까지 외부로 전달했다. 11-12세기 서양 중세세계에서는 오늘날과 다름없이 성사관습을 종족언어 표현관습으로 전달하는 것을 공동체 구성원의 욕구형태로 수용하여 교회조직 개혁이라는 현실 행동으로 표면화했다.

11-12세기 서양 중세세계에서는 종족언어 성사관습과 교회조직 개혁으로 보편타당한 성사관습을 종족언어 표현관습에 명확하게 일치시키려고 시도했다. 성사관습 변화에 대한 공동체 구성원의 이런 욕구 때문에 행위자와 저작자의 관례형식은 물론 상상력의 인식영역에서 미래상이나 내세상에 대한 관심도 점차 높아가기 시작했다. 미래상이나 내세상에 대한 이런 관심은 허깨비같은 꿈나라에서 터득할 수 있었던 질서 변화에 일치하여 무의식 상태에서 행동으로 표면화했다. 그라버는 『역사 사건』 어디에서도 성사관습 변화에서 야기되는 욕구 동기에 대하여도 언급하지 않았고, 재앙으로 표현되는 사건 내막을 표준 도덕으로 평가하는 것까지도 꺼림직하게 받아들이지 않았다. 그러나 그라버는 질서의식 변화에서 야기되는 욕구 동기나 사건 내막이

복잡하게 얽힌 부분을 끝까지 언급하지 않고 있다.

그라버는 글자 해독자를 당혹스럽게 만들면서도 성사관습에서 야기되는 욕구 동기나 사건 내막에 대해서는 해독자가 스스로 판단하도록 맡겨두고 있다. 그라버의 『역사 사건』에 나타난 성사관습에 대한 욕구나 사건은 여러 가지 시각으로 새롭게 분석될 수도 있다. 그런데도 『역사 사건』에 담긴 의례관습에 대한 욕구나 사건은 다양한 저작물의 의례관습과는 다른 공감대에 기초하고 있다는 점도 간과할 수는 없다. 그라버의 『역사 사건』에서 의례관습의 변화문제는 정확성을 결여하고 있기 때문이 아니라, 의례관습에 대한 사건내막을 명쾌하게 인식하여 지금까지의 의례관습과 반드시 일치하고 있다는 점에 대하여 동의할 수 없기 때문에 제기되고 있다. 『역사 사건』은 의례관습의 욕구를 증폭시키고 있다. 『역사 사건』에 흐르고 있는 사건 내막은 생생하나, 이면에서는 질서의식 변화를 언급하면서도 전체 흐름에서는 종족언어 표현관습의 반작용 형태로 지방 세속인이 오히려 결속했다.

지방 세속인의 결속력은 특히 교회조직 개혁운동으로 발전했다. 동시에 교회조직 개혁운동은 성서에 합당한 성사관습 변화를 자극했다. 대부분의 이단자 공동체는 종족언어 표현관습으로 전달되는 성사관습 변화를 선과 악의 이분법 논리로 접근한 다음 특정한 조직을 갖추지 못하여 중간자 입장에서 선택했다. 그라버는 성사관습 변화를 선택해야 하는 공동체 역할을 『역사 사건』 제1권과 2권에서 점차 명확하게 설명하고 있다. 그라버의 『역사 사건』은 4권으로 구성되어 있다. 『역사 사건』의 제1권에서는 성사관습 선택과정의 공동체 역할, 이외에도 이단자 출현 사건을 수록하고 다시 이단자 공동체를 서로의 역할에 따라서 세 가지 부류로 구분하고 있다. 세 가지 부류의 이단자 공동체는 황제 오토 1세 시대(936~973)에 조직으로 발전했으나 서로 다른 모습을 띄고 있다. 세 가지 부류의 이단자 공동체를 간략하게나마 요약하여 정리하는 것이 『역사 사건』을 파악하는데 도움이 되리라고 판단하여 조금 더 분석해 두기로 하겠다.

첫째 공동체 형성 모형은 개종자를 이슬람 세력과 관련 지워 후기 카롤링거 제국의 황제 통치권이 몰락한 책임을 당연히 황제 오토 1세에게로 전가하여 기술하고 있다. 실제로 황제 오토 1세의 독일계 제국 변경에서는 이슬람 세력이 독일계 제국을 침입하여 당시 크뤼니 수도원장 마예르가 이슬람 세력에게 유괴로 붙잡혀가 몸값 수천 파운드까지 지불해야 하는 상황에서 새로운 수도원 공동체 출현 또한 가능한 경우를 기술하고 있다. 이슬람 세력의 인질 마예르 수도원장은 손에 부상을 당했는데도 구원을 요청하기 위하여 수도원 공동체에다 편지를 썼고, 산중에 인질로 잡혀 있는 동안 성자와 같은 모범을 보여서 이슬람 세력 군대에게 감명을 주었다는 것이다. 특히 마예르 수도원장은 이슬람 군대가 공급해 주는 빵까지도 거절하고 먹지 않으니 마예르 수도원장에게 빵 대신 고기 덩어리를 주었고, 인질장소에는 이슬람 군대가 수도원장을 감시했는데도 성서를 간직하고 있었다는 것이다. 마예르 수도원장의 어떤 아랍인 감시자는 수도원장에게서 호된 꾸중까지 들었고, 이후 어떤 전장에서 한 쪽 발목까지 잃고 말았다고 기술하고 있다. 아랍인들은 결국 크뤼니 수도원장의 몸값을 받았으나, 라가르 프렝느 영지 전쟁에서 아흐르의 백작 빌헬름(†994)에게 패하여 전멸 당하고 말았다고 기술하고 있다.

둘째 공동체 출현 모형으로 그라버는 『역사 사건』에서 프라그 주교 아달베르트 순교를 개종자 주교의 신앙심과 관련 지워 서술하고 있다. 아달베르트는 황제 오토 2세 시대(973~983)에도 프라그의 주교로서 과거 프로이센 영지의 주민에게 활발하게 선교를 추진했던 인물이다. 주교 아달베르트는 어느 날 이단자라는 죄목으로 자기가 죽게 될 것이라는 불길한 소문을 듣고 당황하여 이후 곧 어떤 강가에 서 있던 성목을 베도록 명령하고 그 자리에다 제단까지 만들었다는 것이다. 주교 아달베르트는 당시까지 개종하지 않는 미개종자들로 하여금 자기가 차린 제단을 향하여 화살을 쏘도록 만들었으나, 제단을 완성하자마자 곧 사망했다고 그라버는 기술하고 있다. 그라버는 주교 시신을 그 주교 제자들이 프라그로 운구해왔고, 주교 시신이 프라그에서 이후에도 여러 가지 선행을 베풀었다고 부언하고 있다.

셋째 공동체 형성 모형은 개종자를 교황권과 관련 지워 구성하고 있다. 그라버는 오토 3세 시대(983~1002)의 사건에 관해서도 황제 오토 3세가 크레센티우스라는 인물의 반란을 언제나 뇌리에 두었고 황제 재임초기까지만 해도 거의 교황권이 없는 상황이어서 카린티아 공작의 아들 브루노(†965)를 교황에 임명했다고 기술하고 있다. 그런데도 로마의 귀족인 크레센티우스는 영지 귀족 패거리와 결탁하여 브루노를 교황직에서 몰아내고 도시 피아첸차 주교를 교황직에 앉혔고, 황제 오토 3세가 이에 격분하여 도시 로마를 침공하여 점령한 다음 허울뿐인 교황에게 여러 가지 흥정거리를 제시하며 협상을 요구했다는 것이다. 동시에 오토 3세는 자기에 대한 반항자들이 과거세대 요새인 도시 로마에서 안주하고 있다고 가정하여 줄기차게 공격했고 크레센티우스는 성지 순례객으로 위장하고 황제 앞에 나타나서 자기의 생명만 살려달라고 애원하니 황제 오토 3세가 크레센티우스에게 다음과 같이 물었다는 것이다. 즉 "교황청과 창조주가 비천한 작센계 황제의 수중에 들어가게 되는 것을 어떻게 판단하고 있느냐." 황제 오토 3세는 도시 로마에서 자기를 반대하는 분위기가 고조되기 전에 고귀한 교황의 자리를 자기에게 돌려주도록 하라고 크레센티우스에게 명령했다. 황제 오토 3세에게 교황위를 넘겨주겠다고 약속하고 크레센티우스는 싼따 안젤로 성으로 귀환했다. 그런데도 황제 오토 3세는 도시 로마에 대하여 공세를 늦추지 않았고, 포대를 다시 정비하여 다시 도시 로마로 들어가 크레센티우스를 강제로 끌고 나와 로마 시민이 보는 앞에서 구렁텅이에 빠뜨렸다가 결국 교수형에 처했다고 그라버는 기술하고 있다. 그라버는 섬뜩한 상황을 있는 그대로 묘사해 주고 있다. 그렇다면 그라버가 어떤 생각으로 이처럼 섬뜩한 장면들을 묘사했던가 문제 역시 다시 분석할 수 있을 것이다. 우선 그라버는 『역사사건』의 줄거리를 자기 의중에 부합하게 전하면서 두 가지 오류를 범하고 있다는 점을 당연히 지적할 수 있다. 주교 아달베르트의 순교는 황제 오토 2세 재임시에 일어난 사건이 아니라, 황제 오토 3세 재임시에 일어났던 사건이었다. 아달베르트의 순교는 997년 4월 23일에 일어났던 사건이며, 황제 오토 2세는 983년에 이미 사망했다. 따라서 그라버는 오토 3세를 오토 2세로 알고 있었음이 틀림없다. 그라버는 또한 연대 정확성 여부는 차처하고 각 왕조를 사건 중심으로 서술하려고 시도했다는 점을 간과할 수 없다. 이런 시각은 세 개종자 서술과정에서도 확인되고 있다. 우선 세 개종자의 공통점은 성사관습을 능숙하게 조작하여 성사관습 자체를 변화시키고 있다는 점이다. 그라버는 기존 질서관습에 합당하게 특정한 인물에 접근하고 종족언어 표현관습에 일치된 성사관습과 인물의 행동을 인물 역할에 부합되게 다시 가공하고 있다. 물론 인물의 이 같은 행동과 역할에 대한 연계점은 현재라는 시간에서 불확실하기 때문에 확실한 과거 시간을 도입하여 날조하고 있다.

그라버는 『역사 사건』을 카롤링거 제국의 몰락에 초점을 맞추어 구성하고 『역사 사건』의 전체 단원에서 제국 질서를 파괴하는 위협물을 질서의식 변화라고 언급하고 있다. 『역사 사건』에서는 크뤼니 수도원장 마예르 체포 사건이나 주교 아달베르트 순교 사건의 사례처럼 전체 성직자에 대한 11-12세기 이후 서양 중세세계의 분위기 안정을 강조하려는 의지를 피력하며 전체 세계의 분위기 혼란과 안정에 대한 균형점을 찾아내려는 취지를 담고 있다. 그라버는 『역사 사건』의 구성에서도 특히 수도원장 체포와 주교 순교라는 두 가지 사건에서 기존 질서관습 변화를 찾아내려는 새로운 사회조직 모형을 제시하고 있다. 수도원장은 하나의 성지 순례객에 지나지 않았고, 주교는 신의 존재가 지상에 내려보낸 인물이라는 의미에서 크뤼니 수도원장 마예르는 아랍인 납치자들에게 몸값을 치르고 서로 교환되고 있다. 수도원장과 그 몸값의 교환은 수도원장의 손바닥 위에 있는 신의 존재에 대한 영감 작용과 함께 고전시대 로마인이 크리스트교를 배격했던 경우처럼 아랍인들도 크리스트 교도를 실제로 박해하지 않을 수 없는 정치상황을 그대로 기술하고 있다.

그라버는 주교 아달베르트 경우에도 흔히 알고 있는 상황이긴 하지만 두 번째 주제, 즉 자연계의 '기존 질서의식'에서조차도 선량한 크리스트교도와 흉악한 이교도가 서로 대립하고 있다는 선악 논리를 도입하여 원시상태의 이교도 신의 실제 존재 영향을 입증하려고 시도하다가 드디어는 죽음의 운명을 맞이하고 있다고 서술했다. 그라버는 주교 죽음 예언이나 크레센티우스의 저항까지도 크리스트의 생애와 관련된 고전시대 저작자의 행적기에 근거하여 언급하고 있다. 물론 그라버가 크레센티우스의 반란을 『역사 사건』에서 언급하고 있는 것은 전혀 다른 성격이며, 크레센티우스의 반란도 이미 언급한 수도원장 마예르 납치나 주교 아달베르트 죽음이라는 사건과 유사한 동기에서 일어났던 것으로 기술하고 있다. 그라버는 크레센티우스의 반란을 성사관습의 대비물로 활용하여 독일계 제국의 영토 확장을 언급하려고 시도하고 있다.

그라버는 크레센티우스를 가공 인물로 처리하고 크레센티우스가 왜 무장했던지를 정확하게 파악하지 못한채 정복자 역할이 기존 성사관습에 어긋나 있다는 사실을 더욱 관심있게 처리하고 있다. 그라버는 또한 크레센티우스를 영웅으로 파악하여 크레센티우스가 독일계 황제 군대와 교전하는 과정에 특히 매료당하여 명확한 로마인 크레센티우스를 '새로운 인물'이라고 묘사하고 있다. 그라버는 크레센티우스를 금전 때문에 괴로워했다고 해서 좋지 못한 악행을 더욱 저지르려고 했던 인물로 묘사하고, 크레센티우스라는 인물의 평가를 통하여 기존 질서의식에 대한 위협물이 무엇인지를 제시하고 있다. 그라버는 11-12세기 서양 중세세계의 기존 질서의식 지탱자가 새고운 문화구성원이며, 이들이 곧 기존 성사관습을 위협했다고 판단하여 일단 비판하고 있다.

그라버의 이런 의지는 성사관습의 대비물을 선택하는 데서도 드러나고 있다. 그라버는 독일계 인물을 황제이자 교황으로 묘사하고, 로마인을 사기행각을 벌이는 협잡군이라는 시각에서 묘사하고 있다. 그라버의 이 같은 서술 의도는 크레센티우스가 신의 도시인 로마에서 황제 오토 3세 앞에서 무릎을 꿇고 말았던 것으로 묘사하는 데서 뿐만 아니라 순례자를 가공하여 그 순례자를 오토 3세가 빈정거리면서 통치자 임무까지 온당하게 수행하지 못하고 있다고 고의로 비난하는 데서도 입증되고 있다. 그라버의 이런 취지는 싼타 안젤로성에서 일어나는 크레센티우스 살해장면에서도 크레센티우스 피살자가 야수같은 독일계 인물이었다는 서술에서도 드러나고 있다. 그라버는 독일계 피살자에 대하여 고도의 권모술수에 능란하니 저항해야 한다는 과거세대 사고방식을 수용하고 과거세대의 질서의식 지탱 의지를 피살 장면이라는 상징물을 이용하여 해독자들에게 전달하고 있다. 그라버의 『역사 사건』은 신의 존재에 대한 개개의 성사관습과 미사 의식, 그리고 과거세대 사고방식 모형을 서양 중세세계의 새로운 분리 양상에 일치시키고자 시도하고 있다. 그라버의 이런 시도는 『역사 사건』의 시대배경이 도이취어계 황제 오토 가문의 지배자 재임시대를 선택하고 있는 데서도 나타나고 있다.

그라버는 『역사 사건』의 사건 전개과정에서 확연하게 드러나듯이 통치권에 참여하려는 정신의 대응논리를 높이 평가하고, 정신의 대응논리에 일치되게 서술하기 위하여 정치사건을 복잡하게 전개하고 있다. 그라버는 『역사 사건』에 담긴 정치사건 해결장면을 통하여 11-12세기가 서양 중세세계의 중요한 전환시대임을 전달하고 있다. 『역사 사건』의 제9장은 3단계로 구성되어 있다. 『역사 사건』의 연대는 아마도 999년이었던 것 같다. 그라버는 최후 사건에서처럼 999년을 전례 없이 가혹한 시대로 인식하고 당시 유럽 문화구성원은 기아에 시달려 죽어갔고, 문화구성원 중에서도 생활이 지극히 어려운 사람들은 뱀까지 잡아먹으면서 생명을 이어갔다는 것이다. 당대 중세인은 심지어 노인, 아낙네, 어린이와 같은 약한 자를 죽여서 인육까지 먹고 연명해야 했던 어려운 시대였다고 서술하고 있다. 그라버는 서양 중세세계의 어려운 시대상황을 영웅전사를 내세워 묘사하고, 당시 어려운 시대상황이 생소한 외부 종족유입과 함께 격심한 고통을 겪으면서 나아지기 시작했다고 묘사하고 있다.

유럽 문화구성원이 고통스러워하는 장면은 이탈리아 나바르 공작인 빌헬름이라는 인물이 알 만수르라는 아랍인에게 대항했다고 해서 빌헬름을 영웅전사로 묘사하는 데서도 입증되고 있다. 그라버의 『역사사건』은 어려운 사회상황을 두 종족의 싸움으로 야기된 것처럼 묘사하고 유럽 문화구성원이 처하고 있던 극단의 빈곤 상황을 병렬형식의 크리스트교세계 방어라는 표상을 제시하고 있다. 크리스트교 세계 방어군은 물론 일단의 기사로 구성되었고 문화구성원 전부가 공동으로 크리스트교 세계를 지키기 위하여 아랍계 외적에 대항해야 한다는 취지로 일련의 사건 전개과정에서 유럽세계 변화를 묘사하고 있다. 그라버는, 즉 크리스트교 세계 정화를 구원의 전주곡으로 인식하고 사건 전개과정에서 다수 크리스트교도들이 생소한 종족으로부터 살해당했던 공동체 생활의 체험을 확연하게 묘사하고 있다. 또한 크리스트교도들에게 개인의 허무맹랑한 명성을 위해서가 아니라 '형제같은 동포애 사랑'을 실천하기 위하여 생소한 종족과의 전쟁을 시작해야 한다고 역설하며 문화구성원의 윤리에 대해서도 지대한 관심을 표명하고 있다. 문화구성원의 윤리는 생활규칙이나 다름없었고 종족언어 표현관습을 비롯하여 관습과 관행으로 구성되어 있었다. 그런데도 문화구성원은 크리스트를 윤리 원형질로 활용하여 공동의 결속력을 창출하고 있었다. 특히 윤리는 귀족과 농민, 성직자와 지방민을 공동체 생활에 결속하는 역할을 담당했고 공동체 구성원을 하나로 결속하여 전체 공동체 구성원에게 형제애의 결속력을 생성하고 있었다.

종교생활에서 형제애는 죽은 자와 생존자까지도 결속했고, 죽은 자는 생존자의 내세상에 대한 정신의 인식작용으로 생존자의 종교생활에도 참여했다. 내세상은 어쨌든 죽은 자가 생존자의 종교생활에 참여한다는 정신의 인식작용으로부터 새로운 결속관계를 제공했다. 내세상과 생존자의 결속관계는 다음과 같은 이야기에서도 입증되고 있다. 무티예-쌩-쟝 수도원은 단일 교구 도시인 랑그르에 자리잡고 있었다. 당시 무티예-쌩-쟝 수도원에는 포르페리우스라는 수도자가 아침기도를 드리고 있었다. 포르페리우스 수도자가 아침기도를 드리던 날은 삼위일체 성축일이었다. 포르페리우스 수도자는 아침 기도 이후 시간에도 계속 기도를 드리고 있었다. 포르페리우스는 기도 중 하얀 옷에 자주색 외투를 걸친 성인 남자들과 주교 복장을 한 여러 종족의 남자들이 함께 수도원을 가득 메우고 미사에 진지한 모습으로 참여하고 있는 광경을 목격했다는 것이다. 이들 성인 남자들은 미사에 참여하고 있었다. 심지어 주교 복장을 한 여러 종족의 남자 중에 어떤 남자가 십자가를 치켜들고 미사 참가자들 앞으로 나아갔다.

십자가를 들고 앞으로 나간 남자 이외의 미사 참가자들은 성축일을 지나고 8일째 되는 날 자기들도 모르게 이미 이전부터 신비 징후가 나타났다고 외쳐대고 있었다는 것이다. 당시 주교도 신비에 사로잡힌 채 쌩 모리스 수도원에서 미사를 봉헌하기 위하여 준비하고 있었다. 포르페리우스는 주교에게 도대체 미사 참가자들이 누구며, 어디서 왔는지, 왜 여러분께서 무티예-쌩-쟝 수도원에서 특별하게 성축일을 보내게 되었는지를 물어보았다는 것이다. 주교는 형제자매 여러분이 크리스트의 신앙으로 태어났는데도 아랍인들이 무력으로 몸과 영혼을 갈라놓으려 한다고 강론했다는 것이다. 그때 거기에는 그 주교 형제와 자매들이 수도원 안팎을 가득 자리잡고 있었는데 그 미사 참여자에게 여러분 모두가 거의 아랍인 동료가 되고 말 것이라고 강조하는 강론을 하고 있었다는 것이다.

진지한 미사가 끝나자 포르페리우스가 미사 참여자 형제 자매 여러분에게 자기를 따라 오라고 요청했으나, 미사 참여자들이 어디론가 사라져 버렸다고 그라버는 기술하고 있다. 여기서도 미래상은 죽은 자와 생존자를 결속하고 있다. 죽은 자와 생존 자를 결속하는 미래상은 종교생활에 바탕을 두고 문화구성원으로 결속하는 역할을 담당했다. 11-12세기 서양 중세세계에서 문화구성원을 결속하는 미래상의 존재는 '지방민', '신앙고백', '신의 부름', '공동체 구성원'으로부터 발원했다. 주교는 '공동체 구성원'의 지도자였고, 주교를 따르던 '공동체 구성원'은 신의 존재에게 복종을 서약한 교구민이었다. 주교가 공동체 구성원들에게 전달하는 신앙이 교구민 앞에서는 주교가 들고 있는 십자가의 상징물로 나타날 수도 있었다.

그런데 그라버는 사실무근하게도 전쟁과 전쟁 참여자를 십자가의 상징물에 일치시켰던 것이다. 그런데도 그라버는 신의 존재를 암시하는 십자가를 중심으로 공동체 구성원을 결속하도록 만들어 전쟁의 상징물로 더욱 그럴싸하게 활용했다. 그라버가 신의 존재를 중심으로 공동체 구성원을 결속하도록 만드는 것으로는 전쟁 이외에도 다시 회개관습을 상징물로 활용하고 있다. 주교의 형제 자매들은 신의 부름 자체를 공동체 구성원을 결속하는 동기로 파악했다. 신의 부름은 종족언어 표현관습의 묘미를 계약에 일치시켜 주교의 형제 자매를 하나의 공동체 구성원으로 결속했던 것이다. 미사 참여자들의 이런 공동체 운동은 공동체 구성원 형제 단체라는 의미를 결국 강조하며 내세상까지 함축했다. 공동체 구성원의 내세상은 여기서 크리스트 재림과 회개관습에 바탕에 두고 과거와 미래까지를 하나의 세상으로 이어주었다.

미사 사건은 성신 강림주일이 지난지 일주일만에 일어났다. 미사는 신의 존재가 내려보낸 영혼의 후예에게 드리는 제사나 다름없었다. 물론 영혼의 후예는 12사도였다. 따라서 미사는 신의 존재가 내려보낸 영혼의 후예인 12사도에게 드리는 것이었다. 이런 미사의식은 4세기 이후 스페인계 수녀인 에테리아가 순교자에게 의식을 올렸다는 것이 알려지면서 서양 중세세계에서도 의식으로 자리잡았다. 순교자는 카톨릭 모국을 방어하다가 목숨을 바친 사람을 의미했다. 미사 사건에서도 주교는 카톨릭 모국과 순교자를 환기하기 위한 목적으로 익명의 순교자인 성자 모리스의 제단을 빙글빙글 돌면서 찬미가를 부르기 시작했다. 주교의 미사에 참여했던 형제 자매는 낙원을 향해 출발하려던 영혼을 분명히 의미했다. 주교의 형제 자매는 이 세상으로 환생하여 의식과 유사하게 미사를 활용하여 공동체 구성원을 결속하게 될 것임을 예언하고 있다. 물론 미사에 참여한 주교의 형제 자매는 이 세상의 시각에서 바라보면 '방랑자'에 지나지 않았다. '방랑자' 혹은 '나그네'는 어디론가 정처 없이 떠나가는 외로운 길손을 의미했다. 주교의 이들 형제 자매는 아무런 정처도 없이 억지로 이 세상 이곳 저곳으로 떠돌아 다니지 않으면 안 되었다. 주교의 형제와 자매는 순례자 모습으로 떠돌아 다녔으나 감각의 인식작용으로 종교에 합당한 순례자 업적에 도달할 수 있다는 확신으로 가득차 있었다.

주교의 이런 형제와 자매들은 내세상에 상징물을 일치하여 성사관습 변화를 생명체로 표현했다. 주교의 이들 형제 자매들은 주교가 봉헌한 미사 선례를 내세상에서도 따르게 될 것이라는 예고를 상징물로부터 암시받고 있었다. 주교의 형제와 자매인 이들 '방랑자'들은 물론 이상하게도 갑자기 서로 결속하고, 자기네 이외의 사람들까지도 모두 형제로서 결속했다. 물론 미사 변화 사건은 예기치 못한 가운데서도 발생하여 교회조직 의무까지도 수행하는 분위기로 변화하여 지방민과 성직자, 미사 참여자와 교직자가 서로 뒤섞이면서 새로운 결속모형을 창출했다. 그라버는 다음 『역사 사건』을 두 개 부분으로 구성하고 있다. 그라버는 악행이라는 외부 위협물을 도입하고, 외부로부터 밀려온 위협물을 악행으로 인식하여 공동체 구성원의 성사관습을 집단행동으로 보강했다. 포르페리우스가 외부 위협물을 상상한 이후 다섯 달이 지나서야 포르페리우스는 어느 정도 의학 전문 지식을 갖추었다고 해서 도시 옥쎄르 교구에서 병든 수도자를 간병해 달라는 명령을 전달받고 있다. 포르페리우스는 자기 죽음이 임박했다고 공공연히 떠들어대면서 사람들의 이목을 집중시키고, 자기가 도시 옥쎄르에 도착한 지 얼마 경과되지 않아서 병든 사람을 목격했다고 주장하고 있다. 도시 옥쎄르의 수도자들은 포르페리우스가 도착했음에도 포르페리우스의 예리한 재치를 보아 왔던 터라 포르페리우스가 왔다는 소식에 대하여 전혀 귀를 기울이려고 하지 않았다. 수도자들은 병든 사람이 안식일이나 그런대로 넘겨주기를 간절히 소망하고 있었다. 이튿날이 밝았다. 병든 사람은 물론 포르페리우스의 진료를 받고 있었다. 그런데도 병든 사람은 치료를 받으면서 내세상을 다음과 같이 설명하고 있다.

병든 사람은 자기 앞에 동정녀가 나타나 네가 어떤 마음을 갖고 있느냐고 물었다는 것이다. 동정녀는 또한 즉석에서 앞으로의 행로에 대하여 두려움을 가져서는 안 된다고 말하는 것처럼 포르페리우스에게 알려 주더라는 것이다. 거기다 아카르드는 포르페리우스의 죽음을 예언하고 있었다. 아카르드의 예언은 확증된 것이었다. 어쨌든, 아카르드의 예언처럼 포르페리우스는 3일 후에 사망했다. 수도자들은 포르페리우스의 장례식을 준비했다. 포르페리우스의 장례식이 준비되는 과정에서 또 이상한 사건이 발생했다. 수도원 근처에는 독실한 신앙심을 지닌 어떤 지방민이 살고 있었다. 그 지방민은 수도원에서 종이 울려 퍼지자 아침 미사를 드릴 시간이 되었다고 생각했다. 그 지방민은 잠자리에서 일어나 교회로 갔다. 지방민이 교회로 가는 길목에는 조그마한 다리가 놓여 있었다. 지방민이 교회로 가는 길목의 다리에 이르자 이상한 소리를 듣게 되었다. 그 지방민은 걸음을 멈추었다. 이상한 목소리는 수도원 안에서 들려오고 있었다. 수도원 안에서 들려오는 울음 섞인 목소리는 "나를 구해 주시오. 구해 주시오! 이 사람을 데려가지 마시고, 다른 사람을 데려가시오!"라고 외쳐대고 있었다는 것이다. 그 지방민은 다리 위에서 이웃 사람과 흡사하게 닮은 사람의 모습을 보게 되었다. 그라버는 이웃사람을 흡사하게 닮은 모습으로 그 지방민의 눈에 나타난 인물이 악마였다고 전하고 있다. 사람 모습으로 나타났던 악마는 그 지방민을 속이려 하다가 작은 탑 속으로 들어가고 말았다는 것이다. 그 지방민은 악마를 보고, 정신을 잃었다가 다시 정신을 차렸다는 것이다. 지방민은 정신을 차리고 보니 자기가 십자가를 그리고 있었다는 것이다. 십자가를 그려 정신을 차리게 된 지방민은 소침한 기분으로 집으로 돌아왔다고 그라버는 묘사하고 있다. 그리고 지방민은 집으로 돌아온 다음에도 포르페리우스처럼 죽지 않고, 악마를 물리치고 죽음의 굴레를 빠져 나올 수 있었다고 그라버는 서술하고 있다.

그라버는 『역사 사건』에서 두 가지 사건을 제시하고 있다. 여기서는 두 가지 사건의 진행과정에서 나타난 특정한 인물에 대하여 성사관습 변화 문제를 제기하고 있다. 그라버의 『역사 사건』에 등장하는 특정한 인물은 한 가지 성사관습에 대한 문제 의식을 지니고 확실성을 추구하고 있다. 특정한 인물은 물론 최후 인생여로를 향하여 지나가고 있다. 성직자와 지방민도 신앙을 확실하게 확증하기 위하여 성사관습 변화와 관련된 여러 가지 사건을 대비하고 있다. 신앙을 확증해야 한다는 전제는 도시 옥쎄르에 도착한 포르페리우스에게서도 이미 제시된 바 있다. 포르페리우스가 도시 옥쎄르에 도착했을 때 수도자들은 포르페리우스의 말을 아무도 믿으려 하지 않았다. 도시 옥쎄르의 수도자들은 포르페리우스의 말을 귀담아 들으려고도 하지 않았다는 것은 11-12세기 어려운 유럽세계 상황을 나타내고 있는 것이나 다름없다. 이외에도 지방민들은 세상에 인간 능력으로 파악할 수 없는 존재가 있다는 불안정한 상황에 휩싸여 있다. 지방민들 사이에 이미 확산되어 있는 성사관습 변화에 대한 인식을 그라버도 뛰어넘을 수 없었다. 그라버는 지방민들에게 신앙을 확증해주기 위하여 내세상을 상징물로 활용하여 단거리 여행에 지나지 않는 데에도 문화이동 거리를 확대하고 있다. 그라버는 문화이동 거리에 합당하게도 쌩 제르멩 수도원에다 질병을 도입하여 존엄성을 공략하는 것처럼 기술하고 있다. 그라버는 질병 상황을 죄에 대한 확증으로 인식시키면서 회개의 필요성을 강조하고 있다. 그라버가 회개의 필요성을 강조하게 되는 것은 기존 질서를 이끌어 가던 결속력을 지속하려는 의도에서 비롯된 것으로 파악할 수도 있을 것이다.

그라버는 신앙을 확인해주려고 다양한 방법을 강구하고 있다. 그라버가 죄를 강조하는 것도 신앙에 대한 확인작업의 일환임을 부인할 수 없다. 포르페리우스의 죽음도 죄에 대하여 회개관습을 내포하고 있다. 그리고 수도원 근처의 다리 위에서는 무고한 지방민조차도 악마의 유혹에서 구해 달라고 요청하는 애원의 소리를 듣고 있다. 그라버는 포르페리우스를 죄에 대한 고통 때문에 미사에 참여할 수 없던 악마로 묘사하고 있다. 포르페리우스는 신체도 허약했고, 신앙에 대하여 많은 의구심까지 품고 있었다. 그런데도 포르페리우스는 뜻밖에 나타난 동정녀로부터 구원을 받고 있다. 포르페리우스는 동정녀의 도움으로 정신을 다시 차려 동정녀가 포르페리우스의 마음속을 신앙에 대한 확신으로 단단하게 만들어 주었다. 지방민도 신앙에 대한 확신에 차서 아침 미사를 올리기 위해 수도원 예배당으로 향하고 있다. 수도원 근처의 다리 위에서 지방민은 악마의 소행 때문에 집으로 되돌아오게 되었다. 지방민을 수도원의 미사에 참여할 수 없도록 만든 다리는 상징물이었다. 다리의 상징물은 지방민과 성직자를 분리하는 성사관습 변화를 함축하고 있다. 포르페리우스도 지방민 사회와 성직자 사회를 분리하고 있으나, 포르페리우스의 장례식은 성서의 특별한 성사관습, 즉 신앙에 대한 확실성과 죄에 대한 회개관습과 연계되어 있다. 그라버는 포르페리우스를 언제나 총명했던 인물로 묘사하고 있다. 포르페리우스에 대한 그라버의 이 같은 평가는 포르페리우스가 죽음을 예언했음에도 수도자가 거의 믿지 않고 있는 데서도 나타나고 있다. 그라버는 포르페리우스의 내세상을 의구심보다는 완벽성으로 설정하고, 포르페리우스를 내세상에서 확실하게 보상받을 수 있는 인물로 내세워 포르페리우스가 내세상에서 받을 보상 대가를 생명으로 지불하지 않을 수 없었던 인물이라고 묘사하고 있다. 이것은 포르페리우스가 죽게되자, 수도자들이 포르페리우스에게 다가서서 '환생'을 찾으라고 권고하는 데서도 입증되고 있다.

수도자들은 죽은 자에 대한 미사의식에서 '환생한 사람'에게 기도를 드리고, 지방민들은 '아침 미사에 참석하기 위하여' 잠자리에서 일어나고 있다. 이것은 포르페리우스의 내세상이 그와 체험을 함께 나누던 이웃 사람과 연계되어 있음을 나타내고 있다. 여기서조차도 새로운 성사관습 변화는 기존 질서를 정복하는 것으로 나타내고 있다. 그라버는 지방민 사회가 새로운 공포감 때문에 고통을 당하고 있다는 증거로 제시하고 있다. 그라버는 새로운 공포감을 공동체 구성원의 결속에 일치시키고 있다. 그라버에게는 새로운 공포감이 특히 기존 성사관습에 대한 집념이며 기존 질서 계승이 아니라 단절일 수도 있다는 문제를 다시 제기하고 있다. 『역사 사건』 제2권에서도 그라버는 최근세대의 질서를 기존 질서로부터 계승해서는 안 된다고 단정하고 있다.

중세 후기에 이르러 기존 질서는 윤리와 도덕의 영역으로 분리되었다. 11-12세기부터 서양 중세세계 윤리영역에서도 새로운 성사관습을 수용하려는 분위기가 감돌며 종족언어 표현관습과 성사관습까지 변화했다. 11-12세기 서양 중세세계에서 윤리와 도덕의 분리를 주도했던 사건은 이단자의 성사관습에서 기인했다. 특히 이단자의 성사관습은 정통론자동아리 교회조직의 성사관습 비판에서 출발했다. 루타르와 비르가르드도 물론 레우타르드까지도 이단자 활동에 참여했다. 기존 성사관습 옹호든, 청산이든 관계하지 않고 기존 성사관습을 비판했다.

그러나 11-12세기 서양 중세세계의 분위기는 이 이단자의 성사관습 비판과 전혀 다른 방향으로 변질했다. 그라버는 『역사 사건』 제3권에서 11세기 이런 성사관습 변화가 도덕을 질서 구심점으로 만들면서 공동체 구성원을 결속했다는 것이다. 그라버는 타당한 판단기준의 인식작용에 바탕을 둔 공동체 구성원의 성사관습을 도덕의 구심점으로 만들면서 개인이 결속하여 앞으로 유럽세계를 이끌어 가게 되리라고 예측하고 있다.

11세기 유럽세계는 성사관습의 변화과정을 거치면서 최악 상황, 즉 대재앙 문제에 직면하고 있었는 데도 이 대재앙을 특정한 세계 변화로서까지는 인식하지 않았다. 이런 유럽세계 변화과정에서도 1000년대부터 최근세대의 사고방식을 지배하던 상징물은 변질했다. 즉 1000년대부터 이탈리아 지역뿐만 아니라 프랑스 남부지역에서도 종교 결속력으로 지탱하던 질서는 사라지고 지방민의 결속력 또한 종교와 전혀 다른 새로운 질서로 대체되었다. 새로운 질서는 유럽세계에 새로운 표준인간을 만들어 내고 있었다. 당연히 새로운 표준인간은 새로운 상징물을 활용하면서 라틴어 해독력을 새로운 결속력 진원지로 만들어 내고 있었다.

그라버는 『역사 사건』 제5권에서처럼 여전히 새로운 표준인간에 대하여 편견을 버리지 않았다. 새로운 표준인간에 대한 그라버의 이런 편견은 11-12세기 유럽세계에서 발생한 교회조직 개혁운동과 이단자 종교운동에 대한 시각에서 입증되고 있다. 그라버는 유럽문화 생성시대를 풍미하게 만든 인물이었다. 그라버는 교회조직 개혁운동과 이단자 종교운동을 거치면서도 유럽문화 생성시대의 종말론자 시각을 조금도 탈피하지 않았다. 그라버는 기존 질서를 벗어나지 못한 채 타당한 판단기준의 인식영역에서 사건을 다루어 나가고 있다.

그라버는 이단자 출현 사건이 새로운 결속관계를 구성하고 기존 질서를 파괴하는 원형질로 인식했다. 그라버는 『역사 사건』의 제3권에서 1000년 경 주요 유럽세계 변화를 예루살렘지역에서 안정된 통치권을 유지해오던 비잔티움 제국의 몰락이라고 지목하고 비잔티움 제국의 몰락 원인이 비잔티움 제국 지배자의 야망이었다고 지적하고 있다. 그라버는 이런 주요 변화를 특정한 공동체의 종교 부활이라는 세계 분위기에 관련 지우고 이 분위기 안정을 위하여 프랑스와 이탈리아 지역의 성직자 사이에서 설왕설래하던 입장 차이를 조정하려고 시도하고 있었다. 당시 수도원은 쇠퇴 일로를 거듭하면서도 새로운 전환시대를 맞고 있었다.

수도원은 이미 쇠퇴한 지역에서도 새로 중흥단계를 맞이하고 재앙을 활력소로 대체하며 새로운 세계 분위기를 만들어 가고 있었다. 재앙으로 점철하던 어려운 세계 분위기로부터 수도원 중흥과 함께 찾아온 세계 분위기는 프뤼에리 수도원장이 카스콘느 지방의 폭도들에게 암살된 사례에서도 입증되고 있다. 카스콘느 지방의 폭도들이 교회개혁을 반대하고 이단자 운동을 탄압한다는 원한 때문에 프뤼에리 수도원장을 암살하면서 어려운 시대 재앙은 물러가고 있었다. 즉 아무리 수도원장이라 하더라도 본래부터 교회조직 개혁을 지향하려는 전체 공동체 구성원의 욕구를 억제해서는 안 된다는 것을 전해주고 있다.

11세기 유럽세계에서도 교회조직 개혁 욕구를 거부할 수 없었다.

당대인의 사고방식은 세상이 근본부터 잘못되었기 때문에 세상을 거부하고 기존 질서를 단숨에라도 탈피해야 한다는 애절한 욕구를 성사 관습 변화로 보여주고 있다. 중세 유럽세계 어디에도 빠짐없이 교회를 시커먼 외투를 걸친 모습으로 묘사하고 교회조직 개혁을 갈망했다. 그렇다면 그라버는 과연 유럽세계의 이 같은 교회조직 개혁 요구를 어떤 시각으로 파악했던가 문제를 두고, 교회조직 개혁에 대한 그라버의 시각을 파악하려면 유럽세계를 풍미하던 교회조직 개혁요구 분위기를 간략하게 개괄하겠다. 쌩 마르텡교회는 도시 투르에 있다. 당시 쌩 마르텡교회를 다시 건축한 인물은 에브 뷔장세였다. 당대인은 유명한 건축가인 에브 뷔장세의 초상화를 남겨 두었고 에브 뷔장세와 같은 시대의 인물로서 디종의 빌헬름도 초상화를 남겨 놓았다. 물론 빌헬름의 초상화는 개혁가의 전기 저작물에 실려 있다. 에브 뷔장세와 빌헬름의 초상화는 당시 상황을 생생하게 반영하고 있다. 이 두 개혁가의 초상화는 교회조직 개혁 요구에 대하여 반대하고 있었다는 점을 그대로 나타내고 있다. 이것은 교회조직 개혁의 오류와 의구심, 사문 등을 통하여 교회조직 개혁 요구에 찬물을 끼얹고 있었음을 쉽게 상상할 수 있을 것이다.

그라버는 이 두 개혁가의 초상화에 담긴 분위기를 『역사 사건』 제3권의 6장에서 언급하고 있다. 따라서 여기서는 『역사 사건』 제3권의 6장에 담긴 교회조직 개혁 욕구를 유럽사회에 뿌리를 두고 있었다는 취지에서 간략하게 요약해 둘 필요가 있다고 판단하게 되었다. 온 세상은 새로운 교회로 가득 차게 되었다. 그라버는 온 세상이 새로운 교회 때문에 아름다워졌다고 기술하고 있다. 그라버는 사람들에게도 다양한 표지에 담겨 오래도록 베일에 가려져 있던 성자유골을 다시 찾아낼 수 있는 순간이 다가오고 있다고 묘사하고 있다. 물론 당대인은 성자 환생을 기다리고 있었다. 당대인이 환생을 기다리던 것처럼 성자유골은 크리스트를 믿는 사람들에게 신의 표지이자, 신의 존재모습을 나타내는 것으로 인식되어 신의 존재를 실천하도록 동기를 부여했다.

성자유골을 발견했다는 소동은 도시 쌩의 쌩 스테펭 수도원에서 일어났다. 쌩 스테펭 수도원장은 대주교 리에리였다. 수도원장인 리에리는 수도원에서 조그마한 유물을 발견했고, 그 유물 중에서 우연히 모세의 지팡이 조각을 보았다는 것이다. 대주교 리에리가 모세의 지팡이 조각을 보았다는 소문은 사방으로 퍼져 나갔다. 순례객들은 모세의 지팡이 조각을 확인하기 위하여 여기저기서 모여들기 시작했다. 도시 쌩은 결국 몰려드는 순례객으로 붐비게 되었다. 그리고 도시 쌩은 순례객의 관광수입으로 거대한 도시재정을 확보했다. 도시 쌩은 모세의 지팡이 조각을 발견했다는 소동으로 축제를 창설했으나, 쌩 스테펭 수도원이 그 지방의 부유한 귀족 프로몽의 손아귀로 넘어가 헛된 꿈의 도시라는 오명을 도저히 지울 수 없었다. 프로몽 사망 이후 쌩 스테펭 수도원 상속자는 아들 렝나르였다. 렝나르는 쌩 스테펭 수도원과 당시 재정이 빈곤한 교회를 관리했다. 렝나르는 가끔 쌩 지방의 유대인을 찾아가서 자기가 모세의 지팡이 조각을 보관하고 있다고 해서 스스로를 유대인의 왕이라고까지 지칭하고 유대인 영향을 받고 있었다.

그라버는 렝나르가 유대인의 영향을 받아 정직하지 못하고 버릇이 없으며, 교활한 인물로서 낙인찍혀 결국 신앙을 위협하는 인물이 되고 말았다는 것이다. 그런데도 그라버는 어려운 사회상황에서 기적의 중요성을 확인하고 성자유골의 사례처럼 기적과 관련된 두 가지 사건으로 어려운 상황에 처한 성사관습 변화 사례를 제시하고 있다. 우선 렝나르는 목숨만 살려 달라고 간청했으나 사형 집행자들은 렝나르를 흔한 좀도둑에 지나지 않는다고 해서 교수형을 집행하도록 명령했다. 렝나르는 자기 과오에 대하여 회개할 기회를 달라고 사형 집행관에게 요청했으나 사형 집행관은 그 날이 성 금요일이라 하더라도 회개 기회를 허용하지 않고 사형 집행으로 교수형에 처해졌다. 렝나르는 하루 내내 밧줄에 목을 맨 채 매달려 있었는데 렝나르의 목을 매고 있던 밧줄이 갑자기 끊어졌다. 렝나르가 땅바닥에 떨어지자 으악 소리를 지르면서 과거 인간으로 환생했다고 그라버는 부언하고 있다.

두 번째 기적 사건은 트로야 지방 근처의 어떤 도시에서 발생했다. 도둑 일당은 한 마리의 황소를 훔쳐 달아났다. 마을에서 황소를 훔친 도둑들은 잡힐 상황에 처하게 되자, 어떤 노인에게 황소를 넘겨주었다는 것이다. 도둑들로부터 황소를 넘겨받은 노인은 황소 때문에 도둑누명을 썼으나 자기의 무고함을 끝까지 주장했다. 당시 트로야 영지 귀족 헤르베르트는 노인에 대하여 황소를 훔친 죄목으로 노인을 교수형에 처하도록 명령하여 노인 교수형을 집행했다. 노인이 교수형을 당하는 순간 아주 통실통실하게 살찐 한 마리 암송아지가 자기 뿔 위에다 노인을 떠받치고 있었다는 것이다. 노인은 사흘 동안이나 암송아지 때문에 죽지 않고 버티다 이를 발견한 지방민이 밧줄을 끊고 노인을 다시 살려 냈다는 것이다. 결국 무고한 노인은 다시 암송아지의 도움으로 환생했고 자기가 재혼하면 세례성수 물통에 몸을 씻을 암송아지와 같은 아이를 갖게 될 것이 틀림없다고 해석했다는 것이다. 그라버는 세례대자에게 한 마리의 암송아지를 주는 의례관습이 남아 있었다고 부언하고 있다. 그러나 그라버는 황소를 훔친 도둑에 대한 기적에서 도덕과 윤리로 다시 돌아가서 렝나르를 유대인의 의례 관습에 지나치게 치우쳐 있던 인물로 묘사하고 있다.

즉 렝나르의 편견에 찬 행동은 광란에 가까운 변태행위였다고 지적하고 렝나르를 성사관습 변화를 전달하는 소리의 존재 관습과 지나치게 멀리 떨어져 있는 명확한 존재 표지로 추측하고 있다는 것이다. 그라버는 왕이 명령권을 회복하기 위하여 어떤 유력자를 파견한 것이 도시 쌩을 화염에 휩싸여 절반에 가까운 도시재산을 상실하는 요인이 되었다는 것이다. 그라버의 『역사 사건』은 이미 제시한 바와 같이 흥미진진한 이야기꺼리를 담고 있다. 이제 그라버의 『역사 사건』을 구성하고 있는 사건을 당대 역사에서 실제로 일어났던 사건과 비교하면서 현대 문학이론의 핵심을 구성하고 있는 이야기와 역사의 관계를 검토하기로 하겠다.

우선 당대 역사를 구성하고 있는 사건을 검토해 보는 경우, 로베르 경건왕(996~1031)은 에우데의 협력으로 1015년 4월 22일 도시 샤트르로 갔다. 당시 렝나르는 추방당하지 않은 상황에서 실제로 로베르 경건왕과 협상하여 서로 타협점을 찾아냈다.

그라버는 역사 상의 사건으로부터 인과응보의 보상원리를 찾아내고, 로베르 경건왕이 도시 쌩을 공격하게 된 것을 시민의 과오와 허욕을 처벌하기 위해서라는 논리로 묘사하고 있다. 그런데도 그라버는 모세의 지팡이에서 일어나는 성사관습 변화 모형을 예리하게 파악하고, 모세의 지팡이 조각을 보고서 유대교로 개종하는 개종자를 목격하고 있다. 그런데도 모세 지팡이 조각과 같은 성자 유골은 기존 질서와 새로운 질서를 서로 이어주는 역할을 담당했다고 분석하고 있다. 시각의 인식영역에 나타나는 '새로운 질서'와 시각의 인식영역에 나타나지 않는 종족언어 표현관습의 관계는 성사관습을 전달하는 소리에 근거하고 있다고 강조하고 있다. 모세의 지팡이 조각은 실제로 과거에 존속하던 성자표지인데 현재의 기적을 확증하기 위하여 처음으로 등장하고 있다.

그라버는 특이하게도 현재 상황을 악화시키는 성사관습 변화 사건을 확인함고 동시에 정당한 성사관습에 주의를 기울이고 있다. 그라버를 렝나르와 헤르베르트의 시각에서 파악하면, 그라버는 신앙을 지닌 사람이기보다는 정당한 성사관습 때문에 일어났던 사건에 주의를 집중했다는 측면에서 문헌 해석자에 가깝다고 하겠다. 그라버는 도시쌩 지방에서 유대인과 공모하여 저지른 렝나르의 불장난에 대해서는 더 이상 상세하게 언급하지 않고 있다 그러나 그라버는 헤르베르트의 사례에서처럼 법률에 따라서 통제를 받게 될 역사의 준비단계에다 이단자 출현 사건의 관례에 초점을 맞추고 있다. 그라버는 '개혁'을 힘차게 추진하고 '발전'을 전제한 질서 변화를 수용하기 위하여 당대인의 허황한 욕구를 인정할 수 없었으나, 허황한 욕구 자체까지도 질서 변화에 도움이 된다고 인식했다.

그라버의 이런 시각이 현실화되는 첫 단계에 이르러 그라버는 레나르와 헤르베르트가 노령에 이르긴 했지만 젊은이로 다시 부활하여 함께 고전시대 성사관습을 실천하고 현재 진행되는 질서 변화를 두려워하고 있다는 것이다. 만약 렝나르와 헤르베르트가 크리스트의 성사관습을 스스로의 판단력으로 인식할 수 있었더라면 무고한 사람들도 고통을 당하지 않았을 것이고, 공동체 구성원도 서로 분리되지 않았을 것이라고 그라버는 회고하고 있다. 그러나 그라버는 어떤 인물이 정의를 남용하게 되는 경우 신이 당연히 이 세상에서 정의를 남용한 인물을 반대한다는 인과응보를 성사관습 변화의 증거로 제시하고 있다. 그라버의 『역사 사건』에서 실제로 죄를 지은 도둑은 안식일 저녁에 처형되고 있으나 무고한 사람까지 어떤 사문과정도 거치지 않고 죄를 지은 사람처럼 처형되고 있다. 그러나 무고한 노인은 어린 시절부터 베푼 선량한 행동 때문에 신의 구원을 받았다고 서술하고 있다.

그라버는 렝나르도 실제로는 지방민들로부터 존경 받던 백작지위 계승자였음에도 렝나르를 권력에 무지한 어떤 젊은이로 해석하여 등장시키고 있다. 유대인도 등장하고 있다. 그라버는 렝나르와 함께 등장하는 유대인을 고집이 세고 질서 변화에 민감하지 못하여 기존 성사관습의 오류에 빠져있는 인물이라는 점에 초점을 맞추고 있다. 그라버는 그런데도 렝나르를 유대인과 관계를 단절하고 확고한 역사 입장과 관계를 맺고 성자유골을 새로운 성사관습의 대체물로 인식했던 인물로 묘사하고 있다. 그라버는 새로운 성사관습 출현으로 종족언어 표현관습이 전거 부실 때문에 타격을 받을 것이고, 유언비어까지 날조하여 전거라는 글자로 표기하여 처리하는 상황이 오지나 않겠느냐 문제 때문에 심각한 심리상태 불안을 드러내고 있다. '소문'은 사람들의 생각을 바꿔놓는 요인이 될 수도 있다. 그라버는 렝나르와 헤르베르트라는 두 인물을 기대감 넘치는 선구자로서, 그리고 과대망상에 빠져있는 선각자로서 공동체 구성원의 생각을 변화시키는데 상당한 역할을 담당할 수 있는 인물로 파악하고 있다. 그라버는 실례로 모세의 지팡이 조각에 대한 소문을 듣고 사람들이 도시 쌩으로 모여 들었는데도 이들 사람들을 여행자로 취급하여 무시해 버렸다는 것이다.

간략하게 지적하면, 그라버는 질서 변화를 예고하고 당대 질서 변화를 『역사 사건』에 담아 공동체 구성원들에게 제시하기 위하여 기술하고 있다. 새로운 성사관습은 감각의 인식작용으로 시간 규격을 만들어 내고 있으나, 신의 존재 때문에 정치와 사회는 예수의 말씀으로 구성된 성사관습으로 유지되고 있다. 그라버는 물론 도시 쌩의 유대인 세력을 이슬람 지역과 예루살렘 지역에서 활동하고 있던 이단자에 관련 지워 언급하고 렝나르의 몰락요인까지도 유대인의 의례관습을 유지하려는 세력 때문이라고 암시하고 있다. 당시 유대인들은 광범위한 유럽세계에다 유대교 교리를 확산시켜 종교를 분리시켜 정치 혼란을 일르키고 있다는 것이다. 그라버는 종교와 정치에 대한 유대인의 이런 분리 행위를 신의 무덤을 파괴하는 무모한 행위로 인식했다. 그라버는 또한 로트베르트라는 도망자 노예가 도시 오르레앙에서 유대인들로부터 돈을 받고 유대인 편지글을 파팀 가문의 칼리프인 알 하킴에게 전달했다는 사실까지도 간과하지 않고 있다. 그라버는 이 유대인 편지글에서 신의 존재가 지상으로 내려보낸 크리스트의 권세를 사라지게 만들어 달라고 아랍인에게 부탁하고 있다고 불평하고 있다. 그라버는 무질서한 종교 상황을 당대 중세인의 성사관습에 관련 지워 언급하며, 크리스트교가 예루살렘에 대한 지배 능력까지 상실했다는 점에 초점을 맞추어 효과 위주로 서술하고 있다.

그라버의 이런 역사 서술은 『역사 사건』 제4권의 2장에서 분명하게 드러나고 있다. 그라버는 또한 『역사 사건』 제4권의 2장에서 도시 아스티 근처에서 은둔하고 있던 카타르계 이단자 일원이 소유하고 있던 성곽에 관해서도 전해주고 있다. 그라버는 『역사 사건』 제4권 2장에서 도시 오를레앙에서 이단자들이 정통론자 교회조직에 반항했던 사실을 지적하면서도 이단자의 성사관습으로 전달되는 특정 교리 역할을 정확하게 파악하지 못하고 있다. 이단자들도 물론 크리스트 교도임을 내세우며 자기네 특정한 공동체에 끌어들여 이단자 교회를 선전하고 특히 공동체 구성원의 성사관습까지 놓는 우발 사건이 일어나고 있었다. 물론 이런 우발 사건은 촌락에서 일어났고 우발사건 영향으로 카타르계 이단자는 세력을 확장하여 이단자와 기사까지를 관련지우고 있다.

병든 기사는 병으로 죽음의 순간을 앞두고 있었다. 그래서 기사는 유언을 남기기 위하여 부인을 불러오도록 요청했다. 그러나 기사 부인은 이단자들의 교리를 유포시키려고 오는 것에 불과했다. 기사는 부인과 함께 집으로 돌아왔다. 기사가 집으로 돌아오니 집에는 검은 옷을 입은 사람들이 모여 있었다. 기사는 집에 모인 사람들을 보고 놀랐다. 기사의 집에 모인 사람들은 부인이 자리를 떠난 이후에도 남아 있었다. 그리고 모인 사람들은 독일계 황제 콘라드 1세(911~918)를 악마처럼 악명 높은 지도자로 지칭하고 있었다.

기사 집에 모인 사람들은 죽어 가는 전임 기사 바시르가 동부 지방에서 살해당했다는 것이다. 그래서 카린티아 지방의 공작 콘라드 1세에게 협력을 요청해야 할뿐만 아니라 미하에르 4세에게도 협력을 요청해야 한다고 주장하고 있었다. 그런데 기사 위그(†1141)가 크리스트를 믿겠다고 서약하자, 기사의 집에 모인 사람들은 순식간에 사라져 버렸다고 기술하고 있다. 그라버는 상상력의 인식영역에서 특정한 목적으로 기존 질서의 위협물을 계속 강조하고 있다는 것이다. 그라버의 시각에서도 크리스트 교도의 왕국을 이끌고 가던 성사관습은 사라지고 있었다. 그라버는 크리스트 교도의 왕국에서 성사관습이 사라진 것을 주지시키려는 것이 아니라, 크리스트 교도가 공동체에 대하여 어떤 의무감도 발휘하지 않는 점을 개탄하여 크리스트 교도의 공동체에 대한 의무감을 일깨워 주려는 의도를 전달하고 있다. 실제로 박약한 신앙심을 지닌 지방민 위그처럼 신앙심이 박약한 사람이라 하더라도 그라버의 『역사 사건』을 읽는 독자들에게 크리스트 교도의 결속의식을 불어넣을 수 있었을 것이다. 따라서 그라버의 『역사 사건』을 읽는 해독자들은 유대교 주문을 이슬람 지역이나 비잔티움 지역으로부터 크리스트교의 성사관습에 연계할 수도 있었을 것이다.

『역사 사건』의 대단원은 제4권 4장부터 6장에 담긴 서문을 지적할 수 있다. 4장에서 6장에 걸친 『역사 사건』의 줄거리는 1036년 초엽 기근에 대하여 전해주며, 풍성한 가을 추수를 크리스트 모습의 기념물 표지로 인식시키고 있다. 뿐만 아니라 교회조직 개혁운동을 '신의 평화'에 이르려는 노력 일환으로, 그리고 예루살렘으로 향하는 열렬한 순례자 행렬의 모습과 순례 참여자가 전하는 기적담까지 전해주고 있다. 게다가 그라버는 예언과 고행에 대해서도 생생하게 전하며, 1033년의 기근을 다시 언급하고 있다. 1033년이 다가오자, 크리스트 교도의 온 세계는 극심한 기근에 시달리고 있었다는 것이다. 1033년 기근이 닥쳐오자 많은 인사들은 기근의 절박한 운명을 경고라도 하듯이 이단자 공동체 구성원의 지위를 팽개치고 떠나버렸다는 것이다. 이들 인사들 중에는 베네딕트 8세, 퓌르베르(970?~1028), 빌헬름 등이 포함되어 있었다. 그러나 이들 인사들은 1024년, 1029년, 1031년에 각각 사망했다.

기근의 연속은 너무나 가혹했다. 심지어 사람들은 살아남을 수 없게 되리라고까지 생각하게 되었다. 극심한 기근에다 한발과 홍수까지 번갈아 가며 겹치고 있었다. 과거부터 동부의 비잔티움 지역은 그리스어 상용지역이었다. 동부의 비잔티움 지역에서 식물의 병이 발생했다. 동부의 비잔티움 지역에서 발생한 식물의 병은 그리스와 이탈리아 지역을 거쳐 프랑스 지역에서까지 확산되었다. 물가도 급등했다. 물가 급등으로 식량가격도 상상할 수 없을 정도로 치솟게 되었다. 식량가격 앙등으로 먹을 것을 찾아 헤매는 것을 사람들은 일상사로 인식하고 있었다. 사람들은 뱀을 잡아먹거나 식물 뿌리를 캐먹고, 썩은 고기 뿐만 아니라, 동물의 썩은 육류를 먹고살거나, 최악의 경우에는 인육으로 연명했다.

그라버는 식인종의 습관에 대하여 몇 가지 사례를 제시하며 회상하고 있다. 오가는 길손은 숙박지에서 살해당하는 사례가 있었다고 언급하고 오가는 아이들을 멀리 떨어진 곳으로 유인하여 동물을 도살하는 것처럼 죽이고 인육을 먹기도 했다고 그라버는 언급하고 있다. 심지어 무덤에 안장되어 있는 시체까지 꺼내서 훔쳐오는 사례를 지적하고 있다. 튀르뉘 지방의 매점에서는 삶은 인육도 쇠고기를 대신하여 매매되고 있었다는 것이다. 그라버는 식인종에 관해서도 전하고 있다. 식인종은 마콩강과 멀리 떨어지지 않은 곳에 살았다고 한다. 식인종이 살던 오두막에는 48명의 사람 뼈가 있었다는 것이다. 사람들은 기아를 해결하기 위하여 밀가루에다 흙을 섞어서까지 먹었다고 한다. 교회 금고 속에서 잠자고 있던 보물도 매물로 쏟아져 나왔다고 한다.

이런 유럽세계 상황도 머지 않아 진정되었다. 전체 유럽세계 분위기도 유럽문화 생성시대의 혼돈상태로 환원되는 것처럼 느껴졌다. 1033년이 되자 억수같은 시련시대도 지나갔다. 대지에는 다시 신의 축복이 내리고 기근도 사라졌다. 식량은 풍족하게 유통되었다. 성직자들도 아퀴타니아 지방에서부터 처음으로 떼를 지어 만나기 시작했다. 수도원장과 수도자도 서로 무리를 이루어 만나기 시작했다. 성자들의 시체도 교회의 안장소로 운구되고 있었다. 교회도 평화 분위기로 바뀌어 크리스트의 신앙심을 고취하려고 노력하고 있었다. 성직자와 교직자도 모여들어 진심에서 우러나와 목회자에게 후원을 보내고 있었다. 이제 재앙은 지나갔다. 재앙은 무언가를 가르쳐 주고 지나갔다. 일련의 법률조항이 평화를 유지하기 위한 목적으로 열거되었다. 성직자와 지방민들은 이제 무기를 소지하고 다닐 수 없었다. 도둑도 가혹한 처벌을 받게 되었다. 물론 교회는 곤경에 처한 자라면 누구나 피신할 수 있는 성역으로 변모했다.

성직자 지위도 제자리를 찾아갔다. 수도자와 수녀는 어떤 구실로도 피해자가 될 수 없었다. 그라버는 기적이 이 같은 세상 분위기를 만들었다고 지적하고 있다. 그러나 그라버의 지적처럼 기적이 세상 구석구석까지 찾아들지는 못했다. 특정한 부분에는 명암이 교차하고 있었다. 장원에는 여전히 대영주들이 세상 분위기가 안정되면 안정될수록 재산도 없는 빈민을 착취하기 시작했다. 대다수 공동체 구성원은 유력자를 오도하여 영주와 비슷한 수렁으로 빠뜨리고 있었다. 어린 아이와도 같은 인물이 교황으로 선출되는 사례도 발생했다. 이런 유럽세계 변화과정에서 예루살렘으로 향하는 순례자는 새로운 성사관습과 함께 생겨나고 직업이나 관심사에 관계없이 공동체 구성원 전체의 결속도 관심사가 되었다.

그라버는 종족언어 표현관습과 성사관습, 질서의 변화를 전혀 언급하지 않고, 거기다 어떤 문제점도 지적하지 않고 있다. 그라버는 1033년 기근을 시련의 시대, 희생의 시대, 평화의 시대, 그리고 공동체 구성원의 결속시대로 언급하고 있다. 크리스트교 역사를 구성하고 있는 신의 약속 해인 1033년은 풍부한 물질을 축적하는 기회로서 다가와서 11세기 유럽세계에서도 종족언어 표현관습, 새로운 성사관습, 새로운 질서가 나타나고 있었다. 예루살렘으로 향하는 성지순례자는 신앙 분위기를 고조시키고 있었다. 동부 비잔티움세계로 향하는 성지순례자는 역사 결속과정에서 풍족한 현물로 보상받아 궁핍과 대체되었다. 그런데도 역사에서 공동체 구성원은 금욕수행관습과 윤리를 중심 축으로 결속했다.

그러나 종교의 표상은 자기를 부정하는 모습을 담기 시작했다. 종교의 표상 변화는 주로 전체 유럽세계를 맹타했던 기근 영향이 컸고, 기근은 종교 취지를 일상생활 영역으로 끌어들여 자기를 부정하게 만든 사고방식 변화요인이 되었다. 기근은 현물 궁핍을 초래하고 신비를 추구하는 조류를 형성하면서 자기 스스로를 포기하고 예루살렘의 신국에서 무언가를 찾아보겠다는 보상심리를 증폭했고, 감각의 인식영역에서는 예루살렘을 신국 영토로서 인식했다. 그라버는 예루살렘이 인식 가능한 영역의 예루살렘과 신국영역의 예루살렘이라는 두 가지 표상을 지녔다고 언급하고 있다. 물론 이 두 가지 예루살렘 표상은 그라버가 견지했던 상상력의 인식영역, 즉 아주 희미하나 예루살렘으로부터 무언가를 얻겠다는 보상심리 침잠물이 감각의 인식영역에까지 스며들어 있었다. 그라버는 기근 영향으로 유럽세계에서 윤리까지 변화했고, 저명한 개혁가의 실천이 공동체 구성원에게 표준인간의 귀감을 보여주었다는 것이다. 교회조직 개혁 주창자들은 기근으로 죽어 갔고, 이들 개혁가의 죽음은 종족언어 표현관습, 새로운 성사관습, 관례, 행동방식, 질서의 출현을 예고하고 있었다. 물론 그라버도 스스로 빌헬름의 도덕과 질서를 잊지 못하고 논문에 담아 둔 바 있다.

『구약성서』에서도 기근은 두 가지 표상을 지니고 있다. 『구약성서』의 창세기에서는 물이 홍수로 범람하여 기근을 초래하여, 무질서 표상을 나타내고 있다. 『구약성서』의 창세기는 무질서를 극복하고 공동체에 새로운 생활 질서 정착과 함께 공동체 구성원이 결속했다고 언급하고 있다. 『구약성서』 창세기에서는 자연이 천재지변을 부여하여 격동기의 기념물을 남겨 놓았고, 신은 죄를 지은 자에 대하여 보복했는데 신의 존재가 11세기 유럽세계에서 다시 살아났다.

이단자들은 끊임없이 생겨났고, 신의 존재는 이단자들에 대한 노여움을 감출 수 없었다. 그래서 신의 존재는 기근을 인간 세상에 가져왔다는 것이다. 기근은 신이 극악 무지하게 날뛰는 이단자들과 정치를 위협하는 개혁가들에 대한 노여움 때문에 프랑스 전역으로까지 확산되어 들어오게 되었다는 것이다. 물론 기근은 동방의 비잔티움세계로부터 서쪽 세계로 이동했다고 암시하여 교훈을 담은 종족언어 표현관습임을 일깨우고, 신의 노여움으로 초래된 재앙이라면 인간의 피난처가 있을 수 없다는 것이다. 『구약성서』의 창세기에는 여러 해를 지나고 나서야 1033년 기근이라는 주제로서 '신의 평화'라는 영광과 함께 모세의 기념축제를 반복하고, 유대인은 법률 도래를 '신의 평화'라는 표상으로 흉내내고 있다. 그라버는 이 두 가지 표상을 생활 질서로부터 종족언어 표현관습이 죄를 끊임없이 지으면서 축적되기 시작하고, 몇 해의 격변시대 이후 어려운 세상이 안정되면서 계속이어 가게 되었다는 것이다.

그러나 새로운 공동체에서도 양심이 모습을 드러냈다. 양심은 새로운 공동체에 대한 자기의 견해 형식으로 나타나서 신의 나라를 찾아가려는 욕망을 확인하고, 남녀 차별이나 빈부 격차를 뛰어넘고 있었다. 11세기 유럽세계에서 인간들은 표준 양심을 설정하여 신의 나라로 가겠다는 욕망을 성취하면서 '우리'로 결속했다. 어떤 연구자는 『역사 사건』 제4권에서 그라버가 만족을 억제했던 나머지 세상 분위기가 질서에 빠져 있다고 결론짓기도 한다. 그런데도 11세기 유럽세계는 공동체 구성원의 생활에까지 파급된 성사관습의 분리요인을 잠재우지 못하고 협동이라는 새로운 정신을 잉태하고 있었다.

11세기 유럽세계에서도 인간들은 성사관습과 질서의 일치점을 실현하기 위하여 수렁으로 빠져들었다. 봉건관습은 물론 성사관습 뿐만 아니라, 기존 질서를 이탈하고 있었다. 그런데도 봉건관습을 성사관습 변화에 일치시키기 위하여 전례도 없는 새로운 성사관습을 찾아 행동으로 실천했다. 11세기 유럽세계에서 성사관습은 불안한 사고방식을 드러내며 감정대립으로 이어지고 있었다. 성사관습 변화는 역사에서 외형 변화를 추구하려는 새로운 질서 일부임도 부인할 수 없다.

3.3. 시대 변화, 성사관습, 해석자로서 저술가의 시각

저술가는 11-12세기 유럽세계를 격렬한 변화시대로 서술하고 있다. 그러나 그라버는 중간 위치, 특히 성사관습과 상징물의 변화를 현실에 적절하게 조화시켜 중간 위치에서 시대변화의 객관성을 찾아내며 새로운 질서 출발점을 제시하고 있다. 그라버는 후기 카롤링거 가문 분할왕국의 왕위 계승권자나 왕위 상속자를 비롯하여 노르만영지 공작의 목표의식을 정확하게 파악하고 있다. 그라버는 이 지배자들이 추구하던 통일왕국을 감각의 인식영역에서 파악하고, 노르망계 브리타니아 정복자 빌헬름이 사망한 30년 이후 브리타니아 지역민 사이에서 일어났던 질서 변화도 파악하고 있다. 그라버는 이미 지적한 두 가지 질서 변화를 폭넓은 시각으로 분석하도록 후세인에게 적당한 시대변화 출발점을 제시하고 있다.

당시에도 종족언어 표현관습과 의례관습은 구분되었다. 그라버는 근대의 '사회의식', 즉 개인주의나 합리주의 의식과 전혀 다른 상식틀을 지닌 당대인이었으나, '중세'라는 시대를 살아가던 개인으로서 침략, 기근, 천재지변을 중세인의 분리요인으로 파악하고 있다. 그라버는 특히 생동감이 넘치는 폭력을 주요한 질서 분리요인으로 인식하고 있었다는 점도 시대변화 평가에 도움이 될 수 있었다. 그러나 그라버는 『역사 사건』에서 이미 파악했듯이, 문학작품을 비롯한 역사저작물에서 시대변화를 이단자 출현 사건에 무한히 관련 지웠던 나머지 개인의 서술 논리를 무분별하고 혼란스럽게 가미하고 있다. 중세인도 어느 시대, 어느 지역에서 살았던 인간과 다를 바 없이 끊임없이 사고하며 터득한 질서 변화를 행동으로 표면화했다. 그런데도 중세인은 사건 결과를 완벽하게 결속하지 못하고 부족한 인식능력을 드러냈다. 중세인의 부족한 인식능력은 공동체 구성원의 결속을 행동에 관련 지우지 못하는 점에서도 드러나고 있다. 공동체 분리는 물론 공동체 구성원의 결속과 맞물려 과거, 현재, 미래를 무한한 시간으로 연상했다. 당대인은 과거세대의 조상이나 성서에 담긴 인간 모습을 비롯하여 이교도의 의례관습이 생존을 위협하는 요인으로 인식했다. 그래서 이교도의 의례관습이 질서 분리요인으로 둔갑하여 절박한 대결 상황을 야기하는 결과까지 초래했다. 당대인은 과거세대 인간들로부터 영향을 받아 당대인의 심리에 외부로 꺼집어 나타낼 수 없는 의례관습, 도덕, 윤리, 관행이 소리나 글자의 전달 존재를 인식영역에 따라서 파악토록 영향을 미치고 있었다.

소리나 글자의 존재는 시각의 인식영역으로 인식 가능한 것과 인식 불가능한 것을 몸과 영혼의 관계처럼 공존 표준으로 축적했다. 당대인에게 상징물과 성사관습이 체험으로 인식할 수 있는 표지 확인 도구나 다름없었다. 그러나 타당한 판단기준의 인식작용을 수용하면서 체험의 인식영역은 오히려 무너지고 범위와 깊이의 측면에서 존재에 대한 표지 확인 방식으로 확대했다. 당대인도 좋든, 나쁘든 감각의 인식작용으로 파악하고, 지각의 인식작용으로 포착한 존재 표지를 종족언어 표현관습에 일치시켜 파악했으나, 존재 표지를 담아둘 수 있는 잠재의식 모형을 그때까지 터득하지 못하고 있었다. 후썰은 이 시대를 감각의 인식작용이 데까르뜨보다 앞서가던 시대로 지적한 바 있다. 후썰의 이런 시대특성 지적은 전체 맥락에서 종말론이 지배하던 중세 초기라는 유럽문화 생성시대에 대한 언급일 수도 있다. 인간은 그때까지만 하더라도 과학을 찾아내지 못하고 있었는데도 세계와 현상을 파악하는데 필요한 감각의 인식능력을 상실하지 않고 있었다.

성사관습에서 존재와 현상은 시간에 일치하고 미래는 시간 경과와 함께 확인되었다. 시간 경과에 따라서 욕망은 성취되었고, 인간은 욕망 성취과정에서 과거세대 의례관습을 행동으로 반복하는 것처럼 살아가고 있었다. 그러나 과거세대의 의례관습이나 행동방식을 반복할 수 없었다. 과거세대 인간과 중세인 행동방식이 공통점이 있었다면, 과거세대 인간의 행동방식과 욕망을 외형으로 진행되는 현재의 질서 변화에 연계하여 인식했기 때문에 과거세대 인간의 행동방식과 질서 변화를 갈구하는 가치 자체도 인간의 인식논리로 표면화했다는 점이다. 과거세대 인간의 행동방식과 갈구하는 가치 변화는 인간 평가를 뛰어넘을 수 없었기 때문에 개인의 생각 격차로 인하여 다른 행동으로 표면화할 수밖에 없었다. 인간은 자기네가 살았던 시대인으로서 집단 가치에 따라서 결속과 분리를 반복하며 물려받았다. 물론 세계에서 가치 격차는 개인의 생각 격차로 나타나며 공포 대상으로 변화할 가능성도 있었다. 인간은 이런 가치 격차를 조정하기 위한 수단으로 고달픈 생활과정에서 표준처럼 축적했던 형평의 보상원리를 활용하고 있었다.

고달픈 체험은 변경될 수 없었으나 고달픈 생활의 성사관습에서 찾아낸 존재와 현상은 인식 가능한 의례관습으로 구성되어 표지를 만들어 주고 있었다. 다양한 의례관습 변화나 존재와 현상도 감각의 인식영역, 즉 실제로 새로운 가치를 수용하려는 세상 분위기에서 생성했다. 의례관습 변화에서도 종족언어 표현관습이 존재와 현상의 기본틀로 작용했기 때문에 당대인도 새로운 가치를 성사관습 변화와 종족언어 표현관습에 일치시켜 존재와 현상의 방향을 확정했다. 물론 새로운 가치는 존재와 현상 형태로 성사관습과 종족언어 생활관습의 체험이라는 여과과정을 거쳐 선택 여부를 결정했다. 11-12세기 유럽세계에서도 새로운 가치는 질서 변화를 첨가하며 공동체 구성원의 행동양식 변화를 자극했다. 당대인은 질서 변화를 해석방식으로 포장하면서 사건이나 현상에 대응하려는 상대의미를 생성했다. 11-12세기 유럽세계에서 당대인도 오늘날처럼 사건이나 현상의 대응논리를 '발전'으로 지칭하며 드물게나마 전체 세계 변화에 대하여 '진보'를 지향해야 한다는 존재와 현상의 목표처럼 인식했다.

'진보'는 변화를 지칭했고, 11세기 유럽세계에서도 사건이나 현상의 해석방식, 사건이나 현상의 구성체제와 형식, 사건이나 현상 이면에 담겨있는 존재 형태를 '진보'라고 표현하며 이런 '진보'를 상징물을 활용하여 구체화했다. 상징물과 '진보'는 경우에 따라서 결속과 분리를 야기했다. 오늘날 연구자들은 상징물과 '진보'의 관계를 꼼꼼히 분석하지 않고, 얕잡아 보듯이 방치하고 있다. 물론 '진보'는 사회 변화현상을 설명하기 위한 대응논리임을 부인할 수 없다. 그러나 사회나 질서가 추상물이듯이 사회나 질서의 현상은 상징물이라는 추상물 위에서 진행될 수밖에 없다. 상징물은 사회나 의례관습의 구성 핵이나 다름없는 것임에도 상징물을 배제한 채 '진보'를 언급하고 있다. 따라서 상징물은 '진보'라는 질서 변화를 만들어내는 인식영역 출발점이 되고 있다는 점을 간과해서는 안 될 것이다.

당대인은 질서 변화를 존재와 현상으로 분석했으나, 기존 질서 때문에 성사관습 변화를 나타내는 존재와 현상을 체험의 인식영역에 일치시키지 못하여 존재나 현상을 상징물로부터 찾아낼 수밖에 없었다. 물론 상징물은 내면의 감각 인식영역인 종족언어 표현관습으로부터 표지나 표상을 만들어냈다. 당대인의 이 같은 의례관습은 여전히 존재와 현상, 소리와 감각의 인식작용, 구상원리와 형식의 역할에 따라서 표지를 확정했다. 당대인은 법전 편찬에서도 성문 법률을 해석하기 위하여 성사관습 표지를 설정하고, 그 표지에 합당하게 존재와 현상을 극히 미세한 부분으로부터 점차 성취단계에 이르기까지 조합하려고 시도했다. 당대인의 이런 성취단계에 대하여 모두가 동의할 수 없겠으나, 당대인도 존재와 현상의 성취에 이르기 위하여 욕망을 지니게 되면 반드시 양심의 잣대로서 신국에 이르게 될 수 있을지를 가상할 수 있었을 것이다.

양심과 욕망은 성사관습과 같은 종교의 의례관습에서 발원하여 신의 존재에 이르는 길을 선택하도록 끊임없이 주지시켜 종교의 의례관습을 다음 세대에 전달할 수 있는 그릇 역할을 담당했을 것이다. 물론 종교는 신의 존재에다 현상을 담아서 보관할 수 있는 커다란 저장 그릇이며 서로 쉽게 조화될 수 없는 의례관습을 축적하는 그릇과 다름없었다. 그렇다고 종교가 철학의 역할을 담당할 수는 없었다. 철학은 교육 수준과 대지를 뛰어넘을 수 있는 한계를 극복할 수 없었다. 철학은 신의 존재에 대한 접근방식을 광범하게 공유하여 성사관습의 접근방식을 고지식하게 믿고 있는 것이나 다름없었다. 물론 철학이나 신학 어디에서든 공동체 구성원의 분리요인은 종교의 성사관습 변화로부터 불확실하게, 극히 보잘 것 없이 나타날 수도 있었기 때문에 보잘 것 없는 의례관습을 갖고서도 파악될 수 있었을 것이다.

세상 변화는 의례관습을 나타내는 말과 행동 방향과 전혀 다르게 진행될 수도 있고, 새로운 기적이 열정을 불어넣지는 못하더라도 기적 수용이 아닌 기적 저항으로 오히려 세상을 분리하기에 충분한 공포감을 조성할 수도 있다. 11-12세기 유럽세계에서는 실제로 새로운 결속 모형이 나타나 북서 유럽세계로부터 급격하게 이동한다. 개인은 인식능력에 따라서 성사관습을 인식하여 현상을 첨가하고 있었기 때문에 세상의 분리 요인을 찾아내기란 쉽지 않았다. 11-12세기 유럽세계의 결속관계 변화는 기존 질서 와해처럼 보였다. 카롤루스가문 종족왕 영지의 정치는 877년 카를 대머리왕(†877) 사망 이후 급격하게 와해했으나 카롤루스시대 성사관습을 유지했지만 물론 중세 유럽세계 양상은 끊임없이 변화함과 동시에 카롤루스시대의 생활질서 역시 급격하게 와해했다.

877년부터 정확하게 34년의 세월이 지나갔다. 당시 수도원장 프로도아르(†966)는 센강 주변의 영지 귀족까지도 봉토문서를 불어로 작성했으며, 노르망 영지의 바이킹계 공작 로로(†927)로부터 불어로 작성된 토지 문서를 최초로 양도받고 있었다. 카롤루스가문 종족왕의 영지 몰락과 동시에 라틴어 위력도 사라졌다. 노르망 영지 공작 로로는 센강변을 침입했다. 센강변에 대한 로로 침입은 외형상 피해보다 심리상태에 대한 피해가 더욱 컸던 것같다. 카롤루스가문 종족왕의 영지 몰락과 함께 기존 성사관습은 급격하게 와해했다. 그럼에도 센강변에 대한 로로의 침입은 남녀 구분 없이 모든 공동체 구성원들로 하여금 억지로라도 문명 공유의 필요성을 절감하게 만들었다.

11-12세기 유럽세계에서 문서류는 급격하게 증가했고, 성사관습도 다양하게 변화했다. 노르망영지의 성사관습 변화 양상을 검토해 보더라도 유럽세계는 기존 성사관습 와해와 함께 종족언어 표현관습, 윤리, 관례까지 무너졌고 특히 노르망 영지 공작 로로와 빌헬름 롱스워드(†942)의 시대까지 영지 조례와 같은 법률 문서는 나타나지 않았다. 노르망 영지의 3대 공작 리샤르 1세(942~996)는 거의 50년 동안 영지를 통치했는데도 불과 3가지 행정문서만을 남겨놓고 있다. 그러나 리샤르 3세(†1016)와 함께 로베르 존엄자 왕(1027~1031)의 시대에 이르러 법률 문서는 약간 증가한 정도였고, 행정문서는 정복자 빌헬름 시대(1066~1087)까지도 실제로 증가하지 않았다. 당시까지 행정문서는 성자전기에 희미하게 실려있을 정도에 지나지 않았다. 그런데 이상하게도 이 시대 연대기는 정치와 사회에 대한 좌절감을 담고 있다.

11세기에도 종족언어 표현관습은 변화했다. 정치와 사회에 대한 좌절감은 새로운 시대를 예고하고 있었다. 그런데도 쌩 뀌엥뗑 수도원의 뒤도(†1043 이전)같은 저작자도 사회에서 나타난 성사관습 변화를 감지하지 못했던 것같다. 뒤도는 정복자 빌헬름의 초기 시대를 풍미하게 만들었고, 빌헬름 이후 초기 3명의 공작까지 대변했는데도 정복자 빌헬름에 대한 충성 서약의 봉건관행으로부터 공동체 구성원들이 이탈하고 있었음에도 그 사건을 전혀 언급하지 않고 있다. 정복자 빌헬름(935~1066/1087)은 다음 재임시대까지 역사를 지키면서 행정문서 단서를 거의 남겨주지 못하고 있다. 빌헬름은 공작직과 관련된 문서도 남겨놓지 못했으나 초기단계의 계약문서는 나타났다. 정복자 빌헬름(1066~1097)은 1097년 사망했다. 정복자 빌헬름시대 이후 아들의 지배영역 추적과정에서 계약서 형태를 찾아냈다.

계약문서는 업적 기록문서에 불과했다. 계약서 조항은 과거 공작에게까지 적용될 수 있었으나, 정복자 빌헬름의 통치영역에 한정했을 가능성도 있다. 이미 후기 카롤루스가문 종족왕시대의 법률문서에서는 자취를 감춘 의식문서와 유사한 모습도 나타났고, 특히 후기 카롤루스가문 종족왕의 영지, 즉 서부 프란치아 영지에서는 최후의 「의식절차서」가 884년부터 모습을 드러냈다. 새로운 문서류 출현과 함께 법률 문서류 숫자는 감소했다. 10세기 이후 분할 영지의 후계 카롤루스가문 종족왕에 따라서 임의성의 법률문서는 점차 자취를 감추었고, 카를 순수왕 시대(902~943)에는 거의 30년 동안 매년 4건의 법률문서, 즉 카를 순수왕시대부터 120여 건의 법률문서가 나타났다. 종족왕 루드뷔히 4세 시대(936~954)는 18년 동안이었다. 종족왕 루드비히 4세는 18년 동안 매년 3건의 법률문서를 축적하여 53건의 법률문서를 남겨놓았다.

후기 카롤루스가문 종족왕 시대를 거치면서 법률문서는 증가했으나 동전 주조를 통제하는 문서나 산림 통제 문서는 점차 사라져 갔다. 도시 샤또에서는 건축물 통제 문서까지도 자취를 감추었다. 물론 종족왕 혈족의 통치에 관련된 문서가 점차 감소하게 되는 것은 영지에서 귀족 혈족의 세력이 강화되었을 가능성에서 기인할 수도 있다. 즉 영지에 자리잡고 있던 귀족의 군사 관할권이 종족왕 관리의 영향권을 벗어나 영지 귀족이 군사관할권을 실제로 양도받게 됨으로써 행정문서 필요성이 감소했을 가능성도 있다. 행정문서는 기존 성사관습의 원칙을 제시하며 기존 성사관습을 굴러가게 만든 수단이나 다름없다. 과거 역사 연구자들은 기존 성사관습을 고수하겠다는 원칙론자 입장에서 행정문서를 분석하고 구성원의 심리상태를 골격으로 형성된 결속력이 기존 성사관습 와해로 사라진 것으로 파악했다. 뿐만 아니라 구성원의 결속력에 바탕을 둔 기존 성사관습 와해와 이런 저런 변화가 불가항력에 가까울 정도로 서로 중첩하여 진행되면서 심리상태까지 흐트러지게 만든 것으로 파악했다.

과거 역사 연구자들은 기존 성사관습 와해과정에서 나타난 질서 변화를 주로 중세 주해자들이 기록한 선례에 따라서 접근했다. 물론 중세 주해자들이 남긴 선례에는 언제나 거의 완벽하게 성사관습 변화를 담아두고 있다. 과거 미국계 중세학자인 하스킨스조차도 행정문서에 기존 질서의 원칙이 담겨 있다고 인식하면서도, 노르망종족왕의 국가건설을 기존 질서 와해로 인하여 과거와 단절 현상이 나타났기 때문이라고 강조하고 있음도 부인할 수 없다. 1000년경 유럽세계에는 불안심리가 팽배했고 특히 크리스트교에 대한 반항 심리까지 팽배하여 구성원 사이에 공포감을 유발시키는 사례까지 나타났다는 것이다. 즉 공동체 구성원의 불안정한 심리상태는 전체 유럽세계 기저에 공포감이 짙게 깔려 흐르고 있었기 때문이라고 수도자 아드소(†992)는 반복해서 강조하고 있다. 물론 노르망종족왕의 침입은 기존 질서를 파괴하면서도 새로운 창조활동을 유입시키고 노르망종족왕의 국가 건설을 이주와 개간을 촉진할 수 있다는 시각에서 파악하더라도 결코 과소평가할 수는 없다.

당시 연대기 저작자들은 헝가리인들의 중부유럽 침입을 마구잡이식 약탈행위로 기록한데다 이탈리아 해안의 하스팅 지방의 침입, 이어서 846년 도시 로마의 베드로 대성당 약탈, 다시 881년 몬테카시노 수도원을 폐허더미로 만든 약탈, 유럽인들에게 잊혀지지 않을 이슬람의 공격까지도 과연 신의 의지로 자행했겠는가 문제를 다시 제기하고 있다. 연대기 저작자의 이런 상황설명을 과연 있었던 그대로의 역사기록으로 판단하기에는 적잖은 문제를 내포하고 있음도 부인할 수 없다. 기록물에 관하여 언급하자면, 일단 주석자나 번역자의 편견 또한 결코 배제할 수는 없다. 번역자의 이런 편견 사례는 909년 6월 26일 도시 트로리에서 개최된 종교회의 연대기에서도 입증되고 있다. 당시 연대기 기록자인 도시 렝의 대주교 헤르베는 도시 트로리 종교회의에 관한 기록물에서 대주교 관구 내 주교들이 이교도의 난동으로 지방사회가 심각한 무질서 수렁에 빠져 수년 동안이나 만날 수 없었다고 불평하고 연대기에서 신의 노여움 탓이라고 기록하고 있다. 특히 도시 인구의 급격한 감소, 수도원의 황무지화, 거주민 없는 촌락, 경작자 없는 토지 등의 황량한 황무지 상태로 방치된 도시가 신의 노여움 때문이라는 것이다. 이런 상황의 도시 토로리에는 간통이나 강간을 비롯하여 살인 사건 등은 흔히 일어났으며, 주교는 교구민을 무시했고,

지방민은 성직자까지 강탈했다는 것이다. 더군다나 신부와 수녀는 생면부지로 전혀 모르는 상황에서 아무에게나 충성을 서약했다는 것이다. 중세의 이런 상황은 적어도 유럽문화 생성시대 세계에로의 환원이나 다름없는 상황이라고 대주교 헤르베는 결론짓고 있다.

여러 중세 연구자 중에서도 미셸레는 종교회의가 사건을 정확하게 반영하고 있으나 과연 실제 사건을 어느 정도까지 반영할 수 있겠는가라고 반문하며 종교회의에 대한 신빙성 문제를 다시 제기하고 있다. 1000년경 발생했던 폭력 사건은 교황 그레고르의 대화에 담겨있는 정도에 지나지 않고 있다. 교황 그레고르의 대화 또한 연대기 저작자의 환기 내용과 거의 일치하긴 하나 희미한 것을 부인할 수는 없다. 유럽에 대한 노르망계 종족과 헝가리계 종족이 침입했음에도 기존 질서는 와해하지 않았을 가능성도 있다. 노르망 지역에서도 기존 의례관습의 연속성은 확인되고 있다. 노르망 지역에서는 기존 질서가 변경으로부터 와해했다는 결과도 입증되고 있으나, 노르망 변경지역의 이런 상황은 지리상의 위치 때문이라기보다 오히려 역사 진행과정에 들이닥친 성사관습 변화 때문이었을 가능성도 있다. 노르망영지의 변경을 제외하면, 노르망 경작지에서 입증되듯이 기존 성사관습의 계승관습은 그대로 이어지고 있었다.

노르망계 종족이 유럽세계 문화구성원으로 들어왔고 받아들였다고 해서 유럽세계를 새로운 세계라고 판단할 수는 없다. 유럽세계는 혼합종족 세계의 성격을 띠고 기존 성사관습에다 새로운 성사관습을 일치시키고 있었다. 노르망종족왕의 국가 건설은 취약한 후기 카롤루스가문 프랑크종족왕 영지를 약화시킨 나머지 유럽 대륙을 스칸디나비아인들의 식민지로 전락시키고 봉건제를 통치도구로 만들게 된 주된

요인이 발생했을 가능성도 있다. 노르망계 종족왕의 통치기반은 후기 봉건제로서 알려진 중세형 주종제도였다. 그러나 노르망계 종족의 통치체제 역시 법률 체제를 중세 세계 현실에 일치시키는데는 무려 100여 년이라는 장구한 시간을 요구했다. 노르망계 종족왕 국가의 이런 안정 기반에 대하여 중세 연대기 저작자나 기록자의 시각으로서는 새로운 질서가 출현했던 것이 아니라 기존 질서가 사라져버렸던 것으로 파악했던 것이다.

낡은 기존 질서도 과거에는 중세세계 지탱목이었다. 기존 성사관습 또한 미성숙 상태였지만 활기차게 생명력을 발휘했고, 과거세대의 기존 성사관습을 확인해주면서 끊임없이 새로운 가치를 수용하여 전혀 다른 새로운 질서를 만들어냈다. 기존 성사관습의 이런 특성은 중세 연대기 저작자나 기록자의 주제로서 대개 과거부터 쌓아온 경륜과 미성숙한 성사관습 활력으로 구체화했다. 중세 연대기 저작자나 기록자의 주제는 주로 성자전기와 역사서 등에서 기존 성사관습이 계승되지 않고 일어났던 질서 변화라는 사건을 감각의 인식영역에서 대처하는 개인의 처리능력에 초점을 맞추어 구성되었다. 아마도 중세 저작자의 이런 주제는 글자나 부호로 표현되지 않는 통계원리를 활용하지는 않고 있으나, 개인의 인식영역에서 축적된 체험으로 발췌했을 것이다. 중세 저작자는 개인 욕구와 거의 필연에 가까운 절망감을 등장 인물에 각색하여 일종의 대응논리 형식으로 삶의 표준으로 설정했을 것이다.

3.4. 방랑자와 젊은이

11-12세기 유럽세계 변화는 성사관습에 담긴 존재와 현상의 대비물에서 모습을 드러냈다. 성사관습에 담긴 존재와 현상의 대비물은 인간 위치이동과 인간생명 순환을 나타냈다. 따라서 여기서도 당대인의 성사괸습에 담긴 존재와 현상의 대비물을 인간 위치 이동과 인간 생명 순환에 초점을 맞추어 분석하고자 한다. 인간은 태어나면 언젠가는 반드시 죽는다. 인간이 태어나면 반드시 죽게된다는 것은 운명이요, 엄연한 현실이다. 물론 오늘날 인간도 자기가 죽는다는 사실에 대하여 생소한 감정을 지닌다. 11세기 유럽세계에서 활동하던 글자 해독자도 인간이 태어나서 죽는다는 사실이 가능하면 더욱 오래동안 확정되어서는 안 된다고 생각했다는 것이다.

그러나 태어난 인간은 죽게되면 어딘가를 정처 없이 떠나고 있다. 중세 저작자는 어딘가를 정처 없이 떠돌아다니는 인간을 '방랑자'라고 지칭하고, '방랑자'를 성지순례 여행을 떠나는 순례객 의미로 활용하고 있다. 중세 저작물에 담긴 '방랑자'는 크리스트교 세계를 방어하기 위하여 떠나가는 '구세군'이나 목적지를 확정하지도 않고 무작정 떠나가는 '나그네', 잠시동안 이 세상에서 머물다가 저 세상으로 지나가는 '길손' 등의 의미를 내포하고 있다. 중세 연대기 기록자는 성사관습의 방랑자를 10세기부터 점차 '성지 순례자'에서 점차 전혀 다른 의미로 기록하기 시작했으나 기존 '방랑자' 의미를 그대로 유지했다.

10세기 후반부터 '방랑'은 인간 심리 작용의 우유 부단한 행위를 상징하기 시작했다. '방랑'이 인간의 심리상태에서 우유부단한 행위를 상징하기 시작했다는 것은 현상과 동작, 즉 특정한 시대인 모습을 출생과 죽음의 양극 사이에 국한하긴 했지만 인간 위치 이동으로 명확하게 드러내기 시작했다는 것이다. 물론 현상 동작은 인간 위치 이동을 설명하기 위한 출발점이 될 수 없었고, 선조로부터 물려 받는다는 개인의 인식 방식에 명확하게 고정되어 있었다. 그런데도 현상과 동작은 개인 스스로 새로운 존재 가치를 찾아 나아가기 위한 새로운 인식 방식으로서 성공을 전제하면서도 아직까지 확실함을 갖추지 못한 상태에서 진행되고 있었다. 현상과 동작이 진행되는 과정은 체험을 축적하는 시기, 즉 모험을 체험하는 시기일 뿐만 아니라, 동시에 남녀 모두에게 불확실한 시기인 것이다. 바로 이런 시기 관점에서 현상과 동작을 진행하는 시각에서 파악하면, 방랑은 미성숙한 시절이나 청년 시절을 지칭하고 있다.

여기서 방랑이 현상과 동작을 나타내고 있다는 점에서 '심성'의 변화를 방랑에 근거하여 확인하려는 것이다. 11-12세기 유럽세계는 봉건사회였다. 방랑과 젊음은 봉건사회에서 심성변화를 나타내는 의례관습의 대비물 성격을 지닌 것처럼 인식되었다. 따라서 방랑과 젊음은 심성 변화의 근거로 활용될 수도 있다. 물론 방랑과 젊음은 게르만어계 종족 민요에서 인간 위치 이동 현상, 이 세상에서 방랑과 젊음의 동작 자체, 이 세상에서 인간 이동 동작 등을 고유한 윤리와 사고방식에 포함하고 있다. 방랑과 젊음의 이런 의미는 앵글로색슨계 종족의 시구에서도 입증되고 있다. 앵글로색슨계 종족사회에서 '방랑자'는 항해자를 나타내고, 기존 의례관습을 습득하고 있던 전사들은 혈족과 고향, 보호자의 목초지를 떠나서 방랑자 생활에 나서게 되는 것을 슬퍼하고 있다. 전사들은 고향을 떠나서 무서운 파도와 눈보라가 추위를 동반하면서 몰아친다 하더라도, 칠흑같이 어두운 바다를 건너 끊임없이 방랑자 생활을 계속하지 않을 수 없다고 묘사하고 있다. 앵글로색슨계 종족의 시구와 유사한 분위기는 중세 초기의 성자 전기에서 성지 순례자를 법률상에서도 추방자로 묘사하고 있는 것과 다를 바 없다. 주교 콜룸반(†615)은 『회개록』에서 성직자를 방랑자나 추방자 모습으로 묘사하고, 어떤 성직자가 방랑자 생활을 충분하게 보상해 주지 않는다고 살인을 저질러서 그 살인자 성직자가 다시는 고향으로 돌아올 수 없었다고 언급하고 있다. 살인자 성직자 모습은 『구약성서』에 등장하는 카인의 모습과 일치하고 있다.

『구약성서』에서 카인도 고향으로부터 추방당한 방랑자 모습으로 등장하고 있다. 고향에서 추방된 카인은 세상을 떠돌아다니며 유랑하던 '방랑자나 나그네'의 모습으로 등장하고 있다. 그런데도 방랑자 모습은 전체 세계 분위기에 생기를 불어넣고 있다. 그 사례는 후기 카롤루스가문 프랑크종족왕 시대의 지배자 모습을 묘사하는 어구에서도 확인되고 있다. 후기 카롤루스가문 프랑크종족왕 시대의 황제들은 유목민 모습으로 종족구성원들 앞에 등장하여 이 영지, 저 영지를 순회하며 마음대로 '혈족구성원'에게 영지를 증여하고 있다.

브리타니아 섬의 잉글란드 지방에서도 지배자는 쉬지 않고 이곳 저곳으로 돌아 다녔다고 포오레는 확인한 바 있다. 포오레의 이런 연구성과를 브리타니아 섬의 건너편에 있는 프랑스 지역에서도 적용할 수 있는지에 대해서도 검토된 바 있다. 잉글란드 해협은 브리타니아 섬과 유럽대륙을 갈라 놓고 있다. 그런데도 잉글란드 해협은 브리타니아 섬과 유럽 대륙의 프랑스 지역을 이어주던 해로 역할을 담당했다. 잉글란드 해협의 해로 역할은 이미 잉글랜드 국왕 윌리암 2세(1066~1087)와 국왕 헨리 1세 시대(1100~1135)를 거치면서 확인되었다. 윌리암 2세와 헨리 1세 시대에 잉글란드 해협을 해로로 활용했던 사례를 프랑스 국왕 필립 2세 오귀스트 시대(1180~1223)까지 대륙의 프랑스 지역에 적용할 수도 있을 것이다. 당시 잉글란드 해협을 사이에 두고 프랑스 지역은 브리타니아 섬의 건너편이었다. 필립 2세 오귀스트가 1223년 사망한 이후 프랑스 지역에서는 바다 항해를 점차 수치스럽게 인식했다.

항해를 수치스럽게 인식하기 시작했던 사례는 프라이징의 주교 오토(†1158)에게서도 확인되고 있다. 주교 오토는 귀족 가문에서 출생했다. 오토는 작센계 살리어 황제가문 혈통으로서 노르망계 귀스카르(†1085)를 본래 '방랑자 선원'이었다고 해서 고대로부터 물려받은 수도원까지 더럽히게 된 인물이라고 요령 있게 상기시키고 있다. 귀스카르드는 노르망계 병사로서 방대한 영지를 소유한 재산가였는데도 주교 오토는 귀스카르드를 항해자 선원이라고 해서 멸시하고 있다. 그렇다면 주교 오토가 항해자를 왜 멸시하고 있는가 문제를 제기할 수도 있다. 선원 천시 풍조가 정확하게 언제부터 나타났던가 문제는 심성 변화요인을 분석할 수 있는 단서를 제공할 수 있다는 점에서 중요한 의미를 지닐 수도 있다. 그러나 항해자 멸시풍조가 언제부터 나타났던가의 단서는 전혀 찾아낼 수 없다.

중세세계에서 심성이 변화되는 현상은 인간 위치이동이나 동작의 표현과정에서 감지되고 있다. 현상에 대하여 인간 위치 이동이나 동작을 표현하려는 의지는 과거세대의 의례관습을 찾아내려는 의지와도 관련되어 나타나고 있다. 과거세대의 의례관습은 현상을 인간 위치 이동이나 동작으로 실현되고 있다. 인간 위치 이동이나 동작은 1212년 유아 십자군을 실현시키는 데서도 감지되고 있다. 물론 과거세대의 성사관습은 순수한 신앙심을 실현한다는 분위기에서 의례관습을 발원하여 유괴, 산적, 예속, 살인 등이 사라지고 있었다. 중세 유럽세계에서 방랑자들은 적어도 이 시기에 이르기까지 다양한 형태로 신분을 부여받았고, 심지어 성지 순례자와 십자군 참가자까지도 구분하기 위하여 우편물을 서로 다르게 사용토록 하여 외관상으로 서로 다르게 식별될 수 있도록 외투까지 공급했다.

성지 순례자나 십자군 참가자와 같은 방랑자에 대한 대우는 13세기 중반 경에 이르기까지 탁발 수도자, 상인, 방랑시인, 유랑민 등에게까지 도포를 착용하도록 허용했다. 이들이 성지 순례자나 십자군 참가자 경우처럼 특정한 옷으로 구분되고 있었다는 것은 '방랑자'까지도 특정한 지위를 부여받았음을 확증하는 사례인 것이다. 방랑자의 이런 지위를 살펴보건대, 방랑자는 중세 유럽사회에서 아마도 사료에 나타나는 것 이상의 역할을 담당했다고 추측할 수 있다. 당시 방랑자는 지방민들에게 설교를 담당했을 수도 있다. 지방민은 아무런 지식을 갖추지 못하여 글자를 거의 해독할 수 없었다. 그렇다면 방랑자는 교리를 설파하는 설교자 인물군에, 아니면 중세 유럽세계에서 실제로 살아가던 인간 부류의 언저리에 다수 항해자가 포함되어 있었을 가능성도 있다. 항해자 부류는 물론 정처 없이 떠돌아다니던 무리여서 체제화된 교회의 법률과 성사관습으로부터 이탈하여 살아갔기 때문에 주거 이동이 자유로운 무리였을 수도 있다.

11세기 초엽 이후 유럽세계는 변화하기 시작했다. 인간 위치 이동과 동작은 종말론 신봉 세대인 유럽문화 생성시대 인간의 성사관습을 이탈하고 살아가기 시작했던 인간이나 진보의식에 접근했던 유럽문화 여명시대 인간의 질서 의식과는 정반대 모습이었다. 그런데도 방랑은 기존 의례관습을 지탱하는 원동력이 되어 마음의 인식영역에서 오히려 원시인에 가까울 정도의 강력한 힘을 발휘하였다. 물론 방랑자는 이미 이전부터 특정한 공동체와 종교 영역으로부터 질서를 부여받기 시작했고, 더욱 중요한 것은 방랑자가 공동체 구성원의 도덕과 윤리에 갑자기 흡수되기 시작했다는 점이다. 최고 영주는 물론 1100년경까지 지배자사회 최정상 위치에 있으면서도 여전히 이 영지 저 영지로 떠돌아다니며 생활했으나 최고 영주 이하의 영주들은 정착하여 생활했다. 그런데도 대다수 공동체 구성원들은 여전히 이곳 저곳으로 떠돌아다니며 유랑자로 생활했다.

유랑민들은 방랑 설교자에게로 모여들어 성지 순례자로 떠나가는 고달픈 여행길에서도 무리를 이루었다. 이탈리아 북부지역에 산재한 도시 광장은 성지를 순례하기 위하여 떠나는 유랑민 무리로 가득 차 있었다. 이탈리아 북부지역에서 유랑민들은 신의 평화를 회복하기 위하여 휴전을 갈망하며 기도를 드리던 종교회의를 급습하는 사태까지 일어났다. 유랑민은 11세기 유럽세계에서 처음으로 실제 모습을 드러내며, 거주지 이동영역에 시간과 공간의 의미를 수용하고, 정신의 인식영역을 시간과 공간의 영역으로까지 확장했다. 방랑은 유랑민 행위를 나타내고 형식상에서도 중세와 근대 초기, 즉 여명시대 인간들의 질서의식 변화과정에서 나타난 일종의 행동양식이었다. 방랑자의 행동양식은 11세기 유럽사회에서 침잠하고 있던 다른 행동양식의 출현과정을 설명하기에 충분한 역사 사례인 것이다. 방랑은 기존 행동방식의 종말이자 새로운 행동양식의 출발 증거인 것이다. 물론 방랑의 행동양식은 두 가지 유형의 질서 변화를 제시하고 있다. 두 가지 유형의 질서 변화를 설명하려면 당연히 소위 '정전'으로부터 질서 변화근거를 제시해야 한다. 물론 여기서 정전과 같은 저작물은 틀림없이 다양한 억측을 낳았으나 공동체 구성원은 질서 변화를 수용하도록 추측했음이 틀림없다.

11-12세기 중세 유럽세계 인간은 기존 결속 모형과 전혀 다른 결속 모형으로 공동체를 조직하기 시작했다. 11세기 유럽세계의 새로운 공동체는 미성숙한 단계여서 질서 변화를 수반하기 마련이었다. 미성숙한 시대의 질서가 미개척 상황의 양식과 결합하면서 사회 불안정에서 겪게 되는 당연한 위기의식을 낳고 있었다. 그라버도 기존 질서와 새로운 질서, 과거세대 성사과습과 최근세대 성사관습을 이어가기 위하여는 의례관습의 대비물을 활용하여 처리하고 있다. 그라버는 고전시대 주해자들처럼 특히 사건을 활용하여 질서 변화를 전달하고 당연히 새로운 성사관습으로 드러냈다.

1060년대에 이르러 새로운 질서는 새로운 방향으로 발전하기 시작했다. 조금 상세하게 지적하면, 정복자 윌리암은 1060년 경 40여년간의 지리한 정복전쟁을 치르면서 브리타니아 섬을 정복했다. 노르망 영지 공작 윌리암 1세가 브리타니아 섬에다 가까스로 다시 통치기반을 구축하던 순간부터 프랑스 북부 영지의 질서는 변화하기 시작했다. 특히 프랑스 북부 영지의 귀족 가문 출신 남녀 젊은이는 세대 변화를 주도했지만 프랑스 남부지역의 질서는 전혀 다르게 궁중 사회권의 사고방식을 바꾸어 놓았다.

귀족과 교회도 질서를 회복하기 위하여 서로의 긴장관계를 극복하는 단계를 맞이했다. 특히 프랑스 남부지역에서는 질서를 회복하며 개인 중심의 사회로부터 공동체 중심의 사회로 탈바꿈하며, 이 과정에서 기사가 출현했다. 기사는 공동체를 구성하는 부류였으나, 공동체 결속력은 미성숙한 단계였다. 유럽세계의 미성숙한 결속력은 오히려 지방민 분리요인이 되었다. 지방민 분리요인은 이단자와 개혁가의 성사관습으로 표출되었다. 윌리암 9세는 전쟁을 정신으로 승화하여 시구에 담으며, 11-12세기 유럽세계의 다양한 분리요인을 사랑이라는 새로운 결속력으로 대체하고 있었다. 11-12세기 유럽세계의 다양한 분리요인은 오히려 사랑의 갈망을 해소하기 위하여 특정한 결속력으로 변형되었다.

프랑스 북부지역에서는 공동체 구성원의 현실 감각이 현실과 그렇게 괴리되지 않았고, 전쟁에 대한 공동체 구성원의 현실 감각, 특히 전쟁 참가자와 전쟁 피해자 가족의 현실 감각은 거의 일치했다. 11-12세기 유럽세계에서도 최강자나 최적자는 지도력을 신속하게 발휘하는 행정가의 모습으로 자리잡으며 정착했다. 최강자와 함께 세대를 살아가던 공동체 구성원들도 최강자 영향권에 흡수되어 번영을 갈구했고, 그 사례는 아르노르드 사례에서 입증되고 있다. 아르노르드는 풍부한 인간미를 갖춘 인정많고 똑똑한 인물이었고, 아르노르드의 유일한 약점은 재산을 갖지 못한 것이었다. 아르노르드가 프랑스 남부지방에 살았더라면 재산을 갖지 않았더라도 고통을 당하지 않고 살아갈 수 있었을 것이다. 아르노르드는 노르망 지방에서처럼 브리타니아 섬에서 친구를 전혀 갖지 못했다. 그래서 아르노르드는 정복자 윌리암의 허위 약속에 속아서 결국 이후 나벨 타르바에서 살해당하고 말았다.

11세기 유럽세계는 정복자 윌리암의 브리타니아 정복과 거의 동시에 세대 격차를 드러내기 시작했다. 정복자 윌리암의 통치하에서 노르망계 귀족의 생활태도는 세대 격차를 조장하는 요인으로 작용했다.

윌리암의 통치하에서 노르망계 귀족은 권세를 누리며 잔인하게 정적을 보복했지만 젊은 세대에게는 나약하게 인식되었다. 노르망계 귀족의 권세, 잔인성, 나약함은 정복자 윌리암의 통치하에서 세대격차 요인으로 작용하여 기성세대와 신세대로 구분되었다. 부모와 자식 관계도 변화했다. 자식들이 부모의 마음을 위로해 주거나 부모를 기쁘게 모시는 경향은 이미 사라졌다. 부모 역시 자식들의 위로를 원하지 않았다.

여기서 부모와 자식 관계를 언급하고 있는 것도 '미성숙'에 접근하기 위한 과정에 불과하다. 11세기 유럽세계에서 미성숙은 고전학 영역과 사회윤리 영역에서 서로 다른 의미를 지녔다. 고전학 영역에서 '미성숙'을 언급했던 저작자는 이시도르(†636)였다. 이시도르는 15세부터 50세까지의 사람을 '청년'으로 지칭하고 있다. 이후 저작물에서는 청년을 '노인'과 대비하고, 15세 이전의 유년을 청년과 다시 구분하기 위하여 이시도르의 청년기를 도입한 것에 불과하다. 이시도르의 이런 청년기는 구이베르(대략 1064~1125?)에게서도 입증되고 있다. 구이베르가 저작활동을 하고 있을 때는 이미 40세를 훨씬 넘긴 이후였다. 그런데도 구이베르는 스스로 '철이 아직 덜 들어서 멍청이나 다름없다'고 언급하고 있다. 이시도르는 청년기를 특정한 시간의 과정이라는 의미로 활용하고 있다. 뿐만 아니라 구이베르도 이시도르의 경우처럼 청년기를 시간의 과정이라는 의미로 활용하였다. 또한 청년은 시간 과정이라는 의미 이외에도 사회에서의 특정한 역할과 관련된 의례관습을 지칭하고 있다.

11-12세기 유럽세계에서도 군대 조직은 청년으로 구성되어 '혈족 구성원'의 특정한 지위형태로 역할을 부여받고, 거기서 부가 역할에

대하여 미성숙을 활용하고 있다. 이 시대 미성숙 기준은 일단 사회에서의 특정한 역할이었다. 미성숙은 동등자 입장에서 수평형 공동체 구성원의 강력한 결속관계에 따라서 정의되고 있다. 이런 사회에서 어떤 인간이 미성숙 단계를 벗어나려면 성년의식과 같은 의례관습을 기사 사회의 사례처럼 거쳐야 했다. 11-12세기 유럽세계에서 기사는 서임의식을 거치면서 사회에서의 역할을 부여받고 있다. 기사의 서임의식은 나이라는 시간 과정과 관련되어 있다. 기사가 서임의식을 거치게 되면 다음날부터 영주라는 부유한 보호자에게 봉사해야 하는 역할을 부여받았고, 영주에 대한 기사의 봉사에는 전쟁과 무술경기—운동경기를 비롯하여 말타기와 정복전쟁에의 출정 등이 포함되어 있었다. 기사는 형제애나 이웃애 형태로 새로운 결속 관계를 유지하며 영주 식솔이자, 혈족구성원으로서 역할까지 부여받았다. 실제로 기사는 영주의 새로운 혈족구성원이었다.

뒤비는 기사가 새로운 혈족구성원이 되는 것을 기존 혈족 관계를 변질시키는 대체물로 파악했다. 기사가 이처럼 혈족 관계를 변질시키는 요인은 장자 상속권의 운영체제로부터 생성되었다. 흔히 귀족이 성장하여 16세와 22세 이상의 연령에 이르게 되면 50대 연령의 아버지는 영지와 귀족으로서 특권을 아들에게 상속하기 이전 시기에서 아들에게 무기를 수여했다. 11-12세기 유럽세계에서도 영지를 상속하기 위한 재산분배과정에서 영주 자식들은 거의 빠짐없이 서로 대결하기 마련이었다. 심지어는 영지분배를 놓고 긴장이 고조되어 외부로부터 폭력까지 끌어들이는 사태까지 발생했다. 이상하게도 나이 어린 기사는 집을 떠나서 많은 시간을 보내게 되었다. 나이 어린 기사가 집을 떠나서 많은 시간을 보내는 것이 실제로 라틴어계 언어영역에서는 시대풍조처럼 유행했다. 그렇다면 11-12세기 유럽세계에서 재산이 사회 분리요인이 되었다고 지적할 수 있느냐 문제도 제기할 수 있다.

11-12세기 유럽세계에서도 가문은 재산 소유와 관련되어 있었다. 재산을 상속받기 위하여 자식들은 서로 분리되었으나, 가문 소유 재산이 혈족구성원의 분리 요인은 아니었다. 재산의 상속이나 증여가 혈족구성원의 유일한 분리 원천이었다고 지적할 수는 없다. 당대인은 혈족구성원에게 생산수단이나 지위까지 양여했고, 이런 양여 이외에도 혼인을 활용하여 가문 재산 계승자로 만들기도 했다. 본래부터 유년기는 미성숙 의미로 통용되었다. 미성숙 존재 의미를 지닌 유년기는 혈족구성원으로서 보다는 가정을 가지고, 윤리와 질서를 안정되게 지킴으로써 어른에 이르고 있다. 유년기는 마음에 대한 타협의 산물이었다. 11-12세기 유럽세계에서 둘째 자식은 귀찮은 존재이자 위협대상으로 인식되었다. 다수 젊은이들은 야망을 달성하지 못하면 영원한 방랑자 신세로 전전하며 살아갔다.

야망 때문에 절망한 노르망계 젊은이들은 1016년부터 이탈리아 남부지역에서 농장 고용인 신세로서 방랑했다. 농장 고용인 신세의 방랑자 사례 중에서 탕크레(1075/6~1112)라는 인물을 지적할 수도 있다. 탕크레 가문에 소속된 용맹한 추종자들에 관한 이야기는 너무 잘 알려져 있다. 탕크레 가문의 용맹자 중에서도 널리 알려진 인물은 로베르 귀스카르였다. 귀스카르는 막내 동생 로저의 도움으로 1058년 아푸리아 지방을 정복했다. 귀스카르는 이미 1031년에는 비잔티움제국의 최후 지배자인 바리를 체포하여 노르망계 귀족 후예의 용맹을 떨쳤다. 로저는 1061년 도시 메시나를, 이어서 팔레르모까지 점령하여 노르망계 귀족 후예로서 용맹을 떨쳤다. 그렇다고 노르망 지방에 살고 있던 대부분의 젊은이가 기존 의례관습에 불만을 품고 지중해 지역으로 떠나 유랑생활을 했던 것은 물론 아니었다. 연대기 기록자는 노르망 지방의 젊은이들이 이탈리아에서 신비에 가까울 정도로 용맹스럽게 활동했다는 사실을 실제로 부인하고 있다. 이탈리아를 향하여 떠났던 노르망 지방의 젊은이 중에도 대다수는 용맹성을 떨치기보다는 오히려 간신히 목숨을 부지한 채 고향으로 돌아왔다는 것이다. 그러나 노르망 지방의 젊은이 중에도 상당한 숫자는 타향을 떠돌면서 운명을 개척했다. 1090년 『교회사』에 담긴 두 가지 그림은 노르망계 귀족가문에서 출생한 젊은이들의 방랑자 모습을 담고 있다.

특히 노르망계 귀족 가문에서 출생한 젊은이들이 고향을 떠나서 혈족과 분리된 모습을 생생하게 그려 놓고 있다. 두 가지 그림 중에서도 가장 탁월한 그림은 오르데리크 비탈리스(1075?~1142)의 그림이었다. 오르데리크 비탈리스는 귀족 가문에서 출생한 노르망계 젊은이 모습을 정복자 윌리암의 궁중화에다 생생하게 담고 있다. 오르데리크 비탈리스의 『교회사』는 정복자 윌리암과 교황 그레고르 7세가 사망한 이후 노르망계 귀족의 선조들이 오르게 되었던 고위 벼슬 관행이 무너지고 있는 현실을 한탄하는 내용을 담고 있다. 오르데리크 비탈리스는 『교회사』에서 의례관습 표현원리를 문장 단락에 활용하며 확고한 신앙심으로 서로 적의를 품고 있던 형제들의 모습을 탈피했다고 청년기를 묘사하고 있다.

오르데리크 비탈리스의 『교회사』에서는 형님들이 성인 남자 모습으로 보였다기 보다는 아낙네 행동을 하며, 아낙네 복장을 입고 다녔다고 묘사하고 있다. 물론 형님들은 성가하면 '출가 외인' 대접을 받고 있었다. 『교회사』에는 성인을 부르는 호칭이 무너지고 의례관습과 관행까지도 무너지고 있었다. 오르데리크 비탈리스는 외모에 대하여 짜증을 부리며, 특히 신발이나 의복, 머리와 같은 외모에 대하여 지대한 관심을 갖고 있었다. 오르데리크 비탈리스는 길다랗게 생긴 신발까지 고안했다고 언급하고 있다. 당시 고안된 신발을 신으면 그 인물은 엄지발가락 안쪽에 커다란 종기의 염증으로 고통을 당했다는 것이다. 길다랗게 생긴 신발(이후 곧 코르나르두스라는 별명을 갖게 되었는데)을 어떤 로베르라는 인물이 궁중으로 가져와 궁중에서도 신게 되었다는 것이다.

오르데르크 비탈리스는 정장과 속치마가 지나치게 화려했다고 언급하고 있다. 정복자 윌리암의 선조들은 검소하게 차려입고 다녔기 때문에 걸어가거나 말을 타고 갈 때도 대단히 간편했다는 것이다. 당시까지 몸에 꽉 끼는 셔츠, 지나치게 커 보이는 장갑, 땅에 질질 끌리는 외투 등은 나타나지 않았다. 새로운 머리 스타일도 나타나지 않았다. 군대식의 짧은 단발 양식은 이전까지 머리 스타일이었으나 긴 머리 스타일의 유행으로 이미 사라지고 없었다. 긴 머리의 스타일은 흔히 머리 중간을 갈라서 머리 아래 부분을 꼬불꼬불하게 꼬아 늘어뜨리는 것이었다. 오르데리크 비탈리스는 정복자 윌리암 1세의 친구들이 도둑들처럼 머리 앞면 이마 부분을 면도까지 하고 다녔다고 부언하고 있다. 윌리암의 친구들은 매춘부 머리처럼 머리를 길게 길러서 늘어뜨리고 다녔다는 목격담까지 담고있다.

정복자 윌리암 1세 시대를 거치면서 노르망 지역사회에서는 외모를 모방하는 유행이 생기고 있었다는 것이다. 특히 사람들은 수도자, 죄수, 성지 순례자 외모를 서투르게나마 모방하고 있었다는 것이다. 오르데리크 비탈리스의 이런 목격담은 선조의 관행과 윤리와 어긋나고 있었다고 지적하는 대목에서 신빙성을 더하고 있었다. 어쨌든, 외모를 모방하는 유행도 자연스런 존재였고, 젊은이들은 자기들의 선조와는 다른 방향으로 실천하고 있었다. 기성세대 시각에서 파악하면, 젊은이들의 이런 모방은 새로운 방랑자 모습이었을 것이다. 감각의 인식영역에서는 고전시대 인간의 사고방식을 연상하고 있었으나 최근세대 인간의 사고방식이 거의 완벽하게 변화했기 때문에 기존 의례관습 또한 와해된 상황이었다. 오르데리크 비탈리스의 시각에서 정복자 윌리암 1세의 친구들은 기존 의례관습에서는 찾아볼 수 없던 외모를 갖추고 내면생활 깊이도 찾아볼 수 없었음을 넌지시 암시하고 있다. 오르데리크 비탈리스는 윌리암 1세의 친구들을 타락한 부류의 인간으로 지칭하고 있다.

비록 오르데리크 비탈리스가 그렇게 주장하고 있다 하더라도, 도덕의 표준을 어떻게 설정하고 있었던가 문제를 제기하고 있다. 오르데리크 비탈리스의 목격담에 대한 어떤 특성을 찾아내기 위하여 어느 정도까지 유사한 환경에 처했던 것으로 판단되는 구이베르의 『비망록』에 담긴 인격 위기와 비교해 보는 것도 중세 유럽세계의 변화현상에 대한 이해를 도울 수 있을 것이다. 11-12세기 구이베르는 이단자의 개종 내막과 종교 생활 주변사정을 광범하게 전해주고 있다. 구이베르의 『비망록』에 등장하는 영웅 에브라르는 1095년에 사망했다. 에브라르는 전체 노르망 지역에서 부유하고 품위 있는 인물로 알려져 있었으나, 인간이 산다는 것이 허무하다는 것을 처음으로 생각했던 인물이다. 구이베르의 『비망록』에 담긴 삶의 무의미함은 인간을 없어지게 하는 것과 인간이 없어지게 만드는 것으로 구성되어 있다. 구이베르는 몇 명의 친구에 대하여 언급하고 있다. 친구들은 지방민들과 함께 종교생활에 참여했고, 유력한 대가문의 안락한 생활까지 포기하고 낯선 타향에서 방랑자로서 생활했다. 어떤 지방에서 친구들은 숯을 구워 팔아가면서 생계를 꾸려가고 있었다. 어떤 마을에 이르자 마을 사람들은 에브라르를 알아차렸고 자기 앞에 선 어떤 젊은이가 엉뚱하게도 진홍색 외투와 여러 가지 색깔의 무늬가 새겨진 바지를 입고 있었다고 한다. 젊은이는 그래서 음탕하게까지 보였다는 것이다. 젊은이는 짧은 각반을 정갱이에 두르고 서 있었다. 그래서 젊은이는 더욱 음탕하게 보일 수밖에 없었다는 것이다. 그러나 구이베르는 젊은이가 사도들처럼 크리스트의 가난한 생활을 실천하고 있었다고 지적하고 있다.

젊은이는 외투를 어깨에 걸치고 있었는데 젊은이의 이 같은 모습은 여행자와 같았다기보다는 애인을 구하고 있는 사람 모습과 같았다고 부언하고 있다. 그런데 에브라르는 신분을 감춘 채 크리스트의 가난한 생활을 실천하고 있는 사람이 누구인지를 알아보려고 했다는 것이다. 에브라르는 곧 젊은이에게 말을 건넸다. 젊은이는 에브라르의 질문을 받고서 다음과 같이 응답하고 있다. 즉 “어떤 사람에게도 이런 말을 해서는 안 되는데 나는 에브라르라고 해! 한때는 귀족이었어. 그러나 과거 죄를 회개하기 위하여 방랑자 생활을 하고 있는 중이야.” 젊은이의 이런 말을 듣고 에브라르는 정말로 황당하구나 하고 생각했다는 것이다. 그런데도 구이베르는 방랑자 생활이 끝나는 시점에서 서로의 만남을 신의 존재로부터 받게 된 감동 표지로 해석하고 있다. 그래서 방랑자와 친구는 당장 마르무티예 수도원을 향하여 떠났다. 물론 방랑자와 친구는 마로무티예 수도원에서 수도자 길을 선택했다. 11세기 유럽세계에서 수도자는 물론 당연히 지배자 사회에 대하여 금욕과 절제의 덕목을 제시했다.

오르데리크 비탈리스와 구이베르도 11세기 윤리와 질서에 순응했다. 그러나 오르데리크 비탈리스와 구이베르의 이야기는 공히 방랑의 대비물을 활용하여 윤리와 질서를 전달하고 있다. 그렇지만 오르데리크 비탈리스와 구이베르는 방랑의 대비물을 서로 다르게 구분하여 활용하고 있다. 이들 두 저작자는 이전 시대의 생활방식으로 통용되던 의례관습과 질서에 대하여 어떤 문제도 제기하지 않고 오히려 배척하고 있다. 오르데리크 비탈리스와 구이베르는 행동방식을 두 가지 부류로 구분하고 다시 정복자 윌리암 1세와 같은 부류의 인간과 에브라르와 같은 부류의 방랑자로 구분하고 있다. 오르데리크 비탈리스와 구이베르는 스스로의 입장을 분리하는 단계에 접어들고 있다. 즉 정복자 윌리암 1세의 궁중사회와 에브라르와 같은 방랑자 사회로 구분하면서 특정한 목표의 의식을 선택하는 단계에 이르고 있다.

에브라르와 친구들은 특정한 목표를 선택하여 실천하고 있다. 구이베르의 시각에서 파악하면, 에브라르는 아마도 지나칠 정도로 세상에서의 삶을 낙관하고 있다. 에브라르가 낙천가였다는 증거는 성년 의식을 의례관습에 관련 지우고 있었다는 점에서도 나타나고 있다. 에브라르는 결사를 일종의 관행으로 파악하고 있다. 에브라르는 결사를 새로운 혈족구성원에 연계하며 성인의식을 정신의 인식작용에 대한 상징물로 인식하고 있다. 성년기는 정신의 인식작용에 대한 상징물로 인식되고 있다. 이처럼 성년기는 종족언어 표현관습 변화를 나타내고 있다. 오르데리크 비탈리스와 구이베르는 새로운 행동모형을 제시하며 서로 다른 두 가지 의례관습이 존속하고 있다는 사례를 제시하고 있다. 오르데리크 비탈리스는 과거로부터 축적된 기존 의례관습이 현재를 살아가는 당대인을 위하여 신의 성사관습에도 일치하고 있음을 암시하고 있다.

구이베르는 『비망록』에서 공동체를 결속하는 의례관습을 두 가지 단계로 구분하고 있다. 최초 공동체 결속 단계는 일단 결사과정을 거치는 시기를 나타내고 있다. 다음 단계는 일단 질서와 관행을 터득하며 체험으로 축적과정을 거치고 있다. 물론 두 번째 단계에서는 의례관습, 질서, 관행을 사고방식 형태로 인식하는 시기로 나타나고 있다. 중세 유럽세계에서도 의례관습은 공동체 구성원의 동질의식을 창출하는 도구였고, 지역으로부터의 추방은 문화 영역을 떠나는 것이었다. 또한 공동체 구성원은 의식에 참여함으로써 시작되고 있다. 중세 유럽세계에서 기사는 의례관습에서 중심 위치를 차지하고, 크리스트교도의 표준인물로서 공동체 구성원 속에서 중심 위치를 차지했다.

11-12세기 유럽세계에서 기사는 공동체 구성원에게는 윤리와 도덕의 징표처럼 인식되어 과거와 현재를 서로 관련 지우는 소재를 포함하여 기사에 관련된 다양한 이야기 소재들이 등장했다. 과거와 현재를 관련된 이야기 소재에서는 '늙은이'와 '젊은이'를 구분하고 있다. 과거와 현재를 관련지우는 이야기에서 '늙은이'와 '젊은이' 역시 의례관습으로 정착했다. '늙은이'는 '원숙한 사람', 재주를 부리지 않고, 나이든 사람을 의미했다. 그러나 '젊은이'는 재주를 지닌 사람을 나타내고 있다. 의례관습과 관련된 '늙은이'와 '젊은이' 사례는 로베르 경건왕의 시대(996~1031)에서도 찾아볼 수 있다.

로베르 경건왕은 1031년에 사망했다. 여기서는 로베르 경건왕 시대의 두 가지 저작물을 지적할 수 있다. 이들 두 저작물은 로베르 경건왕을 젊은이로 묘사하고 있다. 두 저작물의 저작자는 아달베로

(955~1031)와 헤르고(1048?)였다. 아달베로는 1010년과 1020년에 유명한 『시집』을 완성했다. 그리고 헤르고는 1033년 경 『로베르 경건왕의 전기』를 저작했다. 헤르고의 『전기』는 몇 년 이후의 사회 실상을 그리고 있다. 그러나 아달베로의 『시집』과 헤르고의 『전기』에서는 로베르 경건왕을 젊은이로 묘사하고 있다. 헤르고의 『전기』는 또한 세속인을 성자모습으로 그리고 있다. 따라서 헤르고의 『전기』는 세속인의 성자전기 사례로 지적할 수 있을 것이다. 헤르고는 『전기』에서 '지배자의 존엄성'을 세상에 전달하고자 했던 사람을 과거인이라고 언급하고 있다. 그리고 헤르고는 『전기』에서 국왕을 새로운 교부로 파악하고 있다. 헤르고의 시각에서 로베르 경건왕은 신을 진실되게 인식하고 있는 것이다. 헤르고는 신의 존재에게 다가가려는 사람이라면 누구나 신의 존재를 찾아내기 위해 인간의 후손들에게서도 신의 모습을 찾아볼 수 있도록 살아야 한다고 부언하고 있다.

아달베로는 헤르고와는 다르게 넓은 시야를 지니고 있다. 아달베로는 우선 카롤링거 왕국으로부터 위그 까페 왕가(987~996)로 전환되는 시기에 로베르 경건왕의 모습에서 변화된 11/12세기 유럽사회의 모습을 파악하려고 시도하고 있다. 아달베로는 '청년기'의 특성을 '지혜'로 표현하고 있다. 물론 아달베로는 늙은이로 변모하고 있었다. 그러나 아달베로는 도시 라옹에서 자기보다 '나이가 많은 형제들과 자기보다 나이가 어린 형제들을 대신하여' 로베르 경건왕에게 예의를 표시하고 있다. 아달베로는 로베르 경건왕이 프랑스를 통치하도록 협력한 유력자였다. 그리고 로베르 경건왕은 27세에 왕위에 올랐다. 아달베로는 로베르 경건왕의 즉위에 대하여 다음과 같이 지적하고 있다. 즉 "여러분의 표상은 지금 꽃다운 청년과 함께 빛나고 있다.

…… 누구나 청년과 함께 행복하게 살아갈 것이며, 심지어 지식인까지도 젊은 청년에게 환호를 보내고 있다."

아달베로는 로베르 경건왕 사망 이후 로베르 경건왕 시대의 종말에 대하여 두려움을 표시하고 있다. 특히 아달베로는 로베르 경건왕 시대에 정착된 의례관습과 질서가 무너지게 될까봐 두려워하고 있다. 또한 아달베로는 크뤼니 수도원장인 오디로(994~1049)에 대하여 두려움을 표시하고 있다. 당시 크뤼니 수도원은 프랑스 지방의 귀족과 카롤루스가문 프랑크종족왕 영지 지배자를 제국정치에서 지켜주던 최후 보루였다. 특히 크뤼니 수도원은 프랑스 귀족과 카롤루스가문 프랑크종족 지배자로부터 주교직의 영향력을 계승했던 일종의 대체물이나 다름없었다. 아달베로는 수도원장 오디로 세력이 증폭되는 것을 은근히 두려워했다. 특히 아달베로는 세상에서 뜬 소문처럼 확산 일로를 거듭하던 신의 법률에 대한 불신 풍조를 감지하고, 당시 유럽세계를 세 가지 사회권으로 구분했다. 아달베로는 노동하는 사람의 사회, 기도 드리는 사람의 사회, 전쟁하는 사람의 사회로 구분하고 세 가지 사회권이 형성된 요인을 일종의 세속화로 파악하고 있다. 그리고 크뤼니 수도원의 수도자를 종말론자가 아닌 순환론자인 것처럼 사악한 악마의 모습으로 풍자하고 있다.

아달베로는 크뤼니 수도원의 수도자를 고전시대 법률에 대하여 아무런 전거도 확보하지 못한 무식자 무리로 언급하고 있다. 게다가 아달베로는 크뤼니 수도원의 수도자들을 움직이고 있던 수도원장이 상급자인 종족왕의 세속 기능을 못마땅하게 여겨 끊임없이 종족왕에게 반기를 들고 있다고 언급하고 있다. 뿐만 아니라 글자도 못 읽는 무식한 주교는 학식을 갖춘 주교를 몰아내고 제국의 주교직을 거의 독식했다고 한탄하고 있다. 이런 와중에서도 이슬람은 크리스트교 세계를 침입했다. 꼴사납게도 이들 수도원장과 무지한 주교들이 크리스트교 세계를 졸속하게 방어하고 이슬람 침입을 저지하겠다고 나서게 되니 늙은이와 젊은이의 역할은 완전히 전도되고 말았다는 것이다. 그리고 중세 유럽사회에서도 기존의 의례관습은 무너졌다. 특히 늙은이와 젊은이의 역할이 완전히 전도되자, 사회의 의례관습은 더욱 혼란에 휩싸이고 있었다. 나이 어린 기사들은 누구나 좀처럼 타기 어려운 꽃마차를 타고 다녔다는 것이다. 그래서 아달베로는 나이 어린 기사들이 타고 가도록 꽃마차를 이끄는 말까지도 늙은이를 깔보게 되었다고 탄식하고 있다. 한편 아달베로는 공부를 한답시고 헛되게 보낸 젊은 시절을 두고 몹시 후회하고 있다. 아달베로는 전쟁과 농사를 당시 너무나 흡사한 것으로 파악하고 있다.

아달베로는 이슬람의 침입을 막아낸 '질풍같은 군대'에 대하여 만족하지 않고, 전체 맥락에서 당대인의 생활에 대해서는 만족을 느끼고 있다. 물론 아달베로의 『시집』과 같은 단순한 문학작품을 하찮게 인식할 수도 있으나, 헤르고의 저작물인 『로베르 경건왕의 전기』는 지방민과 성직자 사회에서 점차 영웅이 되어가는 인물유형을 표상에까지 연결하고자 하던 시대 분위기를 더욱 명확하게 드러냈다고 하겠다. 11세기 유럽세계를 배경으로 구성된 문학작품은 크뤼니 수도원장 오도(879?~944)의 저작물 『제라르 주교의 전기』를 지적할 수 있다. 주교 제라르(940?~1003)는 게르베르라는 본명을 지니고 실베스트 2세(999~1003)라는 교황명으로 999년부터 1003년까지 교황으로서 황제 오토 3세 고문이었다. 주교 제라르는 보에티우스의 『화성론』에 대하여 『주석집』을 저술했을 뿐만 아니라 『화음론』을 직접 저술했다.

주교 제라르는 실제로 수도자가 아니었지만 베네딕트 수도자 금욕수행관습을 실천하여 실제로 11세기 유럽세계에 베네딕트 수도자의 금욕수행관습을 재생시킨 주인공이나 다름없다. 주교 제라르로부터 베네딕트 수도자 금욕수행관습을 전수 받아 오늘날까지 유럽대륙 뿐만 아니라, 세계 전역에서 실천할 수 있게 되었다. 그래서 주교 제라르는 수도자 금욕수행관습을 실천했던 성자 중에서 특별한 위치를 차지한다고 마비롱은 분석하고 있다. 로베르 경건왕의 사망 이후 수 십년 동안 지배자세계와 종교의 사정은 급박하게 변화하여 다시 복잡한 문제를 해결해야 했다.

로베르 경건왕 사망 이후 수십년에 걸친 11세기 유럽세계와 종교의 급박한 변화를 분석하기 위해서는 아마도 제1차 십자군 시대 역사 기록자를 분석하는 것이 당시 상황에 가장 적합하리라고 판단하고 있다. 당시 카톨릭세계의 역사 기록자로서는 자기 행적기를 저작했던 탕크레(1075/6-1112)를 지적할 수 있다. 탕크레의 『행적기』는 '천국의 랄프'를 주인공으로 등장시키고 있다. 탕크레의 『행적기』에서는 랄프는 선명하고 활동력을 갖춘 '젊은이' 영웅으로 묘사하고 있다. 탕크레는 젊은이 랄프를 사회에 대한 마음속의 욕구를 거의 충족시켜 주는 인물로 묘사하고, 『행적기』에서 11세기 유럽세계에 수용되도록 영웅을 선정하여 그 영웅에 대하여 호감을 갖도록 만드는 방법을 강구하고 있다. 탕크레는 크리스트 교도의 도덕과 규범을 과거부터 엄격하게 준수하는 표준인물을 실제의 인물처럼 묘사하고 있다. 탕크레는 주인공 랄프를 완벽한 표준인물로 묘사함으로써 영웅을 사회에서 희미하게나마 부각시키는 방법을 강구하고 있다.

탕크레는 부유한 귀족가문 출신이었다. 탕크레의 아버지는 오도(11

세기 초)였고, 어머니는 귀스카르의 딸 엠마였다. 탕크레의 삼촌은 보헤몽이었다. 탕크레는 삼촌의 설득으로 1096년 11월 십자군에 참여했다. 탕크레는 귀족가문 구성원이었으나, 긍지 때문에 우유부단했다고 한다.

탕크레는 활동력과 분별력을 두루 갖추워 신의 존재를 예리하게 분석하고, 신의 존재에 관한 소리를 분석하여 주제를 구성하고자 시도했다. 탕크레는 같은 또래 사람들이 인정하는 범위 내에서 신의 존재를 행동으로 실천하려고 시도하고 있다. 탕크레는 결혼하지 않고서도 처녀와 동침하고 저작활동 중에도 휴식을 취하며 배불리 먹고, 여가를 즐기는 세상이 오리라고 예측하고 있다. 수도자 로베르는 『프랑크종족의 행적기』를 개작했다. 뿐만 아니라 수도자 로베르는 고트프라이에 관하여 기술하면서도 적나라하게는 표현하지 않고 있다. 수도자 로베르는 고트프라이에 대하여 다음과 같이 서술하고 있다. 즉 "로렝지방출신의 어떤 기사는 십자군을 모집하고 있었다. 고트프라이는 카롤루스 대제(786~814)에 관한 전설을 수행해야 한다는 신의 존재를 이어받게 되었다고 한다. 전설에서 카롤루스 대제는 콘스탄티노플에 이르는 북부지역으로 크리스트의 십자군을 이끌고 가게 되었다는 평판이 뜬소문처럼 파다하게 퍼져 있었다." 그러나 카롤루스 대제는 전사라기보다는 수도자에 가깝게 묘사되고 있다.

탕크레는 고트프라이의 활동을 『프랑크종족의 행적기』에서 거의 사실에 가깝게 묘사하고 있다. 이제 여기서는 오르데리크 비탈리스의 『교회사』에 담긴 11세기 유럽세계 상황을 다른 역사 기록자나 저작자들이 기록했던 세상 모습보다 더욱 생생하게 묘사했다고 지적한 치브노르의 연구 결과에서처럼 판단하게 되었다. 물론 오르데리크 비탈리스의 『교회사』를 특정한 영역의 저작물로 인정할 수도 있으나 『교회사』에 담긴 노르망계 귀족의 생활모습을 분석하는 것이 최종 목표였다. 따라서 『교회사』에서도 종교에 대한 지방민의 성사관습은 의례관습의 대비물을 활용하여 전달되는 관행에 따라서 발현되고 있었음을 부인할 수 없었다. 종교에 대한 지방민의 질서가 발원되는 근원지를 더욱 생생하게 분석하여 11세기 유럽세계 변화를 제시했다.

전체 유럽세계 변화는 일단 1100/1101년 1월 12일에 사망한 페터의 가계를 출발점으로 제시할 수도 있다. 특히 페터의 장자는 안소아르였다. 오르데리크 비탈리스는 안소아르의 선친이 사망한 이후 안소아르의 생활을 상세하게 언급하고 있다. 안소아르는 선친 사망 이후에도 크리스트 교도의 평범한 기사와 다를 바 없이 모든 사람들이 기대하던 성품을 갖춘 기사로 살아갔고, 훤칠한 키와 건장한 신체를 갖추고 있었다. 안소아르는 이외에도 탁월한 지도자로서 지녀야 할 공명정대한 판단력을 갖추고 넓은 도량과 학식까지 겸비했다는 것이다. 그런데도 안소아르는 아버지와 전혀 다른 사고방식을 실천하여 의례관습 유형을 색다르게 제시했다. 안소아르는 젊은 기사로서 전쟁을 탁월하게 수행할 자질까지도 갖추었고 아버지가 생존해 있는 동안 마지못해 방랑자 생활을 떠나 떠돌이 생활을 하는 과정에 콘스탄티노플에서 로베르 귀스카르와 함께 십자군에 참가했다. 안소아르는 망트지방에서 성주 랄프의 딸 오데리나를 만나 참한 신부 오데리나를 데리고 고향인 노르망 지방으로 돌아왔다고 한다. 안소아르는 나이 어린 오데리나와 결혼했고 오데리나를 교육까지 시켜 슬하에 7남 2녀의 자식을 두고 있었다.

안소아르는 오데리나 시각에서 기사였지만 수도원에서 신앙의 광명을 터득하여 암울했던 과거를 깨우치고 세상 변화를 간파했다는 것이다. 이외에도 안소아르는 랄프가 유물이 되어버린 엄격한 아버지 모습과 다를 바 없다고 랄프의 성장과정을 묘사하고 랄프가 의례관습을 탁월하게 실천했다 하여 윤리와 도덕을 지키던 표준 인물로 제시하고 있다. 안소아르는 랄프를 11세기 유럽세계 규격에 가장 어울리는 표준 인물로서 미래상을 제시했다고 전기 저작물에서 분석하고 있다. 11세기 유럽세계에서는 어떤 가정이 두 아들을 가지고 있는 경우, 큰 아들은 흔히 기사가 되고 작은 아들은 수도자 길을 선택하고 있다. 아르노르도 두 아들을 두었는데 아르노르의 두 아들도 무력하긴 했지만 기사와 영주의 운명을 피할 수 없었다. 아르노르의 두 아들 역시 비슷한 운명으로 살았다. 아버지 아르노르프 사망 이후 큰아들 윌리암은 청년기에 이르러 프랑스 왕실로 가서 무기를 다룰 수 있을 정도의 나이에 이르게 될 때까지 왕을 보필하고 있었다.

윌리암은 나이가 청년기에 이르러 이탈리아의 아프리아 지방으로 방랑자 생활을 떠나고 있다. 윌리암의 친척은 이미 이탈리아 지역에서 방랑자 생활을 끝내고 생활토대를 구축했다. 그래서 윌리암은 이탈리아 지역에서 생활토대를 구축하고 있던 친척들로부터 교육을 받고, 로베르라는 롬바르디아 지방에서 출생한 부인과 결혼했다. 윌리암은 친척인 귀스카르의 조카와 함께 친척을 보필하고 다녔다. 이후 윌리암은 이탈리아 지역에서 30여 개의 성을 소유했고, 슬하에 여러 명의 자식을 두었다. 윌리암은 40여 년 동안 부인과 함께 노르망계 종족들이 자리잡고 있는 이탈리아 지역에서 생활했다. 윌리암은 이탈리아 생활에 익숙하게 되어 고향인 노르망 지방을 까맣게 잊어버리게 되었다고 오르데리크 비탈리스는 전하며, 윌리암의 동생에 관해서도 제법 상세하게 언급하고 있다.

윌리암의 동생은 레기나르이었다. 레기나르는 오르데리크 비탈리스의 집에까지 이르는 쌩 에보 장원을 다섯 살에 상속받았다고 한다. 이 쌩 에보 장원은 12에이커의 경작지를 포함하고 있었기 때문에 거대한 장원이었다고 한다. 레기나르는 어릴적부터 예의바르고 총명했고, 또래 수도자 지망자 중에서도 수도자 수양기간에도 탁월하게 뛰어났다고 기록하고 있다. 특히 레기나르는 탁월한 기억력으로 특히 '강론'을 기억하는데 탁월한 재능을 발휘했다고 연대기 기록자는 회고하고 있다. 그러나 레기나르는 11세기 유럽세계의 학문성과에서 이단자 출현 사건과 같은 사회 분리요인을 외면하고 오히려 정통론자 동아리 교회조직 입장으로 위장했던 것처럼 나타나고 있다. 레기나르는 자기보다 무거운 짐을 지고 살아가는 사람들을 비판했다고 연대기 기록자는 지적하고 있다. 오르데리크 비탈리스는 레기나르의 이런 행동양식이 어릴적에도 분명하게 드러났다고 언급하고 있다. 레기나르는 자기에게 부여된 모든 과업과 임무를 혼신을 다하여 수행하고, 일에 지나치게 골몰한 나머지 탈창으로 고통을 받으며 실제로 과로 때문에 건강을 잃게 되어 회복불능 상황으로 빠져들었다. 윌리암과 레기나르의 이 같은 사례는 11세기 유럽세계 어디서나 드물지 않게 반복되었다.

윌리암이나 레기나르의 이런 운명은 고트프라이의 두 자식인 드로고와 베르나르(†1030년 이후)도 반복하고 있다. 오르데리크 비탈리스와 같은 11세기 저작자나 연대기 기록자는 특정한 인물의 방랑자 생활을 거의 빠짐없이 기록하고 있다. 전기에 등장하는 인물은 일생 내내 방랑자 생활로 일관하지는 않았다. 물론 인간의 신앙심은 어떤 방향으로 나아가든 방향을 바꾸어 갔다. 오르데리크 비탈리스의 시각에서는 세상의 가치 기준과 종교의 방향을 서로 보완재가 되었다는 것이다. 방랑자 생활은 젊음이 지나가기 이전에 흔히 결실을 거두고 고도의 정서를 함양하여 청년기 가치를 체험형태로 보상받고 있으나 특정한 인물 일생에서는 위험하기 그지없었다. 청년기 방랑자 생활은 개인에게 이점을 가져다주기 보다는 오히려 개인의 심리상태를 파멸의 늪으로 빠뜨릴 수도 있다. 그러나 방랑자 생활의 청년기를 거친 이후 방랑자의 체험은 청년기의 생활과정에서 청년을 오히려 알차게 살아갈 수 있는 황금알을 낳고 있다.

특히 방랑자 생활은 특정한 인물에게 헤프기 쉬운 청년기를 절제 훈련과정처럼 나타나고 있다. 방임하기 쉬운 불확실한 청년기는 절제를 훈련하는 과정으로서 새로운 문제를 해결하기 위하여 다음 단계로 넘어가고 있다. 중세 유럽세계 변화는 특정한 인물의 전기 저작물에 실린 방랑자 생활에서도 드러나고 있다. 중세 유럽세계의 명확한 특성 변화는 흔히들 결혼하지 않고, 홀몸으로서 방랑자 생활을 시작하는 데서도 나타나고 있다. 거기다 방랑자 생활은 성사관습 변화를 기적에 일치시킴으로써 단일한 성사관습의 실천모형으로 탈바꿈하여 일체감을 형성했다. 11세기 유럽세계에서 수도자의 결사행위는 공동체 구성원의 분리요인이 되었다. 수도자의 결사는 혈족구성원이나 서로 다른 혈족간의 결속력을 와해시켜 경쟁사회를 예고하고 생존능력의 대체물을 제시하고 있다.

수도자의 결사행위는 종교로 결속된 11세기 유럽세계를 분열하고 특정한 지방민을 종교 중심의 생활방식으로부터 더욱 용이하게 이탈케 자극하고 있다. '형제애'는 수도자를 결속하여 공동체를 구성하는 핵이었다. 그러나 수도자의 결사의식은 수도자 공동체의 형제애를 개인의식으로 전환시키고 유동성을 가능하게 만드는 의례관습 역할을 담당했다. 수도자 공동체에서 형제애가 파괴되는 징후는 특정한 인물 전기에서 도둑질을 언급하는 대목에서도 확인될 수 있다. 보레톤 지방에는 직명도 없이 살아가는 고트프라이라는 인물이 있었다.

고트프라이는 '젊은 시절에' 도둑질을 수 차례나 했다고 전기에서 기술하고 있다. 고트프라이라는 사람은 도둑질을 '신을 배신하는 절도행위로' 인식하여, 도둑질하는 버릇을 고쳤을 뿐만 아니라 불량배와 사귀는 것까지 고쳤다고 한다. 고트프라이라는 인물은 수도원에서 예절을 익히고 정신을 수양하여, 자기가 살아가는데 필요한 모든 것을 스스로 노력해서 조달했다는 것이다. 고트프라이는 절약하여 재산을 축적했고, 새로 취득한 재산을 다른 사람을 돕는 데 활용했다고 한다. 고트프라이는 불쌍한 사람을 돕는 의연금도 내고, 스스로를 위하여 실제로 불요불급한 곳에만 재산을 사용하고, 절제하는 윤리와 도덕의 표상으로 살아갔다고 한다. 그러나 고트프라이는 시간이 지나서 성자 에브로울과 결사를 요구하여 결국 승낙을 얻어내었다고 한다. 이처럼 수도자의 결사행위는 11세기 유럽세계의 다른 모습을 제시하고 있다.

11세기 유럽세계에서 신의 존재는 변화를 담고 있음을 부인할 수 없다. 그렇다고 신의 존재에 담긴 변화에 대하여 신빙성을 부여할 수는 없다. 그러나 적어도 신의 존재는 관심을 가질 수 있는 대상을 선정하는데 보조자료가 될 수 있음을 부인하지는 못할 것이다. 특히 신의 존재는 특유한 표준인물 모형을 후속에까지 반복하여 활용하고 있다. 신의 존재에 도입된 표준인물 모형은 11세기 유럽세계에서 통용되던 의례관습에 연계될 수 있다. 당대인의 가치는 물론 행위를 수반하여 '혈족구성원'으로부터 출발했으나 혈족구성원에 바탕을 둔 당대인의 가치는 신의 존재 약화와 함께 잠시 동안이거나 영원하게 이미 지난 과거로부터 쇠퇴하고 있었다.

혈족구성원은 중세 유럽세계에서 사회조직의 기본 단위를 형성하면서도 잠시 동안이긴 하지만 다같이 동등한 공동체에 참여했다. 이런 동등권자 공동체는 성년기에서 청춘기로, 청춘기에서 장년기로 변화되는 과정에 대하여 나이로서 한계를 설정하여 엉성한 사회조직으로 대체되었다. 혈족구성원은 형제애의 우애정신과 친족 윤리에 바탕을 두었다. 그러나 형제애의 우애정신과 방랑자 생활은 서로 다른 안정성을 나타내고 상대의 안정성과 관련되어 중요하게 부각되고 있다. 방랑자 생활은 젊은이들에게 체험의 소중함을 교육시키고 모든 젊은이의 인격을 도야하는 교육과정이나 다름없다. 방랑자 생활은 또한 젊은이에게 교양을 함양시키고, 생활과 도덕의 이치를 가르쳐 주며, 기존 사고방식을 사회변화에 접목시키고 있다. 교육은 이 같은 생활과 문화를 성사관습 변화에 접목하는 매체기능을 담당했다.

11세기 유럽세계에서도 모든 젊은이는 생활과 질서를 이탈하지 않고 성장하며 개인을 창출하여 성장과정에 필요한 교육으로 새로운 의례관습을 터득하고 있었다. 중세 젊은이는 물론 성장과정에 적절한 관례를 찾아내어 다른 사람의 성장과정에까지 전달하고 성장과정에서 정전 관례와 체험을 일치시켜 행동방향을 실천했다. 11-12세기 유럽세계에서 젊은이는 에브라르의 사례에서처럼 현상을 의례관습으로 대체하면서 인간 위치이동을 수반하는 불확실한 성장과정의 교육을 통하여 자기를 성찰할 수 있는 기회를 부여받고 있다. 물론 젊은이도 스스로 열악한 재능 때문에 강제로 떠밀려 나가다가 다시 스스로의 재능을 확인하고 기존 질서의 강제력을 인식하고 다시 새로운 조화 상황을 조정하고 있다. 11-12세기 유럽세계 문화도 자연히 수직형으로 전달되는 혈족구성원의 관계와 수평형으로 전달되는 혈족공동체 구성원의 관계를 우애정신에 일치시키며 생성되었다.

11-12세기 문학작품의 주제 역시 혈족구성원의 결속력을 선택하고 있으나 가치 유입으로 성장과정에도 의식과 절차를 도입했다. 당대인의 성장과정은 유년기, 청년기, 노년기의 세 단계로 나누어지고 있다. 그리고 당대인의 성장과정을 나타내는 유년기와 청년기, 그리고 노년기의 다음 단계로 넘어가는 과정에서 의식과 절차를 도입하고 있다. 뿐만 아니라 이 세 성장단계는 공통으로 종교의 가치기준을 성사관습에 일치시켜 행동에 옮기려는 욕구형태로 구분되었다. 유년기와 청년기, 그리고 노년기는 분명히 세 단계의 성장과정을 나타내고 있다. 세 단계의 성장과정에는 당연히 미성숙 단계를 포함하고 있다. 세 단계의 성장과정 중에서도 미성숙 단계는 불안정하게 구성될 수밖에 없었다. 미성숙 단계를 흔히 청년기로 지칭하고 있다. 청년기와 젊음을 일치시킨다면, 이미 청년을 젊은이의 지혜를 지닌 사람으로 언급한 바 있다. 그리고 청년은 젊은이의 지혜와 지혜롭지 못한 젊은이도 포함될 수 있다. 따라서 청년은 동전의 양면과 다를 바 없게 되는 것이다. 청년기는 철저하게 행운을 가져다 줄 수도 있다. 그러나 청년기는 불행을 안겨줄 수도 있다. 이미 언급한 고트프라이와 같은 인물은 틀림없이 행운아였다. 그러나 고트프라이를 제외한 다른 사람들은 판단기준의 인식작용이 성숙하기도 전에 이미 인생의 좌절감을 체험하고 있다.

더욱 불행한 경우를 지적하면, 어떤 사람은 일생동안 술이나 마시고 음탕한 파멸의 늪에 빠져 허우적거리다가 삶을 결국 망치게 되어 일생을 헛되이 보내고 있다. 또 다른 경우로서 젊은 귀족가문 자제는 부모를 거부하고 대항하기 위하여 반란을 도모하다가 잔인하게 짓밟히는 경우도 지적할 수 있다. 그러나 어떤 사람은 청년기를 전혀 다른 방향으로 활용하고 있다. 프람바르는 비천한 신분이었다. 그런데도 프람바르는 어려운 상황을 극복하여 가장 훌륭한 인물이라는 평가를 받고 있다. 프람바르는 대부분의 젊은이가 무의미한 이단자 운동과 교회개혁 운동에 청년기를 낭비하고 있었음에도 유혹에 휩쓸리지 않았다. 특히 이단자 운동이나 교회조직 개혁을 주장하던 젊은이들 중에는 사회 참여 문제를 제기해 놓고서도 목적을 성취하지 못하여 무분별한 표류자 신세를 면치 못한 인물도 더러 포함되어 있었다. 바로 이들 표류자를 중세 저작자나 연대기 기록자는 나그네(=분리자)로 지칭하고 있다.

제 4 장
표준인간의 상징물과 문화

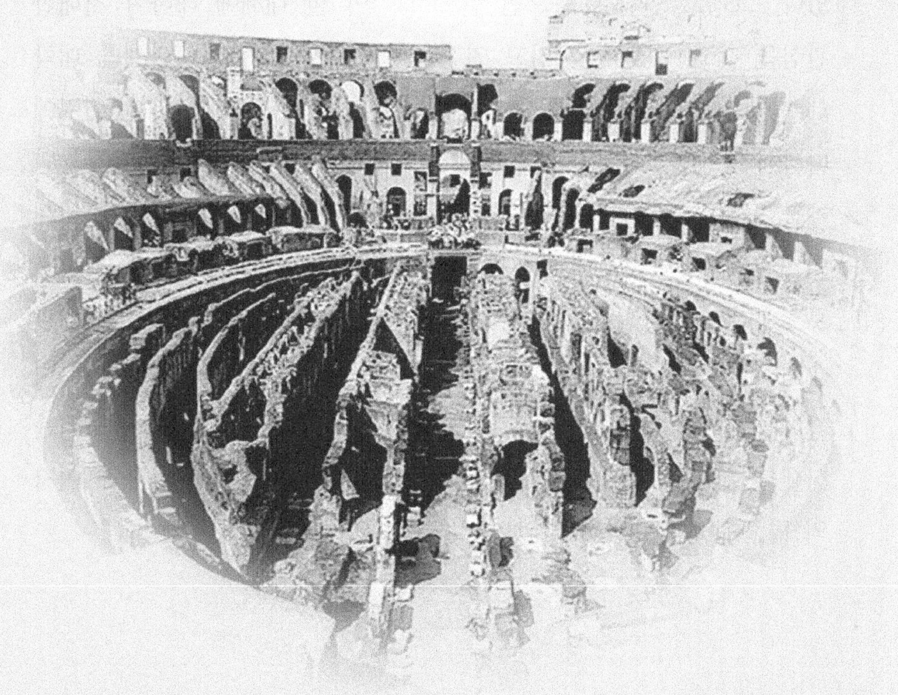

제4장
표준인간의 상징물과 문화

4.1. 오딧쎄이아의 의례관습과 미래상

11세기 유럽사회에서도 인간은 태어나면 죽기 마련이라고 믿고 있었다. 그리고 인간은 죽으면 반드시 가야 할 내세에 대하여 지대한 관심을 갖고 있었다. 그리고 인간은 태어나서 죽게되는 단계를 대략 세 단계로 설정하고 있다. 인간은 거쳐가야만 하는 세 단계를 연령에 따라서 구분하고 있었다. 연령에 따라서 인간이 거쳐 가야 할 세 단계를 구분한 사례는 에브라르를 주인공으로 내세워 윌리암 1세 시대의 궁전을 그린 오르데리크 비탈리스의 『교회사』에서 확증되고 있다. 오르데리크 비탈리스의 『교회사』에서는 연령의 변화단계를 「의례관습에 대한 주지사항」으로 파악하고 있다. 그러나 오르데리크 비탈리스나 구이베르와 같은 저작자는 현실 사회에서 연령변화가 통용되는 사례를 실제로 확인하고 있다. 11세기 유럽사회에서도 남자와 여자의 평균수명은 대단히 낮았던 것으로 나타나고 있다.

중세의 남자와 여자에 대한 평균수명을 유년기와 청년기, 노년기의 세 단계에 따라서 분석하는 경우 마르크 블로크는 중세인의 노년기를 현대인의 나이로 환산하면 현대인이 성숙하여 성인생활을 시작하려는 나이에 불과했다고 지적했다. 이런 중세세계는 중세인이 나이가 많이 들었다고 인식했으나, 실제로는 중세세계를 젊은이가 통치하고 있었다는 것이다. 중세 유럽세계를 현대인 시각으로 파악하면 젊은이 중심의 사회였다. 젊은이가 중세 유럽세계를 이끌어가고 있었다고 해서 불안정했던 것만은 아니었다. 젊음은 연령에 따른 정서와 무의식이 지배하던 생활에 더할 나위 없이 깊은 인상을 남겨주고 있다. 물론 대주교 관구에서 나오는 11세기 전기에 실린 '보어체의 시구'도 이런 중세인의 삶을 담고 있다.

11세기 유럽세계의 의례관습 변화는 보어체의 시구에도 '새로운 의례관습'을 '어리석음' 탓으로 잘못 인식하여 과거세대의 윤리와 도덕을 완전히 사라지게 했다고 한탄하고 있다. 11세기 유럽세계에서는 윤리 와해로 부모 배신조차도 아무 것도 아닌 것으로 인식했다는 것이다. '어리석은 젊음 때문에' 젊은이가 기존 질서를 무시하는 것과 유사한 사례는 『성자 포이 노래』에서도 입증되고 있다. 젊은이는 여러 측면에서 다양한 의례관습 문제를 제기하고 있다. 11세기 유럽세계에서 제기되던 젊은이 문제는 오늘날에도 당시 통용되던 '젊은이'를 번역한다 해도 찾아내기 대단히 어렵다는 것을 부인할 수 없다.

'젊은이'를 해석하기 어려운 것은 사실이나 초기 '방랑시인'의 시구는 젊은이의 의미에 접근할 수 있는 사례를 보여주고 있다. 11세기 유럽세계에서 '젊은이'는 공동체 구성원의 의례관습이나 행동, 즉 도덕과 윤리와도 관련되어 있다. '젊은이'는 특히 공동체에서 도덕과 윤리의 분리자이자 새로운 결속력 생성자였다. '젊은이'는 도덕과 윤리를 지키면서 흘러 넘치는 젊음으로 행동하여 새로운 결사모형을 제시했고, 방랑시인들은 이런 젊은이의 행동을 아마 시인과의 '우정'이라고 지칭했을 수도 있다.

마르카브루라는 시인은 젊음과 사랑의 노래에서 가식에 찬 사랑을 반대하고 있다. 마르카브루는 흔히 알려진 독설을 담아 방랑시인의 문화를 다음과 같이 일깨워 주고 있다.

진실한 젊음이 세상을 살아가는 밑천이라면
순수한 사랑이 젊은이를 있게 하는 근본이라면
젊은이의 대담성은 알게 모르게 그칠 줄 모르고 있다.
그러나 지금은 젊은이의 대담성이 귀족 때문에
임금 때문에 그리고 황제 때문에
식어가고 있다.

내가 훌륭한 심판자라고 해서
변호인이라고 해서
심문관이라고 해서
나는 사랑을 어떻게 숨죽이고 있는가를
나는 젊음을 어떻게 헛되게 보내고 있는가를 알고 있다.
그리고 나면 기쁨은 가셔지고
사랑은 고통으로 변하고 만다.

젊음을 주제로 선택한 시구는 북부 유럽세계에서 등장했다고 주로 성자전기에 실려있다. 그런데 『성자 알렉시스 전기』에 실린 젊음의 시구는 전혀 다른 문학양식으로 나타냈다.

『성자 알렉시스 전기』는 1040년 경 도시 루앙의 수도자인 테드바르가 저술했을 가능성도 있다. 『성자 알렉시스 전기』의 시구는 새로운 문학양식에 어느 정도 접근하여 짤막하면서도 고유한 운율을 담아 개작되었다. 『성자 알렉시스 전기』에 실린 시구는 후기에 로망스어계 종족언어와 프로방스 지방언어로 번역되었을 뿐만 아니라, 스페인어, 독일어, 노르웨이, 러시아의 고대언어로 번역되어 널리 애창되었던 것 같다. 이 시구는 이탈리아 지역에서 활동하던 방랑시인의 시구를 거슬러 올라가면 12세기 후반경과 13세기 초반까지 거슬러 올라가서 '성자 알렉시스의 의례관습'까지 포함했던 것으로 확인되고 있다.

이탈리아 지역에서 나타난 『성자 알렉시스 전기』에는 귀족이 사랑을 제재한다고 귀족 자식을 납치하여 귀족을 보복했다는 두 크리스트 교도에 관한 이야기를 담고 있다. 『성자 알렉시스 전기』에는 두 크리스트 교도가 귀족 자식 납치범인이 되어 사형 당했고, 두 명의 크리스트 교도를 순교자라고 지칭하고 있다. 아마도 『성자 알렉시스 전기』에 담긴 이런 이야기는 유대인의 애환을 순교로 그려내는 것 같은 이교도 영향을 받은 것 같다. 이교도에 대한 보복을 순교로 인정한 이런 부류의 전기 저작물은 비잔티움 지역과 시리아 지역에서 존속했다고 한다. 그러나 라틴어 상용지역에서 이런 부류의 전기 저작물이 출현했다는 것은 조상숭배와 관련되어 10세기 이전까지 더 이상 찾아볼 수 없었다. 물론 이교도에 대한 보복을 순교로 인정한 이런 부류의 전기는 고전시대 저작물에 근거하고 있다. 고전시대 저작자의 이런 전기 서술방식이 11세기 유럽세계에서 대중으로부터 인기를 확보하고 있었다는 점을 간과할 수 없다. 이교도에 대한 보복을 순교로 인정하는 것과 같은 유형의 전기 저작물은 11세기에 이르러 대중성을 지니게 되었다. 이런 부류의 전기 저작물은 사도가 외양간에서 가난하게 태어난 크리스트의 빈곤을 주제로 선택했던 점에 기인했던 것으로 추정되고 있다.

11세기 유럽세계에서 빈곤이라는 주제는 공동체 구성원을 결속하는 문화 역할을 담당했다. 그러나 시대의 흐름과 함께 빈곤은 혈족구성원을 결속했고, 청춘과 사랑을 일치시켜 공동체 구성원의 분리와 결속을 새롭게 만들었다. 이교도에 대한 보복을 순교로 인식하는 부류의 전기 저작물이 잉글란드의 노르망종족에 대해서는 거의 영향을 미치지 못했으나 단순한 도덕 모형을 판단기준의 인식작용으로 찾아낸 합리주의 모형에 초점을 맞추어 구성되고 있다.

『성자 알렉시스의 전기』에서 “알렉시스는 혈족구성원을 보물로 인식한 것 이상으로 신의 존재를 사랑하고 있다”라고 아주 간략하게 언급하고 있다. 성자 알렉시스의 전기 저작물에서도 악마, 기적, 신으로부터 구원을 받았다는 의례관습, 즉 중재자로서 신의 존재처럼 구성하지 않고 있다. 중세 전기 저작물에 등장하는 인물이면서도 『성자 알렉시스의 전기』에 등장하는 인물은 표준인간이라고 지적할 수 있는 악마, 기적, 중재자로서 신 등과 전혀 관련되지 않고 있다. 그런데도 성자 알렉시스는 방랑자 생활을 체험하고 있다. 실제의 개종자는 흔히 세상에서 사라져 버리는 경우도 있다. 성자 알렉시스는 도시 로마로부터 도시 에데싸로 갔다가 다시 에데싸로부터 도시 로마로 다시 돌아오는 방랑자 생활을 체험하고 있다.

알렉시스는 부모님 슬하에서 17년 동안 생활했다. 그런데도 알렉시스는 부모님의 번민과 애환에 아무런 감동도 받지 않고 있다. 알렉시스는 부모님이 사망한 이후 비로소 생활 방향을 외부로 표현하고 있다. 『성자 알렉시의 전기』는 육체에 대하여 정신의 승리를, 그리고 노년기에 대하여 청년기의 승리를 당당하게 기술하고 있다. 정신과 청년기의 이 같은 승리는 『크리스티나 전기』 경우에서 지적될 수 있다. 『크리스티나 전기』는 1123년 이전 언제쯤인지는 모르지만 크리스티나를 위하여 건축된 쌩 아르바누스의 기도실 편에다 『고대 프랑크종족왕 전기』를 개작하여 포함하고 있다. 남편과 결혼은 본인의 동의없이 성사되었고, 신부인 크리스티나는 자기 남편과 혼인을 서약할 때 남편으로부터 신부인 자기의 순결을 검사해 보자는 요구를 받았고, 신부인 크리스티나는 결국 도망 쳤다고 기술하고 있다. 『알렉시스의 전기』는 등장인물의 생활을 『크리스티나 전기』와 중복되게 기술하고 있다고 오토 페흐트는 지적하고 있다.

오토 페흐트는 성녀 『크리스티나 전기』에 대하여 다음과 같이 언급하고 있다. 즉 성자 아르바누스의 시에 등장하는 크리스티나는 문학의 표준인물을 엄격하게 지켜 나가며 성자 알렉시스의 전기를 그대로 모방하고 알렉시스에 관한 이야기는 크리스티나의 체험을 성사관습의 대비물을 활용하여 모방하고 있다. 어쨌든, 크리스티나는 정전을 실행하고 있으며, 크리스트 교도에게 성자생활의 사례를 제시하고 있다. 고전시대 성자전기는 카롤루스가문 프랑크종족왕 시대로 거슬러 올라갈 수 있으나 11세기 성자전기는 카롤루스가문 프랑크종족왕 시대에 기술된 성자전기의 원본에 근거하지 않고 개작되고 있다. 물론 성자전기는 시기상으로도 지나치게 빠르게 출현했을 수도 있으나 종교는 시대 흐름에 따라서 끊임없이 변화했다. 종교는 감각의 인식요소가 변화하면서 전혀 다른 모습을 나타내며 종교에 대하여 새로운 생명력을 불어넣었고, 특정한 주제에 부착되는 형태로 첨가했다.

특정한 주제와 종교의 일치 사례는 탕크마르(†938)가 저작한 『주교 베른발트의 전기』를 지적할 수 있다. 베른발트는 힐데스하임주교였다. 베른발트는 993년 1월 15일 힐데스하임 주교직에 선출되었다. 탕크마르는 『주교 베른발트의 전기』에서 덕망 높은 주교 게르다두스가 이미 사망하여 생존하지 않았다고 기술하고 있다. 주교 게르다두스는 모든 여론을 수렴하여 '젊은이'까지 결속하는데 '연장자가 역량을 발휘하여' 사람들로부터 칭송을 받는 수도자의 스승이었다. 탕크마르는 게르다두스 이외의 오디로에 대해서도 특정한 주제와 종교의 일치 사례를 제시했다.

탕크마르는 오디로가 1049년 사망했는데 총각시절 크뤼니 수도원의 수도자 마예르를 만나 마예르를 자식처럼 보살피며 교육시켰다고 기술하고 있다. 특정한 주제와 종교의 일치 사례는 과거의 성자전기 계승관습을 입증함과 동시에 11세기 성자전기를 오히려 보완하여 다음 세대에는 기존 성자전기가 상징물로 변모하여 성사관습과 신의 존재 관례를 반복하며 개작형식을 취하고 있었다. 탕크마르는 특정한 주제와 종교의 일치 사례에세 종교의 계승관습을 강조하고 다시 『비타리스(978~979)의 전기』를 언급하고 있다.

탕크마르는 어릴적부터 부지런한 소년, 꼬마 수도자라는 별명을 지녔던 비타리스가 종교에 너무나 깊이 몰두했기 때문에 원로 수도자의 외투를 걸치고 다녔다는 것이다. 탕크마르는 비타리스가 수도자 동료들로부터 '꼬마 수도자'라고 조롱 당한 적도 있었는데도 동료들이 자기를 꼬마 수도자로 지칭하기를 원했다는 것이다. 탕크마르는 어린 시절부터의 성장과정을 옮겨 놓은 성자전기 구성방식에서도 카롤루스 시대의 성자전기로부터 이어온 계승관습을 변함없이 나타내고 있다.

그러나 특정한 성자전기는 청춘기의 활동을 주제로 선택하여 종교에 일치시키는 경우도 나타나고 있다. 특정한 성자전기는 그 인물의 청춘기에 활약했던 종교운동과 교회개혁 운동을 정신의 성장과정에 관련 지워 무용담 주제를 선택하는 경우도 나타나고 있다. 성자전기는 당대인의 감수성을 예리하게 표현하고, 그 사례로서 『성자 베르나르의 방랑기』를 지적할 수도 있다.

『성자 베르나르의 방랑기』는 10세기 로트링겐 지역에서 저작되었다. 이 『성자 베르나르의 방랑기』는 1047년경 프랑스 지역으로 전해졌고 1106년 라틴어로 다시 개작되었다. 이후 『성자 베르나르의 방랑기』는 브리타니아에 정착한 노르망계 종족언어로 아주 매끈하게 다시 번역되었다. 브리타니아에서 저작된 성자전기는 대륙에서 집필한 성자전기 영향을 받아 실제 인물 브렌단이 성자전기의 주인공으로 등장하고 있다. 브렌단은 489년경 출생했다. 브렌단은 570년과 583년 사이의 시기에 세트란드 지방, 브레타뉴 지방, 잉글란드 지방을 항해하여 둘러본 이후 사망했다고 전해지고 있다. 물론 브렌단은 항해자로서 자기 방랑자 생활로부터 터득한 모험담을 방랑기에 담고 있다. 브렌단의 방랑기는 항해자에게 닥쳐왔던 큰 사건을 줄거리로 엮어 독자에게 깊은 감명을 주고 있다.

브렌단의 방랑기에는 아이란드의 항해자를 주인공으로 등장시키고 주인공 항해자가 희망의 나라를 찾아가는 방랑자 바린투스와 관련되어 있다. 방랑자 바린투스는 브렌단과 방랑하다가 어떤 지역에 이르렀고 브렌단이 찾아갔던 지역이 동료 수도자 바린투스가 이미 방랑하다가 알게된 지역이었다는 것이다. 당시 바린투스는 고향으로 오다가 그 지역에 들르게 되었다고 일러주고 있다. 여기서 바린투스는 브렌단에게 여러 지역에 대한 이야기를 전해 주고 있다. 바린투스는 고향을 떠나 바다를 건너가서 닿았던 지역에 대하여 브렌단에게 전해주고 있다. 바린투스는 바다를 건너서 신선들의 놀이터와 같은 섬에 이르게 되었는데 그 섬에서 메르노크라 하는 수도자의 아들을 찾게 되었다는 것이다. 바린투스는 거기서 여러 명의 수도자들이 수도에 전념하면서 생활하고 있는 것을 목격했다는 것이다. 수도자의 아들 메리노크가 살고 있던 섬의 서쪽에는 다른 섬이 있었는데 서쪽의 그 섬은 '신선의 놀이터'였다고 한다. '신선의 놀이터'에는 금은 보화가 가득했고, 신선화로 가득차 있었으며, 보지도 듣지도 못했던 신선한 과일이 기적처럼 많았다고 한다. '신선의 놀이터'에서 살고 있는 사람들은 현물에 대한 욕심같은 것을 전혀 갖고 있지 않았다고 전하고 있다. 바린투스도 메르노크와 함께 '신선의 놀이터'와 같은 섬에서 50일 가량 이곳 저곳을 둘러보고는 동쪽으로부터 서쪽으로 흐르는 강가에 이르게 되었다고 전하고 있다. 동쪽에서 서쪽으로 흐르는 강에서 몸을 청결하게 씻고 있던 어떤 남자를 만났다는 것이다. 바린투스와 메르노크는 물론 당시 햇볕에 몸을 쪼이고 있었다고 한다. 그 남자는 바린투스와 메리노크에게 당신들이 돌아가거든 자기를 천당 문턱에서 만났다는 사실을 전해 달라고 부탁했다는 것이다.

브렌단은 바린투스의 방랑기를 듣고 자기도 몸소 섬나라를 찾아가기로 결심했다. 브렌단은 40일 동안 금식기도를 올린 다음, 선발된 14명의 형제와 함께 신선의 놀이터인 섬나라를 향하여 출발했다. 브렌단의 방랑기에는 호메로스의 서사시 오딧세이야에 등장하고 있는 율리시즈와 흡사하게 길고도 험한 방랑을 계속하고 있다. 브렌단은 배를 타고 방랑했고, 브렌단의 배는 작은 섬을 굽이굽이 지나서 기적을 체험하고 있었다. 그리고 브렌단은 위험을 극복하고 다시 안식년을 보낼 때의 유혹을 포함하여 인간 세상에서 닥칠 수 있는 모든 일을 모두 체험하고 신선의 섬에 이르고 있다. 신선의 섬에는 고기들이 뛰놀고 새들이 지저귀며 노래하고 있었기이에 천당인 줄 알았으나 실제로 알고보니 타락한 천사들의 체류지였다는 것이다. 신선의 섬에 이르는 항해자들은 유다의 이스카리오에게서 인사를 받을 때도 있었다고 한다. 항해자들이 가고자 했던 섬에 도착하고 보니 동쪽에서 서쪽으로 흐르는 강이 있었다는 것이다. 항해자는 섬에 도착하여 어떤 젊은이를 만났는데 젊은이는 항해자를 껴안고 다음과 같이 전해 주었다고 한다. 즉 "여러분 앞에는 여러분이 찾아가려던 나라가 있습니다. 신의 존재는 여러분들이 이 나라를 찾을 수 없도록 숨겨 두고 있습니다. 여러분이 이 섬에 오셨다 가실 때에는 여러분이 가지고 가실 수 있을 정도까지 금은 보화를 가지고 가셔도 됩니다. 여러분이 이리저리 방황하는 세상도 머지 않아 최후의 날이 오게된다는 것을 알려드릴려는 뜻에서 입니다." 브렌단과 동료들은 처음 만난 청년으로부터 이런 계시를 들은 후에 뱃길을 고향으로 돌렸고, 고향에 돌아와서 곧 죽었는데 모두 성자가 되었다는 것이다. 지금까지 노르망 지역과 잉글란드의 여행기는 다양한 방랑자의 모험담과 무용담을 담고 있다는 것을 검토했다.

이제 다시 여기서는 아이란드계 여행기를 검토해 두려고 한다. 아르란드계 여행기를 검토하면 라틴어를 상용하던 문화영역의 대중 성향과 문학 작품에 접근할 수도 있을 것이고, 대중성향을 형성하는 문학작품 해독자의 취향을 파악할 수도 있을 것이다. 여행기의 주인공 영웅은 분명하게 매력 덩어리인 성자 위치에 오르고 있다. 여행기는 당연히 이국 정취를 느끼게 만들며 다양한 해독자를 확보해 나갔다. 유럽세계 여행기가 해독자를 확보해 나가는 주제 중에는 물론 여기서 분석하려는 11세기 영웅과 대중성향을 나타내는 주제도 포함되어 있다. 인간이면 누구나 언제든지 살아가고 있다. 인간은 삶의 단계마다 의례관습을 거치고 인간의 삶에서 의례관습이 목표였고 목표에 도달하면 미래를 향한 의례관습을 다시 거치고 있다. 미래를 향한 의례관습 또한 거의 확실하게 고전시대 의례관습을 이탈하지 못하고 있다. 고전시대 의례관습과 11세기 유럽세계에서 형성된 의례관습을 분리한다는 것은 대단히 중요한 연구일 수도 있다. 고전시대 인간의 의례관습은 예지, 공상, 예언과 같은 고전시대 인간의 표현관습에 접근해 보려는 연구자에게는 관심거리일 수밖에 없다. 고전시대 인간의 세계에서든 11세기 유럽세계에서든 '신선의 세계'는 공통으로 관심 대상이었고, 여행기 주제도 '신선 세계'를 찾아가려는 마음의 인식영역에서 비롯되고 있다.

11세기 여행기를 살펴보면, 순례자와 십자군은 예루살렘에서 서로 만나고 있다. 순례는 정신을 추구하기 위하여, 그리고 십자군은 세속을 추구하기 위한 여행이었다. 여행기에서 예루살렘은 우화와 같은 내세상으로 인식되었다. 여행기는 당시의 대중성 차원에서 파악하는 경우 내세상을 중시하고 있다. 또한 여행기에는 중세인의 정신세계를 그대로 묘사하고 있다. 중세인의 정신세계 핵심에는 내세상이 자리잡고 있을 뿐만 아니라, 중세인의 내세상은 풍부한 상징물을 포함하고 있으며 시각의 인식영역에서 바다와 사막을 끝이 없는 것으로 인식하고 있다. 그래서 방랑자는 바다를 끝이 없는 것으로 표현했고, 수도자는 사막을 끝이 없는 것으로 표현하고 있다. 방랑자가 도달하고자 갈망하는 세계에 이르기 위해서는 바다를 건너지 않을 수 없었다. 그래서 방랑자가 바다를 건너가는 것을 시련 극복과정으로 여행기는 묘사하고 있다. 방랑자가 시련을 극복하는 시기는 자기를 성찰하기 위한 시기요, 정신이 성장하는 시기로 인식되고 있다.

11세기 유럽대륙은 방랑의 시련기를 거쳐 찾아온 선교자들의 영향을 받았다. 특히, 메로베쿠스가문의 프랑크종족왕 선조들은 아이란드로부터 찾아왔던 선교자 콜룸바누스(†615)으로부터 베네딕트 수도자 금욕수행관습을 터득했다. 또한 카롤루스가문의 프랑크종족왕 선조들은 8세기 앵글로색슨계 선교자 비리브로르드(†739)와 빈프리트 보니파티우스(†754)로 부터 베네딕트 수도자 금욕수행관습을 수용했다. 아이란드계와 앵글로색슨계 선교자의 활동으로 유럽대륙은 베네딕트 수도자 금욕수행관습을 받아들여 실천했다. 아이란드계와 앵글로색슨계 수도자 금욕수행관습을 실천한다는 것은 미래상의 표상에 따라서 여행기에 담겨 있는 우화와 같은 방랑자의 체험을 실천한다는 의미를 내포하고 있다. 그래서 방랑기와 다름없는 여행기에는 고행, 해탈, 인간의 완성을 갈구하는 욕구를 미래상에 일치시키고 있다.

11세기 유럽인들은 정신의 이런 성장과정을 거치면서 새로운 관심사를 찾아내고 있다. 유럽인들의 정신 성장과정에서 아이란드계와 앵글로색슨계 선교자들은 대단한 영향을 끼치고 있다. 어떤 의미에서 브렌단의 여행은 일종의 회개를 찾아 나서는 것이나 다름없다. 브렌단과 일행이 낙원을 갈망하여 떠났던 수도자이든, 아니면 이동으로 상실했던 '고향'을 찾아 나섰던 귀거래사든 브렌단과 그 일행은 영원한 안식처를 찾아 방황하고 있음을 부인할 수 없고, 영원한 안식처에서 다시 결속하기를 갈망하고 있다. 이런 의미에서 여기서는 방랑자를 상징물로 파악할 수밖에 없을 것이다.

물론 방랑자는 영원한 안식처인 낙원의 표지를 지니고 있었다. 낙원의 표지는 과거와 현재의 일치 과정에서 특수한 역할을 담당하고 있다. 영원한 안식처는 두 가지 부류의 표지로 낙원을 나타내고 있다. 한 가지 부류의 낙원에서는 『구약성서』가 『신약성서』의 출현을 예고하고 있는 것처럼 바린투스를 브렌단으로 각색하고 있다. 그러나 브렌단 여행기는 노년기와 청년기의 주제에 일치하고 있다. 여행기는 영원한 젊음이 넘실거리고 나이까지도 없는 낙원을 날렵하게 표현하고 있다. 바린투스는 자기보다 돈독한 신앙심을 지닌 메르노크의 인도로 낙원을 거쳐갔고, 메르노크는 또한 어떤 청년의 인도로 다시 가고자 하는 목적지까지 갔다는 소문을 듣고 있다. 물론 거기서도 브리타니아섬의 노르망계 종족의 내세상은 방랑자 생활과 직접 관련되고 있다. 여행기에는 브리타니아의 노르망계 종족이 이미 확신하고 있는 것처럼 노르망계 종족의 내세상을 성자 베네딕트가 틀림없이 지키고 있다고 아주 세심하게 분석하고 있다. 브렌단은 두 가지 특징을 지니고 있다. 우선, 브렌단은 노년기를 나타내기 위하여 하얀 머리카락에다 젊은이 시각을 지니고 있었다.

거기다 브렌단은 배를 타고 가서 양식을 제공함으로써 낙원 문턱에 이른 천사같은 청년으로 나타나고 있다. 그러나 청년 브렌단은 크라우디아누스에게 인도되어 아렝을 만나게 되리라고 예고했을 가능성도 있다. 여행기에서 내세상은 상상력의 인식영역과 현실을 서로 더욱 밀접하게 관련되어 있으며, 도시 앙그르 근처의 쌩 오뱅 수도원에서 수도에 정진하던 젊은 수도자 바르쉐렝을 사례로 제시할 수도 있다. 오르데리크 비탈리스는 현실 세계와 상상력의 인식영역을 서로 관련시킨 11세기 세상에 관한 여행기를 이야기 형태로 전해주고 있다. 오르데리크 비탈리스는 젊은 성직자 바르쉐렝의 이야기를 구성하게 된 사건이 1091년 1월 1일에 발생했다고 기록하고 있다.

내세상 여행기는 방랑 수도자의 시련기를 묘사하거나 개종자의 시련기를 묘사하고 있는 것과 유사한 형태로 프랑스 북서지역의 메마른 지방을 배경으로 설정하고 있다. 프랑스 북서지역의 메마른 지방은 당시까지만 하더라도 사람들이 정착해 거주하던 지역이 아니었다. 바르쉐렝 이야기의 등장 인물은 종교의 신앙심과 불확실한 청춘기를 일치시키면서 내세상 여행을 2차에 걸쳐 반복하고 있다. 내세상 여행기는 도덕상의 교훈을 불가항력의 것으로 지적하고 있다. 내세상 여행기에서는 불가항력으로 설명한 도덕상의 교훈을 젊음과 혈족구성원 문제에까지 일치시켜 표상을 활용하여 전달하고 있다.

바르쉐렝은 내세상을 여행하고 돌아온 수도자였다. 바르쉐렝이 여행하고 돌아와서 전해주는 내세상 이야기는 다음과 같이 전개되고 있다.

> "어느날 바르쉐렝은 교구민을 찾아갔다. 당시 교구민은 병석에 누워 있었다. 바르쉐렝은 황량한 거리를 걸어서 집으로 돌아오고 있었다. 바르쉐렝은 집으로 오던 도중, 멀리 떨어진 곳에서 기사병들이 무리를 지어 말을 타고 지나가는 소리를 듣게 되었다. 바르쉐렝은 처음 무리를 지어 지나가는 기사 병들의 말발굽 소리를 들었을 때 기사들이 양민을 수탈하기로 악명 높은 베레므를 공격하기 위하여 쿠르시로 진군해가고 있다고 생각했다." "바르쉐렝은 젊은 성직자인 베레므가 양민을 수탈했다고 자기를 공격하기 위하여 무리를 지어 오고 있는 기사들을 보고 겁에 질려 어쩔 줄 몰라서 허둥거리고 있을 행동을 마음속으로 미리 가정해 보고 있

었다. 바르쉐렝은 희미한 달빛을 받으며 집으로 향했다. 희미한 달빛 사이에는 멀리 서 있는 네 그루의 모과나무가 보이고 있었다. 이윽고 기사 병들의 나팔소리는 더욱 가까워지고 있었다. 기사 병들의 나팔소리에 귀를 기울이면서 바르쉐렝은 네 그루의 모과나무가 서 있는 덤불까지 가려고 발걸음을 재촉했다."

"바르쉐렝은 발걸음을 재촉하던 중 이상한 모습의 괴물을 보았다. 괴물은 물론 이상한 생김새 차림이었다. 괴물은 갈고리를 부착한 철퇴를 휘두르고 있었다. 괴물은 큰 몸집으로 바르쉐렝의 앞길을 가로막고서는 더 이상 가지 않고 바르쉐렝에게 말에서 내리라고 소리를 질렀다. 바르쉐렝은 그만 기절하고 말았다. 바르쉐렝은 거기서 인간이 어떻게 지옥에 이르게 되는가를 보게 되었다. 바르쉐렝이 직접 보게 된 지옥에 이르는 길은 멀고도 험난했다." "바르쉐렝은 우선 많은 사람들을 보았다. 물론 많은 사람들은 지옥으로 걸어가고 있었다. 사람들은 가축과 옷가지를 비롯하여 과거에 부당하게 획득한 물건과 가재도구를 어깨에 짊어지고 허기에 차서 서로 괴로워하면서 걸어가고 있었다. 바르쉐렝은 괴롭게 걸어가는 사람대열에서 죽은 지 얼마 되지 않은 자기 교구 사람들도 보았다. 바르쉐렝은 자기 교구 사람들을 보고서는 '그 사람이 죄 값을 톡톡히 치르고 있구나'하고 생각했다."

"사람들의 혼백은 기묘하기 짝이 없었다. 사람들의 혼백은 일렬로 늘어서서 앞을 따라가고 있었다. 대략 1000여 명의 사람은 서로 짝을 지워 들 것을 힘겹게 들고 가고 있었다. 사람들이 들고 가는 '들것' 위에는 큰 마소머리 모양으로 보이는 난장이를 앉히고 있었다. 바르쉐렝은 이 광경을 보고 깜짝 놀라게 되었다. 이상한 난쟁이를 들것에 앉히고 들것을 들고 가는 대열의 뒤에는 시커먼 옷을 입고 큰 몸집을 한 사람들이 따라오고 그 큰 몸집을 지닌 2명의 사람들 중 한 남자는 사람들로 하여금 무거운 통나무를 짊어지고 가도록 감시하고 있었다. 사람들의 대열을 선도하는 주인공은 사악한 악마였다. 물론 악마는 대열의 선두에 서서 감시자에게 지시하고 있었다. 악마는 숫불에 새빨갛게 달군 부시깽이를 자기의 '부알'에 집어넣은 채 말을 타고 가고 있었다. 바르쉐렝은 그 악마를 두고 '너는 참으로 많은 죄를 저질렀구나'라고 생각했다. 그 악마를 바르쉐렝은 언젠가 살인까지 저지르고 회개에 이르지 못한 성직자 스테파노일 가능성도 있다고 생각했다."

"사람 대열은 끝도 보이지 않을 정도로 길다고 느껴졌다. 대열의 맨 뒤에는 여자 대열이 뒤따르고 있었다. 부인네들은 대개 외간 남자를 음탕하게 유혹하여 재미를 보았다고 해서 벌을 받고 있었다. 부인네들은 시뻘겋게 달아오른 장대못이 쪼뼛쪼뼛하게 박혀 있는 말 등의 안장 위에 앉아서 고통스러워하며 말을 타고 가고 있었다. 이들 부인네들 중에는 귀족도 보았다는 것이다. 바르쉐렝은 몇 필의 이런 말을 대기시켜 놓고 말을 타게 될 다른 부인네들이 기다리고 있는 것도 보았다고 한다. 이들 부인네 대열 다음에는 성직자들이 뒤따르고 있었다. 물론 주교들과 수도원장을 비롯하여 수도자들도 줄을 지워 따라오고 있었다."

성직자들은 현세를 마음대로 휘둘렀던 목회자의 지팡이를 지니고 있었다. 성직자 다음의 마지막 대열에서 바르쉐렝은 랑드리를 알아볼 수 있었다. 랑드리는 비천한 가문에서 태어났다. 그런데도 랑드리는 뇌물이나 직위를 탐내지 않고 헛된 욕심으로 타락하지 않았던 인물이었다. 이처럼 죽은 사람들의 대열은 끊임없이 지나가고 있었다. 바르쉐렝은 이후 전설에 등장하는 '저승사자'의 혈족구성원과 같은 영혼의식을 따르고 있었다는 것이다. 저승사자의 전설은 노르망 지방과 브레타뉴 지방에서 널리 유포되어 있었다고 한다. 저승사자는 혈족구성원의 혼백이 노르망 지방과 브레타뉴 지방의 황무지에 나타나서 돌아다니다가 지옥에 있는 사람을 귀신에게 잡혀가게 유인하고 있었다는 것이다. 저승사자는 사람들이 자기 말을 믿지 않으려고 할까봐 오히려 두려워하고 있었다.

저승사자는 아무도 타지 않은 말을 붙들어서 증거로 그 말을 자기와 함께 뒷걸음질 시켜보기로 결심했다. 첫째 기사는 여러 마리의 말 중에서도 검은 말을 잡으려고 시도했다. 그러나 검은 말은 재빨리 달아나 버렸다. 두 번째 기사는 다음의 검은 말을 놓치지 않기 위하여 길의 한 복판에 서 있었다. 두 번째 기사의 검은 말은 멈춰 섰다. 기사는 말의 등에 올라타려고 시도했다. 기사는 한쪽 발을 안장의 등자에 걸려는 순간 다리가 욱신욱신 쑤셔대는 통증을 느끼게 되었다. 그 후 기사의 다리통증은 살며시 가라앉았으나, 이번에는 양손이 얼음처럼 차갑게 변했다는 것이다. 그 동안 네 명의 기사는 말을 타고 가지 못하도록 자기네를 방해한다고 세 번째 기사에게 욕설을 퍼붓고 있었다. 거기다 세 번째 기사는 말을 끝까지 붙잡으려고 했다. 네 번째 기사는 성직자와 부인에게 말을 탈 수 없다는 사실을 전갈해 달라고 부탁하면서 현세에서 죄를 지었으니 세 기사에게 말을 타지 말자고 권고하게 되었다. 네 번째 기사는 다름 아닌 윌리암이었다. 윌리암은 고리대금업자의 죄를 저질렀다고 바르쉐렝은 지적하고 있다. 윌리암은 과거 언젠가 가난한 사람에게 얼마의 돈을 빌려주었다. 윌리암의 돈을 빌린 가난한 사람이 돈을 갚지 못하게 되자, 담보로 확보해두었던 가난한 사람의 물방아간을 빼앗게 되었다고 한다. 윌리암은 가난한 사람의 물방아간을 상속해 주었다고 한다.

윌리암은 가난한 사람의 물방아간을 빼앗아 상속해 준 벌로서 시뻘겋게 달아오른 물방아 굴림대를 입에 영원히 물고 있어야 한다는 것이다. 그래서 윌리암은 바르쉐렝에게 자기 부인과 자식들에게 제발 부당하게 빼앗은 가난한 사람의 물방아간을 본래 주인에게 속히 돌려줄 것을 연락해 달라고 부탁했다는 것이다. 바르쉐렝은 윌리암의 부탁을 받고서 그 부탁을 어떻게 처리해야 할 지를 망설이고 있었다. 바르쉐렝은 윌리암의 정상을 참작하더라도 부탁을 전달하는 것을 대단히 위험한 일이라고 판단했다. 그런데도 윌리암은 다음에도 계속하여 바르쉐렝에게 부인과 자식에게 잊지 말고 윌리암의 부탁을 전달해 달라고 확인하고 있다. 그리고 저승사자 옆에 있던 성직자도 윌리암의 죄를 면해 주기로 약속까지 했다고 윌리암은 바르쉐렝에게 일러주고 있었다. 바르쉐렝은 저승사자 옆에 서 있던 성직자가 윌리암의 부탁에 대하여 고개를 끄덕끄덕하고 있었다고 한다. 그러나 윌리암은 혼백이었다. 윌리암은 혼백이어서 바르쉐렝의 마음속을 흔히 꿰뚫어 보고는 오히려 바르쉐렝의 망설임에 대하여 보복하겠다고 위협하고 있었다.

저승사자 옆에 서 있던 성직자는 동정녀에게 재빨리 기도를 올리고 있었다. 성직자가 동정녀에게 기도를 올리자, 말을 탄 사람이 신비하게도 이내 앞에 나타나더니 사람을 구원했다. 물론 말을 탄 신비의 사람은 큰 칼을 차고 있는 모습이었고 아무 곳에서나 모습을 드러내지 않는 인물이었다. 네 명 이외의 사람들도 말을 타고 지나갔다. 사람들이 모두 지나가고 나서야 바르쉐렝은 어떤 사람을 보게 되었는데, 그 사람은 길바닥에서 정신을 차리지 못하고 있었다. 말을 타고 지나가던 어떤 사람이 길바닥에서 정신도 차리지 못하는 사람에게 다가가서 빤히 들여다보면서 자기를 알아보겠느냐고 묻는 것을 바르쉐렝은 목격했다. 길바닥에 정신을 잃고 있는 사람은 성직자였다. 성직자가 지나가면서 묻는 사람에게 모르겠다고 대답하자, 지나가는 사람은 성직자에게 자기가 아무개라고 자기의 신원을 일러주고 있는 것을 바르쉐렝은 목격했다. 길 한복판에 정신을 잃고 있던 성직자는 지나가는 사람의 동생으로서 로베르라는 본명을 지닌 랄프의 아들이었다. 지나가는 사람이 성직자를 알아보지 못하자, 성직자는 어렸을 적의 기억을 상기시켜 주면서 자기를 알아보도록 설명하고 있었다는 것이다. 그러나 지나는 사람을 믿을 수가 없고 무엇을 어떻게 해야 하는지를 몰라서 더욱 망설였다는 것이다. 성직자는 겨우 정신을 차리고 몸을 일으키게 되었다. 로베르는 어느 정도 회고하고 나서 실제로 자기를 키워 준 인물이 바로 당신이라고 일러주는 광경까지 바르쉐렝은 목격했다는 것이다. "성직자는 지나가던 자기 동생에게 네가 보살펴 주지 않았더라면 어떻게 성직자가 될 수 있었겠느냐"고 고마움을 표시하고 있었다. 지나가던 동생은 그제서야 정신을 잃고 길 한 가운데 누워 있는 성직자가 자기의 형님이라는 사실을 알게 되었고, 그러니까 정신을 잃고 있던 그 성직자의 뺨에는 눈물이 하염없이 흘러내리고 있었다는 것이다. 성직자는 지나가는 동생에게 자기가 저승사자의 말을 훔치려다 자칫했으면 죽을 뻔까지 했다는 이야기도 들려주었으나 지나가던 동생은 자기 형님 성직자에게 기도만이 형님 성직자를 구해 줄 수 있다고 일러주고 자기네 아버지 이야기도 들려주는 광경을 바르쉐렝은 목격했다는 것이다. 아버지는 언젠가 찬미가를 부르다가 지옥에 당장 빠질 뻔 했다는 것이다. 그런 이후부터 아버지는 두 형제를 위하여 언제나 기도를 드렸고, 특히 두 형제가 착한 성직자가 되기를 기도하고 있었다고 지나가는 동생은 형님에게 알려 주었다.

지금까지 여기서는 바르쉐렝의 내세관을 분석했다. 여기서 중세세계에서 내세상의 의례관습이 공동체 구성원을 결속하는 요인으로 작용했다는 측면에서 내세상의 의례관습을 파악하면 내세관은 주요한 과제일 수밖에 없다. 이런 내세상은 다양하게 조직되는 사회조직의 결속모형에서도 드러나고 있다. 11세기 유럽세계에서 내세상의 의례관습은 선과 악을 완벽하게 나타내는 배경임을 부인할 수 없다. 네 개의 모과는 당연히 사도를 상징하고 있다. 축소된 기도는 원시상태에 가까운 전문 지식으로부터 발원하고 그 지식에서 발원한 기도는 또한 외부세계에 대한 표준인물의 효력을 지체없이 반영하고 있는 것이나 다름없다.

표준인물은 꿈까지 활용하여 사건을 복잡하게 가공하여 서로 뒤얽고 있다. 이런 내세상의 미래상은 바르쉐렝 사례를 방증자료로 제시할 수도 있다. 그러나 오르데르크 비탈리스는 내세상을 내세우며 현세 사건으로 표준 문학양식을 구성하고 있다. 오르데리크 비탈리스는 중세세계 문화구성원을 계급도식 형태로 풍자하여 현세 사건에 일치시키고 있다. 오르데리크 비탈리스의 이런 풍자내용은 신의 존재를 전달하는 중세인의 종족언어 표현관습에 기초하여 출발하고 현세 사건과 내세상의 윤리를 일치시켜 각색하고 있다. 오르데리크 비탈리스의 『교회사』에 등장하는 인물은 결국 모두 병들게 되는 것으로 묘사되고 있다. 등장인물은 또한 크리스트교의 윤리를 강조하기 위하여 상징물로서 크리스트교의 윤리를 구성하고 있다.

등장인물은 동시에 상징물과 저승사자를 민요와 풍경 속에 배열함으로서 크리스트교 윤리를 더욱 강조하고 있다. 저승사자는 마프, 윌리암, 페터 등의 인물 모습으로 나타나고 있다. 『교회사』는 평범한 사람을 등장시키고 있다. 물론 바르쉐렝도 『교회사』에 등장하는 평범한 사람이었다. 그러므로 바르쉐렝은 몇 명의 이웃사람을 잊지 않고 있다. 바르쉐렝이 잊지 않고 있던 몇 명의 이웃 사람 중에는 위그, 멩느, 제르베 등도 포함되었다. 또한 바르쉐렝은 이웃 사람 중에도 랑드리와 귀족인 윌리암까지도 의식하고 있다. 오르데리크 비탈리스는 다양한 유형의 죄를 언급하고 있다. 특히, 오르데리크 비탈리스는 공동체 구성원의 다양한 죄를 공동체의 파괴요인으로 인식하고 공동체 구성원의 등급에 따라서 죄를 열거하고 있다. 오르데리크 비탈리스는 법률과 신의 존재를 무시하는 무지한 인물이 농민들이라는 것이다. 뿐만 아니라 오르데리크 비탈리스는 부인네를 남성에게 쾌락을 안겨주게 될 성의 대상으로 파악하고 있다.

오르데리크 비탈리스는 성직자로 신도를 못살게 괴롭히며 죄를 지은 인물로, 귀족으로 권력을 오만방자하게 남용하여 죄를 지은 인물로 묘사하고 있다. 오르데리크 비탈리스는 거의 얼간이에 가까운 난쟁이를 등장시키고 사람들이 난쟁이를 들것에 태워서 데려가고 있다. 오르데리크 비탈리스는 얼간이 같은 난쟁이가 베르나르임을 확연하게 파악할 수 있도록 풍자하여 해독자들에게 상기시키고 『교회사』의 주제를 우유부단한 인간의 단면으로 선택하고 있다. 바르쉐렝도 우유부단한 인물이었다. 바르쉐렝은 우유부단한 성격 때문에 세 단계의 시련기를 거치고 있다. 바르쉐렝의 세 단계 시련기는 내세상으로 여행을 출발하는 시기, 내세상을 여행하면서 윌리암을 만나는 시기, 마지막으로 동생을 만나는 시기 등으로 구분하여 설명하고 있다. 바르쉐렝은 출발하는 시련기와 윌리암을 만나는 시련기에서는 스스로의 의지를 관철하지 못하고 있다. 마지막 시련기에서 바르쉐렝은 자기의 의지를 관철하고 있다.

그러나 바르쉐렝은 혼미한 정신상태에서 자기의 의지를 관철시키고 있다. 바르쉐렝의 동생은 불확실한 의식상태에 빠져 있다. 바르쉐렝 동생의 의식이 불확실한 근본 요인은 저변에 깔려있는 불완전한 결속관계로부터 생겨나고 있다. 특히 동생은 인간으로서 관계, 즉 혈족관계를 포기하고, 초자연의 결속관계를 더욱 소중하게 인식하고 있다. 바르쉐렝과 동생의 결속관계는 바로 이점에서 긴장감을 조장하고 있다. 내세상에서는 기도와 경계심의 필요성을 강조하지 않고 오히려 상황논리를 이용하여 내세상의 의례관습을 정당화하고 있다. 내세상의 의례관습은 바르쉐렝의 결속관계에 대한 결단력에서도 나타나고 있다. 그런데도 바르쉐렝의 심성은 여전히 불안정하여 결속관계 단절을 더욱 촉구하고 있다. 바르쉐렝은 처음 단계의 의례관습을 탈피하고 다음 단계의 의례관습으로 돌아가고 있다.

바르쉐렝은 의례관습 전환시기 선택도 대단히 중요하게 인식하여 그 시기 선택 직전까지만 하더라도 성직을 수행하고 있다. 그러나 바르쉐렝은 청년으로 지칭되며 당시까지도 오만한 태도를 부려 저승사자의 혼백이 타고 다니던 군마를 타려다 죽을 뻔 하는 곤경에 빠지기도 했다. 중세인의 내세상에는 지옥에 이르는 과정을 당연하게 인식하여 지옥으로 가는 과정에서도 자기 생명을 소중하게 여기고, 생명존중이 주요 관심사였음을 아주 자연스럽게 느끼도록 나타내고 있다. 교회조직 개혁은 두 가지 방향으로 진행되었다. 중세세계에서 성직자들은 저주받았고, 대개의 저주 대상 성직자는 수도자들이었다. 오르데리크 비탈리스의 『교회사』에서 펼쳐지는 사건은 황량한 벌판인 마엥느 지역에서 전개되고 있다. 마엥느 지역은 11세기 방랑 설교자들의 전기에서 흔히 언급되고 있다. 지중해 지역의 은둔처도 교부들의 전기에서 언급되고 있는 것처럼 당대인들이 관심을 갖던 지역이었다.

오르데리크 비탈리스의 『교회사』에는 11세기 유럽세계의 경제상황도 언급되고 있다. 랑드리는 관직에 있으면서도 이권을 챙기고 있다. 윌리암은 고리대금업을 했다고 해서 원성을 듣고 있었다. 랑드리와 윌리암에 대한 이런 언급은 북부 유럽지역에서 농업이 변형되고 있었다는 증거로 물방아간과 동자에게서 입증되고 있다. 이슬람은 11세기 유럽세계에서도 중세인의 마음을 꺼림직하게 만드는 요인이었다. 11세기 유럽세계에서 이런 이슬람 위협은 시커먼 옷을 입은 운반자들의 희미한 모습에서도 입증되고 있다. 중세인의 내세상은 급속한 변화를 체험하고 있음을 나타내고 있다. 이런 11세기 유럽세계에서도 귀족 혈통이나 별로 가진 것이 없는 젊은 성직자를 마음속으로나마 동정했으면 좋겠다는 듯이 관심사를 일일이 열거하고 있다. 오르데리크 비탈리스의 이러한 시각은 바르쉐렝과 동생의 대화에서 더욱 강렬하게 풍겨 나오고 있다. 의례관습 변화를 수용하면서도 고전시대에 대한 향수를 달래는 고통은 시련 이상이었다고 하겠다.

바르쉐렝과 동생의 대화는 새로운 공동체를 환기시키고 있다. 두 형제의 대화에서 병든 환자는 정신의 인식영역에서 공동체를 뛰어넘으려는 의지를 피력하고 있다. 새로운 공동체는 물론 내세상에서 등장하고 있다. 내세상의 새로운 공동체에는 두 가지 유형의 혈족구성원이 존재하고 있다. 이 두 가지 유형의 혈족구성원은 저승사자와 바르쉐렝의 두 유형으로 등장하고 있으며, 현세와 내세상에서 종교를 매개체로 혈족관계를 형성하고 있다. 저승사자의 혈족은 『교회사』에서 생활을 서로 결속하는 민요형식으로 정전의 성사관습을 가능케 만들고 있다. 다음으로 『교회사』는 신의 존재를 저작물의 내용형식으로 담고 있다. 『교회사』에서는 이미 지난 두 세대 동안 바르쉐렝이라는 개인의 혈족구성원에 대한 표상을 종족언어 표현관습을 활용하여 서로 교류하면서 공동체를 결속하여 결국 새로운 의례관습의 결속모형을 제시하고 있다.

4.2. 구이베르의 모정에 나타난 심성과 표준인간

연대기 기록자는 방랑자와 젊은이를 질서 변화와 관련 지우고 있다. 연대기 기록자는 청춘과 청년기를 동일시하고 청년기를 불확실하다고 언급하고 있다. 연대기 기록자는 청년기의 불확실성을 인간 시련기로 기록하고 청년기 시련을 스스로의 체험에 관련 지워 거의 완벽하게 묘사하고 있다. 연대기 기록자의 시련기에 대한 체험처럼 청년기의 불확실성은 젊은 남성이나 젊은 여성을 막론하고 서로에게 지대한 영향을 미치고 있다. 그런데 청년기의 불확실성은 역사의 흐름 속에서 젊은 여성의 입장과는 반대방향으로 작용하고 있었다. 그렇다고 역사의 흐름 속에서 젊은 여성의 입장이 언제나 젊은 남성의 입장과 반비례 곡선을 유지했던 것은 아니었다. 11세기에 이르러 여성의 평균수명은 남성의 평균수명보다 길어지기 시작했다. 유럽세계에서 여성의 평균수명이 연장되기 시작한 것은 종말론이 지배하던 유럽문화 생성시대 세계를 탈피하고 11세기를 분기점으로 하여 유럽세계가 안정을 찾아가던 상황과 관련되고 있다.

11세기 유럽세계에서는 인구도 안정의 징표로서 점차 증가했고,

신부의 혼인 지참금도 사라졌다. 11세기 이전까지만 하더라도 유럽세계의 불안정으로 적당한 혼인 상대를 고를 기회나 가능성이 전혀 없었다. 그러나 11세기에 이르자 젊은 신부는 혼인시장을 가득 메우며 신랑감을 찾아 나서고 있었다. 당시까지 혼인은 당사자의 동의로 이루어지지 않았고, 혼인 결정은 유럽세계 전체의 분위기에서도 혈족 구성원에게 귀속되었다. 촌락에서 혼자 거주하는 농촌 아낙네는 엄격한 관행에 얽매인 채 성직자 첩살이 신세를 면치 못했다. 봉건제는 성숙단계를 맞이했다. 봉건제의 성숙으로 지방민의 생활수준은 더욱 저하했고, 농촌 아낙네의 혈족구성원은 빈곤 때문에 생활 어려움을 겪고 있었다. 공동체 구성원의 어려운 생활과는 대조를 이루며 교황 그레고르 7세의 교회조직 개혁은 교회 법정주의를 표방하며 지방민의 생활을 더욱 어렵게 만들었다.

교황 그레고르 7세는 성직자에게 엄격한 독신생활을 요구했다. 교황 그레고르 7세의 이 같은 선전효과는 가난한 아낙네들에 대한 성직자의 후원을 오히려 중단시키는 역효과로 나타났다. 가난한 농촌 부인들은 교황 그레고르 7세가 주장하는 교회 법정주의를 실현하겠다는 개혁조치로 인하여 후원자를 상실했으나 기존 관행은 사라질 수 없었다. 그럼에도 11세기 유럽세계서 관행은 인간의 가능성과 창의성을 가로막는 한계를 드러냈기 때문에 적어도 도전하여 극복할 수 있는 대상으로 인식되었다. 10세기까지만 하더라도 다수 여성은 무기를 지니고 다녔다. 여성의 무기지참은 호신을 위한 관행이었다. 아르페르츠는 리우트가드다라는 여성에 대하여 다음과 같이 언급하고 있다. 즉, 리우트가르다라는 여성의 여동생이 사망했다. 여동생이 사망하게 되자 여동생의 토지를 강제로 탈취하려는 무리들이 나타났다.

그래서 리우트가르다는 라인강변에서 여동생의 토지를 탈취하려던 엘텐 일당을 체포했다고 기술하고 있다.

티에트마르는 크리스트 교도로 추정되는 데비욱스라는 익명의 형가리계 인물에 대하여 다음과 같이 기술하고 있다. 데비욱스의 부인은 아름다웠다. 미모의 부인은 술도 거의 마시지 않고 기사같은 복장을 꾸미고 다녔다. 그러던 어느 날 미모의 부인은 기사처럼 말을 타고 싸우다가 화가 나서 어떤 남자를 죽이게 되었다고 기술하고 있다. 여기서 남성역할을 담당하는 여성을 언급하는 이유는 가능하면 당시 사회상황에 가장 가깝게 중세세계 모습에 접근해 보려는 취지에서라고 밝혀 두고자 한다. 오르데리크 비탈리스도 남성 역할을 담당하는 여성에 대하여 확실하게 언급하고 있다. 중세세계에서 여성들은 이사벨 경우처럼 까미라에 못지 않을 정도로 치열한 전쟁을 치르었다.

이외에도 노르망계 부인은 전쟁이 여성에게서 남편을 탈취해 간다고 해서 남편의 전쟁 출정을 거부했다. 정복자 윌리암 1세는 1068년 요오크 지방민의 반란을 진압하기 위하여 가신들을 소집했는데 다수 가신의 부인은 남편에게 즉시 집으로 돌아오도록 요구하고 나서거나, 아니면 만약 남편이 밤늦게까지 돌아오지 않을 경우 부인을 재혼시켜 줄 것인지를 선택하고 전쟁에 출정하라고 강요하고 있다. 여성 역할과 관련하여 여성을 분석하는 경우 여성상은 두 가지로 나타나고 있다. 우선, 한 가지 여성상으로 오르데리크 비탈리스는 악명높은 세에츠 주교의 조카로서 입이 거칠고 잔인함이 비할 데 없었다는 마베르를 지적하고 있다. 다른 한 가지 여성상은 전체 11세기를 유럽중세세계의 전환시대로 간주하게 되는 경우, 전환시대의 세상변화를 가장 민감하게 나타내는 여성 사례를 제시해야 할 것이다. 이런 부류의 여성 사례로서는 헤르와를 내세울 수 있을 것이다.

헤르와는 물론 전환시대의 표준인물 사례에 적합할 것이다. 헤르와처럼 현실에 순응했던 인물과는 다르게 미래를 향하여 열심히 매진했던 인물상도 남성이든 여성이든 전환시대 표준인물을 살펴보면 물론 미래를 향하여 열심히 매진했던 모든 남성 중에서도 힐데가르트는 후기시대에 교황 그레고르 7세가 되었던 인물로서 미래를 향하여 매진했던 전환시대의 표준인물상으로 지칭될 수 있을 것이다. 그러나 11세기 후반시대는 긴장상태가 이어졌던 시대였다. 물론 11세기 후반시대의 긴장상태를 가장 뚜렷하게 나타낸 인물이라면, 그 인물상은 당연히 구이베르의 어머니일 것이다. 구이베르의 어머니는 11세기 후반시대에 밀려오는 중세세계의 격랑을 극복하기 위하여 다양한 방식으로 삶에 접근했다. 구이베르의 『회고록』에는 이런 어머니 모습을 담고 있다.

구이베르의 『회고록』은 1115년에 완간되었다. 『회고록』에서 구이베르는 어머니 개종을 자기 성장과정과 서로 복잡하게 일치시키고, 정신의 성장과정에 대하여 몇 가지 단계로 구분하여 각 과정의 정신변화를 해독자에게 전달하고자 시도하고 있다. 구이베르는 『회고록』에서 인간의 '상향시기'와 '하향시기'라는 두 가지 양극의미를 활용하고, 인간이 끊임없이 죄를 짓고, 지은 죄를 씻으려 노력하다가 부단하게 변화한다는 표준인간을 제시하고 있다. 구이베르는 '인생의 상향시기'를 불안정한 변화시기로 파악하고 있다. '인생의 상향시기'는 인생에서 신작로처럼 일직선으로 뻗어있는 인생의 탄탄대로에 들어서려는 일종의 목표를 찾아서 방랑하는 시기인 것이다. 구이베르는 인생의 이런 방랑시기를 신의 존재에 일치시키고 있다. 구이베르는 신의 존재를 완고하면서도 방랑자 심경을 읽을 수 있고, 방랑자를 동정할 수 있는 감정 소유자로 인식하고 있다. 구이베르는 또한 신의 존재를 인간세계 밖에서도 표준인간 모형인 것으로 파악하고 있다.

구이베르는 마음의 인식작용으로 신의 존재를 인간이라고 인식했다. 그래서 구이베르에게서 신의 존재를 마음에 품고 살아가는 인간의 침울한 마음 구석을 찾아낼 수도 있는 인간모습이 바로 구이베르 모습일 것이다. 구이베르 입장에서는 신의 존재가 인간처럼 죄를 지을 수도 있는 존재인 것이다. 구이베르는 신의 존재가 신 스스로에 대한 모든 것을 신 스스로도 알고 있는가라는 간단한 사실 확인으로부터 신의 존재에 대한 핵심 문제를 제기하고 있다. 벤톤은 구이베르의 이런 위기의식을 자아인식으로 지적하고 있다. 『회고록』에서 구이베르는 출생 순간부터 고통당하고 있다. 구이베르는 유년시기를 실제로 고통과 함께 시작하여 제대로 성장할 수 없었다. 구이베르는 병마에 시달려 발육상태까지 비정상이었을 정도로 부진한 건강상태에서 자랐고, 어린 시절에 머리도 명석하지 못하여 신의 존재를 정확하게 파악하지 못하여 느릿느릿 익히고 있었다. 그래서 구이베르는 나중에 자라서 교사가 되리라는 생각을 아예 갖지도 않았고, 가질 수도 없었다는 것이다.

구이베르는 아우구스티누스(†430)의 후기 『고백론』을 반복하고, 에덴동산에서 저지른 인간의 원죄가 청년시기의 모순으로 인간에게 다시 돌아가는 것이구나 하고 인식케 된다는 것이다. 구이베르는 인간의 죄 값을 극복하기 위하여 노력하는 인간 모습처럼 스스로 고백하고 있다. 구이베르는 유년시기로부터 성년시기에 이르기까지 저지른 죄를 고백했다고 『회고록』에서 언급하고 있다. 구이베르는 추구해서는 안 되는 쾌락을 마음속 깊은 곳에서 추구하게 되는 것을 죄로 인식하고 있다. 구이베르는 마음 속 깊은 곳에서 저지르는 죄를 성숙한 생활에서 연기처럼 여전히 솟아나게 되는 것으로 지적하고 있다. 구이베르는 마음 속 깊은 곳에서 심오하게 솟아오르는 욕망을 몸이 지친다 하더라도 그치지 않는다고 강조하고 있다. 여기서 몸은 지쳤으나, 욕망은 수그러들지 않은 구이베르의 나이는 50세를 넘어서고 있었다. 구이베르의 이런 고백은 유년시기를 거쳐 청년시기에 이르기까지 정신의 성장과정을 회고하는 부분에서 언급되고 있다. 구이베르는 『회고록』에서 종교에로의 회귀, 시민으로서 신에 대한 불경행위, 불합리한 기존 질서 붕괴 등과 관련된 문제점을 회고하고 있다.

구이베르는 표준인간 문제를 전체 주제에 일치시키고 있다. 구이베르의 표준인간은 문학 주제로서 뿐만 아니라 신의 존재를 표상으로 설정하고 있다. 구이베르는 시대에 따라서 나타나는 여러 가지 감동을 특정한 계통에 따라서 존엄성과 치욕감, 인간애와 후회, 매력과 증오감을 서로 관련 지우면서 『회고록』을 기술하고 있다. 구이베르는 『회고록』을 이용하여 스스로 무질서한 체험에 질서를 부여해 보려고 시도하고 있다. 구이베르의 이런 『회고록』은 현실 생활을 탈피하기 위하여 부단하게 노력하고 있다. 그러나 구이베르는 불행한 현실생활을 탈피한 적도 없으며, 자기 어머니도 어려운 현실을 탈피하지 못했다는 것이다. 구이베르는 자기 어머니가 근심거리는 물론 어려운 현실을 탈피하지 못했다는 것인데 여기서 어머니의 근심거리와 구이베르의 근심거리가 일치하지 않고 있다. 구이베르의 근심거리는 정신상태 혼란, 즉 의례관습의 사라짐에서 시작하고 있다.

구이베르의 이 같은 근심거리와는 다르게 어머니의 근심거리는 남성 위주의 11세기 유럽사회에서 감내하기 어려운 여성의 처우에서 기인하고 있다. 어머니의 정신상태는 여기서 혼란에 빠지고 있다. 구이베르는 자기의 어머니와 같은 표준인물이 11세기 유럽세계의 기존 질서를 부인할 경우 생겨날 수 있다고 분석하고 있다. 구이베르는 『회고록』의 1권 12장에 이르기까지 어머니를 궁지에 몰리도록 만든 사건을 명시하지 않고 있다. 구이베르는 12장 이후 성자 브루노나 에브라르와 같은 인물이 개종했던 사례를 제시하며 새로운 종교에로 개종을 해독자에게 알려주며 은근히 긴장감을 암시하고 있다. 구이베르는 성사관습의 대비물을 활용하여 어머니의 신앙심으로부터 희망이나 확신같은 것을 반드시 찾아내는 것이 타당한 지 모르겠다고 부인하고 있다.

구이베르는 어머니의 욕망을 묘사하고 있다. 구이베르는 확고한 틀과 같은 어머니와 아들의 결속관계 때문에 욕망을 지니고 있으면서도 마음대로 행동할 수 없는 어머니의 운명을 부각시키고 있다. 동시에 구이베르는 신의 존재가 있다고 하나, 신의 눈으로도 어머니의 운명을 어찌할 수 없다는 장면에 이르러서 신의 존재를 원망하며 일종의 공포심을 드러내고 있다. 구이베르는 어머니를 신의 존재가 감동시켜 주리라고 상상하고 있다. 구이베르의 어머니는 어린 시절, 즉 사춘기를 거치기 이전에 아버지에게로 시집갔다고 구이베르는 언급하고 있다. 구이베르의 어머니가 어린 나이로 시집갔을 때 구이베르의 아버지는 이미 성년기에 이르렀다고 한다. 어머니와 아버지의 이 같은 혼인은 할아버지께서 마음대로 확정해 두었다고 한다. 구이베르는 어머니에게 더욱 나쁜 것은, 어머니가 환경도 좋지 못하면서 강제로까지 성년기의 아버지와 혼인했던 점을 아쉬워하고 있다.

거의 강제로 이루어진 어머니와 아버지의 혼인은 어머니의 숙모 역할도 컸다고 한다. 어머니의 숙모는 아버지와 조카 딸의 혼사를 성사시키기 위하여 유혹까지 서슴치 않더니 결국에 가서는 어머니와 아버지의 혼인을 성사시키고 말았다고 구이베르는 지적하고 있다. 구이베르의 어머니와 아버지는 혼인한 이후 3년이 경과될 때까지 신방을 지내지 않았다고 해서 때로는 구이베르의 아버지가 이웃 친척들로부터 놀림감이 되었다고 한다. 친척들은 구이베르의 아버지에게 왜 신부와 함께 잠자리를 하지 않았느냐고 물으면서 있는 그대로의 전모를 소상히 이야기하라고 요구하고 나섰다. 아버지 직계혈족은 구이베르의 아버지를 '고자'(=성 불구자)라고 해서 수도원에 입문하라고 권고하고 나섰다. 아버지의 직계혈족들은 아버지를 설득하다가 아버자가 혈족들의 권고를 받아들이려 하지 않게 되자, 어린 신부인 구이베르의 어머니를 못살게 구박하며 괴롭히기 시작했다고 한다. 그래도 신랑과 신부가 거부하게 되자 서로 갈라서야 한다고 주장하고 나섰다고 한다.

이 무렵 구이베르의 고향에는 재산가 홀애비가 살고 있었다고 한다. 구이베르는 재산가 홀애비가 구이베르의 어머니가 숫처녀임을 확인하고서는 신부에게 신랑과 헤어지고 자기와 같이 살자고 구혼했다고 기술하고 있다. 구이베르의 어머니는 거의 7년 동안이나 아기를 갖지 않고 살다가 이후, 마침내 마음의 안정을 되찾아 여러 명의 자식을 낳게 되었다. 구이베르의 아버지는 구이베르가 태어난 지 8개월이 채 지나기도 전에 죽고 말았다. 그래서 구이베르는 어머니 슬하에서 성장했고, 어머니가 추천해 주신 가정교사로부터 학문에 정진하게 되었다는 것이다. 구이베르의 어머니는 부베 지방의 크레르몽 수도원 근처 저택에서 칩거하고 있었다. 당시 구이베르의 나이는 12살이었다. 구이베르는 훈장과 학업에 정진했다. 구이베르의 훈장은 수도자로 정진하다가 후에 크레르몽 수도원의 부원장직에 올랐다고 한다.

구이베르는 이후 얼마 경과되지 않아서 유흥이나 오락도 즐기면서 자기시대의 유행을 수용한 적도 있었다. 구이베르가 당대 젊은이들이 즐기던 유흥이나 오락에 집착하자 어머니는 실망했다. 어머니는 학업을 소홀히 한 구이베르에게 실망하여 쌩 제르멩 수도원으로 들어가고 말았다고 한다. 어머니의 수도원 입문은 구이베르의 정신이 성숙되는 과정을 암시하고 있다. 이것은 또한 어머니가 풍부한 모정을 표현하고 있다기보다는 오히려 구이베르의 성장과정을 유익하게 설명했을 것이다. 구이베르는 아버지도 없이 홀어머니 슬하에서 교육받으며 성장했다. 구이베르 후원자는 훈장과 어머니였다. 실제로 구이베르는 훈장과 어머니에게서 자기에 대한 강력한 후원을 추구하고 있다.

훈장은 후원자요, 은사였다. 구이베르의 훈장은 구이베르에게 본래부터 아버지 모습이나 다름없었다. 훈장은 아버지처럼 온후한 겉 모습과 회색 머리카락으로 노년기를 맞고 있었다. 구이베르는 흰머리로 채색된 온후한 모습의 훈장을 위하여 정신없이 기도를 드리고 있었다. 구이베르는 어머니를 어디에도 비길 데 없는 미인으로 생각하고 어머니의 미모를 통하여 매력을 느끼고 있었다. 그래서 구이베르는 어머니의 미모에서 느끼던 여성의 매력을 플라톤의 표상에까지 옮겨놓게 되었다.

구이베르는 유복한 가정에서 유년기를 보냈다. 구이베르는 어릴적에 부족함이 없이 생활할 수 있었다. 그러나 구이베르의 어머니는 어려서 분별력이 없던 위험한 사춘기의 구이베르를 매정할 정도로 엄격하게 다루었다. 어머니는 구이베르의 어떤 변명도 들으려 하지 않고,

오히려 구이베르를 방치해 두고 있었다. 구이베르는 어릴적 친구도 없었다. 한마디로 구이베르는 남성 위주의 11세기 유럽세계에서 성장했다. 구이베르는 가치를 자기 위주로 판단하고 있다. 구이베르의 이런 판단기준은 물론 개인의 인식능력이 신장하면서 당시까지 팽배해 있던 남성 위주의 가치 기준의 와해, 즉 기존 질서와 새로운 질서를 분리시키던 전환시대의 의례관습에서 기인했다.

구이베르는 특이한 생활태도를 견지했다. 구이베르의 이런 생활태도는 두 가지 주요한 영향을 받은 결과라고 추정하고 있으나 그 결과에 대하여 언제나 두려움을 느꼈다. 구이베르는 두 가지 주요한 영향 때문에 언제나 신체와 정신의 측면에서 불안정한 심성을 예고하고 있다. 구이베르의 이 같은 성격은 생활에 대한 무관심으로 이어졌다. 무관심으로 나타난 구이베르의 이런 생활태도는 불안정한 심성을 유지하던 시기와 우유부단했던 시기를 체험하는 과정에서 자기가 표준인간을 찾는 데에서도 나타나고 있다. 구이베르의 무관심은 의존할 수 있는 표준인간을 찾아내도록 노력하는 순간부터 생활의 활력소로 전환되고 있다. 물론 무관심은 불안정과 우유부단함을 낳게 되어 불안정한 정서와 우유부단한 성격이 서로 충돌하고 있다. 불안정한 정서와 우유부단한 성격의 충돌 요인은 마음 깊은 곳으로부터 고민하며, 무언가를 찾아내려는 표준인간 모습이 배경에 깔려 있다.

구이베르는 권위를 지향하고 있다. 구이베르는 권위주의를 실천하고 있다. 구이베르의 마음은 공동체를 위하여 결속되어야 한다는 애착심으로 위장되어 있다. 구이베르는 이단자와 유대인을 싫어했다. 구이베르는 이단자와 유대인의 우두머리에 대하여 솟구치는 울분을 간혹 가라앉히고 있다. 한편으로, 구이베르는 아우구스티누스의 『고백론』을 옮겨놓고 있다. 구이베르는 영혼과 육체를 분리시키는 심성을 아주 바람직하지 못한 것으로 판단하고 있다. 구이베르는 영혼과 육체를 분리시키는 심성을 시의 표상으로 변형시키고 있다. 그런데 구이베르는 표면에 드러난 격정을 인식한다기보다는 오히려 격정을 표면으로 드러나게 만든 야망과 공포, 그리고 예감의 혼합체를 인식하고 있다. 구이베르는 야망을 스스로 가눌 수 없는 악몽으로 드러나게 되는 것으로 인식하고 있다.

구이베르는 특이한 성품을 지녔다. 구이베르가 사람들에게 호감을 갖게 만드는 특이한 성품을 지녔다는 것은 매우 신기한 일이 아닐 수 없다. 중세 연구자들은 구이베르의 이런 성품을 신중하게 분석해야 할 것이라고 조언해주고 있다. 구이베르는 실제로 마음속에 적개심을 품고 있었는데도 마음속에 내재한 잠재의식의 적개심을 내색하지 않고, 감각의 인식작용으로 황홀함을 느끼면서 의례관습을 외면했다. 구이베르는 11세기 유럽세계의 복잡한 현실 문제를 그만큼 냉철하고, 더욱 확실하게 파악했다고 지적할 수 있다. 흔히 중세 연구자들은 구이베르를 이런 성격 때문에 이중인격을 지닌 인물로 평가하기도 하나 이런 평가는 타당하지 않을 것이다.

지금까지 이 책에서는 구이베르의 시각을 『회고록』에 근거하여 분석했다.

어머니의 심리작용을 확인하려는 취지를 더욱 중요하게 다루려고 한다. 구이베르는 심지어 결혼하기 이전 어머니 이름조차 제시하지 않고 있다. 어머니에 대한 구이베르의 시각은 『회고록』 제1권의 9장의 세세한 계시 언급대목에서 드러나기 시작하여 제24장에서 어머니 죽음보다 먼저 제시하는 내세상과 허상에 대한 실천대목의 결말에 드러났다. 구이베르는 어머니가 걸어온 삶의 역경을 해명하려는 의도를 드러내지 않고 있다. 구이베르는 11세기 유럽세계에서 흔히 일어나고 있던 개종을 한 벌의 갑옷 아래에다 집어넣고, 성사관습 변화를 개혁가에 관련 지우고 있다. 구이베르는 성사관습 변화가 다시 개혁가의 판단기준에 직접 관련된 이단자 출현 사건으로 파악하고 있다. 구이베르는 개종을 새로운 결속요인으로서 파악하지 않고 오히려 개종을 기존 질서의 분리요인으로 파악하고 있다.

구이베르는 기존 질서와 자아의식을 서로 다르게 대비하고, 성사관습을 우주, 표상, 신의 존재로 구성된다는 것이다. 그래서 구이베르는 성사관습과 자아의식이 서로 부단하게 충돌하고 있다고 인식했던 것이다. 구이베르의 시각에서는 신의 존재를 두고서 수세기 이전부터 사막지역에서 교부와 악마의 퇴폐물이 서로 싸웠던 형국처럼 성사관습과 자아의식도 서로 부단하게 싸우고 있다는 것이다. 그러나 구이베르는 개종했다고 해서 다른 세계로 떨어져 나가 기존 질서와 분리되는 것을 반대하고 있다. 개종을 세계에서 활동하면 생겨나게 되는 계약이어서 사람들이 개종을 한다고 하더라도 기존 성사관습 일부는 종족언어 표현관습에 잠재하여 고정된 상태로 남아있을 수밖에 없다는 것이다.

11세기 유럽세계에서 신의 존재는 결속력을 생성하고, 성사관습은 체험을 축적하고 있다. 그래서 체험은 먼 과거로부터 생겨나서 활용하고 있는 표준인간을 상기해 주는 역할까지 담당하여, 개종자의 마음을 성사관습에 일치시킨다는 것이다. 체험은 개종이 오래 전부터 체제를 갖추었다 하더라도 전례없는 행동이라고 단정할 수밖에 없게 된다는 것이다. 구이베르는 시몽과 부르노나 에브라르의 사례에서처럼 성사관습을 감각의 인식작용으로 구분하는 데서부터 분리의식으로 작용하는 것을 개종 성취라고 한다면 고전시대 개종과 다를 바 없다는 것이다.

개종은 11세기 유럽세계에서 성사관습의 역할을 마비시키고, 그 표준기능까지 상실하게 한다는 것이다. 또한 공동체 구성원의 결속력까지도 없어지고, 동시에 타락하여 성사관습 마저 폐기된다는 것이다. 구이베르는 과거부터 전승된 행동양식이 변화하는 세계에서 어머니의 성사관습을 지키고자 시도하고 있다. 구이베르의 시각에서는 어머니의 의례관습을 표준으로 인식할 수 없었고, 어머니의 시각에서 성사관습을 이미 먼 옛날부터 계승해 와서 어머니는 특권에 대하여까지 어떤 질서 문제도 제기하지 않았다. 물론 구이베르의 어머니는 특권을 문제시하지 않는 사회에서 태어났기 때문일 수도 있다. 구이베르는 도덕과 윤리를 특권과 동일하게 인식하고 있다. 어머니의 고통은 물론 아버지로부터 시작하여 어머니도 변화하기 시작했다는 것이다. 어머니는 의례관습과 의사결정에 대한 판단기준의 인식작용을 부당하게 인식했다. 인간의 심리작용에는 기존 성사관습이 사라지고, 도덕과 규범으로 대체되었다. 어머니에게 기존 성사관습은 특정한 확신 단계에서 다음 단계로 넘어가기 위해서는 체험하지 않을 수 없는 관행이 계승될 것인지를 확인하는 시험장이나 다름없었다. 구이베르의 어머니는 순결을 상실하지 않고 간직하고 있었다. 어머니의 고귀한 순결은 오히려 마력으로 둔갑하여 무언가를 강요하게 되었다. 성행위는 어머니에게 굴레를 만들어 어머니를 사로잡고 있었으나 어머니 사망 이후 순결의 장벽은 사라지고 정상의 인간으로 돌아왔다. 이 두 가지 사례는 개인의 성사관습을 초월했고 개인의 결속관계는 표준 가치를 초월했다는 것을 나타낸다. 그런데도 개인의 결속관계는 표준 가치를 구현하려는 판단기준의 출발점을 사건을 이용하여 제시하고 있다.

어머니와 아버지 사이에서 구이베르는 인간의 심리작용을 가로막는 행위자 역할을 담당하며 아이로서 마음을 어머니와 아버지에게 두고 있다. 아이는 어머니와 아버지의 관계를 실제로 파악했다. 정신의 인식작용으로 파악한 계시는 아이에 지나지 않으면서도, 어머니의 계시를 능가하고 있다. 구이베르는 사춘기를 자기성찰의 시기로 파악하고 있다. 구이베르는 사춘기를 자기 성찰의 시기로 파악하여 어머니에게 회개해야 된다는 의무감을 상기해주는 역할까지 담당하고 있다. 그러면서도 구이베르는 공포감을 느꼈다. 구이베르의 공포감은 어머니의 성격으로부터 영향을 받은 것처럼 묘사되고 있다. 어머니도 물론 공포감을 느꼈다. 『회고록』의 전체 흐름에서 어머니는 공포감을 느꼈으나, 불안정한 심리작용으로부터 기인한 공포감을 그림자로 표현하고 있다.

『회고록』에서 공포감은 악마로 등장하고 있다. 물론 악마는 시간 간격을 두고 어머니 앞에 모습을 드러내며, 어머니를 거의 죽음 상황으로까지 몰고 가게 될 그림자를 드리우고 있다. 악마를 구체화하기 위하여 강간의 공포감을 활용했다. 물론 강간의 공포감은 악마 소행으로 생긴다고 환기해주고 있다. 강간의 공포감은 관심사의 근본을 이루면서 다시 반복되며 개종하기 직전의 마지막 순간까지 어머니 뇌리를 떠나지 않았다. 어머니는 개종하기 직전까지도 요부의 마술에 걸려 있다는 소문에 휘말리고 있었다. 구이베르는 어머니의 개종을 질서 변화에 관련 지우고, 특히 성행위와 악마를 병렬형식으로 구성하는 것을 두고 보면 더욱 중요한 문제로 인식했을 수도 있을 것이다. 그런데도 구이베르는 성행위가 문제시되지 않는 세계를 언급하고 있다.

중세세계는 악마 소굴이나 다름없었다. 중세세계에서는 성행위도 대단히 자유스러웠다. 구이베르는 성행위가 자유스러운 중세 세계를 악마가 거대한 세력을 형성하여 판을 치고 있는 지옥인 것처럼 묘사하고 있다. 어머니 혈족은 물론 기존 성사관습에 세례되어 있었다. 구이베르의 어머니는 기존 성사관습을 고수하던 혈족구성원으로부터 도움을 받고서도 안정을 되찾을 수 없었다. 구이베르는 어머니의 혈족을 악마 활동영역에 관련 지우고 있다. 어머니의 안정은 혈족구성원을 제자리로 돌아가게 만드는 것과 관련되어 강력한 새로운 질서가 새로 구성될 때까지 안정될 수 없었다. 따라서 어머니도 혈족구성원의 성사관습이 안정을 회복할 때까지 안정을 찾을 수 없었다. 안정을 찾는데 장애물은 악마의 영혼이었다. 어머니는 악마의 영혼을 몰아내기에는 너무나 미약한 존재에 지나지 않았다. 구이베르는 어머니가 뛰어 넘을 수 없는 장애물이 실제로 있는 것인지에 대하여 문제를 제기하고 있다.

여기서는 어머니의 정신상태를 묘사한 구이베르의 구성 논리가 과연 정확성을 지니고 있다고 평가할 수 있는가 문제를 검토하게 되었다. 오르데리크 비탈리스의 『교회사』에서처럼 구이베르는 이전의 성사관습을 새로 구성하는 질서보다 낫다고 일단 판단하고, 기존 질서의 우월함을 입증하려고 시도하고 있다. 구이베르는 기존 질서가 나은 점을 입증하기 위하여 서로 다른 색깔의 금박이를 내보이며 어느 것이 진짜 금박이인가라는 질문을 던지듯이, 현재 추정할 수 있는 능력으로 기존 질서 쇠퇴를 반복해서 언급하고 있다. 구이베르는 지난

날 혼인이 뜬소문 때문에 명예훼손의 몸살을 겪을 필요가 없었다고 언급하고 있다. 구이베르의 시각에서 어머니는 표준인간에 도달하는 변화과정에서 오류에 빠지게 되어 결국 본래 도달하고자 했던 표준인간과는 전혀 다른 방향으로 빗나가게 되었다. 구이베르는 『회고록』에서 이 시대 여성들이 기껏해야 여성끼리의 잡담과 남녀의 연애, 그리고 자위행위에 일상생활의 대부분을 할애했다고 묘사하고 있다.

구이베르는 이 시대 남성들의 부인을 적나라하게 묘사하고 있다. 부인들은 매춘부처럼 고래고래 고함을 지르며 남성을 찾아 나섰다고 한다. 그리고 부인들은 소매자락 통이 큰 옷과 남성 호기심을 자극하는 속치마를 입고 다녔다는 것이다. 부인들은 또한 신 앞쪽이 뾰족한 코르도바로부터 수입한 신발로 치장하고 다녔다는 것이다. 부인들은 과거세대 사람들이 정숙하다고 믿었던 차림새와는 전혀 다른 복장으로 생활했다. 부인들의 유일한 고통거리는 귀찮을 정도로 따라 다니면서 부인들을 얽매어 줄 열렬한 애인을 갖지 못하고 있다는 것이었다. 부인들은 궁전을 고결하게 생각했다. 물론 부인들은 가증스러울 정도로 상상력의 세계를 넘나들며 애인 위치를 고상한 궁전에 설정하고 있었다.

구이베르는 과거세대 사람들이 처녀와 벗으로 사귀려면 틀림없이 얼굴이 붉어졌을 것이라고 언급하고 있다. 그리고 처녀들은 은밀하게 남성에게 사귈 의사를 표명하다가 진실한 애인을 정하기도 했다고 구이베르는 부언하고 있다. 그러나 애인을 구하지 못한 처녀들은 혼인시장에서 손길 닿는대로 팔려가는 사슴 신세와 다름없이 변화했다고 구이베르는 지적하고 있다. 『회고록』에 나타난 구이베르의 이런 시각을 타당하다고 인정할 수는 없다. 구이베르의 시각에는 취약점도 드러나고 있다. 구이베르는 성욕을 자제할 수 있는 처녀와 사귀고 현실로 실현될 수 없는 상상력의 세계에 금욕이 윤리로 자리잡고 있는 것처럼 가상하여 현실 세계와 전혀 다르게 『회고록』의 주제를 선택하고 있다.

이제 구이베르의 이런 주제에 대하여 어느 정도까지 소급하여 사실 여부를 확인할 수 있는가 문제를 제기할 수 있다. 어쨌든, 구이베르는 금욕을 통례화된 윤리로 인식했다. 그래서 구이베르의 이런 배경을 분석하여 사실 여부를 확인할 수도 있을 것이다. 구이베르가 금욕을 상상력의 세계에서 통례화된 것으로 인식하게 된 실마리의 사실은 어머니 가문에서 확인해야 할 것이다. 구이베르는 어머니 가문이 11세기 유럽세계에서 점차 기울고 있다는 사실을 이미 인식했다. 구이베르는 어머니 가문의 쇠퇴를 금욕과는 거리가 멀어진 것으로 파악했다. 그래서 구이베르는 어머니 가문의 쇠퇴라는 사실로부터 금욕이 이상세계에 통례화되어 있는 것으로 판단하여 『회고록』을 선택했다는 것을 확인할 수 있다. 구이베르는 어머니 가문의 쇠퇴와 같은 기존 질서 와해현상이 이미 1세대 이전부터 나타났다고 기술하고 있다.

구이베르는 '고전시대 의례관습'과 '최근세대 의례관습'을 구분하고 최근세대 의례관습에서 신성 불가침한 것으로 통용되던 윤리와 관례를 비롯하여 심지어는 혼인까지도 불가능하게 만들어 놓고 말았다고 판단하고 있다. 구이베르는 새로운 시각으로 혼인 사례에서처럼 여성을 바라보고 여성이 공동으로 찾아낸 타당한 판단기준의 도덕을 서로 즐거워하고 있는 것으로 파악했다. 보편타당한 성사관습은 개체를 단위로 조합되어 있음을 표지하고 있다. 구이베르의 어머니는 시간을 지키려는 입장을 견지하고 친정에 대한 입장도 변경하지 않았다. 구이베르는 고전시대 사건을 현재 근심거리에 일치시켜 쉽게 전달하고 있다. 윤리는 고전시대 사건과 관련되어 쉽게 고정할 수 있었으나 동질의식과 유사하게 결속력을 만들어 줄 수 있었다.

구이베르는 성사관습이 필요하다고 인식하고 의례관습을 중시하고 있다는 구이베르의 시각이 어머니의 개종으로 일어나는 성사관습 변화에서 입증되고 있다. 구이베르는 마음속에서 어머니의 개종이 가져올 성사관습 변화 가능성을 확대하여 해석하고 있다. 그러나 구이베르가 근심하던 본래 윤리는 어머니의 마음속에서처럼 이미 과거에 확정되어 있던 정전의 관례나 다름없었다. 그러나 구이베르는 어머니의 개종으로 일어날 질서 변화 가능성에 대하여 근심한 나머지 뜻밖에도 성사관습 변화가 바람직한 방향이라고 판단했을 가능성도 있다. 구이베르의 시각에서 성사관습과 어머니의 개종은 보완재로 서로 작용하고 있다. 즉 구이베르는 어머니와 함께 생활했기 때문에 어머니의 정신상태를 완벽하게 파악하고 어머니를 서술하고 있다.

구이베르는 어머니의 정신작용을 시각의 인식작용으로 파악하고 있는 것처럼 서술하며 성사관습 변화에 대하여 긴장감을 나타내고 있다. 구이베르는 특히 도덕과 윤리 변화를 체험했던 전환시대 인물임을 드러내고 있다. 구이베르는 여러 가지 사건을 비축하여 일정한 감정 흐름으로 어머니 개종에 얽힌 이야기를 전달하고 있다. 구이베르의 『회고록』 12, 13, 14장에서는 입체파 그림을 보듯이 어머니 모습을 다시 구성하여 해독자에게 영향을 미치고 있다. 입체파 화가의 의도를 드러낸 그림의 구도는 멀리서 어머니를 바라보는 모습과 가까이 근접하여 어머니 모습을 동시에 그림에 담아내려고 시도하고 있다. 어머니의 이런 두 가지 모습은 어머니의 인물을 나타내며 윤리와 현실을 서로 일치시키는 과정을 거치면서 『회고록』 제14장에 이르고 있다. 『회고록』 제14장에서 구이베르는 어머니가 세상을 떠나서 이 세상에 살고 있지 않다는 사실에 대하여 불안정한 심리작용을 충분히 드러내고 있다.

어머니는 개종했다. 그리고 구이베르는 12살의 어린 아이였다. 그러므로 어머니는 구이베르에게 어머니가 개종한 성사관습을 믿고 순종하도록 강요했을지도 모른다. 그렇지 않다면 어머니는 12살 짜리 아들을 방치했을 수도 있다. 구이베르는 아마 어머니에게 의존하지 않을 수 없었을 것이고, 정도 차이는 있을지언정 어머니의 판단을 순순히 따랐을 수도 있다. 어쨌든, 개종은 어머니나 구이베르 모두에게 위험한 순간임을 부인할 수 없다. 개종은 어머니와 자식을 분리시킬 수도 있었을 것이다. 개종을 어머니와 자식의 분리과정으로 생각하면 생활에도 대단히 위험한 순간이었을 것이다. 구이베르는 어머니와 자식이 분리되는 순간을 두 단계로 구분하여 각색하고 있다. 어머니와 자식이 분리되는 순간의 첫 번째 단계는 어머니가 '까탕뇌 영지'로 떠나는 순간이다.

까탕뇌 장원은 본가의 도시로부터 2㎞ 정도 떨어져 있었다. 어머니는 까탕뇌 영지에 머무르고 있었다. 어머니가 영지에 머무르고 있는 동안 어머니는 '프리 수도원' 기도에 참가하기로 결심했다. 구이베르를 가르치는 훈장도 구이베르와 어머니의 의례관습 분리를 중재하는데 적당한 처소가 필요하다고 생각했고, 어머니 역시 훈장에게 적당한 처소를 마련해 주기로 마음먹게 되었다고 판단하고 있다. 구이베르의 어머니는 다음 단계 생활로 전환되고 있다. 어머니의 생활 전환 단계에서 구이베르는 긴장감을 해소하기 위하여 어머니의 마음을 읽어나가며 어머니가 자기를 고아가 되고 말 것으로 생각했다고 지적하고 있다. 구이베르에게는 의지할 수 있는 사람이라고는 아무도 없었다. 물론 구이베르에게는 여러 명의 친척이 있었으나 어떤 친척도 어린 구이베르가 따스하게 살아가도록 도와주지 않았다. 그러나 구이베르는 '인자하신 신이여, 당신을 두려워하고 있습니다. 사랑을 베풀어 주소서. 어머니께서는 이미 마음의 문을 닫고 계십니다.'라고 지적하고 있다.

어머니는 프리 수도원으로 떠나게 되었다. 어머니는 프리 수도원으로 가는 도중 구이베르가 살고 있는 도시를 비켜 지나가고 있었다. 구이베르를 만나보지도 못하고 지나가는 어머니의 마음은 고통스럽기 그지없었다. 어머니는 고통스러운 마음을 가누지 못해 자식이 살고 있는 방향으로 뒤돌아보고 싶은 심정을 가눌 수 없었다. 어머니는 양심가책으로 더욱 고통스러워했다. 어머니는 이런저런 생각으로 지쳐 있었다. 어머니는 남겨두고 떠나온 모든 것을 마음속으로 자꾸만 되살리고 있었다.

이상과 같이 구이베르는 『회고록』을 여러 가지 주제로 엮어나가며, 특히 어머니 개종을 세세하고 사려깊게 분석하고 있다. 구이베르는 11세기 유럽세계 변화를 중세인의 체험에 일치시키며 혈족관계까지 탈피하고 정신의 인식영역에서 가치를 판단하여 가치의 판단기준에 성사관습을 첨가하고 있다. 구이베르는 가치의 판단기준과 의례관습을 결합시켜 회한이나 슬픔과 같은 노년시기의 취약성을 고르게 드러내고 있다. 구이베르는 노년시기의 이런 모든 취약성을 청춘시기도 포함하고 있다는 점을 강조하고 있다.

4.3. 의례관습 변화와 표준인간

구이베르는 어머니의 개종을 회고하면서도 어머니의 개종 동기를 명확하게 제시하지 못하고 있다. 그러나 구이베르는 11세기 유럽세계의 질서 분리 동기로서 개종을 제시하고 있다. 구이베르는 개종을 공동체 구성원의 분리요인으로 제시하고 공동체로부터 분리되는 순간의 단계를 의례관습 변화에 관련 지워 제시하고 있다. 구이베르의 표준인간은 상상력의 인식영역에서 11세기 유럽세계 현실을 파악하고 있다. 그래서 구이베르의 표준인간은 '중세'라는 시대상황을 철저하게 반영하고 있다고 지적할 수 있다. 구이베르의 표준인간에 대하여 정반대 경우를 가정할 수도 있다. 구이베르가 상상력의 인식영역에서 11세기 시대상황을 철저하게 파악하고 있다는 것은 문화 변화가 조류처럼 밀려오면서, 과거세대의 표준인간이 시대조류에 떠밀려 새로운 표준인간으로 대체되고 있었을 가능성도 있다. 구이베르는 신의 존재로 구성된 기존 성사관습을 지킬 수 없었다.

신의 존재는 성사관습 변화에 대하여 어떻게도 해명할 수 없었다. 신의 존재는 그저 무능한데 지나지 않았다. 기존 성사관습은 새로운 성사관습으로 대체되었다. 무능한 신의 태도와는 전혀 다른 질서를 구이베르의 표준인간은 담아내고 있다. 구이베르의 표준인간은 기존 질서를 구성하고 있는 과거세대 성사관습과는 전혀 다른 성사관습을 포함했을 가능성도 있다. 과거세대의 성사관습은 기존 질서의 결속력을 계승하는 바탕이었다. 구이베르는 스스로 상상력의 인식영역에서 11세기 유럽세계 질서 변화를 산뜻하게 분석해낼 수 있는 능력도 없었을 것이다. 구이베르는 시각의 인식작용으로 성사관습 변화를 구체

화할 수도 없었다. 그래서 구이베르의 해석모형은 점차 진부한 이야기로 대체되고 있었을 것이다

구이베르의 『회고록』에는 표상을 부여하여 결속과 분리에 접근해 보려는 시각도 나타나고 있다. 결속과 분리의 표상에 접근하는 중세 저작자의 인식능력과 분석력이 미흡할 수밖에 없기 때문에 특정한 사건에 초점을 맞추어 문학 소재를 선택하고 있다. 구이베르 역시 이단자 출현 사건에 초점을 맞추려면 제라르의 살인 사건을 다뤄야 했을 것입니다. 제라르의 살인 사건은 1112년 도시 라옹에서 일어났다. 도시 라옹은 제라르의 살인 사건으로 질서 파국에 직면했다고 구이베르는 설명하고 있다. 그런데도 구이베르는 제라르의 살인 사건을 분명하게 입증하지 못하고 있다. 제라르의 이런 살인사건을 구이베르는 『회고록』 제3권의 1/6장에서 기술하며 도시 라옹에 살고 있는 시민들의 항의를 지적하고 있다.

구이베르는 물론 라옹 시민들의 항의에 대하여 살인사건 전모를 주교 해명에 관련 지우고 있다. 구이베르는 시민들의 항의에 대한 주교 해명에서 초보단계 결속력에 접근하고 있다. 특히 여기서는 구이베르의 『회고록』에 실린 시민들의 항의에 대한 주교 해명에서 상징물에 이르게 되었다. 구이베르는 노년기와 청년기를 상징물로 파악하고 도시 라옹의 살인사건을 서로 주고받게 되는 세대간의 의례관습 격차에서 비롯되는 것으로 파악하여 노년기와 청년기를 세대격차의 상징물로 파악하고 있다. 구이베르는 도시 라옹에서 발생한 살인사건의 원인을 977년부터 1030년까지 주교직에 있었던 주교 아달베로시대로 소급하여 분석하고 있다. 주교 아달베로는 위그 카페(987~996)를 지원하는 과정에서 카를의 의례관습을 거부했다는 것이다.

주교 아달베로는 카를의 의례관습을 거부하여 주교 재산을 늘릴 수 있었으나 주교에 대한 시민들의 신임은 급격하게 추락했다는 것이다. 라옹 시민들이 주교를 불신하게 된 배경에는 주교가 영주 귀족의 보호를 받으면서도 나이 어린 왕을 배신했다는 배후가 짙게 깔려있다. 구이베르는 나이 어린 왕에 대한 주교의 배신에 대하여 머지 않아서 신의 존재가 벌을 내리게 되리라고 추측하고 있다. 그런데도 구이베르는 도시 라옹에서 발생한 살인 사건의 원인을 흥미있게 분석하고 있다. 주교 아달베로는 귀족 가문 출신이 아니었다. 주교 아달베로는 헤리낭으로부터 도시 라옹의 주교직을 계승했다. 헤리낭도 교육을 제대로 받지 못한 인물이었다. 앙귀랑은 아달베로로부터 도시 라옹의 주교직을 승계했다. 앙귀랑은 1098/1099년 도시 라옹의 주교직에 올랐다가 1104년 사망했다. 주교 앙귀랑의 사망 이후 도시 라옹 교구의 기강은 이미 무너져 있었다고 구이베르는 분석하고 있다.

도시 라옹 교구의 기강은 실제로 헤리낭, 아달베로, 앙귀랑으로 이어지는 무능한 주교의 부패 때문에 무너진 것으로 구이베르는 파악하고 있다. 주교 헤리낭은 왕 필립에게 강제로 거두어들인 조세를 교구에 반환해 달라고 요청하고 있다. 헤리낭은 왕 필립을 설득하여 조세를 돌려 받았으나 아달베로로부터 주교직을 승계한 앙귀랑은 헤리낭 시대에 되돌려 받았던 조세를 왕에게 실제로 다시 돌려 주게 되었다. 당시 대주교 관구의 재정사정은 그렇게 악화되지 않았다. 그런데도 대주교 관구는 성직매매를 허용했고, 대주교 관구에서 특정 주교가 선출되도록 보장해 주는 경우, 관구에서 관장하고 있는 조세 징수권을 교구에 되돌려 달라고 대주교 관구에 요구하지 않고 있다. 구이베르는 앙귀랑이 주교직에 선출되기 위하여 도시 라옹 시민의 어려운 생활을 전혀 고려하지 않고 대주교 관구에 밀착해있던 앞잡이로 파악하고 있다.

구이베르는 앙귀랑을 진정한 신앙심이라고는 찾아볼 수도 없고 아무 데도 쓸모없는 헛소문이나 퍼뜨리고 다니는 저속한 인물일 뿐만 아니라, 인생을 헛되게 살아가는 무익한 인물이라고 평가하고 있다. 거기다 앙귀랑은 욕지거리가 쌓여서 언젠가는 쌓인 욕지거리가 도시까지 삼켜 버리게 될 것이라고 떠들어대었다. 도시 라옹의 여러 교회는 도시민의 이런 정서를 청산하고 행복을 얻을 때를 기다려야 한다는 것이다. 구이베르는 주교 앙귀랑의 사촌을 등장시키고 있다. 주교의 사촌도 앙귀랑이었다. 주교의 사촌은 교회를 성의껏 돕고 있었으나 주교의 사촌은 엽색에 탐닉하는 고질병 환자였다. 주교의 사촌은 결혼생활에 실패하여 불행을 겪고 있다. 주교의 사촌은 나이가 들었음에도 넘치는 정력을 지니고 있었다. 그런데도 주교의 사촌은 주교 앙귀랑의 후광을 업고서 더욱 더 엽색가로 전락했다.

주교의 사촌은 시비르라는 부인에게 눈독을 들이고 있었다. 시비르는 고트프라이의 부인이었다. 고트프라이는 나무르 백작이었다. 백작 고트프라이는 미남형의 외모를 갖추었다. 그런데도 주교의 사촌은 백작 고트프라이 부인을 유혹하고 있으면서도 시비르 부인이 자기와 잠자리를 같이 했다는 간통 소문을 퍼뜨리고 다녔다. 물론 주교의 사촌이 퍼뜨린 시비르 부인의 간통소문은 헛소문이었다. 헛소문 때문에 백작과 시비르 부인은 파경에 이르게 되었다. 주교의 사촌은 시비르 부인과 결혼하여 모든 사람을 깜짝 놀라게 만들었다. 구이베르는 주교의 사촌이 저지른 엽색가 행각에 대하여 아주 흥미있게 분석하고 있다. 백작 고트프라이는 부채누적으로 어려움을 겪고 있다. 고트프라이는 혼인 부채에서 출발하여 누적 부채로 이전부터 시비르 부인과의 불화를 이미 일으키고 있었을 가능성도 있다고 구이베르는 지적하고 있다. 그러나 엽색가인 주교의 사촌이 백작 고트프라이의 부인과 다시 혼인하게 된 것을 두고 도시 라옹은 들끓게 되었다.

주교의 사촌이 벌린 엽색행각은 누구나 인정할 수밖에 없는 공공연한 부정행위인 것이다. 주교의 영향력과 사촌의 엽색행각은 하나의 사건으로 일치되고 있었다. 주교 앙귀랑은 라옹 시민을 속여 안심시키고 있었다. 그러나 문제는 부인을 탈취당한 백작 고트프라이에게서 발생했다. 고트프라이는 배신감을 감출 수 없었다. 고트프라이는 부인에게서 당한 배신감을 씹으며 부인을 잃어버린 채 도시 라옹 서쪽에 위치한 '포르셍 성'의 백작에게 원한을 갚게 되었다. 주교의 사촌은 포르셍 성을 소유하고 있었다. 고트프라이와 주교 사촌의 복수는 수많은 사람을 살인자로 만들었다.

구이베르는 도시 라옹의 이런 살인 사건에 대하여 다음과 같이 회상하고 있다. "사랑의 여신 베누스는 불의 신인 '부르칸'이 다가오리라고 상상조차 하지 못한 채 용맹한 신인 마르스에게로 가고 말았다." 주교 앙귀랑은 자기 교구인 라옹에서 살인 사건이 벌어지고 있는데도 아무런 조처도 취하지 않고 사촌의 엽색행각에다 수도자에게 반항한 혐의까지 받고 있었는데도 아무런 죄도 없는 것처럼 방면했다. 라옹 관구의 대주교직은 앙귀랑의 사망 이후 2년 동안(1104~1106) 공석 상태로 남아 있었다. 영지 귀족과 성직자들은 서로 기존 관행에 따라서 새로운 주교를 선출하기로 합의하고, 사망한 주교 앙귀랑의 사촌인 앙귀랑과 교직자들은 왕이 추천한 후보를 지지했다.

왕이 추천한 후보는 하인리히 1세(912~936)의 고문인 가우드리였다. 그러나 안셀름은 가우드리의 대주교 선출에 대하여 법률상 하자를 지적하며 이의를 제기했고, 안셀름이 제기한 대주교 선출에 관한 법률 문제는 교황 파샤르 2세의 교서로 해결되었다. 교황 파샤르 2세는 당시 프랑스 지역을 순회하고 있었다. 도시 라옹에서 진행된 대주교 선출 문제는 1107년 2월 24일 도시 랑그르에까지 전파되었다. 구이베르도 가우드리를 제치고 수차에 걸쳐 연설한 후 새로운 주교를 선출했다. 안셀름은 대주교로 선출되었다. 도시 라옹관구의 대주교 서임식은 이후 얼마되지 않아서 아비뇽 교황청에 있는 쌩 뤼프 교회에서 거행되었다. 구이베르는 도시 라옹의 질서가 살인 사건과 대주교 선출과정을 거치면서 무너지게 되었다고 지적하고 있다.

가우드리는 대주교 선거에서 낙선했다. 가우드리가 낙선한 이후 3년 동안은 아주 평온하게 지나갔다. 안셀름은 라옹 관구 대주교직을 수행하고 있었다. 그런데도 대주교를 둘러싼 여러 가지 소문은 꼬리에 꼬리를 물고 퍼져 나갔다. 복잡한 헛소문은 곧 새로운 사태로 발전했다. 복잡한 헛소문 주인공은 제라르이었다. 제라르도 도시 라옹의 질서를 문란하게 만드는 뚜쟁이 중의 한 인물이었다. 제라르가 퍼뜨리는 흉칙스런 헛소문은 실제로 도시 라옹의 혼란을 가중시키고 있었다. 제라르는 도시 라옹 영지의 대단한 유력자였고, 전임 대주교 앙귀랑의 세력으로부터 비호를 받으며 세력을 확장한 인물이었다. 그런데다 제라르는 제1차 십자군의 영웅이었다. 그런데 제라르는 대주교 앙귀랑의 권력을 이용하여 어떤 소녀가 소유하고 있던 수도원을 보호하게 되었다.

구이베르는 『회고록』에서 제라르를 불사조와 같은 신 아퀴레스와도 같이 발끝이 닿는 곳마다 아무런 사유도 없이 다른 사람에 대하여

험담을 일삼고 다녔다고 기술하고 있다. 제라르는 결혼했다. 제라르는 신부를 냉대하여 얼굴도 마주치지 않으려고 했다는 것이다. 그런데도 신부는 신랑 제라르를 무척이나 갈망했다. 제라르는 부인에게까지 입에도 담지 못할 욕설을 퍼붓고 있었다. 제라르의 부인도 영지 귀족인 고트프라이의 부인 시비르처럼 다른 남자와 가까이 지냈다는 소문에 휩싸여 시비르와 흡사한 과정을 밟아가기 시작했다. 제라르는 엉뚱하게도 대주교 앙귀랑의 사촌 동생을 공격하고 나서다 다시 대주교 선거에서 낙선한 가우드리에게로 화살방향을 돌렸다. 가우드리에 대한 제라르의 조롱은 겉으로 드러내지는 않았으나 내심으로 벼루고 있었던 것이라고 구이베르는 지적하고 있다. 가우드리는 치밀하게 제라르에게 앙갚음할 기회를 호시탐탐 노리고 있었다.

그러던 차에 제라르는 로마를 방문하게 되었다. 가우드리는 로마를 방문했던 제라르가 다시 라옹으로 돌아오는 길목에서 제라르를 살해하기로 결심했다. 가우드리는 청부살해를 꾀하여 일단의 지방민과 부인네를 동원하여 제라르를 살해했다. 제라르에 대한 가우드리의 청부살해에는 두 명의 부주교도 자원하여 참여했다. 구이베르는 제라르 살해사건을 『회고록』에서 흥미진진하게 설명하고 있다. 구이베르는 제라르가 티라아계 사람같은 차림으로 자주색 옷을 입고 관구 성당으로 들어왔다고 지적하고 있다. 물론 음모자들도 제라르의 위력을 두려워하여 제라르를 덮치기로 계획했었다고 구이베르는 언급하고 있다. 제라르는 음모자의 본래 계획대로 망토를 붙잡혀서 꼼짝 달싹할 수 없어서 고함을 지르며 쓰러졌다는 것이다. 당시 교회에는 우연히 가난한 사람들이 모여 있었다. 가난한 사람들은 비명소리를 듣고도 겁에 질려서 제라르를 구하러 오지 않았다.

이보(1040?~1115)는 당시 도시 라옹을 관리하던 왕실관리였다. 이보는 음모자들이 제라르를 살해했다는 소식을 듣고 공모자를 살해했던 것이다. 제라르의 살해 사건이 혼란의 도화선이 되어 도시 라옹은 불바다로 변하고 말았다. 물론 도시 라옹이 불바다로 변한 것은 왕실관리가 시민을 살해한 데서 연유했다. 시민들은 왕실관리와 대주교, 그리고 유력자의 횡포에 반항했다. 구이베르는 『회고록』 제3권의 나머지 부분에서 시민의 반항을 과거부터 이어져오던 부패에서 파생된 것으로 언급하고 있다. 물론 구이베르의 이런 『회고록』 내용은 조심스럽긴 하지만 인정할 수도 있다. 그러나 1112년 도시 라옹에서 지방민이 왜 폭동을 일르켰던지를 명확하고 상세하게 밝혀내지 못하고 있다. 구이베르는 경제와 사회에 대한 반항 흔적을 감지할 수도 있었을 것이다. 그런데도 구이베르는 성직자의 성직매매를 장기간에 걸쳐 지속된 폐습으로 간주하고 있다.

구이베르는 살인 사건의 개요를 정확하게 파악하지 못하고 있다. 게다가 구이베르는 듣고 본 것을 사실로 오인하여 사건 이야기를 구성하여 전개하고 있다. 여기서 단지 구이베르는 교황 파샬 2세가 가우드리를 후원했다고 지적하고 있으나 당시 대부분의 교직자와 지방민들은 끊임없이 교황 파샬 2세가 가우드리를 도시 라옹의 대주교로 선출하려는 책동을 반대했다. 구이베르는 『회고록』에서 표상과 동기를 서로 관련시키고 있으나 표상과 동기의 이런 일치에 대하여 스스로 신뢰하지 않는다는 인상을 남기고 있다. 구이베르는 『회고록』을 정확하게 전개하고 제라르의 살해 사건에 대하여 초점을 흐리지 않도록 적절하게 구성하고 있다. 그런데도 구이베르는 몇 가지 굵직한 사건을 사실로 만드는 과정에서 해독자를 비롯한 스스로도 믿음을 가지면서도 의심을 표명하고 있다. 그리고 구이베르는 지나치리만큼 성직자를 설득하는 데 주력하고 있다.

구이베르는 『회고록』에서 사건을 중시하고 있다. 구이베르는 사건 전개과정에서 특히 인간의 운명을 당연하게 받아들이며, 사건의 발단 과정에서 제시한 예측에 따라서 진행하고 있다. 물론 구이베르의 이 같은 예측은 사건을 개인의 결속관계를 구성 핵으로 전개하고 일정한 표상을 설정하여 개인의 결속관계 형태로 변화를 제시하고 있다. 구이베르의 『회고록』에서 표상은 예측을 당연히 생활내력과 사건내력에 바탕을 두고 설정되고 있다. 라옹의 대주교 관구에서 발생했던 무질서도 중세 세계의 흐름에서 파악하면 철이 들지 않은 청춘기의 발산과정으로 파악되고 있다.

구이베르는 『회고록』에서 의례관습 와해요인을 아이들이 아닌 어른들의 부정행위 때문인 것으로 파악하고 있다. 구이베르는 대주교 아달베로의 부정행위를 중세인답게 카를이라는 소년을 배신하여 물려받게 된 원죄에서 비롯되었다는 것이다. 구이베르는 고트프라이에 대해서도 아달베로와 유사하게 파악하고 있다. 구이베르는 고트프라이의 부정행위를 '청년'으로서 도저히 저질러서는 안 될 죄, 즉 연상의 어른 앙귀랑으로부터 부인을 빼앗은 것으로 지적하고 있다. 구이베르의 『회고록』에 등장하는 인물은 공통으로 청년기 좌절을 헤어나지 못하고 파멸의 늪에서 죽어가고 있다. 고트프라이는 부인의 부정행위를 간과하고 부인을 제라르라는 과거의 애인에게 가도록 허용했다고 묘사하고 있다. 고트프라이는 청춘기에 방탕하게 생활하지 않았다. 그러나 고트프라이는 스스로 성숙하지 못하여 살해 사건에 말려들었으나, 과거 부인에게까지도 조롱당하는 인물로 묘사되고 있다. 구이베르는 고트프라이의 부정행위를 유년기의 자기모습을 그리면서 어른의 배신행위로 지적하고 있다.

구이베르는 스스로 어렵게 생활했기 때문인지는 확인할 수 없으나, 스스로 변태형의 감정을 억제하고 있다. 구이베르는 자기 환경을 생각하며 앙귀랑과 제라르를 각자의 사고방식보다는 방종했던 것을 약점으로 파악하고 있다. 구이베르는 성서의 성사관습을 마음속으로 지키고 시간 간격을 두고서 모든 부정행위를 순간에 초점을 맞추려고 시도하고 있다. 그러나 구이베르가 부정행위를 순간에 초점을 맞추려는 과정에서 애매한 현상은 나타났다. 바로 그 애매한 현상은 공동체 구성원의 분리였다. 구이베르는 공동체 구성원의 분리를 당황스럽게 인식하고 있다. 공동체 구성원의 분리는 우선 과거세대와 최근세대의 질서로 갈라졌다.

공동체 구성원의 분리요인은 표상으로부터 발생했다. 공동체 구성원은 표상을 실천하면서 분리되었다. 동시에 해독자들은 표상을 찾아가면서 분리되었다. 해독자들이 표상을 따라가게 되는 경우, 유일하면서도 확실한 목표지점은 기존 성사관습의 파괴인 것이다. 구이베르의 마음속에는 기존 성사관습이 욕망과 청년기의 오만불손함, 충성심의 분리로 심리작용과 신의 존재를 완벽하게 포함한 타당한 판단기준의 인식작용으로 대체하고 있다. 구이베르는 11세기 유럽세계의 분리요인이 왜 발생했던지를 정확하게 파악하지 못하고 있다. 그런데도 구이베르는 11세기 유럽세계 분리를 대단히 어리석은 행동으로 인식하고 있다.

4.4. 상징물로서 노년기와 청년기

질서 구성물은 11세기 유럽세계에서도 계승과 단절을 드러내고 있다. 계승과 단절의 속성을 드러내는 질서의 구성물은 상징물을 변화시키며 노년기와 청년기의 주제를 창출했다. 중세 문학에서도 노년기와 청년기를 흔히 주제로 선택하고 있다. 노년기와 청년기는 의례관습의 계승과 단절을 나타내는 주제임과 동시에 상징물 역할을 담당하고 있다. 대다수 중세인은 글자를 읽을 수도 없었다. 물론 문장을 구성하여 기록할 수도 없었다. 대다수 중세인은 글자의 필요성을 느끼지 못하는 미무식자에 가까웠다. 그런데도 대다수 중세인은 고전시대 인간의 흔적을 상세하게 찾아내고 있다. 고전시대 인간의 상세한 흔적을 필요로 했던 중세인은 현실보다는 오히려 비현실에 더욱 강하게 집착했다. 중세인은, 즉 상상력의 인식작용으로 찾아낸 고전시대 인간의 의례관습을 활용하여 표준인간 모형을 점차 복잡하게 구성해갔다.

중세인은 현재 관심사를 당시대보다 훨씬 과거시대로 소급하여 이전시대의 상징물에 연계하고 있다. 중세인은 과거로 소급하여 성자유골이나 지방에서 숭배하는 성자, 그리고 십자가를 숭배하는 상징물로서 활용하고 있다. 그라버는 상징물 숭배를 유물숭배 형태로 입증하고 1000년을 불과 몇 년 경과한 시기에 유물을 숭배했다. 그라버의 이런 유물숭배는 11세기 초반시대 종교부흥 사례를 포함하고 있다. 중세세계는 11세기 초반에 이르러 급격하게 변화했고, 전체 변화흐름도 빨라지며 분위기도 한층 고조되었다. 1008년경에 이르러, 과거 수세기 동안 유물로 잠자고 있던 성자유골을 갑자기 다시 찾아내기 시작했다.

노르망 지역은 노르망계 종족사회와 인접했던 지역 변화에 대하여 지금까지 상당한 관심을 가지고 분석한 결과 11세기 유럽세계 변화를 유럽대륙 중에서 대체로 먼저 수용했다. 물론 노르망 지방과 인접한 지역을 다루는 과정에서도 의례관습 변화를 지적하는데 한계를 지닐 수밖에 없었다. 그러나 이제는 이런 한계를 벗어나서 고전시대 의례관습을 본래 모습으로 파악하려 했던 원상 회복의 시각에 대하여 분석하고자 한다. 11세기 유럽세계에서 고전시대 성사관습을 본래 모습으로 파악하려는 원상 회복 기운은 연대기에 기록된 두 가지 사례에서도 입증되고 있다. 연대기 기록자 아데마르(998?~1035?)의 연대기는 여러 가지 사본으로 존속하지만 황제 오토 3세의 이야기를 담고 있다.

황제 오토 3세는 사망하기 직전인 1002년, 꿈속에서 아헨에 묻혀 있는 카롤루스 막뉴스의 시신을 파내어야만 할 것이라는 이야기를 들었다고 한다. 당시까지만 카롤루스 막뉴스의 시신이 안장되어 있는 장소를 아무도 모르던 상황이었으나 뜬소문을 입증이나 하듯이 카롤루스 막뉴스의 묘지를 정확하게 3일 후에 찾아냈다. 카롤루스 막뉴스는 아헨의 싼타 마리아 교회 예배당에 안치되어 있었다. 싼타 마리아 교회 예배당 아래에는 둥그런 지하실을 갖추고 그 지하실에 카롤루스 막뉴스는 안장되어 있었다. 카롤루스 막뉴스의 시신은 생전에 사용하던 칼과 휘호를 손에 쥔 채 보석으로 수놓은 황제관을 쓰고 여러 시대를 경과했음에도 완벽하게 보존되어 있었다. 아데마르는 카롤루스 막뉴스의 시신을 예배당 지하실의 안치소로부터 들어내어 여러 사람이 구경할 수 있는 장소에서 공개했다고 연대기에서 기록하고 있다. 사람들은 카롤루스 막뉴스의 시신을 보고서 기적을 확인했다고 떠들어대다. 카롤루스 막뉴스의 시신을 보고 떠들어대던 사람 중에는 아달베르트라고 불리는 교회 법률가도 포함되어 있었다.

아데마르는 교회 법률가 아달베르트라의 체구가 거대했고 뛰어난 담력도 갖추었다고 기록하고 있다. 아데마르는 아달베르트가 카롤루스 막뉴스의 황제관을 만져보고 카롤루스 막뉴스의 다리와 자기 다리를 견주어 보기도 했으나, 카롤루스 막뉴스의 황제관은 아달베르트에게 맞지 않았다는 것이다. 카롤루스 막뉴스의 안장지를 찾아내게 된 것과 같은 기적은 아달베르트에게서 다시 일어났다. 아달베르트는 한쪽 다리가 갑자기 부러져 40년 동안이나 절름발이로 살았다고 아데마르는 기록하고 있다. 아달베르트의 이런 기적 사건이 일어난 이후 카롤루스 막뉴스의 시신은 싼타 마리아 교회의 오른쪽으로 이장되었다. 마리아 교회 오른쪽에 설치되어 있는 세례자 요한의 제단 뒷면에다 카를 대제의 시신을 다시 안치했다고 아데마르는 연대기에서 기록하고 있다.

기적과 같은 사건이 일어난 이후 카롤루스 막뉴스의 황제관은 황금으로 아로 새겨져 웅장한 외형을 지니게 되었다. 카롤루스 막뉴스의 시신을 찾아내기 이전에는 카롤루스 막뉴스의 안장소를 신의 영혼이 내려왔다는 표지라고 해서 사람들은 일종의 성소처럼 인식했다. 카롤루스 막뉴스의 추모제는 황제에게 드리는 의식 절차에 따라서 진행되었으나, 안장소를 성지로는 인식하지 않았다고 아데마르는 부언하고 있다. 황제 오토 3세는 노년기와 청년기를 의례관습으로 구분하기 위한 상징물로 활용하고, 노년기와 청년기를 구분하여 노년기를 지방민의 의례관습으로, 청년기를 학식자의 의례관습으로 구분하고 있다. 11세기 유럽세계에서도 두 가지 노년기와 청년기는 서로 보완 작용을 하는 것으로 언급하고 있다. 오토 3세는 서로 보완작용으로 청년기와 노년기를 일치시키는 것을 학식자의 임무로 파악하고 있다.

황제 오토 3세도 임종 순간 꿈속에서 고전시대 의례관습에 따라서 묻혀있는 카롤루스 막뉴스시대의 의례관습과 최근세대 의례관습에 따라서 묻히게 될 자기시대 의례관습에 대하여 민감한 반응을 나타냈다. 황제 오토 3세는 자기가 최근세대의 의례관습을 실천한 인물이라고 인식했다. 카롤루스 막뉴스의 시체는 최근세대의 의례관습을 이탈했으나, 무덤으로부터 파내어 그 현상을 확증하는데 필요한 최근세대의 상징물로 인식되었다. 그러나 황제 오토 3세는 고전시대의 의례관습을 탈피하는 과정에서 고전시대의 저명한 인사들로부터 터득해낸 고전시대 모습과 최근세대의 새로운 모습을 서로 연관지우게 되었다. 실제로 새로운 의례관습은 당시까지도 타당하다는 검증을 받지 못했다. 새로운 의례관습이 확실하다고 판단하게 되는 경우 그 새로운 의례관습은 인간심리 변화의 중간매체로서 효과를 발휘하고도 남음이 있었을 것이다. 그래서 새로운 의례관습의 완벽한 확인은 일종의 절차로 파악되었을 수도 있다.

새로운 의례관습에 대한 처음 확인 단계는 꿈으로 암시 받아 다시 발굴 확인으로 이어지고, 두 번째 단계는 발굴 유물의 새로운 의례관습을 상징물로 만들어 기존 의례관습에 일치시키고 있다. 어쨌든 카롤루스 막뉴스는 상징물이었고 과거 인물이었으나, 황제 오토 3세는 당대 인물이었다. 황제 오토 3세는 늙어서 임종을 예견했지만 카롤루스 막뉴스의 시체는 부패하지 않고 온전히 보존되고 있음을 확인했다. 카롤루스 막뉴스 시체는 서로 다른 두 왕조의 계승 관행에 대한 새로운 의례관습으로 인식되었다. 오토 3세는 당대의 자기와 카롤루스 막뉴스가 가장 가까이 있다는 의미에서 의례관습 계승을 다시 한 번 확인하고 있다. 오토 3세의 꿈은 새로운 의례관습을 찾아내는 출발점이었다. 황제 오토 3세의 꿈에 대하여 아무 것도 모르고 있던 사람들이나 황제의 꿈을 알면서도 해몽할 수 없었던 사람들에게 카롤루스 막뉴스의 묘지를 찾아냈다는 사실은 중요하게 인식될 수 있다.

카롤루스 막뉴스의 묘지와 오토 3세의 꿈은 과거와 현재의 관계를 공동체 구성원의 판단기준에 일치시켜 과거세대와 최근세대의 의례관습을 구분하게 된다는 것은 새로운 사실임은 틀림없다.

우선 새로운 사실은 공동체 구성원으로 하여금 의례관습에 참여하도록 자극하는 촉매제 역할을 담당할 수 있다. 아달베르트는 단순한 교회 법률가에 지나지 않았지만, 황제관을 써 보기도 하고 두 다리를 비교해 보기도 했다. 아달베르트의 이런 행동을 평범한 공동체 구성원의 시각에서 파악하면 의례관습 경우처럼 의미를 지닐 수도 있다. 아달베르트의 이런 행동에 대하여 나중에 듣거나 아달베르트의 행동을 의례관습으로 직접 체험하는 것은 의례관습과 행동을 일치하도록 상상하도록 보완할 수 있다.

다음으로 아달베르트가 학식자의 어떤 의례관습에서 행동했던지 문제를 분석할 수 있다. 아달베르트의 행동은 학식자의 의례관습에서 새로운 의례과습으로 작용하여 황제 오토 3세의 꿈을 신의 말씀으로 변화시켜 신의 계시가 일어난 것으로 인식할 수도 있다. 그래서 아데마르는 연대기에서 아달베르트의 행동이 신의 존재를 모독하여 벌을 받게 된 것이라고 해석하고 있다. 즉 아달베르트가 신의 존재를 모독했으므로 신의 존재가 아달베르트로 하여금 40년 동안이나 다리를 쓰지 못하도록 만들어 놓았다고 아데마르는 연대기에서 언급하고 있다. 아달베르트의 불행은 '신의 도덕'을 어긴 결과였다. 더욱이 카롤루스 막뉴스의 시체는 무덤으로부터 외부로 공개되었으나 카롤루스 막뉴스는 카롤루스가문 황제위를 계승한 오토 황제 가문의 황제들 경우처럼 '기름부음을 받은 자'의 부활을 알려 주었던 세례 요한의 제단 뒷편 지하실에 안치되었다고 한다.

물론 지하실을 황금으로 아로새겨 장식했고, 지하실의 의례관습 역시 그대로 유지하여 지하실에서는 여러 가지 질병을 치료했다는 것이다. 지하실에서 일어난 기적은 카롤루스 막뉴스를 추모하는 '의식'을 거치면서 한 가지 표준인간의 모형을 만들어 내고 있었다. 신의 가솔인 황제는 의식을 거치면서 신과 인간을 결속한다는 것이었다. 카롤루스 막뉴스의 유골은 과거와 현재의 의례관습을 계승하는 상징물이 아니었는데도 그라버는 카롤루스 막뉴스의 유골을 과거세대와 최근세대의 의례관습을 일치시켜주는 것으로 파악하고 있다. 카롤루스 막뉴스의 유골은 현재 다시 나타났고 의례관습을 거치면서 상징물로 변화했다.

그러나 인간은 여전히 의례관습으로부터 강력한 영향을 받았다. 상징물은 인간들에게 우주 흥망성쇠에 관련된 의례관습 변화를 감각의 인식작용으로 파악하도록 방향을 제시하고 있다. 당대인은 신의 존재를 해석하는데 상징물을 새로 첨가하고 있었다. 당대인이 해석하는데 새로 첨가시킨 상징물은 신의 존재로부터 부여받았다고 믿게 된 창이었다. 창은 당대인에게 중요한 상징물로 등장했고, 노년기와 청년기를 혼합하여 노년기와 청년기의 계승관습을 확인하고 있다. 뿐만 아니라 과거와 현재를 서로 계승시키는 과거세대 의례관습에 대한 증거로서의 역할을 담당했다.

도시 안티오크에서 바르테레미는 문제의 창을 찾아냈다. 가난한 농부인 바르테레미는 1098년 6월 14일 도시 안티오크에서 문제의 창을 찾아냈다고 아르퀴러의 레이몽은 기록하고 있다. 십자군 레이몽은 보헤멩와 함께 십자군으로서 도시 안티오크를 공략하는데 참가했던 연합군 일원이었다. 신비의 창에 관한 이야기는 도시 안티오크를 불과 2주일만 지나면 십자군이 점령하게 될 것이라는 예언으로 구성되어 있다. 레이몽은 제1차 십자군 원정기를 재치있게 기술하고 있으나 당시 역사 서술가의 기록과 서로 일치하지 않고 있다. 레이몽의 이런 십자군 원정기는 십자군 원정과정에 일어났던 사건을 참가자 개인이 해석했을 가능성도 있다. 그러나 레이몽의 원정기는 나름대로 진상을 밝혀주고 있다는 측면에서 중요한 자료로 평가될 수도 있다.

레이몽의 제1차 십자군 원정기는 다음과 같이 전개되고 있다. 바르테레미는 투루즈의 방백 레이몽과 르퓌의 주교 아데마르에게 불과 4시간 전에 성자 안드레가 자기 앞에 나타나서 십자군 원정과정에 있었던 여러 가지 사건을 언급하면서, 도시 안티오크를 크리스트 십자군이 점령하게 되면 예수 크리스트 시대에 없어진 신의 창을 다시 찾아내게 될 것이라고 일러두었다고 전해주고 있다. 신의 창을 찾아내게 될 첫 번째 예견 근거로서 다음해 12월 30일에 일어났던 지진을 언급하고 있다. 바르테레미로부터 지진에 관하여 들었던 성자 안드레의 예견은 도시 안티오크를 포위하고 공격하려던 제1차 십자군 출발점과 일치하고 있다.

바르테레미는 성자 안드레의 이런 예언을 듣고 아예 새파랗게 질려 자기 오두막에서 꼼짝하지 않고 누워 있었다. 그리고 바르테레미 앞에 두 사람이 나타나서 겁에 질려 누워 있는 바르테레미 모습을 보았는데 이 두 사람이 서로 다른 세대였다는 것이다. 두 사람 중 한 사람은 나이가 상당히 든 노년기에 이른 사람이었고, 한 사람은 젊은 청년기의 사람이었다. 노년기에 이른 사람은 온화한 성품으로 보이는 생김새에다 흰머리를 휘날리고 하얀 수염에다 까만 눈동자를 빛내고 있었다는 것이다. 청년기에 이른 사람은 제법 훤칠하게 큰 키에다 잘생긴 용모를 갖추었으나 아무 말도 없이 그냥 노년기 사람 옆에 우두커니 서 있었다.

노년기에 이른 사람은 자기가 안드레라고 바르테레미에게 일러주며 바르테레미에게 방백이자 주교인 레이몽을 불러오라고 말했다는 것이다. 그러더니 안티오크에서는 왜 주교가 설교도 하지 않고 지방 사람들이 십자가를 필요로 할 텐데도 설치하지 않고 있느냐고 물어보라는 것이다. 이런 말을 하고 나서 노년기에 이른 사람은 바르테레미를 데리고 안티오크 거리를 지나 베드로 교회까지 갔다는 것이다. 노년기에 이른 사람은 베드로 교회에서 신의 창을 바르테레미에게 보여 주었다는 것이다.

바르테레미는 안드레라고 자칭하는 노년기 사람에게 신의 창인 유골을 크리스트의 갈비 뼈에 붙이자고 제의했다. 안드레라는 노년기 사람은 처음으로 안티오크에서 가져온 것이라고 바르테레미에게 전해주었다. 노년기와 청년기에 이른 두 사람은 바르테레미를 자기 집으로 데려다 주고서는 떠나가 버렸다. 바르테레미는 노년기와 청년기의 두 사람으로부터 보고들은 이야기를 방백 레이몽과 주교 아데마르에게 설명해 주었다. 바르테레미는 스스로 지위가 워낙 낮고 비천해서 레이몽과 아데마르에게 달려올 수 없었다고 부언하고 있다. 그런데 바르테레미는 안드레라는 노년기 사람을 다시 보게 되었는데 노년기의 안드레를 다시 보게 된 그 날이 바로 사순절이 되는 날이었다. 그리고 노년기 안드레는 바르테레미를 비천한 혈통이기 때문에 신의 종으로 선택했다고 일러주었다.

그러나 바르테레미는 다음과 같은 이유 때문에 주저하고 있었다. 바르테레미는 지금처럼 어려운 시대가 지나가게 되면 틀림없이 방백이 살아나기 위해서는 양식을 필요로 하게 될 것이고, 양식을 달라고 해서 양식을 주지 못하면 자기를 꾸짖게 되리라고 생각하고 있다. 바르테레미는 자기 영주인 페터와도 이런 일을 계기로 하여 친분을 맺게 되었다. 바르테레미는 방백 레이몽이 성자 안드레의 이런 이야기를 들으려 하지 않았다. 방백 레이몽은 요르단 강에 이르러서 다른 곳으로 떠나는 배를 탔다. 그런데 바르테레미는 다시 성자 안드레 이야기를 듣게 되었다. 바르테레미는 방백 레이몽이 성자 안드레 이야기를 들으려 하지 않았다는 이야기를 듣게 되었다.

성자 안드레는 거기서 깨끗한 옷으로 갈아입고 바르테레미에게 물을 조금씩 뿌렸다. 바르테레미는 다시 식량을 구하기 위하여 키프루스 섬으로 배를 저어 갔다. 그래서 바르테레미는 방백이 부여한 임무를 벗어날 수 있었다. 그러나 재앙은 계속되었다. 바르테레미는 자기가 쌩 시몽의 항구에 돌아와 있다는 것을 알게 되었다. 예언 날짜는 흘러 6월 11일 되었다. 6월 11일에 스테판이라는 성직자도 잃어버린 형제를 위하여 기도하던 중 크리스트의 징표에 관한 예언을 듣게 되었다. 크리스트는 화를 낸 모습으로 성직자 앞에 나타나서 '마리아에게 예배도 드리지 않고 승리하려 했으니 뜻을 이룰 리가 없었지'라고 사도들을 꾸중했다는 것이다. 십자군 기사들은 마리아에게 기도를 드리고 다음 날 안티오크로 진군하기로 맹세했다. 십자군 기사들이 안티오크로 진군하기로 맹세하는 순간 하늘에는 징표가 나타났다는 것이다.

바르테레미는 6월 14일 12명의 십자군을 따라갔고 12명의 십자군과 함께 바르테레미는 베드로 교회로 같이 들어갔다. 바르테레미는 베드로 교회에서 창을 파냈고, 성자 안드레라는 노년기 사람은 나타나서 바르테레미가 파낸 창을 찾아낸 것을 확증해 주었다. 바르테레미가 파낸 창이 예수 크리스트의 창임을 관례로 확인하고서는 크리스트 십자군은 용기를 얻어 안티오크로 향하여 떠났다고 레이몽은 언급하고 있다. 레이몽의 십자군 원정기는 역사 기록물과는 전혀 다르게 기술되고 있다. 십자군 원정기를 완벽에 가깝게 구성하려면 제1차 십자군에 관한 저작물에서 다루고 신앙심까지 포함하는 것이 타당했을 것이다. 여기서는 실제로 십자군 주제를 어떤 목적으로 각색하고 있느냐에 초점을 맞추고 있다.

각색한 십자군 주제가 상징물과 관련되어 있다는 점을 여기서는 지적하고자 한다. 특히, 제1차 십자군 원정기에서는 상징물과 의례관습의 역할을 각색한 십자군 주제로 분석하고 있다. 물론 제1차 십자군에 대하여 한계를 두었다는 약점도 있다. 그러나 제1차 십자군의 핵심 사건을 의례관습 연구의 취지에 합당하게 분석하여 상징물에 일치시키고 있다. 바르테레미의 창에 관한 이야기는 예언이든 성취든 십자군이 의례관습의 현실 문제를 해결하도록 새로운 의례관습을 확인하고 있다. 바르테레미의 이야기에서 창은 노년기와 청년기를 서로 연계시키는 상징물 역할을 담당하고 창이라는 노년기와 청년기의 상징물은 성자 안드레와 크리스트 표상을 거쳐 성사관습을 만들어내고 있다.

물론 노년기와 청년기를 상징물에 관련 지우게 되는 경우, 크리스트나 성자 안드레의 표상을 지나치게 단순화시킬 수 있다는 문제도 제기될 수 있다. 그러나 노년기와 청년기의 상징물과 크리스트나 성자 안드레의 표상은 서로 결속력으로 의례관습을 고정시킬 수도 있다. 노년기와 청년기는 대비물을 활용하여 학식자와 일반 공동체 구성원의 두 가지 성사관습을 하나의 성사관습으로 통합하여 서로의 결속력을 만들어 내는 상징물 역할을 담당하고 있다. 노년기는 성자 안드레를 거쳐 청년기에 이르고 학식자의 성사관습은 베드로를 거쳐 스테판의 예언에 이르고 있다. 청년기와 스테판의 예언에 이르는 과정에서는 고통을 체험하며 회개에 접근하고 있다. 제1차 십자군은 주로 프로방스농민으로 구성되었다. 노년기와 청년기는 프로방스 지방 농민의 간절한 소망인 내세상을 보완하고 일반 사람들이 십자군에 참여하기를 선동하려는 의도에서 신앙을 확증하여 십자군에게 제시하려는 취지로 이용되고 있었다.

이런 취지는 레이몽이 저작한 『예루살렘 정복에 나섰던 프랑크인의 역사』 10장과 11장 전반부를 분석함으로써 더욱 뚜렷하게 드러나고 있다. 『예루살렘 정복에 나섰던 프랑크인의 역사』에서 베드로는 중요한 인물로 등장하고 있다. 이 저작물에서 베드로는 예루살렘 정복과정에서 체험했던 자기의 체험담을 기술하고 예루살렘 정복에 대한 공포감에 사로잡혀 불안정한 심리작용을 상세하게 설명하고 있다. 베드로는 신의 계시가 실제로 있었음에도 예루살렘을 정복하기 위하여 행동할 수 없었던 내막을 상세하게 고백하고 있다. 베드로는 십자군 전사들이 안티오크로 진군해 갈 수 없었던 내막을 일반 사람들의 심리작용으로부터 찾아내고 십자군의 전문 지식에다 선교 활동의 좌절감까지 첨가하고 있다. 여기서는 지금까지 성사관습의 대비물을 활용하여 전달되는 노년기와 청년기, 예언과 성취를 학식자와 공동체 구성원의 성사관습에 일치시켜, 11세기 유럽세계 의례관습의 결속력을 확연하게 찾아내고 있다.

11세기 유럽세계에서도 의례관습으로서 성사관습의 결속력은 질서 원천으로 작용했다. 그러나 성사관습의 결속력은 대비물을 활용하여 전달되는 특정한 의례관습을 실천하며 계승되었다. 여러 가지 의례관습은 물론 거대한 질서를 만들어 의례관습의 대비물로 전달하고 있다. 이런 여러 가지 의례관습은 신의 존재 — 결속력 — 현실의 표준인간 질서의 관계를 다시 한 번 검토하면 다음과 같이 지적할 수 있다. 미래상은 의례관습의 대비물로 전달되는 신의 존재 — 결속력 — 현실의 표준인간 —— 질서의 관계에서 목표를 출발시키는 일치점이나 다름없었다. 11세기 유럽세계에서도 내세상은 십자군으로 현실화되어 세계 질서 자체를 변화시키는 의례관습의 전환점을 만들어 내며, 11세기 유럽세계의 동요 속에서 목표를 향하고 있다. 내세상에 이르는 목표를 잊어버리면 신의 존재는 노여워하는 것으로 인식되었다. 신의 존재가 노여워하는 표지를 무식자에게 인식시킨다는 것은 어려운 일이 아니었다.

내세상으로 향하게 되는 출발단계는 노년기와 청년기의 두 가지 단계로 구분되었다. 성자 안드레라는 노년기 사람은 늙은이로서 젊은이가 성취해야 할 새로운 의례관습을 예언하고 있다. 안드레는 크리스트를 성취목표 예언자로 함축하면서도 분명하게 지적하지 않고 있다. 현상에서 상징물은 안드레의 불평에 함축되어 있으면서도, 크리스트에 이르기 위한 성취목표 예언과 같은 역할을 담당하고 있다. 아데마르는 "십자가를 지닌 노년기 사람들을 위하여 설교나 기도까지 거부하고 있다." 아데마르의 이런 거부행위는 사건이 진행되면서 제2의 표상을 제시하는 근거로 작용하고 있다. 바르테레미는 셔츠 한 가지만 입고서 안티오크의 거리를 지나서 목표 지점으로 인도되고 있다.

바르테레미는 무지상태에서 목표지점을 파악하고 있다. 여기서 정신의 무지 상태는 몸에 실오라기 하나도 걸치지 않고 영혼까지 어떤 것으로 가리지 않은 상태를 의미하고 있다. 바르테레미는 크리스트의 창을 수령하고 있다. 베드로는 성자유골을 보았다. 그리고 베드로는 성자유골을 손으로 만져 보았다. 베드로는 성자유골과 접촉했다. 베드로가 성자유골과 접촉하게 되면서 성자 안드레의 의례관습을 확인하게 되었다. 성자 안드레는 창을 예수 크리스트의 갈비뼈라고 해석하고 있다. 창은 미래를 구원할 징표로 인식되었다. 베드로는 『복음서』를 지녔다. 베드로는 『복음서』를 지니고 명확하게 모습을 드러낸 12명의 사람을 따라서 사도 교회로 돌아오게 되었다.

베드로는 어느 정도 기우를 나타내었다. 베드로의 기우는 미래의 구원에 대하여 신빙성을 부여하는 효과를 나타내는데 지나지 않는다. 미래를 구원한다는 것이 허위였다면, 안드레는 서슴없이 계략을 쓰게 되었을 것으로 각색자는 창의 관례에서 암시하고 있다. 안드레는 사순절에 두 번이나 베드로를 찾아갔다. 그리고 안드레는 미래를 구원할 의례관습의 징표를 상징물로 활용하여 주지시키고 있다. 새벽녘이 다가왔다. 첫 닭 울음소리가 들려왔다. 성자 안드레는 베드로에게 아직도 잠을 자느냐고 물었다. 여기서 베드로는 성자 안드레의 물음에 대하여 변명을 늘어놓고 있다. 베드로의 변명에서 미래에 대한 의례관습의 징표를 넌지시 암시하고 있다. 베드로는 안드레에게 자기가 너무나 무지했다고 말씀드리고 있으나 베드로 이외의 인물을 선택하기를 거듭 거절하고 있다. 베드로는 정신도 너무나 나약하고 거기다 몸까지 허약하다고 성자 안드레에게 말씀드리고 있다. 그러나 베드로는 성자 안드레의 의례관습을 거역하고 있다. 베드로의 이런 의도는 나약한 정신을 강하게 표시하고 가난과 배고픔, 질병과 신체 장애를 극복하고 실제로 행동에 이르게 됨을 나타내는데 불과했다.

주일날이 다가와서 안드레는 다시 바르테레미를 찾아갔다. 베드로는 또 다시 안드레에게 자기보다는 교육받은 자를 선택하지 않겠느냐고 물었다. 안드레는 베드로의 주청을 거절하고 크리스트의 부활 주간을 예루살렘에서 거행하는 것이 당연하다고 성사관습의 대비물을 활용하여 전달하고 있다. 베드로는 추정하건대 신빙성 있는 증인이었다. 안드레는 베드로 앞에서 바르테레미에게 상징물에 대한 성사관습을 뒤집는 방식으로 레이몽도 요르단 강에서 세례를 다시 받을 수 있다는 것을 일러두고 있다. 안드레의 이런 이야기를 듣고 레이몽은 요르단강을 건너가서 깨끗한 옷으로 새로 갈아입었다. 레이몽이 안드레의 손이 닿는 곳에까지 이르면 레이몽의 옷에다 물을 뿌리려고 안드레는 준비하고 있었다.

여기서도 다시 노년기는 배제되고, 청년기는 다시 살아나고 있다. 노년기는 낡은 성사관습으로, 청년기는 새로운 성사관습으로 다시 살아나고 있다. 성자 안드레가 물을 뿌린 레이몽의 옷은 신의 창과 함께 보존해야 한다고 지적하여 레이몽의 이런 옷을 성자유골 위치에까지 올려놓고 있다. 베드로는 성자 안드레의 목소리를 들었으나 성자 안드레 모습을 눈으로 볼 수는 없었다. 베드로는 신의 존재를 체험했다. 신의 존재에 대한 베드로의 체험은 일반 공동체 구성원으로 하여

금 미래의 구원에 대한 약속이나 다름없다. 공동체 구성원들은 신의 존재와 저작물의 문장에서 신의 존재를 보지 않고, 현상에서 신의 존재를 보고 신의 징표를 믿게 되었다고 각색자는 시사하고 있다. 스테판은 신의 징표를 성사관습으로 예시했다. 스테판의 예시에 따라서 베드로는 키프루스 섬을 탈출하려고 시도했으나 키프루스 섬에서 탈출할 수 없었다.

베드로가 키프루스 섬에서 탈출하려다 실패한 이후 신의 징표를 확인하는 과정에 불쑥 끼어 들었다. 그런데도 툴루즈의 레이몽은 베드로의 이야기를 굳게 신뢰하고 있다. 툴루즈의 레이몽과 다르게 르퓌의 아데마르는 베드로 이야기를 믿지 않았고 베드로의 이야기에 대하여 확증이 필요하다고 인식했다. 스테판의 예시는 학식자의 성사관습을 공동체 구성원의 성사관습보다 높은 위치에 올려놓고 있다. 크리스트는 성직자에게 실체를 확인해 달라고 요청하고 있다. 스테판은 교의를 인용한 성사관습 전거를 제시하며 크리스트 교도의 실체에 대하여 답변하고 있다. 크리스트는 이후 시편을 이용한 전거에 근거하여 퇴각하는 십자군을 훈계하고 있다. 다음날 십자군 기사들은 투르크인들 앞에서 도망치지 않겠다고 서약했다. 그러나 일반 공동체 구성원들은 시각의 인식작용으로 해독자의 최종 장면을 확인하고 있다.

쌩 베드로 교회는 강풍을 맞게 되었다. 12명의 사람들은 아침부터 해질 때까지 창을 찾으려고 했으나 결국은 찾아낼 수 없었다. 창을 찾으려던 12명의 사람들은 베드로라는 청년의 도움으로 창을 찾았다. 성자 안드레도 모습을 드러냈다. 신의 존재는 방백 레이몽에게 누구에게서도 받지 않았던 사랑의 증거를 상징물로서 내려 주셨다고 성자 안드레는 부언하고 있다.

제 5 장

문화이동이론, 종말론의 변화, 과거세대의 의례관습

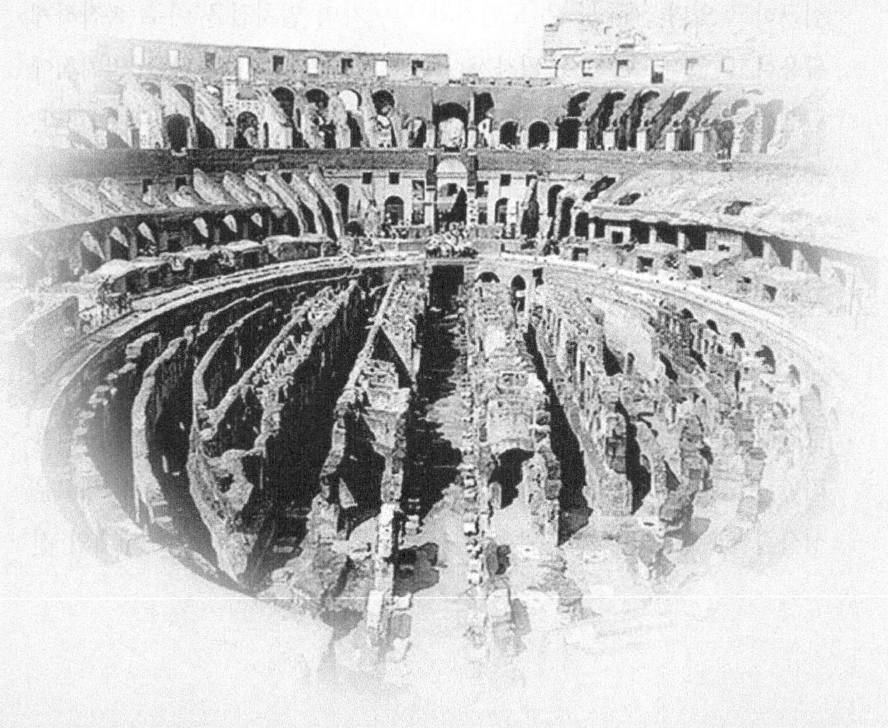

제5장
문화이동이론, 종말론의 변화, 과거세대의 의례관습

레이몽은 노년기와 청년기를 일치시켜 미래상과 성사관습의 계승에 접근하고 있다. 레이몽은 노년기와 청년기의 일치점을 아주 복잡하게 활용하고 있다. 여기서 필자가 노년기와 청년기의 복잡한 일치점에 관심을 두게 된 것은 중세인의 문학을 평가하기 위한 것이 아니라, 중세인의 문학에 나타난 표준 가치를 찾아내기 위한 것이다. 일단 11세기 유럽세계에서도 과거는 광범하게 인식되고 기존 성사관습을 지키려는 사고방식도 뚜렷하게 나타나고 있다.

현재는 더 이상 가릴 수도 없다고 인식되었다. 현재의 체험은 독립된 하나의 인식영역이었다. 그래서 현재의 체험영역을 와해시킬 수도 없었다. 현재는 과거세대의 성사관습을 분석하여 논쟁할 수 있는 유리한 위치를 차지하고 있다. 그러나 현재는 낡은 성사관습과 새로운 성사관습으로 대비하고, 낡은 성사관습은 '과거세대와 최근세대의 전거'로 활용되어 새로운 성사관습을 출발시키고 있다. 대비물을 활용하여 전달되는 성사관습은 학식자의 성사관습에서 가장 뚜렷하게 제시되고 있다. 살리스베리의 요한은 성사관습의 대비물을 활용하여 신의 존재를 전달하며 공동체 구성원의 결속력을 문화에 일치시키고 있다.

살리스베리의 요한은 '거인의 어깨 위에 올라서서 춤을 추는 난쟁이'를 11세기 유럽세계의 현실로 지적한 베르나르의 기술방법을 저작물의 관례로 터득하고 있다. 베르나르는 자기의 '관례'를 공동체 구성원의 생활방식에 일치시키고 있다. 베르나르는 저작물의 관례를 배우는 최근세대를 거인의 어깨 위에 올라 서 있는 요술쟁이 같다고 지적했다. 베르나르는 최근세대가 과거세대의 성사관습을 배우는 태도에 대해서도 언급하고 있다. 즉 최근세대의 미래상은 과거세대의 성사관습에 담겨 있기 때문이 아니라는 것이다. 최근세대는 과거세대의 성사관습을 정확하게 파악하지도 못하고 살아가고 있다. 최근세대가 과거세대의 성사관습을 파악하지 못하는 이유는 과거세대의 성사관습이 심오했다기보다 부주의한 탓에서 비롯되었다는 것이다. 그런데도 최근세대는 과거세대보다 더욱 멀리까지 미래상을 내다볼 수 있었다고 베르나르는 지적하고 있다. 베르나르의 이런 지적을 이미 1120년대 사람들의 성사관습을 반영하고 있는 것이나 다름없다.

11세기 유럽세계는 변화했으나 11세기 그 변화는 드러나지 않았다. 눈으로 확인할 수 없는 11세기 유럽세계 변화를 가장 적절하게 나타낸 용어는 '최근세대'였다. '최근세대'는 물론 종족언어 표현관습 전체의 흐름에서도 현세대를 지칭하고 있다. '최근세대'의 이런 성사관습과 관련하여 시간이 경과한 이후 최근세대의 의미를 지니게 되었다. '최근세대'를 최초로 저작물의 관례로 정착시킨 인물은 카씨도루스(490?~583?)였다. 카씨도루스의 '최근세대'를 초기 교부시대의 성사관습과 전혀 다른 '중간시대 인간'의 성사관습으로 중세 저작자들은 수용하고 있다. 카시도루스의 '최근세대'가 '중간시대 인간'으로 활용되는 과정에서 라드베르트(799~860?)는 과거세대의 성사관습에 일치되게 성사에 접근하고, 초기 교부시대 이후부터 9세기까지를 '최근세대'로 지적하고 있다.

라드베르트의 '최근세대'는 물론 11세기까지 변함없이 유지되었다. 11세기에 이르러서도 '최근세대'는 수도자 금욕수행관습에다 종족언어 표현관습으로 전달되는 성사관습과 화음론까지 포함하고 있다. 11세기에 이르러 과거를 바라보는 시각도 점차 성숙 단계에 이르렀고, 12세기에는 '최근세대'를 '과거세대'와 구분하기 시작했다. 12세기 '과거세대'와 '최근세대'는 법률, 역사, 신학, 자연원리, 인문학, 조형미술의 영역에서 성사관습의 특성을 나타내는 저작물의 관례로 정착했다.

'과거세대'나 '최근세대'의 성사관습이 정착되고 있었던 것은 11세기 유럽세계에서도 일종의 집단 의미가 나타나고 있었다는 증거인 것이다. 11세기 유럽세계의 이런 집단 의미는 곧 문화 출현, 즉 공동체 구성원의 새로운 결속모형을 예고했다. 르네상스가 사회를 다시 구성한다는 의미를 지니게 된다면 당연히 11세기 유럽세계에서 성사관습을 서로 대비하는 격차 개념의 정착, 소위 '진보'나 '발전'의 대응논리를 활용하여 집단 의미를 인식하려는 경향이 나타났다는 증거인 것이다. 중세인의 사고방식에 성사관습의 대응논리가 저작물의 관례로 정착하면서 성사관습의 격차는 새롭고 다양한 거리규격을 만들어 내면서 종말론을 박물관으로 보내게 되었다.

'과거세대'와 '최근세대'는 종족언어 표현관습에서도 격차 의미로 인식되었다. 그리고 '과거세대'는 저작물의 관례에 나타난 '과거세대'의 표준인간이 성사관습에 침잠해 있는 특성을 의미하고 있다. 저작물의 관례에 나타난 '과거세대'의 표준인간이 성사관습에 침잠해 있는 인간 모형으로서 어떤 지역에서나 '최근세대'는 '과거세대'의 표준인간과 관련 지어 저작물의 관례를 분석하는 것을 주제로 선택하게 된다는 취지를 포함하고 있다.

'최근세대'를 전체 맥락에서 파악하면 '최근세대'는 '과거세대'의 표준인간을 부정한다는 의미를 내포하고 있다. 그래서 최근세대는 '과거세대'의 성사관습을 부정하고 나름대로 자기네 세대의 성사관습을 체제화하는 것을 '개혁'이라 지칭하고 있다. '최근세대'는 '과거세대'의 의례관습이나 표준인간을 부정한다는 의미를 내포하고 있다. 그래서 과거세대의 성사관습을 부정하는 '개혁'은 달갑지 않으나, 저작물에서는 신기한 관례로 파악되었다.

그러나 성사관습의 개혁은 저작자의 시각을 아주 기묘하게 채색하고 있다. 아다르보르드와 같은 저작자는 『황제 하인리히 2세의 전기』 서문에서 성사관습의 개혁 문제를 아주 간략하게 지적하고 있다. 11세기 유럽세계에서 성사관습의 개혁 문제가 처음으로 제기된 것은 1004년경이었다. 아다르보르드는 '과거세대는 순응하라고 가르치고', 반면 '최근세대는 무시하라고 가르친다'고 지적하고 있다. 그런데도 과거세대의 의례관습이라고 지칭하고 있는 것이 시간이 지나면 새로운 의례관습을 만들어 내는 근본이 되고 있다고 지적하고 있다. '새로운 의례관습'은 과거세대의 의례관습을 단순하게 찾아내는데 필요할 뿐이라고 언급하고 있다. 새로운 의례관습은 과거세대의 관례를 생기도록 만드는데 불과했다. '낡은 의례관습'을 밀어내고 있다는 소위 성사관습의 변화인 '개혁'은 주로 표현과 관련된 문제로 귀착되었다. 사람은 목이 마르면 물을 필요로 한다. 목이 마른 사람이라 하더라도 우물을 갖고 있으면 물을 찾아 나서려고 하지 않을 것이다. 과거세대의 성사관습과 최근세대의 성사관습이 중요한 측면을 따져보면 거의 대등하다고 아다르보르드는 결론짓고 있다.

아다르보르드의 이런 시각은 중세 후기에 활동하던 저작자의 시각과 서로 일치하고 있다. 1046년 봄 뷔포는『황제 콘라드의 행적기』 서문에서 최근세대라는『구약성서』의 미래상 예언 구절을 언급하고 있다. 즉『구약성서』의 미래상 예언은 현세대에 일어나고 있는 사건도 당연하게 수집하여 잊혀지지 않도록 정리해 두면 현세대가 완성할 성사관습을 이해하는데 보조자료로 활용될 수 있다는 것을 '현세대'에게 깨우쳐주어야 한다고 뷔포는 지적하고 있다. 이어서 구이트문트는 뷔포의 '최근세대'를 더욱 구김살 없이 활용하며 베렝가르(1000?~1088)와 성사논쟁을 전개했다. 구이트문트는 성사논쟁이 과거인의 의례관습을 이미 아무 쓸모 없이 '낡은 의례관습'으로 만들어 놓았다고 지적하고 있다.

이외에도 윌리암도 구이트문트와 유사하게 과거세대의 성사관습에 대하여 언급하고 있다. 윌리암은 1143년에 사망했다. 윌리암은 최근세대의 지식을 중요하게 인식하지 않았던가라고 반문하며 최근세대의 지식을 구성한 성사관습의 근본에 대하여 문제를 제기하고 있다. 윌리암은 어떤 시대, 어디에서든 저작물의 관례는 커다란 폐단이었음에도 저작물의 관례를 아무런 문제도 없는 것처럼 수용했다고 불평하고 있다. 의례관습은 새로운 사실을 축적하는 데도 흔히들 저작물의 관례를 믿고, 새로운 사실을 믿지 않으려 하기 때문에 문제를 제기하게 된다는 것이다. 시대를 막론하고 누구나 과거세대의 지혜를 찾아내어 성사관습의 전거로 활용하고 있다는 것이다. 최근세대의 혈통에 대한 전거도 과거세대의 지혜에서 찾을 수밖에 없다는 것이다.

11세기 유럽세계에서 노년기와 청년기는 성사관습의 대비물과도 어렵지 않게 일치되고 있다. 안셀름은 청년기를 교회조직 개혁을 가장 합당하게 나타낼 수 있는 상징물로 파악하고 노년기와 청년기는 찬미가의 표상과도 부드럽게 일치되고 있었다. 아렝은 『자연 현상론』을 저술했다. 『자연 현상론』의 대단원에서 아렝은 결혼을 신의 찬미가에 실어 묘사하고 있다. 결혼 축가에서 아렝은 베르나르의 표상에 담긴 청년기와 노년기의 묘미를 탁월하게 파악하고 있다. 아렝은 베르나르의 표상에서 청년기를 감수성으로 파악하고, 청년기의 감수성을 두고 어떻게 행동해야 할 지를 결정하지 못하여 고민하고 있다. 특히 아렝은 상징물로서 조각상에 담긴 표상을 관심의 초점으로 파악하고, 청년기를 감수성의 어려운 선택 단계로서 이어가고 있다. 아렝은 조각상에서 무의미로부터 성사관습의 상대개념을 함축한 거인까지 생겨나고 있다고 인식하고 있다.

11세기 유럽세계는 최근세대도 모르는 방향으로 변화했으나 11세기 유럽세계 변화를 비난하는 목소리도 생겨났다. 11세기 유럽세계 변화를 비난하던 목소리를 들어보면 대개의 경우 세상 변화를 성숙, 관례, 라틴어 해독력에 관련 지우며, 세상 변화를 체계를 갖추어 비판하고 있다. 11세기 유럽세계 변화에 대하여 체계있게 대응하려는 목소리도 나타났다. 안셀름은 「과거세대와 최근세대의 성사관습에 대한 조화론」이라는 논문을 발표했다. 안셀름의 「조화론」은 최후 저작물로서 공동체 구성원의 화합, 즉 카톨릭 교회중심의 결속을 강조하고 있다. 안셀름은 「조화론」에서 자유 의지와 성서의 관계를 기술하고, 11세기 농민사회에서 수용될 수 있는 성사관습의 대비물을 활용하여 성서의 성사관습을 전달하고 있다. 안셀름은 인간의 말, 은총, 자유의지까지 신의 존재가 부여했다고 「조화론」에서 지적하고 있다. 그러나 신의 존재는 인간에게 구원까지는 보장해주지 않았다고 인식하는 것이 당연한 이치라고 안셀름은 지적하고 있다.

그러나 안셀름은 구원을 인간이 의지로 자유롭게 선택할 수 있는 사안임을 강조하며 성서의 다음 구절을 인용하고 있다. 즉 "인간은 양식을 필요로 한다. 인간이 양식을 공급받으려면 (곡식의) 종자와 밭을 가는 농부, 농사를 지을 농부를 필요로 할 것이다." 안셀름은 양식을 가지려면 농사에도 신의 은총이 있어야 한다는 것이다. 그래서 안셀름은 '농사 신'을 언급하고 있다. 안셀름은 농사에 신의 존재가 전달되듯이 신의 말씀도 성사관습 형태로 전달된다는 것이다. 신의 말씀은 마음 속의 인식영역이나 성사관습을 포함한 어디를 막론하고 정당한 인식작용의 근원이 되고 있다고 안셀름은 강조하고 있다. 11세기 유럽세계에서 신의 말씀은 주로 설교로 전달되고 있다는 점을 안셀름은 강조하고 있다.

이와 같이 마음의 인식영역은 곧 신의 말씀을 받아들이는 문이며, 청각의 인식작용으로 신의 말씀을 전달받아 인간의 인식작용을 출발시킬 수 있다는 것이다. 그래서 상상력의 인식영역에서 신의 말씀은 설교를 씨앗으로 파악할 수도 있다고 안셀름은 지적하고 있다. 신의 말씀을 받아들이겠다는 정당한 의지도 신의 말씀에 함축된 성사관습의 경우처럼 신의 존재가 인간에게 부여한 성사관습의 첨가물이라고 안셀름은 「조화론」에서 지적하고 있다. 처음 농사 단계에서 신의 존재는 경작에 참여하지 않지만, 우주만물의 존재를 신비스럽게 창조했다는 것이다. 신의 존재는 학문도 없이 복음을 창조하여 예언자와 사도의 마음속에 신의 복음을 미래 구원의 씨앗으로 심어두고 있다는 것이다. 한 세대가 지나고 베드로는 편지글에서 신의 농사와 유사한 성사관습의 대비물을 활용하여 복음을 전달하고 있었다.

이외에도 '질베르'라는 수도자도 신의 말씀을 농사에 비유하여 전달하고 있다. 질베르는 별로 알려지지 않은 수도자였다. 질베르는 수도자의 고독과 노동을 농사에 비유하여 신의 말씀을 전달하고 있다. 즉 너희의 쟁기는 펜으로 바뀌고, 너희의 책은 들에서 거두기보다는 신의 말씀에서 거두어지게 될 것이다. 그리고 책은 신의 말씀을 파종하여 결실을 거두게 될 것이다. 그래서 질베르는 신의 말씀을 책으로 읽도록 권고하게 되었다고 부언하고 있다. 질베르는 말로써 신의 말씀을 전달하지 않고 글자로써 신의 말씀을 전달하는 사람이 되기 위하여 노력하게 되었다고 부언하고 있다. 질베르는 무언의 글자가 오히려 신의 말씀을 여러 사람에게 전달할 수 있는 수단이라고 인식하고 있었다. 질베르의 이런 시각도 수도원에서 대두하여 최근세대의 시각과 뚜렷한 대조를 이루고 있었다. 프라이징의 주교 오토는 최근세대의 시각과 거리가 먼 시각을 나타냈던 인물이다.

주교 오토는 생활과정에서 누적된 지혜를 글자의 인식영역에 일치시키고 아이들이 어리면 어릴수록 더 많은 것을 파악할 수 있다는 말을 전해 들었다고 지적하고 있다. 주교 오토의 이런 지적은 역사의 진행과정을 최근세대의 생활에 일치시키는 것이나 다름없다. 우선 인간은 선조로부터 물려받은 조상의 체험과 생활방식을 저작물로서 배울 뿐만 아니라, 과거세대의 체험과 시간의 경과까지 저작물에서 터득하게 된다는 것이다. 주교 오토는 역사를 시간영역에 관련된 것이라는 시각에서 인간이 역사의 시간영역에서 살아가고 있다는 것이다. 그래서 인간은 역사의 시간영역에서 최근세대에 가깝게 살면 살수록 신의 존재와 과거세대의 체험과정을 신속하게 터득할 수 있다고 주교 오토는 부언하고 있다. 그래서 주교 오토는 과거세대의 지식을 터득하게 되면 과거세대와 같은 수준에서 개혁을 실천하게 되어 새로운 성사관습을 만들어 유용해질 수 있다고 추측하고 있다.

11세기 유럽세계에서도 인간의 마음은 젊음에서 성숙으로 전환된다고 인식했다. 인간의 마음이 젊음에서 성숙으로 전환되는 과정에서 저작물의 관례를 전달하는 소리로부터 '합리' 문제를 제기했던 인물은 바로 아베라르르였다. 아베라르르는 소리에 담긴 성사관습을 '합리'에 관련 지워 분석했다. 아베라르르는 『대화록』에서 저작물의 역할을 성사관습을 전달하는 소리에 관련 지워 아주 탁월하게 언급하고 있다. 아베라르르의 『대화록』은 중세 신학영역에서 '합리'를 주창했을 뿐만 아니라, 성사관습으로 구성된 신학과 '합리'를 내세우게 될 철학을 분리시키는 업적을 남기게 되었다. 아베라르르는 '합리'를 신의 존재에 관한 대화로 설명하고 자연법칙을 '최근세대의 전문 지식'으로 파악하고 있다. 다시 아베라르르는 타당한 판단기준의 인식작용으로 자연법칙을 찾아내게 된다고 지적하고 있다.

아베라르르는 타당한 판단기준의 인식작용으로 자연법칙이 정립되어야 한다는 점을 만족스럽게 수용하고 있다. 아베라르르는 또한 타당한 판단기준의 인식작용으로 정립된 윤리가 '저작물'에는 첨가되지 않고 있다고 지적하고 있다. 아베라르르는 대비물을 신앙의 여러 가지 기원에 일치시키고자 시도하고 있다. 아베라르는 종교에 대하여 타당한 판단기준의 순수한 인식작용을 옹호하기 시작했다. 아베라르는 유대인과 크리스트 교도에 대하여 다음과 같이 타당한 판단기준의 인식작용에 대한 문제를 제기하고 있다. 여러분은 주로 성서를 믿고 있을 것이요, 그러니 여러분은 타당한 판단기준의 인식작용으로 스스로의 신앙을 갖게 되었다고 주장하는 사람들로부터 신앙의 세계에 인도되었는가, 아니면 평소에 존경하던 어른이 여러분을 종교에 인도했던가 문제를 제기하고 있다.

아베라르는 종족에 대한 사랑을 종족언어 표현관습으로 구분하고 있다. 종족을 사랑하게 된다는 것을 신앙심의 관습처럼 과거세대로부터 전승되는 것으로 파악하고 있다. 아베라르는 종족에 대한 사랑의 관습을 자연에 일치시키면서 사르루스트의 지적을 반복하고 있다. 사르루스트는 사랑의 관습을 자연으로부터 배우게 되었다고 다음과 같이 언급하고 있다. 즉 "인간은 어린아이처럼 자연으로부터 사랑을 배우고 있다. 인간이 사랑을 자연으로부터 배우듯이 어린아이는 성숙한 어른에게 매달리는 습관을 지니고 있다. 그리고 인간은 다른 사람이 전달하는 저작물의 관례를 실제로 터득하기에 앞서 성사관습 전달자를 실제로 믿어주기를 주장하고 있다." 아베라르는 사르루스트의 지적에서 사랑을 믿음에 일치시키는 결과를 다시 11세기 유럽세계 변화에 연계하고 있다. 아베라르는 놀랍게도 인간의 인식능력이 무너지고 있는 11세기 유럽세계의 일면을 다시 성사관습의 오류에 연계하고 있다. 인간의 인식능력은 사라지고 있다는 11세기 유럽세계의 분위기는 확산되고, 신앙에 대한 위험 또한 가중되어 갔다. 그럼에도 불구하고 11세기 유럽세계에서 성사관습의 급격한 변화는 없는 것처럼 아무 것도 인식할 수 없다고 아베라르는 지적하고 있다.

말은 성사관습을 소리로 전달하고 있다. 그리고 성사관습을 전달하는 소리는 감각의 인식작용으로 파악되고 있다. 성사관습을 소리로 전달하고 전달받는 방식은 노년기 어른이나 청년기 젊은이나, 글자해독자나 무식자 모두에게 동일하다는 것이다. 확고한 신앙을 지닌 사람은 공동체 구성원의 평범한 성사관습을 이탈하지 않는다. 중세인은 아베라르의 경우에서처럼 현상에 접근하는 데까지 성사관습의 대비물을 활용하여 세상에서 일어나는 여러 가지 현상에 대하여 상대개념을 주장하며 접근하고 있다. 그런데도 아베라르에 이르기까지 성사관습 접근방식은 오로지 한 가지였다. 그런데도 중세인은 종말론을 완벽하게 탈피하고 표준에 접근했다. 중세인은 종말론을 탈피하는 과정에서 이단자와 정통론자 교회, 반항자와 정통론자 신학의 고난을 극복하며 상대자를 인정하는 표준논리에 이르고 있었다. 여기서는 지금까지 그라버가 종말론을 완벽하게 탈피하였음을 표준 인물 출현에 관련 지어 입증했다. 물론 여기서는 종말론 탈피 사례로서 그라버를 제시했다. 중세 세계가 종말론을 탈피하고 새로운 표준을 향하여 결속력을 창출하기까지는 복잡한 변화를 거듭했다.

복잡한 성사관습의 진행과정에서 성사관습의 대비물은 중요한 변화 징표로 작용했다. 중세 세계에서 성사관습의 대비물은 신의 존재에 대한 인식 가능성을 종족언어 표현관습에 첨가하고 있다. 중세인이 성사관습의 대비물을 활용하여 종족언어 표현관습에다 신의 존재에 대한 인식 가능성을 첨가하기 위해서는 과거와 현재를 일치시키는 성사관습의 계승을 강조하지 않을 수 없었다. 과거와 현재의 계승을 강조하던 중세인의 태도는 물론 성사관습에 확신을 심어주기 위한 핑계에 지나지 않았다. 베르나르와 주교 오토는 과거세대의 세상과 현재 세대의 세상이 서로 같을 수 없다고 확신하고 있었다. 그래서 이들은 11세기 유럽세계에서 일어나는 성사관습 변화를 해석하여 수용했다. 이들과는 다르게 아베라르는 철학가 입장을 주장하고 타당한 판단기준의 인식작용으로 자연법칙까지 오히려 가공했다고 주장하며 그 증거로서 크리스트 교도와 유대교의 저작물을 제시하고 있다. 유대교와 크리스트 교도의 저작물에는 이미 선택해야 할 해답을 제시하고 있다는 것이다. 중세세계에서도 변화를 수용하는 기반은 윤리였다. 모든 논쟁도 윤리에 초점을 맞추어 진행되었다. 그러나 윤리 문제는 성사관습에 대한 법률, 절차, 종족언어 표현관습 영역으로 파급되었다. 물론 신의 존재는 시간이나 연령도 있을 수 없었다. 아베라르의 『대화록』은 최후 심판이 내려지기 이전에 끝나고 있다. 아베라르는 최후 심판이 내려지기도 전에 『대화록』을 끝냄으로써 무엇이 표준인지를 전혀 언급하지 않고 있다. 윤리 문제는 과거로부터 물려받은 의례관습을 확인하는 데에서 제기된 것이 아니라, 오히려 스스로 과거세대 성사관습을 확인하는 데에서부터 제기되었다. 또한 아베라르는 11세기 유럽세계의 표준 문제를 중요하게 부각하는 임무를 수행했다.

찾아보기

저자약력

지은이 **이원근**(李源根)

[약력]
고려대 사학과 학사, 석사, 박사
국립 경상대학교 사학과 교수

[논문]
해석논리의 출현과 상징물의 변화(박사학위논문)

[저서]
상징물과 중세 유럽사회(중문)
서양중세 세계의 역사(탑북스)

서양중세문화비밀캐기[2]-문화 출현

2016년 9월 7일 1판 1쇄 인쇄
2016년 9월 20일 1판 1쇄 발행

저 자 이 원 근
발행인 김 광 식
조 판 아 람 기 획

발행처 07285 서울특별시 영등포구 선유로3길 10, 617호
도서출판 **탑 북 스**
등 록 2009.12.21 제 2016-000101 호
전 화 02)365-2223 팩스 02)365-2224

정가 20,000 원
ISBN 979-11-87343-05-9-93920